政治叙事：灵魂拷问与精神重建

——文学湘军的官场书写

聂茂 ◎ 著

中南大学出版社
www.csupress.com.cn

·长沙·

图书在版编目（ＣＩＰ）数据

政治叙事：灵魂拷问与精神重建／聂茂著. --长沙：
中南大学出版社，2018.11
　ISBN 978－7－5487－3040－8

　Ⅰ.①政… Ⅱ.①聂… Ⅲ.①文学研究－湖南－当代
Ⅳ.①I209.964

　中国版本图书馆 CIP 数据核字（2017）第 257485 号

政治叙事：灵魂拷问与精神重建
ZHENGZHI XUSHI：LINGHUN KAOWEN YU JINGSHEN CHONGJIAN

聂茂　著

□责任编辑　郑　伟
□责任印制　易红卫
□出版发行　中南大学出版社
　　　　　　社址：长沙市麓山南路　　　　邮编：410083
　　　　　　发行科电话：0731－88876770　　传真：0731－88710482
□印　　装　长沙市宏发印刷有限公司

□开　　本　710×1000　1/16　□印张 21　□字数 386 千字
□版　　次　2018 年 11 月第 1 版　□2019 年 4 月第 2 次印刷
□书　　号　ISBN 978－7－5487－3040－8
□定　　价　262.00 元

辑，深入探讨了中国作家无论是个人言说还是集体记忆所共同拥有的家国情怀，重点阐释了人民文学对中国作家道路选择与价值承载的重要意义，对民族作家心路历程所彰显出来的文化认同与生命寻根给予了积极的肯定，并从制度层面和诗性追求上对政治叙事中的灵魂拷问与精神重建做出了全面细致的学理分析。中华美学和中华优秀文化的赓续和发展，有助于增强中国人民的文化自信、政治自信和道路自信，这样的研究充分体现了问题意识与创新精神，为新的历史时期重塑国家形象、凝聚人心和提高民族自信心提供了理论支持。中国文学和中国精神之于世界意味着什么？可以说，历史上没有任何一个时代像今天的中国这样丰富而深邃，对中国经验与文学湘军的文化源头、内部机制、审美特征等全方位、多角度的深入分析，是文学评论工作者在借鉴、吸纳人类丰富经验的同时，更多地关注中国立场、中国智慧、中国价值的客观需要，因而本书系具有丰富的文学理论价值和重大的学术原创价值。

　　近年来，伴随着中国经济崛起和世界对中国的关注，有关中国经验的文学评论文章或专著不少，有关文学湘军的评论文章或专著亦有一批，但将中国经验与文学湘军关联起来并做全方位的考察和研究的则并不多见。同时，学界关于文化自信和世界视野下中国文学的发展现状、机遇与挑战等方面的学术成果虽有一批，但是，由于依据理论的偏颇和研究方法、解释框架、价值导向等方面的缺陷，这些成果存在明显不足：一是多以现代西方理论和方法作为阐释立场，而非依据中国理论的内在资源确定和解读包括文学湘军在内的中国文学的发展变化，对中国文学所呈现出来的鲜明的中国特色和中国作家对人民文学追求的价值导向等研究发掘得不够；二是多遵循现代学科知识逻辑，而非针对中国传统社会与现代学术的浑融性提出的整合性解释框架，因而在对澄清中国文学对社会、文化、政治问题等层面的思考与实践上缺乏自信，对文化建设与中华文化传承的重要性也认识不够；三是多坚持"检讨中国"的刻板模式与审美知识的自主性立场，贬斥国家主义和功利主义的政治美学理念，不能发现中国制度优势所蕴含的合理性和普遍性价值，对中国文学在全球化语境下所形成的中国模式、中国智慧和中国道路的诠释缺乏全局性眼光，对包括文学湘军在内的中国当代文学发展也缺乏前瞻性和针对性的指导意义。而"中国经验与文学湘军发展研究"书系力图弥补这些缺憾，聂茂十年磨一剑，他不仅对湖南作家的研究做出了创新性和开拓性的贡献，而且对全国其他省份的文学研究亦有积极的启迪意义。

四

繁荣文艺创作，离不开文艺批评的健康发展。聂茂作为一名作家型教授，对"中国经验与文学湘军发展研究"有着先天的优势和个性特色，其开阔的国际视野，深厚的理论基础，丰富的创作经验，为整个书系的质量提供了保障。

"中国经验与文学湘军发展研究"书系的可贵之处在于，它站在全球化语境下，以中国经验和中华诗学的艺术立场，对传统文化视域下中国当代作家与作品，特别是对湖湘文化视域下文学湘军的研究做一次总结，使之成为该领域研究的代表性著作，为日后学术同行的相关研究提供重要的学术资源。纵观整个书系，我认为作者主要从以下五个方面做出了积极探索和不懈努力。

第一，夯实了世界视野下中国当代文学研究的学理基础，提升了中国精神和中国优秀文化在世界图景中的重大价值与时代意义。作者以中国经验与文学湘军为切入点，把中国智慧、中国道路、中国模式置于世界文学视野下，对改革开放以来文学湘军的巨大成就、内部构成、创作特点、叙事路径、审美趣味，以及中华传统优秀文化与湖湘文化之间的赓续、传承与发展的动态过程进行整体把握和深刻阐释，深入分析中国作家如何在世界图景中认识自己，将中国精神、文化建设与中华文化传承等一系列关乎民族盛衰、国家兴亡的重大课题呈现在世人面前。

第二，探究了中国作家的家国情怀和对人民文学执着追求的心灵冲动。该书系立足全球化语境下中国文学的宏大背景和湖湘文化丰厚的理论场域，研究新时代以来中国作家为什么心怀家国情怀，对人民文学的创作诉求产生强烈的心灵冲动，并探寻包括文学湘军五少将在内的 70 后作家的集体崛起的社会深层原因。

第三，重新认识和发掘了中国制度优势与中华诗性对中国作家创作资源所提供的深厚底蕴与精神投射的启迪意义。该书系针对中国当代文学，特别是文学湘军的创作与研究、评价中存在的问题和困惑，以中国制度优势和湖湘文化为切入口，聚焦"诗性追求"及其时代认知这一具有共同性、源头性和枢纽性的考察角度，对中国文学在新的历史条件下如何塑造自己、中国作家如何为丰富人类的精神生活做出贡献进行深入思考，全面厘清文学湘军的政治地缘、创作特色与形成路径，审视当前小说创作为何出现丰富、复杂乃至矛盾对立的现实尴尬。

第四，探寻民族作家的心路历程，增强民族团结和民族文学的影响力。湖南是全国少数民族大省，沈从文等作家在现当代文学史上留下了厚重的一页，改革开放以来中国巨大的社会变革创造了丰富的中国经验，也带给中国民族文学取之不竭的创作资源。中国作家坚持自己的个性和品格，充分展示中华民族的精神命脉和命运共同体。作者以江华瑶族作家群为例，用"解剖麻雀"的方式，找出了他们的文化传承及其与汉文化的共生共融的关系，深入分析了他们作品的审美特征、身份认同和民族寓言等，着力思考面对强势文化的挤压，他们的文明何以保存，他们的文化何以弘扬，他们的文学何以生存。每个民族都有自己的梦想，"中国梦"当然也包含江华瑶族的作家群"作家梦"。通过从文学、民俗学、叙事学和传播学等视角对江华瑶族作家群及其作品的集中考察，可以获得探寻全国少数民族作家心路历程的钥匙，为民族文学的繁荣和发展提供实证意义。

第五，彰显了中国当代文学为实现"中国梦"的重要意义。该书系运用历史的、人民的、艺术的、美学的观点评判和鉴赏作品，聚焦人民文学的丰富性和家国情怀的书写启示以及70后作家写作的新的艺术特质，揭示了优秀作家应选择怎样的叙事路径，才能充分彰显传统文化价值和功能内涵，才能彰显文学创作和文学批评为先进文化建设和民族伟大复兴的"中国梦"服务的终极意义。

总之，本书系以马克思主义为指导，站在全球化视野下，立足中华传统文化特别是湖湘文化对文学湘军的影响这一价值目标，综合运用社会学、文化学、文艺学和传播学等多种方法，全面概括中国新时期以来文学湘军的总体特征和创作规律，探索应该怎样认识和表现颇具中国特色的地域文化及时代意义，为文化自信背景下如何讲好中国故事、如何建立健康有序的文学批评提供了新的研究视角，是当代中国文学特别是文学湘军研究的新收获。

（作者系我国著名文学评论家、中国小说学会会长、兰州大学博士生导师）

目　录

第一章 时代语境中地域性文学研究的新思考

新时期以来，随着文化研究热的出现、作家身份认同意识的提升和作品地域性特色的增强，中国当代文学研究者运用人文地理学相关理论把握当代文学的地域特色，逐渐成为一种崭新的学术视角。诸如文学陕军、文学豫军、文学湘军等概念被广泛认可，地方作家群创作特点等研究课题均有不同形式的新成果产生。

与之前关于地域文学的研究相比，这些研究充分揭示出当代新时期文学多元共存的发展状态。这不仅有助于人们进一步感受不同地域文化间既相互排斥又彼此依存共生的生态特点，以及新时期文学创作风格以传统文化强势地区为骨干、其他地域成绩斐然的区域性特色，而且弥补了过去研究中对少数民族地区文化、港台地区文化及其文学创作有所忽略的重大缺陷。而且，越来越多的学者充分注意到地域对作品精神质地的深刻影响，以及由此造成的文学形态的特殊性和区域文学发展的不平衡性。文学史写作突破了以时间为轴、名家为骨的既有体例，转而从民间和地域的角度进行观照。这些研究在不同程度上反映了地域对作家风格和作家群形成的巨大影响，而且这些研究在时代背景之外，更加凸现作家创作的空间背景，揭示他们的内在特质。这些研究拓展了当代新时期文学的研究领域。文学与地域关系之研究，并非因果逻辑链条清晰的封闭领域，而是多维度、多侧面的系统工程，从任何一点切入都可能会有新的发现。视野的边界不能成为止步的终点，而是起点。在对边界重新廓定之后，地域与作家精神资源、地域与作品民俗特色、地域与人物语言特点、地域与地域与审美趣味、地域与作品作家群整体特征等均已成为当代文学的探讨对象，并由此派生出不同系列、不同对象的诸多子课题，拓宽了当代文学的研究视角；重塑了政治对当代文学的决定性制约之外，地域特征的重要作用，带来了当代文学研究内容的丰富性与多样性。部分作家的艺术价值被重新认定，过去未受足够重视的部分中小作家也因文学发展空间背景的凸现而逐渐被发掘出来。

实际上，20 世纪 80 年代中期到 90 年代，"地域文学"一直是文学研究的重要视角。即使时代特征鲜明的创作思潮依然带有浓厚的地域性特征，如"寻根小说"，这里的"根"即为地域性特色，包括了自然地理和人文地理等多重因素，韩少功、阿城、张炜、王安忆、贾平凹、路遥、陈忠实、刘震云、阎连科、苏童等作家皆是如此。韩少功的作品带有浓重的湘楚巫风，贾平凹的商州系列民风淳朴，地域是他们的写作土壤，也是他们的精神资源。这在中国当代文学中的体现也非常明显，"鲁迅之于越文化，沈从文之于楚文化，老舍之于京都文化，李劼人之于巴蜀文化，赵树理之于三晋文化，穆时英、张爱玲之于上海文化，柳青、陈忠实之于陕秦文化，大致情形莫不如此。"①对于中国新时期文学来说，90 年代中期以后，地域性对文学创作和研究的影响衰减，甚至隐形，全球化浪潮以水银泻地之势一度对文学产生了重要影响。21 世纪 10 年代以来，地域性研究开始重新回到它应有的地位。

第一节　从存在到语境

"存在先于本质。"存在主义者早在 20 世纪初就抛出了这样的珠玉之辞。作为一种生命形式，人总是存在于一个不能被全称却无时不被感受的宏观话语背景中；借此，共同的价值被一步步体认，普世的概念也应运而生。这些为文明的聚居形态提供了很好的身份辩护。可以大胆地说，存在本身即是一种集体无意识。这种根深蒂固的无意识无时不外在于每一个存在/类存在的个体却又无时不内化于每一个存在/类存在的个体。但是，个体并非是存在最重要的载体，在一个不断流动的价值秩序中，错位的"个体-价值"结构本身也是一个不定因子——为争取接近意义的权利，它注定要寄身于时代语境。

古人说，"天不变其常，地不易其则，春秋冬夏不更其节，古今一也。"②然而，随着与工业化伴生的社会变革和全球化催熟的信息增殖，时代本身已成为存在的试验田。抛开从经济领域到社会土壤的激流突变，单就思想的多元化而言，时代已经向存在证明：诸行无常。

是的，时代在变。经济、社会、文化的次第演变逻辑已被推翻，现代化和

---

① 严家炎.文学有地域性［EB/OL］（2012－09－29）［2014－07－13］http://www.zgnfys.com/a/nfwx－29636.shtml.

② 《管子·形势》.

后现代化的齐头并进已经产生了深远的影响。我们已经听到了哈贝马斯、吉登斯们"重建现代性""反思现代性"的呼喊，我们也听到了贝克、齐格蒙特·鲍曼们对现代性的解释、建构。可时代的主题依旧是"变"——一个注定充满了歧义和争论的动词。

怀着对文艺复兴尤其是启蒙运动以来西方传统的想象，西方文明用资本和信息赋予了当下充足的消遣，此时的存在是商品化的，也是娱乐化的。然而，以消费为形式的责任逃避并没有冲出存在为人类设下的藩篱，面对日益膨胀的时代，思想显得愈发重要——人们对旧有意识形态和价值体系的厌倦、怀疑本身就是对思想的呼吁；或者，这种自我放逐本身就是一种思想的另类表达。

然而，人类从未因存在带来的困惑而抛弃关怀。无论是在以艺术创造为代表的形而上层面还是以社会生态为代表的形而下层面，存在本身都被赋予了尽可能理想的发展图景。作为最畅达的艺术表达形式，小说完美地完成了艺术和社会合流与交融，它既满足了艺术内指性陈述的要求，也迎合了现实对思想的压迫性介入，从而在一定意义上弥补了现代化/后现代化社会语境中交流的缺席。

20世纪的艺术发展特别是建基于文字符号的文学艺术发展出现了两大转向，即语言学转向和姿态内转。前者使得文本语言挤占了大量原属于外部指认和印象式批评的空间，逐渐以技术化、理性化的后工业文明姿态占据了理论高地；后者则直接应和并催生了文艺史上被誉为地震式变革的现代主义。近年来，"语境"一词已成为文学理论与批评领域不可或缺的导入性概念。然而，尽管深受美学、语言学的影响，但生来就构筑于社会学之上的文学注定难以逾越自身的现实土壤来展开自我陈述和阐释。

有学者在关于文学话语与语境关系的论述文章中提出了语境的三个构成因素，即言辞在元语言层面上的历史规定性语域、文本中众多话语集合而成的话语丛林、虚拟的交流情景；接此梳理，语境对文学话语的作用在具体的文本中呈现出三种关系形态：语境定义与话语突围的对抗、语境朗现与话语直陈的协调、语境遮蔽与话语隐喻化之间的疏远。①但种种迹象依旧向我们展示了传统的社会历史因子和现实文化因子在界定文学文本时无可估量的价值。

面对任何形式的艺术表达，意义一直是而且永远都会是一个终极命题，这种终极性不仅源于意义之于艺术的核心性，更牵扯到意义在形而下层面的接受和再生。语用学将语言的意义发生归结于言说；同理，文字的意义也将会被证明是源于其赖以产生并不断接受革新的语境。

---

① 冯黎明.论文学话语与语境的关系[J].文艺研究，2002(3)：25-31.

以语境论为旗帜的英美新批评派及其继承者将语言的"方式""场景""交际者"界定为内涵语境，而将语言的历史、现实发生情景归类于外延语境。尽管瑞恰兹、布鲁克斯们不断努力在文本内部寻求语言的意义并取得了巨大成功，但不可否认的是，对文本内部词语含义和运用技巧的探究不得不考虑到一个隐藏的重要前提，即语言书写者的历史、现实构成和他们的文化背景。不管作为语义学家的瑞恰兹对文本内部的交流情景做出过多少猜测，也不论作为诗歌研究专家的布鲁克斯在元语言规则上有多大建树，文本创造者本身的复杂构成都将语言艺术的重要评估指标指向了文本外部——一个更复杂、更广袤的宏观话语言说背景。这就是文本本身产生的时代背景和文化背景，以及文本创造者天然携带的言语的表达欲望。它们，往往是无形的、虚幻的，却无一不对文本本身的意义评估产生至关重要的影响，因此，有"人类本身的一切也就都可能成为语言的环境"一说。①

基于以上论述，从存在到语境有这样一条可供摸索的逻辑线条：我们遭遇的新时期语境是现代化和世俗化的共构体；对以艺术范式来追逐现实意义的文学（在此主要是指小说）来说，对其意义的阐释和结构的观测一方面要注重来自文本内部的语言迷宫，另一方面也要做好对其赖以产生并发生现实功效的世俗根源、文化背景的开发。

第二节　从语境到文本

文学永远关注时代，时代也永远是文学的根基。在现代化、商业化裹挟的历史面前，时代的主题是经济和政治，但其核心永远都是文化。文学创作面临的新语境不只有现代性带来的碎片化生活，还有商品化带来的市场狂潮，更有世俗化带来的政治困境。这些突变的（又或许早有根源）历史基因一方面给文学创作带来了理论和现实的病态困惑，另一方面也为文学的革新添注了新鲜血脉。

以往过度的精英化意识和学院式写作已经被市场搁置一角，越来越多的创作者被迫或者是主动参与了自我身份的修正，从创作意识和书写经验上彻底完成了从理想到现实的改造。

1980年代的社会改革逐渐演化为新世纪的文化消费，与此相伴随的，是被无数人津津乐道却无能为力的生存迷宫——艺术的生活化和生活的艺术化。人类尚未遭遇如此棘手的场景：文明急速增值，符号与概念在创造消费的同时也

---

① 转引自西槙光正.语境研究论文集[M].北京：北京语言学院出版社，1992：27.

鬼魅般相互缠绕着生存。文化层的转化直接催生了文化的内部重构，在此过程中，文学形态的再造成了一种必然之势。我们已经看到了经典的解构，也看到了神圣的戏谑化，"大话"不再是一个贬义词。不论是作为一种革命手段还是作为一种政治策略，文化在从呈现到意义上的泛化都极力迎合着这个由经济和政治主宰的时代语境。

尽管我们说受众立场的叛变、价值定位的游离合谋导演了这场无烟之战，但时代语境在存在层面上的基因突变才是这场战争的真正动因。因此，也只有真正认清时代抛出的课题，才能有效地应对我们的处境和命运。

当下的中国，文学写作具备丰富的可用资源，泥沙俱下的现实为以审美之名来对抗现实提供了极富重量的价码。可是，存在本身更内部的、更本质和更人性化也更复杂的一部分至今未被完全揭露。不得不承认的是，现实的复杂性和荒诞性对每一个个体来说都已经形成精神超载，鲜活的生活远比想象中难以把握、描摹；当想象和虚构因过度挥霍而变得棘手时，对文本指涉的重新选择成为文学创作者的无奈之举。

文学的时代性和公共性注定要在困境中获取，在新的生存经验强行介入个体时，一种俯视性、窥视性的视角被无限放大，而文学的当下性诉求也直接体现为对大地的深入关怀和对隐私的无意识破坏。这种转变的后果几乎天然地指向了对地域文化的再发现和对政治——这一世俗又隐秘的现代文明核心建筑的重构。

近年来，文学的区域现象和地方性写作，以区域的视角来关照文学创作，梳理文本关怀指涉的流变，既回应了文学史从时空转向地域的命名趋势，又彰显了新历史境遇中文学创作对构成文化格局的基本要素——地域文化的关注。如此，文学既会以包容性的姿态来接受历史际遇，又会以迫切性的姿势深入现实土壤。

在与非文学艺术范式的竞争中，文学在对现实的关怀中天然地占据了主动。虽非直观的视听艺术，但其在对受众感官的刺激上并不亚于直观艺术带来的效应，甚至，文字本身的象征性寓意和陌生化组合所产生的丰富想象更能创造一种立体感，可观、可听、可闻，亦可触摸，进而能全面调动受众的官能。

而在文学领域内，小说的语言技巧更能逼近真实，它本身入木三分的祛魅式刻画能全面地呈现生活的质感和精神的棱角。叙事学对时间和空间的关注往往会指向一种抽象的、知觉的，甚至是虚幻的场域。①这对文学表达的结构和格局提出了非小说不能满足的要求。故此，小说的空间形式和时间序列及其构筑在叙事逻辑之上的文本才能有效建立起现实关怀的秩序。正如让－伊夫·塔迪

---

① ［法］皮埃尔·布尔迪厄.实践理性：关于行为理论［M］.谭力德，译.北京：三联书店，2007.

埃所说："小说既是空间结构也是时间结构"①，无论是作为对"存在"的呈现，还是作为对时间空间意识的转述，小说都领先于其他文学形式。

而要深掘小说在新时代语境中的再生潜力，除了要重新厘定小说的时代价值，构建精英与大众之间有效的文本互动，寻找小说意义的发生契合之外，还要有足够的勇气将文本置于时代的价值考验之中。这意味着，包括内涵、审美、技巧、题材等在内的文本内核必须具备充实的信息量，而且这些信息能够与时代语境完成对接，在政治意识形态、读者接受、市场运行等方面产生互动，塑造一个全方位的、有持久生命力的价值坐标。

罗素曾将有意义的表达式定义为对事实的指称，可喜的是，以现实政治为材料的政治叙事小说书写正是对这一逻辑的回应。作为世俗社会核心建筑的政治，具有天然的"可实证性"，甚至，政治背后复杂而广阔的历史、现实因素会为意义本身提供超越它预期的可能和想象。

事实上，政治叙事小说的发展尽管得益于新历史语境中的消费性文化本质和公众对现代政治的窥视心理，但其精神内核却有着漫长而深厚的历史积淀。这一方面是因为政治关怀一直是文学创作在精神指涉意义上的重心。例如，从饱含史诗气质的《三国演义》到充满家国情怀的《红楼梦》，政治描写一直是小说的宏观母题。另一方面也因为文学史本身在政治性题材上有着自觉的演变源流，如果说英国迪斯累里的《(政党余谈)春莺啭》和布韦尔·李顿的《(欧洲奇事)花柳春话》开创了"政治叙事小说"的文学体式的话，那么户田钦堂的《(民权演义)情海波澜》和柴四郎的《佳人奇遇》则使得"政治叙事小说"作为文学概念在日本获得了新生。1899 年，梁启超将柴四郎的政治小说《佳人奇遇》翻译并发表，之后，政治叙事小说作为对推进政治意识转变的利器开始在中国不断发展。而将政治题材引入寓言式的虚构性叙事模式，并将政治带来的个体存在感受表达得淋漓尽致的，则要数英国小说家、评论家乔治·奥威尔，现世于二战结束前后的《动物农庄》和《一九八四》寓真实于寓言，融艺术与通俗于一体，以反常规的表述模式和陌生化的叙事语言充分展现了文学创作个体对当时语境的机智回应。与此同时，索尔仁尼琴的《古拉格群岛》和萨特的《肮脏的手》更是分别从社会学和哲学的视角为政治叙事小说留下了意义浓重的注脚。

西方文明几百年完成的现代化进程，中国仅仅用了几十年的时间。当下中国的历史语境到底如何形容，很难言简意赅地完成文本层面上的回应；而基于

① ［法］让—伊夫·塔迪埃：普鲁斯特和小说[M].桂裕芳，王森，译.上海：上海译文出版社，1992：224.

这种现实性突变的思想分裂、人际分裂、阶层分裂都共同指向了在现代主义进程背后操控一切的政治，如此来看，对政治的关注尽管有窥私、消费之嫌，但也不乏为文学创作提供了一根伸向存在本质的有效触角。

第三节　从文本到地域

先进科技带动下的全球化，一方面提高了人与人之间的合作效率，另一方面也使人与人之间的交往虚拟化。工作环境的虚拟化可以提高生产率，也有可能造成精神荒原。人际关系的危机使人与人之间变得陌生，缺少归属感，第三世界国家的身份认同感有逐渐弱化的危机。在世界进入工业化或后工业化进程之后，这种现象更加突出。

精神世界的建构、充实需要真实的细节和渐进的过程，喜怒哀乐、矛盾冲突、心理煎熬、功败垂成都是其中的重要组成部分。柏格森在其生命哲学中指出，生命视角下的时间，是一条永不中断的河流。前一秒的事件总会影响到下一秒。符号化的网络世界可以模仿人类的部分交流功能，或是声音，或是视图，但是人与人交流时是各种感觉的综合，相比之下，符号化交流的缺陷不言而喻。这些都造成了人际交流的片段化、形式化和碎片化，人与人之间的情感渐趋疏离。

人的存在过程就是不断追寻意义的过程。人的存在意义与价值无法在封闭的曲线上自我建构，必须通过在社会沟通和交往中实现。交流缺失导致生存意义的贬值，进而造成精神的空虚和无聊。因此，当现实无法满足精神的需要时，人类便只能将灵魂的触角伸回到过去，依靠记忆寻找慰藉。身处于城市的作家便将视角转向乡村，"寻根文学""乡土文学"蔚然成风。人类的精神苦痛依然需要疏解的通道，文学当仁不让地充当了先锋，为这一精神欲求摇旗呐喊。时代语境中丧失了存在意义的人们，开始反思全球化的弊端，寻找经济增长和灵魂安放之间的平衡、地球村村民和身份认同之间的纠葛，于是返回地域，深入开发地域的精神文化价值，再次升华到存在的高度，成为众多作家的共同选择。在此情势之下，地域文化成为人类现代主义、后现代主义思潮之下的精神家园。

但是全球化仍然以其强大的统摄力量削弱着文学的地域特色，美国当代文学即是如此。作为特色载体之一的地域文学尤其受到学术界的关注，这显示出美国学术界对于全球化时代的担忧，同时也是美国学者的建设性回应。针对文学地域性的弱化问题，美国文学界、文学批评界进行了积极研究，也取得了丰硕的成果。在此背景下，文学地域主义依然成为美国文学研究的热点，核心文学刊物《现代小说研究》就"地域主义与现代主义交融"这一主题，刊登了多篇论文，并引发了热烈讨论。自 20 世纪 90 年代始，有关美国地域主义研究的论文、文选与专著有数百种。代表性的有《美国女性地域主义作家：1850—1910 诺顿文选》(1992)、《一点也不美国：19 世纪文学地域主义》(1994)、《批评地域主义与文化研究：从爱尔兰到美国中西部》(1996) 等。到 2006 年，相关研究成果除了在数量上继续增长外，在质量上也引起了更广泛的关注，如罗伯特·戴诺特(Roberto Dainotto)的《文学中的地方：地域、文化与群体》(2000)、汤姆·鲁兹(Tom Lutz)的《国际视野：美国地域主义和文学价值》(2004)、罗伯特·杰克森(Robert Jackson)的《寻找美国文学和文化中的地域：现代性、异议与创新》(2005)、雷·安·达克(Leigh Anne Duck)的《国家的地域：南方现代主义、种族隔离与美国民族主义》(2006)。

地域文学也存在其自身的问题。一是彻底摒弃了宏大叙事的风格，以极其细腻的文笔深入人文地理和自然地理的内部，取得了一定成果，但是也有着过于琐碎的弊端，且普适性稍显不足，人文关怀度不够。仅就中国地域文学发展而言，20 世纪 80 年代中国香港武侠小说兴起，随后逐渐衰落。一个重要原因是，香港武侠小说充满了地域文化想象。二是作家立场问题。地域文学的书写者未必是当地人，其代言人身份也就值得商榷。外来作家以一种局外人的身份观照地域文化，或持居高临下的态度，或盲目崇拜。韩少功的《爸，爸，爸》与《女，女，女》系列小说便把地域传统文化作为愚昧和粗野的象征，被学术界质疑过分贬低传统文化。而在这方面比较成功的是莫言，他将地域文化的精髓发掘出来，以小见大，在时代语境中升华，得到世界文学界的认可，并最终摘得诺贝尔文学奖。

文学地域主义的争论恰恰证明了地域文学的丰富性和必要性。地域性文学是一个复杂的统一体：地域性与世界性、多元化与单极化、普遍性与特殊性。20 世纪是一个文化多元的时代，任何文化都在寻找自己的生存空间，而地域文化要拥有一席之地，必须在保持自身个性的同时，上升到普适性的高度，关注人类的存在，以及普遍性的精神困境、信仰缺失和环境命运等诸多问题。

新时期以来的中国文学在改革开放的影响下，积极汲取西方文学的表现方式和艺术技巧，新小说、新写实、新诗潮不一而足，以此标示其艺术风格的鲜明性和审美趣味的时代感，但是在繁华落尽之后，各种新概念纷纷失去了曾经的荣光，不再享有读者膜拜的注目礼，反而是那些有地域特色的作品熠熠生辉，被读者念念不忘。他们以一方水土为创作资源，而不仅仅是贴上各种眼花缭乱的新标签。这些地域特色浓厚的作品是经年累月的浸泡之后的真醇，弥久而愈加芳香。读者在他们的作品中回到曾经闪烁着岁月光泽的时代，或者充满了野趣淳朴，或者充溢着精致刻痕，犹如那些年代的琥珀，尽管被封存，但依然保留着智慧的芳华和生命的律动。

第四节　返回存在

20世纪90年代以来，商业大潮一方面将社会文化的各个组成因素推到了时代视角的前沿，另一方面极大地解放了公众的窥视欲和窥视视角。作为社会文化的现实核心，政治文化首当其冲地被抛置于社会群体面前。事实上，在这种解放背后维系一切的是中国传统意义上的权力意志。这种类社会学表象的背后存在迥异于以往的社会进程和深远持久的文化沿袭。

文化上的后现代倾向并未能摆脱时代主题的现代化进程，尽管商品浪潮和功利主义主导了一场以技术理性为代表的新型革命，但短暂的狂热过后，传统文化不仅并未像精英文化一样被资本和娱乐解构，反而是为平面化的时代逻辑保留了一份关怀和标注。

若真如马克斯·韦伯所言，基督教新教突然诱变激活了近代西方资本主义发展的话，那么它的普遍意义就在于证明了伦理精神与社会现实之间天然存在的内在亲和力，并且，基于地域文化土壤滋生繁衍的文化伦理在推动地域性制度建构的同时更可能作用于文化伦理自身的更新与重构。这是一条已被历史证明过的由非理性向理性演进的文化必然。在此过程中，地域性精神伦理之于人的心态、气质的重要作用将被不断挖掘、诠释。事实上，马克斯·韦伯在《儒教与道教》①一书中也对中国文化进行了分析，他指出中国的政治制度、血缘关系、农业制度、法律制度和士人阶层（"无疑是中国的统治阶层"）所代表的"儒教"价值体系虽然无益于资本主义经济的发展，但不失为"为受过教育的世人确立政治准则与社会礼仪的一部大法典"。在教育不断被普及、社会文化机制不断健全的今天，以儒家为代表的文化传统开始（事实上也属必然）生发新的活力。

在社会机体不可逆转地从前现代结构向现代结构转型，而真正契合现代主义品格的文化心理和伦理条件尚未健全的今天，意义的真空几乎是自觉地转向了传统，开始从深埋于地域和历史的文化存粮中寻求转机。"艺术的发展阶段是与思想的发展平行的，而这两种发展又与社会运动密切相关。……现代艺术

---

① ［德］马克斯·韦伯.儒教与道教［M］.天富，译.南京：江苏人民出版社，2007.

的形式发展是受到社会力量和经济力量的'调节'的。"①由此可见，由千百种力量共铸的时代精神难免会打上无数来自时代本身的经验痕迹，而时代本身对传统和当下在形而上层面的内化必然意味着艺术的两种延伸向度，即对历史积淀的承载和对时代诉求的应答。

地域性是涉实主义②文学自觉的美学选择，来自政治和商业的干扰只会加强而非削弱这种趋势。在持续发酵的全球化和后殖民主义语境中，民族文化面临被同质化的威胁，但发展的后知后觉却有力地规避了许多注定会直面的风险。自然环保和文明生态的重整，绿色革命和个体意义的重构等等，使我们不得不转向历史传统和区域文明，以此来开发新资源、创造新文明。

在一个区域文明的发展中，它形成了极具个性化的社会形式、政治态度和情感信仰，也无时无刻不受制于它的社会形式、政治态度和情感信仰。其中，"人们在过去的经历中形成的态度类型对未来的政治行为有着重要的强制作用。政治文化影响各个担任政治角色者的行为、他们的政治要求内容和对法律的反映。"③由此可见，在地域文明中，传统对当下和未来都有着深远而实在的影响，而传统中的政治观念、态度类型会间接地体现为以政治为中心的社会现实。因此，在一个已经基本定型（绝非拒绝更新）的区域文化中，政治取向最能直接地呈现该区域的群体心态，而这种基于传统的群体主观意识形态又会反作用于群体的现实行为——形而上的和形而下的。

在任何时期，无数精神化的同质转化都会引发精神本身的重组、突变，最终演变为一种兼具独立性与包容性的文化形态。地域性文学就是一个在人类图景激流突变的话语体系中经受洗礼并涅槃重生的典范。

我们很欣慰地看到，在地域性视角中，艺术对传统和当下都做出了可靠的回应。如果说文本永远基于特定的时空地域是文学发展的基本模式的话，那么文学史的经验则无限地强化了这种地域特征。《文心雕龙》指出，《诗经》"辞约而旨丰"，"事信而不诞"，是"训深稽古"之作；称《楚辞》"瑰诡而惠巧"，"耀艳而深华"，并将此"奇文郁起"的原因归于"楚人之多才"，已经初步踏入地域与文学的关系。在中国现代文学史上，小说领域亦有京派、海派的文学流派划

---

① ［英］赫伯特·里德. 现代艺术哲学［M］. 朱伯雄，曹剑，译. 天津：百花文艺出版社，1999：13.

② 这里的涉实主义不仅指向艺术创作题材的涉实性，也包括艺术创作主体的涉世性。它应该被理解为一种遭现代化语境解构后的回归式重构，而非传统意义上匍匐式的意义描摹。

③ ［法］阿尔蒙·鲍威尔. 比较政治学：体系、过程和政策［M］. 曹沛林，等译. 上海：上海译文出版社，1987：29.

分，如鲁迅对越文化，沈从文之于楚文化，老舍之于京都文化，李劼人之于巴蜀文化，赵树理之于三晋文化，穆时英、张爱玲之于上海文化，柳青、陈忠实之于陕秦文化。而学术界也关注到了文学的地域性，并产生了一系列成果。

事实上，仅就小说而论，无论是其文学史经验，抑或是学术界对中国古代地域文学的研究，以地域性为核心理念的文学地理学无论是在检视其发展历程方面，还是在丰富其美学特征方面，都有着不可置疑的意义。"尤其是在后城市时代和新移民时代的今天，当城市化和去地方化成为时尚并成为不容置疑的强势力量，作家该如何写作，文学该如何维护文学的地理版图和不可规约的个人性、差异性甚至'地方性'都不能不是一个相当重要的诗学问题"①；在现代文学的地理版图中，地方性文学精神始终有着明晰而独特的自我源头。如何回应文学在意义上的还乡，以及如何在文学和地域性之间的隐秘关系中梳理出一道准确而生动的文学主题，似乎成了当代文学在气象万千的文学气象中寻求自我根脉、构建自我谱系、体认自我血缘的必经之路。

诗歌评论家在论及诗歌的地域性时指出："确实，文学对地域的呈现也绝非是直线和硬性的，而是要融入作者的诗性的发现、创造、命名、想象甚至某种合理的虚构"，"基于此，一定程度上我们可以认为地域的历史更多的时候是通过各种文本构造和呈现'编织'出来的，而表象背后的写作、经验、地理环境、空间结构和文化性格之间的关系才真正值得研究"②。由此我们可以知道，文学的地域性风格，不仅缘起于自然地理，而且更多地缘起于人文地理以及由人文地理引发的一系列自我想象；毫无疑问，人地关系所带来的地域性受制于历史变化与社会生活内容的变化，但人地关系本身却在这种变化中得以强化，这是由人地关系的确认主体决定的，因为记忆的主体性，导致了人地关系的主观性。"因此，地理环境对文艺创作的启示，决不限于这种独特自然景观的描绘，而更着力于渲染特定地区的风土人情，洋溢着特定地区的生活气息，表现这里人物的独特风姿。而这种精神气候与自然气候，又总是水乳交融地汇集在一起的"③。在艺术的地域性的作用下，文学艺术不只呈现地方典故、异域风光

---

① 霍俊明.从一条河流开始的文学地理——读杨立元的《滦河作家论》[J].唐山学院学报，2012(1)：17 – 19.

② 霍俊明.从一条河流开始的文学地理——读杨立元的《滦河作家论》[J].唐山学院学报，2012(1)：17 – 19.

③ 范军.略论地理环境对文艺创作的影响——关于文艺生态学的一点思考[J].黄冈师专学报，1991(1)：33 – 36 + 32.

和原始习俗，也揭示这些地方性风物所蕴藏着的社会的、历史的、民族的、哲学的、民俗的、心理的和美学的丰富内蕴；更为重要的是，作为一种文化学意义上的传承与扬弃，地域性文学从创作主体到文本内外，无一不是对地方文化的注释、改写，也正是在这个意义上，地域性赋予了文学不竭的动力，而文学创作也对地域性完成了传播。鲁迅小说中的绍兴，老舍戏剧中的北京，沈从文作品中的湘西，乃至新时期文学创作中陆文夫笔下的苏州，贾平凹创作的商州系列，李杭育的葛川江文化，肖依农以黄河滩为背景的"金色的弯弓"等等，"无一不是独特地域历史与现实、山水与文化、时间与空间、物态与心态的复合显现，无不涵蕴着独特地域的独特文化质素"①，当自然与人文、物理与心理经由人工的构建打造而成为文艺作品的美学风貌时，文学作品也就成了地域性文化的艺术载体，很明显，创作者脚下的土地和精神上的土地在文学中不断被赋予了创作个体生命感。借助"文学地方学"，我们得到的不只是"地方性""知识"，更多的是对本土文明认知的有效入口。

"地方既是一个对象，又代表了一种观看和认知方式。"②而作为一种无论是在文化意义上还是在精神图景中，都具有鲜明的"区域性"和"地方性"的文化类型，湖湘文化显然已经成为梳理湖湘文学时不得不反复观照的知识场域和精神尺码，而在一个现代化和城市化进程迅猛发展、政治与商业逐渐合谋的语境中，这种借助传统、接近地气的地方性研究有着别有意味的价值。

基于此，本书的主体结构，沿着湖湘文化与中华美学、作家文本与个人经验相结合的内在思路，研究方式是纵向与横断面的相互交织，历时性与共时性的双向兼顾，充分体现观照角度、层面的多样性与多元化的研究特点，力图建构一个以湖湘文化视域下湖南当代官场作家群为聚光点、以发散型思维为逻辑推手的具有充分自由和开放性的学术空间。可以认定，在消费文化语境中，以地域性为载体的传统会重新闪耀活力，而专注于政治书写的文学实践一方面可以跳出传统叙事指涉的狭小视域，进而转向新文学理念的建构，另一方面也能经受现实语境的洗礼，在走出文本"象牙塔"、推动理论研究的同时促进文学成果的消化。

---

① 范军.略论地理环境对文艺创作的影响——关于文艺生态学的一点思考[J].黄冈师专学报，1991（1）：33－36＋32.

② 霍俊明.从一条河流开始的文学地理——读杨立元的《滦河作家论》[J].唐山学院学报，2012（1）：17－19.

第二章　湖湘文化与湖南当代作家的"政治情结"

　　湖湘文化一直以天下为己任，以民族前途为使命，具有强烈的进取精神和政治情结。从古至今，政治治乱直接关乎民众身家性命和财产安危。所以对政治的关注，其实是一种超越了个人利益和一己之私的大爱思想，也是对人的关注和对人类命运的关注。与中国文化的源流和发展同步，湖南为中华民族培养了大批杰出的政治家、思想家和文学家。屈原是我国浪漫主义文学的开创者，赋《九章》而作《离骚》，忠贞思想和爱国情操为中国的知识分子提供了精神资源，激励了无数后人为民族命运前赴后继。宋代周敦颐，承继孔孟之绝学，为宋明理学之祖。张栻主持岳麓书院，授徒讲学，千年学府，一脉相传。王船山倡经世致用，蔚为一代宗师。一方水土养育一方人，潇湘之地，人才之盛，称誉天下。屈原、周敦颐、张栻、王船山都有着浓厚的政治情结。屈原虽九死而犹未悔，旨在楚国强盛不衰，王夫之倡导经世致用对知识分子的清谈误国给予当头棒喝。

　　湖湘文化深刻地影响了一代一代的文人。一方面是屈原引领的爱国主义传统，一方面是张载、王夫之等思想家不断完善的经世致用思想，两个源头形成了湖湘文化的源头性精神资源。湖南文人深受湖湘文化的熏染，将爱国情结与经世致用结合起来，辅之以强烈的入世情怀，使政治成为实现人生价值的必然选择，体现出浓郁的政治意识和参与精神。"五四"以后，中国革命呈燎原之势，湖南更是如火如荼，人才辈出，群星灿烂，这是湖南人政治意识崛起的时代，也是政治精神崛起的时代。究其原因，"经过王夫之、陶澍、魏源、曾国藩、左宗棠、谭嗣同等辈的阐释、传播和实践应用，湖湘文化已在湖南社会尤其是在湖南士人中产生了一种'心理定式'，蓄积成了一种足以俯凌后世的巨大的心理势能。"①

　　从政治版图上看，湖南不像中原和北京那样占据政治中心地位，具有强烈的政治敏锐性，并把政治作为安身立命的工具。湖南人的政治情结更为纯粹，他们用自己的生命勾勒出了中国文化的亮丽风景。直到现在，当东南沿海地区的话题大多集中在商业经济、财富、股票上，几乎把全部的注意力置于财富风口、盈利模式等时，湖南人思考得最多，谈论得更为频繁的仍然是国家的政治、权力问题。尤其是改革开放以来，珠三角、长三角地区以致富为荣，把财富作为衡量成功的重要尺度。虽然湖南人也在市场经济的大潮中披荆斩棘，但这并没有成为浸入骨髓的观念。在他们的生命词典里，政治资源获取与经济利益追逐并列，但是相比之下，他们更注重前者。"20世纪的湖南作家们几乎都把政治置于他们人生价值的首要位置，政治是他们文学事业的主宰，也是他们人生命运的牵引之神。当他们在人生道路上面临着政治、文学孰先孰后、孰去孰从的选择时，他们一定首选政治而先之从之。"②湖湘文化母体孕育出来的湖南作家理所当然地具有挥之不去的政治情结。任时代风云变幻，湖南作家总是顽强执着地固守着最为擅长的政治视角，为他们的作品涂铺上浓重的政治底色。20世纪是湖南在政治上集中爆发的百年，在这百年时间里，自五四运动到辛亥革命，再到中华人民共和国成立，湖南一直站在时代的潮头浪尖。

　　文学湘军的政治叙事在全国占据重要地位的原因，不仅在于艺术上的突破、对人物心理的精确细致的刻画，也不在于它创作量的不断刷新，尽管这些都是文学湘军成功的不可或缺的条件。更为关键的原因在于，它对时代特征的敏锐把握和读者对政治的期待视野。唐浩明的《曾国藩》《杨度》，阎真的《沧浪之水》，王跃文的《国画》《苍黄》，无论是从历史的维度，还是现实的切入，都入木三分地表现出了作品浓厚的政治情结。

　　湖南之为省，北阻大江、南薄五岭、西接黔蜀、群苗所萃，盖四塞之围。其他水少而山多，重山迭岭，滩河峻激，而舟车不易为交通。顽石赭土，地质刚坚，而民性多流于倔强，以故风气锢塞，常不为中原人文所沾被。抑亦风气自创，能别于中原人物以独立，人杰地灵，大儒迭起，前不见古人，后不见来者，

---

① 田中禾.湖湘文化对20世纪湖南作家人生行为走向的规约[J].湖南师范大学社会科学学报，2000(4)：84-89.

② 田中禾.湖湘文化对20世纪湖南作家人生行为走向的规约[J].湖南师范大学社会科学学报，2000(4)：84-89.

宏识孤怀，涵今茹古，罔不有独立自由之思想，有坚强不磨之志节。湛深古学而能自辟蹊径，不为古学所囿。义以淑群，行必厉己，以开一代学风，盖地理使之然也。

——钱基博

第一节　湖湘文化与政治意识的高扬

地理景观的多样性与人性的丰富性相碰撞，便孕育出多元化的地域性文化。20 世纪 80 年代中期到 90 年代前期，外来文化蜂拥而来，为地域文学的兴起创造了得天独厚的条件。地域文学表现为"寻根文学"，并成就了一大批作家，如批判传统文化的韩少功，崇尚老庄哲学的阿城，富于地方特色的张炜、贾平凹等。但是到了 90 年代后期，大众文化兴起，人们转入全民狂欢时代，沉醉于工业化带来的成果中，地域文学创作的土壤随之失去。然而到了 21 世纪，随着后现代主义时代的来临，人们的精神危机逐渐加深，归属感缺失，高大宽敞的混凝土建筑已无法满足人类对家园的需求，导致人们开始寻求"精神家园"，地域文学的机遇再次来临。

与所有的地域性文化一样，湖湘文化从来就不是一个旗帜鲜明的、纲举目张的、具有明确目的和理念的学术流派，它更多地，几乎也是必然地呈现为一种具有地域特征、相对稳定并有传承关系的历史文化形态。先秦、两汉时期，湖南的文化最早被纳入另外一个历史文化形态——楚文化中，在此一源远流长的地域文化形态中，屈原的诗歌艺术、马王堆的历史文物等等，共同构建了一个迥异于中原正统文化的、以偏荒而神秘的"巫傩"文化为代表性特点的泛长江以南文化时空。而南北朝及唐宋以来，由于历史的变迁发展，特别是经历了宋、元、明时期几次大规模的移民以后，湖湘士民在人口、习俗、风尚、思想观念上均发生了重要变化。历史上不断流动的人口一方面带来了充分的主体性动力，另一方面也极大地充实了原有的地域性文化，进而组合、建构出一种全新的区域文化形态，即现有的被打上"经世致用，敢为人先"烙印的湖湘文化。

追根溯源，早期的湖湘文化实质上是一种"贬官文化"。地域上远离政治中心，使得这片土地在皇家贵族以及士人眼中是蛮荒流放之地。在我国古代封建王朝中，流放是古代贵族宗室维护统治秩序的有力工具；而湖湘文化的构建与成型，也得益于在封建统治的阶级社会里一个个被发落到南方、成为贬官文化承担者的士大夫。在湘楚的官府驿馆之中，怀才不遇的文化现象成为一种常态：怀瑾握瑜的屈原，满腹经纶的贾谊乃至后代客死洞庭湖的杜甫，冷峻孤寂的永州司马柳宗元，还有用情极深的秦观等等，这些人在湖湘的大地上，有着浓厚而又有悲剧性的贬官情结。从出世到入世，横贯在他们身上的悲剧反映出个人抱负和国家前途命运紧紧相连的联系，也深深地烙刻着儒家文化"兼济天下"和"独善其身"的博弈的痕迹。

观其流变，支撑起湖湘文化历史地位的是"派开三湘"的湖湘学脉。从宋朝开始，随着北方学人的不断南迁，整个湖湘的学术文化活动渐渐兴起。宋朝的学者们认为儒学自汉代之后就没有得到很好的继承和复兴，而这一历史使命则当之无愧地落在他们的肩上。从濂溪先生周敦颐开始，宋代理学研究的先声奠定了湖湘文化的理学基础；而胡安国、胡宏父子在衡山创立学派，著书立说，更是继承和发扬了周敦颐的理学思想，开启了湖湘学派的进程。胡宏的高足张栻主政岳麓书院，一大批湖湘学人逐渐形成了颇具理论特色的湖湘学派。至后代的朱熹，集前人学术成就之大成，成为宋朝知名的理学大儒。故此，光绪年间的《湘潭县志》记载："道学开自周敦颐，乡帮无传其学者，至安国及子寅、宏来发明之，湖湘之学比及关洛"。①

察其精神，由湖湘学统衍生出来的湖湘文化的精髓则是："淳朴重义"与"勇敢尚武"兼具，"经世致用"与"自强不息"共行。所谓"淳朴"者，实为一种在本土文化形态基础上未加修饰、不受拘束的敦厚雄浑、生猛活脱之性；而所谓"重义"者，即一种在"向群性"基础上汇聚喷发的强烈的正义感。至于"勇敢尚武"，实为一种临难不惧、视死如归的英雄主义精神。这二者长期融贯互汇，为湖湘文化注入了独特的强力，即一种具有鲜明英雄主义色彩的家国情怀和使命意识。正如钱基博先生所说："湖南人所以为湖南，而异军突起以适风土者，一言以蔽之曰强有力而已。"②"经世致用"，即重视实践的务实精神，是实践理性与"天下兴亡，匹夫有责"的参与意识的集中体现，这种汇集了地域特性的文化一旦与时代语境中的英雄主义吁求相谋和，就会呈现出一种"敢为人先"的豪迈气概，进而给具体、特定语境中的人提供一个明确的奋斗目标。"自强不息"是"天行健"的宇宙精神的基本形态，而在湖湘文化中，则将它列为"人极"的范畴，视为文化的"极则"，这就赋予了湖湘文化独特的哲学依据。正是由于这

① 转引自百度百科［EB/OL］（2017－10－03）［2014－06－23］http：//baike. baidu. com/view/224530. htm？fr＝aladdin.

② 转引自中文百科在线［EB/OL］（2017－10－03）［2010－03－21］http：//www. zwbk. org/zh－cn/Lemma_Show/3778. aspx.

些，湖湘文化具有了"独立不羁，遁世不闷"的特殊品格。"经世致用"的理学品格，在湖南士人之中代代相传，它强调理论联系实际，尤其注重解决现实中的实际问题，故而也就造就了湖湘文化中的政治意识极为强烈的现象。学术争鸣的时候坐而论道，睥睨时政，而在民族危亡之时，勇于牺牲，杀身成仁。

令人瞩目的是，湖湘文化视域下理论对现实的介入充分地表现为忧国忧民的参政意识，明清以来，湖湘文化对中国的社会变革起到了不可磨灭的作用。明末清初的乱局之中，王夫之在复兴传统文化和民族主义的精神牵引下，继承和发扬了张载的"为天地立心，为生民立命，为往圣继绝学，为万世开太平"的精神。魏源则在清政府日益腐朽、封建帝国的大厦在内忧外患的共同打击下摇摇欲坠之时表达出经邦治国的强烈参政意识，以"师夷长技以制夷"的口号呼吁救亡图存。作为托身于世代耕读家族传统的曾国藩则始终倡导并践行"内圣外王"的个体修行意识和"穷则独善其身，达则兼济天下"的儒家理想。至于左宗棠，其"身无半亩，心忧天下"的家国精神和忧患意识更是激励了一代又一代人。晚清到民国，先有谭嗣同刻意研求"霸王经世"之学，留下"我自横刀向天笑，去留肝胆两昆仑"的壮丽绝唱；后有毛泽东遍读传统古籍，表达"书生意气，挥斥方遒，指点江山，激扬文字，粪土当年万户侯"的强烈历史责任感。

当"学而优则仕"的儒学伦理在市场经济的大潮之中逐渐式微，而后现代社会下个人生存的惶惑抉择也将政治风尚扔进历史的垃圾桶时，"心忧天下，敢为人先"的浩然正气大有向犬儒主义进化之势。基于此，当代的湖湘文化继承者有必要，也有责任重兴湖湘文化的现实关切传统。在考察罗列之后不难发现，湖南政治叙事小说作家无论数量，还是作品的质量，都形成了一个难以忽视的文学群体，其风格之多样、题材之纷繁，让人叹为观止，即便在全国范围内，湖南的官场指涉作家群也同样引人注目。

湖南文学的形态、底色和源流归根结底是湖湘文化影响的产物。"人的外行为方式和规范模式无疑是由人的心理定式、思维方式和价值观制约着的。湖南作家群这一区域性的人生行为无疑是由湖湘文化精神对他们心理世界的影响规约着的。湖南作家中没有鸳鸯蝴蝶派，没有高居于象牙之塔的贵族文学家，这也从背面说明湖湘文化精神对湖南作家影响的深度和广度。"①

---

① 田中禾.湖湘文化对 20 世纪湖南作家人生行为走向的规约[J] 湖南师范大学社会科学学报，2000
   （4）：84 - 89.

第二节 地域源流与本土意识的书写

实证主义理论家泰纳在《英国文学史》①导论中提到影响文学创作和发展的三个因素：种族、环境和时代。他把这三者称为"三个原始力量"，并依据其不同作用，分别称之为"内部主源""外部压力"和"后天动量"。种族是指人出生时所带来的那些固有的和遗传的性质，这些性质因民族的不同而对各民族的艺术具有不同影响。环境分为物质环境与政治环境，泰纳从实证主义角度说明了环境对艺术的影响。时代被泰纳称为精神的气候，一个民族精神的气候影响民族的艺术。

不难发现，泰纳的理论在解释西方文学发展的历程上是独辟视角、具有客观实证特点的。在解释湖湘文化与湖南当代作家官场书写关系的时候，这个理论同样具有阐释学上的意义。论及种族（这里论及的并非族群的概念，而是地域学上的人口概念），湖南人似乎与中国其他地方的人没有什么差别。但是翻开历史，可以鲜明地感受到生存在三湘大地上人们的性格中独有的坚毅和超拔。"若道中华国果亡，除非湖南人尽死"，杨度在《湖南少年歌》写道②；湖南人这种"不怕死"的精神，更是源于它的所在环境以及人口构成。湖南三面环山，一面临水，是一块马蹄形的地域。冬季凛冽的西伯利亚寒潮滚滚南下，长驱直入湖南，直达南岭的脚下郴州永州一线，被阻于南岭；夏季的阳光烈日加上湘北洞庭湖水面的蒸发，使三湘大地热气郁积而不得散发。而春秋两季气候多变，时晴时雨，骤冷骤热。因此湖南自古属于居住条件恶劣的荒蛮之地。在古代相对于中原地区来说湖南是信息比较闭塞的地方，但另一方面又是"艰难困苦，玉汝于成"的地方。古人云"深山大泽，实产龙蛇"，锻炼了人的坚强勇毅的性格。环境的闭塞，培育了人的独立思考、不随人俯仰的精神。这种自然环境培养了湖南人认同天道变化无常的道理和不屈的奋斗精神。

而在人口构成上，湖南被认为是"移民之省"。这与湖南自古以来所处的战略位置有重要关系，元代初年及明末清初，湖湘大地在兵家争夺中首当其冲，始终遭受战火的摧残，这一方面造成了土著居民的人口流失，另一方面也为大规模的人口迁移提供了可能。历史资料显示：元、清两代，中央政府和地方政府曾多次鼓励和安排大规模移民，移民主要来自江浙、江西和四川等地，湖南

---

① 参见伍蠡甫，胡经之.西方文艺理论名著选编[M].北京：北京大学出版社，1985.

② 谢发平.湖湘文化十九讲[M].北京：世界图书出版社，2012：69.

省境内有四十多种方言，如湘乡、新化、常德、湘西、衡阳、平浏、醴陵等方言，可以说没有一个湖南人能听懂省内的所有方言。这些移民进入湖南，为当地恶劣的自然环境和争战不休的社会环境所逼迫，形成了"勇敢尚武"，即临难不惧、视死如归的精神。诚如毛泽东所言："与天斗其乐无穷、与地斗其乐无穷、与人斗其乐无穷"，这种在艰难环境之中作乐的态度，藐视一切困苦荆棘的战略意识，为所有湖南人所有。而不管移民来自哪里，其最根本的特点是有吃苦耐劳的心理准备和拼搏的精神，这种气质上接先人楚文化的跳越浪漫，形成了近代湖湘文化的激越而又有序、笃实而又灵动、浪漫而又实际的鲜明地域特征。

毋庸置疑，时代是在文学发展中有着具有全局而广泛影响的、举足轻重的因素。任何一个时期的文学发展，都是具有时代风貌的。往远处看，18世纪的欧洲盛行浪漫主义，19世纪现实主义，20世纪的现代主义和后现代主义，尤其是在20世纪，各种文学思潮和流派在文学发展的历史长河中兴起又衰落，异彩纷呈，自然主义、唯美主义到表现主义、达达主义，再到荒诞派、黑色幽默、垮掉的一代等等，他们迅速崛起而又逐渐衰落。每一个时期的特点在整体上都构成了时代风貌，打上了先驱者不羁的烙印，影响着同时代的人的价值取向和写作观念。往近处看，"十七年"文学中光辉形象的书写和正面人物的高歌，贯彻的是社会主义现实主义的文学理念；到"文革"之中的样板文学，80年代之后迎来了文学上的"解冻时期"——朦胧诗派、伤痕文学、反思文学、改革文学，先锋派实验，到新写实小说、新历史小说，再到90年代民间立场和知识分子写作、身体写作，网络文学的兴起和发展。这所有的一切无不彰显出时代强大的推动力。每个作家及其笔下的人物都处在特定时期、特有风貌的渐染之下，其情貌状态吻合于时代特点。当然也不排除极个别的作家，像艾米莉·勃朗特、荷尔德林、叔本华、海子等人，思想不融于当时时代特征，其光芒和价值到后代才得以肯定。这并不妨碍我们理解时代在文学之中扮演的角色。

海德格尔在《诗人何为》之中，借荷尔德林的诗句称现时代为"贫乏的时代"，即缺乏"存在的时代"，其隐喻性的标志乃是"神的隐匿"。他认为诗是对神性尺度的采纳，而人应当在大地上诗意地栖居。而萨特在对于文学和现实社会的关系论述中，认为文学是对社会的"介入"，他认为文学家用文学语言说话，通过自己的写作（说话）揭示生活，从而干预生活、介入生活，即以文学创作的形式对现实形成干预、回馈。就最早的现实主义文学来看，文学就是要客观地反映现实，写出典型环境中的典型人物，客观冷静地观察，历史地具体地描写生活。而从局部生活的描写和开掘来说，左拉的创作是具有典型意义的，而且是具有一种"片面的深刻"，陀思妥耶夫斯基对现实则呈现出一种"灵魂上的拷问"。跳过社会主义现实主义和革命现实主义对文学的限定和桎梏，我们不得不清晰地认识到——现实主义需要自由言说的民主环境，现实主义作家必须具有独立之精神，现实主义的作品则需要保持批判意识。① 基于此，"新写实"作家群体从当下社会个人的生存忧虑与日常叙事出发，特别注重还原现实生活的原生态，真诚地直面现实，直面人生。

在20世纪80年代，国内曾经掀起了关于现实主义"开放性"的讨论，这次论证得出的两个结论：一是摆脱了苏联社会主义现实主义的理论模式；二是现实主义与现代主义出现融合，要借鉴现代主义的精神特质和写作技法。

唐浩明认为，近现代湖南文学在中国文学史上有着极崇高的地位。湖南作家的"人民性"体现在作品中所洋溢出来的大气、雄伟、高昂、浩然、阳刚、血性之中。一部湖南近现代文学史也是一部湖南人民的革命史、奋斗史。湖南近代文学家族作家群的诗文创作成就和艺术风格，分别是：湘阴李氏家族作家群的李星沅、李星渔、李杭、李桓、郭润玉、李星池及李家其他几位闺秀诗人；湘乡曾氏家族作家群的曾国藩、曾纪泽、曾广钧、郭筠、刘鉴及曾纪曜等几位闺秀诗人；道州何氏家族作家群的何绍基、何绍祺、何庆涵、李楣、何维棣；湘阴左氏家族作家群的左宗植、左宗棠、周诒端及左氏姊妹；湘阴郭氏家族作家群的郭嵩焘、郭昆焘、郭刚基、郭庆藩；武冈邓氏家族作家群的邓仁堃、邓辅纶、邓绎；龙阳易氏家族的易佩绅、易顺鼎、易顺豫、易君左；宁乡程氏家族作家群的程霖寿、程颂藩、程颂芬、程颂芳、程颂万。这些家族作家群成为湖南政治叙事的先行者。

有学者认为，政治叙事小说是典型的现实主义小说，"是与中国现代文学发展的传统一脉相承的，是现实主义文学在新的时代境遇中的延续、发展及超越"②。21世纪的湖南政治叙事小说的书写，是90年代末期现实主义冲击波的强势回归表现。它的创作路径沿革了"改革小说"的"主流意识形态"的特征。此时期的政治叙事小说创作无论在题材选择还是形象塑造上都对传统的现实主义(革命现实主义)有所发展，有所超越。从题材的选择上看，政治叙事小说几乎无一例外地将当代中国社会的官场生态和官场腐败作为主要的书写资源，这一方面表现了当代官场作家对传统现实主义小说缺憾的自觉补充，另一方面也表现了作为个体的作家对当下文化语境的现实关怀。从小说形象的塑造来看，

---

① 李云抟.中国当代现实主义文学六十年[M].南昌：百花洲文艺出版社，2008：40.

② 赵佃强.世纪之交"官场小说"热潮的历史文化缘由[J].临沂师范学院学报，2004(2)：33－36.

政治叙事小说不仅通过对一系列灰色官员形象的精心刻画凸显了当下官场的细微生态，也通过对官员形象的解构颠覆，甚至否定了传统现实主义小说中革命干部的"高大全"形象，朱怀镜、池大为等一系列相当另类的当代官员的典型形象就是当下语境中官员形象的集体浓缩。

以王跃文、阎真、肖仁福为代表的湖南政治叙事小说创作群从一出现便令人耳目一新而备受关注。湖南政治叙事小说在呼应了人们对"现实主义冲击波"和"主旋律"小说、"反腐"小说现实主义的精神渴求的同时，力求以新的视角透视官场、以新的感悟表现官场文化。这同时也是时代赋予其的责任和使命。

第三节　消费文化和历史"祛魅"

陈晓明在《中国当代文学主潮》(第二版)中这样写道："晚生代作家要开拓一片独特的领域，在很大程度上只能够寄希望于他们对生活的理解方式和他们叙事视点的别具一格，从而以独特的角度穿透生活的局部。他们写作的真实价值在于反权威主义式的祛魅叙事，拆穿了生活原有的权威意义，把生活中最无意义的环节作为叙事的核心，在没有历史想象的语境中，来审视个人的无聊存在。"[①]在后现代的文化语境之中，传统的价值体系荡然无存，消费文化全面侵入到人们活动的每个角落。人们拒斥"深度模式"，削平了神话寓言而导向一种平面感和表层粗浅。历史意识的消失让人们对传统文化产生断裂感，使得政治性与公共性淡化，道德关怀和参与热情衰落，理想与激情消退。而私人性、娱乐性、物质性、肉欲性强化也就意味着主体性的丧失，生活趋于"零散化"。大众的生活目标和文化理想已彻底削减为日常消费和感官刺激，文化的生产与消费也跟随大众享乐的动机，开始以赤裸裸的方式推广浮躁的感性和肤浅的快乐情调。更为可怕的是，在启蒙主义的幌子下，工具理性大行其道，肯定性思维占了上风，大众的"单向度化"使得文化彻底丧失了否定和批判功能，进而也无望超越，在公众的信息无能中，掌握了话语论述权的传媒不断将特殊利益打着"启蒙"的幌子包装成普遍意义，传播给大众。他们制造受众的需求，掌控他们的趣味，以至于整个人生都被用温柔的方式完成了强行选择。而这一切，除了符号化的商业之外，还有符号化的娱乐、符号化的意义，按霍克海姆的话来说，不过是种"大众欺骗"。这注定不是一个产生意义和获得超越的过程，它最

---

①　陈晓明.中国当代文学主潮(第二版)[M].北京：北京大学出版社，2013：398.

终表现为诗意的沦丧、想象的消逝和超验性的终结。物质功利主义的企图直接引入了日常生活"审美化"过程，使得所谓"审美"与人的物质欲望之间产生了一种深刻的同构和互动。

消费文化的盛行势必同样也影响到了官场的生态文化。但是官场的复杂性和多样性却并非由消费文化来催生的。传统的儒家政治观、伦理观和中华文化中人伦关系、为人处事的方式本质上有着抵牾之处。在进入仕途的知识分子的这一群体身上，其生存尤其显得挣扎和焦灼。当"青天济民""公正廉明"与"水至清则无鱼，人至察则无徒""难得糊涂"两种处事形态正面冲突之时，处在其中的个人面临着两难的抉择。萨特认为人存在先于本质，在痛苦而悖谬的世界里，人与人之间必然是冲突、抗争，而在人与社会之间，则必然存在一种近乎天理的残酷，充满悖论的人世，可怕的不是无尽的丑恶和罪行，而是永无止境的荒谬。而人只是这个荒谬、冷酷处境中的一个痛苦的人，世界给人的只能是无尽的苦闷、失望、悲观消极，人生是痛苦的。而人在选择自己的行动时是绝对自由的，"自由选择"的意志是一个人赖以为继的存在基础。如果不能按照个人意志做出"自由选择"，这种人就等于丢掉了个性，失去"自我"，不能算是真正的存在。王光荣在《民间的意义》中强调，"知识分子只能沦落为世俗平民而失去其先进性，失去自己优越的社会地位。据此，可以悲观地认为，人文知识分子在伦理范畴的人格束缚消失以后，他们尚在叹息之际，并不导致自由人格的形成。"①

从这点上来说，湖南的政治叙事小说的书写一个最大的特点就是将个人在风云变幻的官场的艰难抉择和价值取向发诸笔端，把处在整个消费文化和市场经济大潮涌动下个人的精神蜕变演绎到极致。池大为的人物形象"揭示了中国当代知识分子在世俗化潮流的精神守望和自救问题"②。肖仁福的《仕途》道尽了官场尔虞我诈，钩心斗角的苍凉，将生命之重和意义之轻、诚实者勤勤恳恳和奸诈者屡屡得志形成了强烈的对比，亦是对传统因果善报、邪不压正有力的嘲讽。正是出于这样的创作视角选择，湖南政治叙事小说所呈现的感情基调"荒诞的真实、繁华的苍凉、冷峻的温情，冷眼旁观中暗含着对生命的关怀和对民族的思考，充盈着忧患意识、反思精神和理想色彩"③，而正是这样的美学意

---

① 王光东.民间的意义[M].长春：吉林出版集团有限责任公司，2009：3.

② 谭桂林.知识者精神的守望与自救——评阎真的《曾在天涯》与《沧浪之水》[J].文学评论，2003(2)：62-67.

③ 郑国友.论新世纪湖南官场小说创作[J].河北工业大学学报(社会科学版)，2012(3)：49-54.

味形成了湖南政治叙事小说的精神命脉。

众所周知，中国从来就是一个以"官本位"为评判社会性活动出发点的国度，几千年来的封建统治使得民众对于官吏有着莫名的敬畏和膜拜。"父母官再造""普天之下，莫非王权"等用语无不显示出"官本位"文化的根深蒂固。从几千年来封建体制到中华人民共和国成立来的计划经济体制，强化了"官场"作为中国人集体性想象的存在。以"官"的意志为转移的利益特权、"唯上是从"的制度安排、以"官"为本的价值取向、以是否为官和官职大小评价社会地位的衡量标准，这所有的一切都是隐含在"官本位"之后的认知和诉求。在中华人民共和国成立之后的文学书写之中，歌颂正面人物，描写高、大、全的英雄典型和不准许写阴暗面成了划在文学身上的一道道硬伤，"官场"只是存在于人民的想象之中，而正面描写官场也成了"历史化"的表达。然而，在 20 世纪 90 年代末的湖南当代作家笔下，则开启了官场书写的"祛魅化"①，他们将官场的人物、处事方式、钩心斗角、奢靡贪腐等等诉诸台面，暴露在人们的视野之中。人们从"政治叙事小说"中窥探经验之外的世界。只有陌生的东西才会引发好奇，催生窥探的欲望。不透明的官场增加了官员身上的神秘感。传统政治文化认为，官员只有具备神秘感才可能产生威严。

湖南的当代政治叙事小说的书写旨在除去官场的神秘化，试图挖掘文化根源，写出了官场的文化血脉。写官场不仅在于写出官场的人员搭配、框架设置和日常事务安排，而且要表现官场的文化肌理和精神血脉。这种把有形化为无形，把实的转换为虚的是文学作品具有诗意、成为艺术的根本所在。在这一点上，王跃文有着开创性和代表性。又如陶少鸿的《花枝乱颤》，在真实的叙事和看似细碎的生活流中体现出来的是一种冲淡、隽永和深沉，透过官场文化的肌理，完成对官场生态的透析，无异于通过人的一生写出他的性格精髓。湖南政治叙事小说作家选择从官场文化的角度来观照官场生态，显然有别于类型化政治叙事小说的写作道路。那种灌注了作家生命感悟的艺术作品，迥异于一般作家用粗浅的描写和程式化构出的图景。

北岛在《回答》中悲愤地喊出："卑鄙是卑鄙者的通行证，高尚是高尚者的墓志铭。"这是对黑白颠倒世界的终极宣判。但政治叙事小说的书写绝非立意于将这黑暗、恶心和污秽的行为揭露，令世人颓废。而是通过鞭挞这些思想上

---

① "祛魅"这个概念的英文是 disenchant，字面意思是使某人对某物或某事不再痴迷和崇拜。重估价值就是使原来有价值的、有权威的人或事被重新评判，势必导致祛魅化。历史化则看成是建构性质的，它使某种叙事具有权威，而祛魅化则是"去历史化"。

的污垢、生活中不见光的领域，破除人们对司空见惯行为的麻木，振奋对于未来的信心和憧憬。就像波德莱尔在《恶之花·美的颂歌》中唾弃巴黎的残损污秽的旧梦一样——"在你的眼睛里含有落日和黎明，你散发像雷雨之夜一样的清香。"①

第四节 "镜"与"灯"——现实关怀和使命意识

"镜"与"灯"这个概念借自于美国批评家 M. H. 艾布拉姆斯的著作，他在其著名的小说理论著作《镜与灯》一书中，以这两个概念对 19 世纪"浪漫主义文论及批评传统"进行了梳理与探讨，这两个概念分别对应着"模仿"与"表现"这两种写作传统。他说："从模仿到表现，从镜到泉，到灯，到其他有关的比喻，这种变化并不是孤立的现象，而是一般的认识论上所产生的相应变化的一个组成部分。这个认识论就是浪漫主义诗人和批评家关于心灵在感知过程中的作用的流行看法。"②他同时还提出了构成文学的"四要素"理论，即：作品、作家、世界和读者。他认为完整的作品构成应该包括这四个要素，缺一不可。而内部的组成结构是一个三角的形状，作品是中心，经由它把其他的三个要素勾连起来。艾布拉姆斯基于此结构上的"分析系统"，对不同时期的文艺思潮和理论派别加以区别和探析，从本质上科学而系统地得出了结论。同时它也对西方文艺理论做了一个全面的总结和回顾，从历史发展的角度阐述了"模仿说""实用说""表现说"和"客观说"。关于《镜与灯》的隐喻意义，正如作者在"序言"中所指明的，"本书的书名把两个常见而相对的用来形容心灵的隐喻放到了一起：一个把心灵比作外界事物的反映者，另一个则把心灵比作发光体，认为心灵也是它所感知的事物的一部分。"③

我们通常说一个作家所具有的现实关怀是指作家对于自己所生存的时代环境与现实环境所做的主观反映，是对社会最迫切和人们最关心的现实问题的个体回应。这就好比"镜子"的功用，追求艺术的真实性，客观地描写社会生活，"按照生活的本来样子去反映生活"，将生活的全部采撷到自己的作品之中。乔

---

① [法]夏尔·波德莱尔. 恶之花[M]. 郭宏安，译. 上海：上海译文出版社，2011.

② [美]艾布拉姆斯. 镜与灯——浪漫主义文论及批评传统[M]. 郦稚牛，张照进，童庆生，译. 北京：北京大学出版社，1989：81.

③ [美]艾布拉姆斯. 镜与灯——浪漫主义文论及批评传统[M]. 郦稚牛，张照进，童庆生，译. 北京：北京大学出版社，1989：81.

治·桑曾经对巴尔扎克说过:"你描绘人类如你所眼见,我按照我希望于人类的来描绘。"而巴尔扎克自己也这样说过自己:"法国社会就是历史家,我只是它的书记员"。湖南的政治叙事小说的书写,同样也是对现实生活的真实描绘和写照。在市场经济的大潮和消费文化的侵蚀之下,中国的现代官场的清廉和公正性一直备受诟病。而长期的"官本位"文化在人们心中根深蒂固,导致对于贪腐行为的惩处一直是不力而有限的。同时,对于官场的集体性想象是中国人历来的传统,湖南当代作家对于官场的书写既是对官场芜杂现实的针砭,也是对阅读市场和读者心理的一种契合。此外,此类作品中还流露出对于现实惶惑下的个人的关怀,这些个体的现实遭遇和精神危机才是后现代语境下最真的存在。在20世纪80年代现代主义思潮和后现代主义危机之后,我们的文学发展和文学创作又呈现出一种对于现实主义的复归。这种复归也当然地打上了后现代主义深深的烙印。在王跃文的《国画》之中,主人公历经了重重关卡,在丑恶、虚伪、敷衍、争权夺利和尔虞我诈之后,心灵深处受到了极大的震动。通过他的经历,刻画了官场的众生相。而阎真的《沧浪之水》则通过知识分子池大为的价值体系的崩塌和个人的蜕变,折射出官场的人情黑洞,池大为在官场得意了,在内心的良知上却深深地堕落了。

作家始终是要具有现实关怀的,"为天地立心,为生民立命"的眼界和责任,赋予"作家"这个称谓以沉甸甸的重量。"文学的本质即文学的精神规定了作家必须是文学的作家,是听命于文学的作家。"①当他用文学的眼光直视社会现象时,严肃的态度会催生一种理想的眼光,而高度的责任意识和对崇高人格的追求又会促使他们自觉地去观察人生的残缺和丑恶面,只有在理想与现实的较量中,真理与正义才会归属灵魂,作为个体的作家才会始终作为社会精神的引导者,人的灵魂的塑造者而立足于社会。只有这样,这面照着现实的"镜"才会永远洁净明亮,廓清社会的乌烟瘴气,让每个居住在这个社会的人的灵魂得以铮亮,纯然心境。

而"灯"则是作家内心的明灯,指引作家不断向前,砥砺突破的原动力。曹丕《典论·论文》里提到:"盖文章者,经国之大业,不朽之盛事",《左传》里说:"太上有立德,其次有立功,其次有立言。虽久不废,此之谓不朽。"这其中透露出极强的生命意识,隐藏在生命意识下面的,乃是"当今之世,舍我其谁"的使命意识。纵观潇湘最近二百年的历史,毛泽东感叹"数风流人物,还看今朝"仍是湖南弟子涌起的历史回响。湖南当代官场作家的使命意识肇始于宋代

---

① 雷体沛.作家的良知与文学的精神失落[J].文学理论与批评,2007(4):116-119.

以来的湖湘文化，前已提及。在他们的创作之中，常常不自觉地表现出一种浪漫倾向和一种忧国忧民、以文学济苍生的情怀，他们善于关注政治改革和社会发展，在作品中，常常可以感受到区域文化在现代社会里的冲击。

这种以天下苍生为念的使命意识，在尼采看来，乃是"超人意志"的体现。尼采提出的最主要问题是：在传统价值全面崩溃的时代，人如何重新确立生活的意义。尼采正是在寻找问题答案时候提出了他的"超人哲学"，超人便是真理和道德的准绳，是规范和价值的创造者。"超人"的出现，是尼采"重估一切价值"和英雄道德观的必然结果，也是他最高的道德理想人格。在尼采看来，正如必须重新创造一种新的价值体系以挽救人类道德的堕落一样，也必须呼唤出一种"超人"来挽救人类自身可悲的退化。从尼采的"上帝之死"到罗兰·巴特的"作者之死"，再到福柯的"人之死"，现代人越来越处在一种难以言说的语境之中。当现实的虚假和浮华，褪去了生活原本的崇高的意义，消解了人类思想的神圣性和深刻性，现代人发现自己置身在一片凄凉的荒原之上，精神家园和归宿已不复存在。

湖南当代官场作家群不仅从表面上认识到了人类的这种尴尬的处境，也从深处描绘了现代人的"自我救赎"。他们继承了"心忧天下、敢为人先"的湖湘文化精神，以世俗化的笔调来开拓知识分子认识的新的领域。"为往圣继绝学，为万世开太平"，替生民书写的使命感，让他们内心的那盏"灯"始终观照着底层人民和知识分子，以底层的视角书写高层的故事，在为官场祛魅的同时，也催动着社会改革的旗帜。

第三章　文学湘军的文化传承与现实镜像

　　无论文学的风向怎么走，最新的潮流是什么，哪种写法执文坛牛耳，文学湘军都一直站在三湘大地上，用文学的方式思考中国人的问题。细数文学湘军方阵中的每一个成员，无论是老当益壮，还是初出茅庐，都把脚下的土地作为自己的出发点，把创作的笔触深入中国人生活的毛细血管里，关注生命的痛痒及心灵谱系的形成。他们从自己的视角出发，借助目所能及的渠道看到广阔的世界，尽管不是生命体验的全部，不可能窥得全豹，却在"片面的深刻"中为民代言，为历史刻上了时代的印痕。

　　文学湘军用创作实绩成为时代的"书记员"，用文字传达着这个时代的人间生态、社会信息和心灵消息。如果把文学湘军的文本在坐标上描绘出来，连点成线，铺线成面，就是一副细致入微、波澜壮阔的历史断面。其中既有特定年代、特定空间、特定背景下的故事，也有想象奇诡、思维超越的横空之作。文学湘军基于对现实的观察和思考，力图物化社会人生的众生百态：农村的原始与淳朴、城市的习性和欲望，小家碧玉的精致内秀、大家闺秀的仪态万方，市井的算计与理想的高蹈，不一而足。但是不管哪种风格，他们都有立足当下的现实精神：超越而不疏离，奇诡而不荒唐，人生本相、自然性情，尽收眼底。

　　文学湘军从客观存在的现象出发，研究对象自身的历史现状和生成条件，推陈出新，紧贴本质。但是他们尊重本质的方式充满了矛盾，集中体现在三个方面：第一，体制下的合理生成与对体制的抗争和妥协。作家们从不同的角度出发对体制的历史功用做出了不同的回答，无谓对错，遑论褒贬，但都以拥抱现实的方式走近当下。阎真的《沧浪之水》中，池大为似乎被体制挤压变形，甚至异化，知识分子的担当让位于官场规则的再锻造，傲骨被潜规则碾压，从最初的抗争到最终的妥协，再到体制中游刃有余的强者，他在抗争中妥协，在妥协中变化。第二是人性作用下的生命伦理与政治维度的历史判断。文学湘军异常重视政治的巨大社会影响力，把政治作为社会生态平衡与失衡的首位性要素，又在作品中把人性作用下的生命伦理作为微观世界的无冕之王。第三是民族性格与西方逻辑。文学湘军有骨子里的民族性，除了故事背景，人物的言语方式和思维逻辑也是民族性的，但是他们又常在此过程中引入西方逻辑，以此纠偏民族性的缺失，但是也出现了矮化民族性格的畸形做法。尽管有偏见、悖论和妄断，但更多的是片面的深刻，而非暧昧的、全能的自圆其说。他们不与世隔膜，与现实隔离，与人性相悖，与性情相左，与本质龃龉，而是以作家的方式观察社会、认识现实、洞悉人生，湘军文学投射出历史的理性、清晰的思维和良知的自足。

在社会转型期，法律制度尚不完善，权力监督不够到位，物质欲望刺激着公共资源管理者和掌握者们。在此背景下，富于社会责任感的作家将笔触直接对准官场，聚焦政界生态。他们把贪腐方式、官员日常、官场生态进行了入木三分的刻画，公众对官场的了解不再停留于官方文献和红头文件里，而是为公众提供了一个认知官场的窗口，因此，官场小说一定程度上可以归入权力监督的范围。腐败的根源之一是权力滥用，包括权钱交易、权色交易。权力腐败远不是简单的一手交钱一手交货，而是微妙的利益输送，其过程之隐蔽、手段之精巧令人叹为观止。整个腐败过程几乎没有直白的表述，而是在只能意会而不能言传的氛围中完成贪腐的全过程。随着社会权力监督制度的完善，贪腐的隐蔽性也开始升级。有权力的地方就有腐败，"权力倾向于腐败，绝对权力倾向于绝对的腐败。"①阎真的《沧浪之水》即为一例，在卫生厅里，领导表面上和普通工作人员一样，实际上他们享有很多的灰色权力和不可言明的利益，为了这种利益，他们不惜放弃重要的公共开支。初进卫生厅的池大为反对厅里购置高档轿车，表面上被表扬，实际上被厅领导排斥，调到卫生厅下属的单位。不只是权力腐败，生活腐败也是官场贪腐的重要方面。随着市场经济在我国的逐步确立，社会观念发生了根本性的变化，人们对物质的欲望和需求超过以往任何时期。在此背景下，英雄主义和精英意识后撤，知识分子的启蒙立场不再是居于核心地位的主导价值，消费主义、物质奢华以惊人的速度压倒了知识分子的精神阵地。对于掌握着大量公共资源的官员来说，欲望像一个充满诱惑的美女，挑逗着他们的不可遏制的欲火，他们的生活底线、道德操守和党性原则受到了严峻的挑战。一方面，有的官员在公众面前正襟危坐、道貌岸然，大讲反腐倡廉，重申党纪国法，另一方面，他们沉湎酒色，极端堕落。起初，公众对贪

---

① 【英】阿克顿.自由与权力[M].北京：商务印书馆，2001：82.

腐官员的多面人生错愕不已，但在各种贪腐的高频曝光下，逐渐适应了各种丑陋现象。文学湘军的官场小说对官员的腐化现象进行了原生态的展示，以文学的方式再现了官场众生相。王跃文在《国画》中写道："朱怀镜感觉白天的生活是很日常的，没什么真趣，有意义的生活是在八小时之外"。"八小时之外"是官场小说表现的重点，只有在八小时之外，他们的人性才能得到最本真的体现，也只有在八小时之外，官员的真实道德水准、人格操守、党性原则才是没有伪饰的。声色犬马，无所不能，在私人会所、大酒店、娱乐城隐匿之后，各种供官员"御用"的场所应运而生。这都隐喻着作家的深层思考，是什么催生了这些东西？设置这些东西的动机是什么？官员为什么无法经受奢靡消费的诱惑？现行的监督机制在这些"聪明"的官员面前是如何失效的？对这些问题的揭示无疑具有警示意义。作为现实的镜像，官场是这个社会的断面，也是利益纠葛最为集中的场域，从这个意义上说，文学湘军的创作实绩对我们这个时代，对于文学史的重新标定，无疑提供了活化石一样的素材和标本。

第一节 多维视野下政治叙事小说的时代隐喻

近代学者王国维曾论断："一代有一代之文学。"20 世纪 90 年代中后期，在中国文坛掀起了政治叙事小说的热潮，其"蔚为壮观"的创作景象也为中国社会带来了强烈影响。政治叙事小说，顾名思义，就是以官场生活为内容题材的小说。其或揭露官场黑暗腐败，或描写官场权力斗争，或记录宦海浮沉无常，直面现实，关注人的生存状态与精神焦虑，受到广大读者的喜爱与关注。其中如《沧浪之水》《青瓷》等作品都被改编成电视剧，引发了收视热潮。

某一题材小说能吸引社会保持持久关注度，并不是偶然，其背后必定夹杂着政治、经济和文化等多方面的复杂因素。在世纪之交迎来的政治叙事小说热潮的出现也是多方合力的结果。

第一，20 世纪 90 年代，处于转型期的中国社会腐败现象日益严重，这使得一批富有社会责任感、关注现实人生的作家聚焦于政界生态，创作小说以揭露腐败、敲响警钟，履行反腐使命，体现现实关怀。这类政治叙事小说勇于直面现实，将笔尖如手术刀般深入到社会生活的方方面面，暴露出腐败官员的种种丑态，抨击种种腐败现象：权力腐败、经济腐败、生活腐败等等。比如《国画》中的朱怀镜，"有意义的生活是八小时之外"，极具讽刺意味。学者孟繁华在2002 年就指出："政治叙事小说的繁荣原因有两点，一是权力异化导致官僚腐败，真实存在于生活中，文学有义务做出反映；二是商业文化的驱使，商业文化消费一切，当官场腐败以文学形式出现在文化市场时，事实上他作为一种可供展示的奇观被消费。"①他的说法深刻地揭示了政治叙事小说繁荣的文学社会和经济原因。

第二，鲁迅曾在《学界的三魂》中说："中国人的官瘾实在深，汉重孝廉而有理人刻木，宋重理学而有高帽破靴，清重贴括而有'且夫'、'然则'。总而言之：那灵魂就在做官——行官势，摆官腔，打官话。"②几千年来，儒家宣扬的"学而优则仕"成了读书人的最终理想，并潜移默化成一种集体无意识，往往把权力作为社会资源之源，衡量人价值之尺。"权就是全，其辐射面是那样的广，辐射力又是那样的强，这是一切的一切，是人生的大根本。"(《沧浪之水》)这种"官本位"思想盘旋在国人头上挥之不去，使得人们渴望权力，谋求权力，享受权力，因此对于能够带来权力的官位，人们同样热切地渴望、谋求、享受。只是僧多粥少，要想取得官场胜利，并不简单。因此有不少读者通过阅读小说以从中了解官场生态与权力运作机制，学习生存与高升技巧，将政治叙事小说当成"官场秘籍""入门必读"。而且政治叙事小说有不少"成长小说"，如《沧浪之水》的池大为从初入官场处处碰壁到步步高升，客观上使读者感到民众获得权力的可能性，制造了"官场童话"。

第三，古时候，由于等级森严，对于官员，不仅他们的权力运作、处理事务、判断决策等工作方面百姓没有途径去了解，对于官员的言行举止、日常生活，百姓也没有知情权。官府的威严排场增加了官场的神秘感，而偶尔的"微服出巡"只会让百姓们感恩戴德得五体投地。这种陌生神秘之感，尽管在改革开放以后有所改变，但由于决策透明度不够高，政务公开不够广泛，权力监督不够到位等原因，当今官场与普通人之间还有相当的距离，官场神秘色彩依旧积于人们心中，官位越高，就越神秘。政治叙事小说的故事地点在官场——县委县政府、市委市政府、省委省政府，这些百姓们无从了解的地方；内容是这些官员工作上的权力明争暗斗、风云变化、内幕揭秘，还有私生活方面，家庭情感纠葛，恩恩怨怨，乃至隐私、欲望。这些很能刺激和满足读者的好奇心与猎奇欲，而且剥去了官场神秘光环，看到他们也不过是"无毛两足动物"，也让读者感到畅快。

第四，处于社会转型期的中国，社会矛盾尖锐，社会问题突出。但是部分官员依然渎职枉法、以权谋私，这导致政府信任危机的加深。面对现实，普通

---

① 孟繁华. 政治文化与"官场小说"[J]. 粤海风，2002(6)：13 - 16.

② 转引自张世良. 反腐与"官场小说"的倾向性[D]. 长春：东北师范大学，2008.

民众往往束手无策，眼睁睁看着自己的合法权益被剥夺。想要付诸抗争，却力量薄弱，无从下手，只好祭出阿Q精神，只求精神胜利。大部分官场文学都有一个光明的尾巴，恶有恶报，善有善报，符合中国传统的欢喜大团圆结局的心理。作品里作家为自己惩恶扬善，这样心中的怨恨不满便得到了发泄与慰藉。这种寻求失衡心理的补偿，也是政治叙事小说受人欢迎的原因之一。另外值得注意的是，由于官位之难求而带来的不满，也可以通过看得势者失势得到幸灾乐祸的快感。而且，这种求正义伸张打击罪恶的共同寻求，固然可以说是民主意识的提高，但从另一个角度看，也是"青天意识"的流露，对"上级"保持着美好的幻想，认为他们可以帮助好人沉冤得雪。

第五，由于政治叙事小说满足了读者对"官场世界"的好奇，补偿心理失衡，所以能流行开来，有着广泛的读者基础，不少政治叙事小说都被改编成电视剧，引来了热烈反响。出版商也瞄准商机，大量出版政治叙事小说，作家们也注重政治叙事小说的创作。评论家陈晓明认为政治叙事小说已然成为快感文化的一部分，这也造成了政治叙事小说"一片大好"的局面。

第二节 政治叙事小说的历史渊薮

在《文学理论》这一文艺学经典著作中，韦勒克和沃伦引述了波兰哲学家英格丹对文学作品的层面区分，并以此为基础对艺术品的不同层面做了经典而细致的区分，即"声音层面"的谐音、节奏和格律，"作用单元"对文学作品语言结构、风格与文体规则的决定，"意象和隐喻"对风格的核心显现，以及存在与象征和象征系统中的诗的特殊"世界"等等。在以上层面中，无论是声音、语言还是意象、隐喻，归根结底都是属于文本形式方面的要素，可见他们对文本的内在层次分析主要依据文本形式方面的层次，至于文本的内容，它隐含在文本的语言之中。显然，在韦勒克和沃伦的研究视域中，语言是文本研究中首先要引起高度关注的内容，因为除去声音和句子结构这两个与语言有着明显关系的因素之外，作用单元、意象和隐喻、人物、"世界"都可以从语言及其固有结构的角度去加以分析。这样，文本中心论其实可以被认为就是文本形式中心论——即文学的内部研究。当然，韦勒克和沃伦对文本的分析并非指向总体性的文本，而是某一个单独的文本；以单个文本为研究对象，可以使研究者集中精力研读文本本身的结构，吃透文本的作用，从而不至于游离于文本以外的东西，如主题研究、文类研究等，因为这些研究取向或多或少都要涉及文本以外的内容。在简要地分析了韦勒克和沃伦关于文学研究的外部研究和内部研究之后，由政治叙事小说兴盛这一文学现象的外部原因的分析通向这一文学现象的文学内部原因分析就成了必经之路。

第一，随着社会生活的多元化，文学发展也呈现出多元化之态。然而密切关注社会发展的现实主义小说，并未在时代的大潮中灰飞烟灭。尽管曾经在严酷的政治氛围下，现实主义日益狭隘，丧失了"暴露"只剩下"歌颂"，然而只要话语氛围得到放松，现实主义文学对现实的反思与批判性质便会显现出来。比如在"百花时期"，主流意识形态略显松动，便有《组织部新来的青年人》《改选》《田野落霞》等指涉官场的短篇小说出现。而伴随着改革开放深入，利益追逐的过程中权力的作用越来越突出。而"权力倾向于腐败，绝对权力倾向于绝对腐败"①。面对权力与腐败的集结地——官场，现实主义小说必然会切入其中，揭露和批判种种社会病象，通过塑造一个个典型人物，如朱怀镜、池大为等人，折射出纷繁复杂的社会生活，披露人生活与其中的生存状态之艰难与精神状态之焦虑。也有学者认为，政治叙事小说的兴盛，昭示了现实主义文学的振兴与回归。

第二，范仲淹在千古名篇《岳阳楼记》里曾说："居庙堂之高则忧其民，处江湖之远则忧其君"，从古至今，中国知识分子都有着强烈的"入世情怀"，关心国家政权，批判社会不公，呼唤良知公义，同情百姓疾苦，希望能够"兼济天下"。作家周梅森曾经在访谈中谈起自己的创作动机，他说亲眼看见了官员们"白天作廉政报告，晚上就受贿"这种现象后，"腐败的现实让我停不下笔来"。王跃文也说道："理想似乎永远是在彼岸，而此岸充斥着虚伪、不公、欺骗、暴虐、痛苦等。颓废虽不是好事，但颓废到底还是理想干瘪之后留下的皮囊。可现在很多人虽不至于颓废，却选择了麻木，而且是连理想的泡沫都未曾拥有就直接走向了麻木。我既不想颓废，也不愿麻木，就只有批判。"②政治叙事小说家感受到了官场的腐败已不局限于官场，对权力的渴求已追逐侵蚀到了日常生活，对人的生存境遇与精神状态造成了挤压，知识分子的良心与责任感不允许他们沉默，他们将自己的思考与批判写进小说。他们的创作不仅面向社会，也面向自我，反躬自身，省察自身。《沧浪之水》的作者阎真说："知识分子的历史处境有了根本性改变，我们的精神中遭到了严峻的挑战，这种挑战动摇了我们生存的根基，使我们在不自觉中失去了身份。"面对时代的变化，知识分子该何去何从，作家陷入了深思，所以精心塑造了池大为等一系列进入官场的知识

---

① ［英］阿克顿.自由与权力［M］.北京：商务印书馆，2001.

② 转引自陈兴伟.新时期官场小说兴盛的原因及其意义［J］.名作欣赏，2009（10）：43－46.

分子的形象，让他们在其中受挫、碰壁、历练、成长，试图重新唤起知识分子的主体性反思。

20 世纪 90 年代以来，政治叙事小说呈蓬勃之势。其实，政治叙事小说，或者说题材内容指涉官场的小说，在中国已有悠久历史。较早的如曹丕的《列异传》中就有《蒋济亡儿》，将军蒋济借其权势，竟让亡儿在阴间享乐。四大名著中的《三国演义》《水浒传》《红楼梦》中都写到了官场，钩心斗角，相互倾轧。《儒林外史》更是直接以士大夫为对象，讽刺他们丑恶的灵魂。在揭露、讽刺的同时，此类小说也写出了宦海沉浮，险象环生，繁华衰败，如同梦境一般，荒诞不经，这也是官场现实的反应，也是世人内心的写照。于是，便有了《南柯太守传》《枕中记》等作品，极写官场悲欢，只是蝇头微利，便不择手段，"血流成河"，终究只剩下"白茫茫的大地一片真干净"。

晚清时期，朝廷贫弱，列强相逼，世情复杂，此时，便出现了以暴露官僚生活、谴责官场为主要题材内容的小说，被称为谴责小说。著名的有《老残游记》《官场现形记》《二十年目睹之怪现状》等。五四以来，在"德先生"与"赛先生"的感召下，犀利批判腐朽政权、热切渴望理想社会的自觉体现在作家笔端，便出现了《华威先生》《面子问题》《捉鬼传》等小说。

1949 年以后，以批判暴露为主要特征的政治叙事小说变成了题材禁区，只有在"百花时期"零星开放了《组织部新来的青年人》等短篇小说的小花。1979 年，蒋子龙发表短篇小说《乔厂长上任记》，这被认为是新时期政治叙事小说的滥觞。此后改革文学迅速崛起，其中不少小说便触及改革过程总的权力斗争与官场现象。然而此类小说在对官场积弊做深恶痛绝的批判的同时，主要还是颂扬正面人物——改革者，他们筚路蓝缕，任劳任怨，高屋建瓴，目光长远，与多方陈旧势力做斗争，带领人民改革致富。

1995 年，陆天明发表长篇小说《苍天在上》，从此，一大批直面官场腐败的长篇小说迅速崛起。如陆天明的《大雪无痕》《省委书记》，周梅森的《人间正道》《绝对权力》，王跃文的《国画》《苍黄》等等。此时开始的政治叙事小说，在保留了过去政治叙事小说的针砭时弊、暴露黑暗、讽刺批评等优点的同时，也呈现出新的创作特点。

第三节　文学湘军政治叙事的文化传承

文化传承包含两层关系：其一是作家被动传承文化。文化是作家创作的富贵财富；其二是作家主动创新文化，不断对文化表现形式进行创新以适应时代要求。

作家生于斯，长于斯，地域文化是作家思维的工具，亦决定了作家文本的风格。文学湘军在湖湘文化影响下产生的重要特点之一，便是强烈的现实责任感与斗争精神。这一特点早在 50 年代的土改小说就已体现出来。周立波的《山乡巨变》《暴风骤雨》突出土改中的敌我矛盾，描写了农民阶级在我党领导下的觉醒，与地主阶级展开政治斗争，最终取得胜利。尤其值得一提的是小说中对于湖南传统文化精神风貌的展示。既有在恶劣自然环境中形成的"与天斗，其乐无穷；与地斗，其乐无穷；与人斗，其乐无穷"，战胜一切黑暗势力，不达目的誓不罢休的彪悍、勇猛精神；又有苦难中的乐观，极度贫困的贫下中农老孙头讲"黑瞎子"的故事让读者会心一笑。而丁玲的《太阳照在桑干河上》，更是以女性特有的细腻展示了官场中官员与官员、官员与百姓、百姓与百姓之间的心理，在现代湖南湘军官场文学中仍可看到丁玲对人性深刻把握基础上显现的心理描写手法的影子。毫无疑问，当代湘军官场文学继承了湖湘文化，与现代文学史上的政治叙事一脉相承，但是在时代语境中又有所创新与发展。

新时期要求新的素材、表现形式，但这一新的变化发展一定是在湖湘传统文化基础上进行的，"换汤不换药"。新时期文学的政治叙事主要是从以下七个方面来体现湖湘文化的。

第一，相较于过去笔锋直指官员在单位里的力量交锋，官场还具有过去"内幕"般的神秘气息，如今的政治叙事小说的作家们便撩开了这层幕布，将官场的日常生活展现在读者面前。这可以说是官场"祛魅"，官场浮世绘被作家用工笔画细细描绘出来。如此一来，原本"运筹帷幄，决胜千里"的传统官员的光环（无论是"以天下为己任"的责任感还是"牵一发而动全身"的权力斗争），都被世俗生活取代，通过家长里短、生活情态的描写，把积极钻营的人物的筋疲力尽、外强中干表现得淋漓尽致，外表风光无限，名利双收，内心世界空虚，主体精神缺失，"荒原"触目惊心。

第二，作家们也不再仅仅聚焦于权力斗争此类"宏大叙事"，而是从琐屑中展现权力的渗透。比如《沧浪之水》中，池大为就是从办公室里桌子的摆放感觉到官场中的等级制度，从"为谁打水""为谁开车"这等琐事中感觉到权力带来的荣耀。

第三，在人物形象方面，除了"某某长"这类正值壮年、正处于事业上升至鼎盛期的人物，当下政治叙事小说将视线投向了"小人物"。比如《沧浪之水》男主人公便是初出茅庐的年轻人池大为，他在官场里的成长耐人寻味。从意气风发到意志消沉，从负气离开到"低下高贵的头颅"，在官场话语面前俯首称臣，在当中愈战越勇，摆脱了青春时期理想主义的稚嫩与"兼济天下"的良知，戴上了虚假的面具，露出违心的微笑，说出奉承的话语，最后虽然饱受心灵与现实撕裂的痛苦，但也获得了相应的"报酬"——权力。同在《沧浪之水》中沉浮的还有"施厅长"，他是一位迟暮老人，离开官位的他无人问津，晚景凄凉，总是站在大门口等着有人上前和他说话。年轻的池大为上前和他打声招呼，他便可以拉住池大为聊上大半天。我们是否可以把此时的"施厅长"当作未来的"池大为"，他们都在宦海中选择了虚伪，撕裂了灵魂，扔掉了当中善良真诚的部分，用权力以及权力带来的利益将空虚的部分填满。因此从官场撤退后，他们便无所适从。除了这些年轻人、老人，还有比如晏之鹤这类一直在官场底层的"小人物"，从他们身上，我们看到了官场中人的心路历程，看到官场逻辑对他们造成的挤压，他们的自我认同的危机，以及他们的应对方式。

第四，在人物塑造方面，当下政治叙事小说也摆脱了过去正反两派对立的局面，作家的笔尖深入到了人物内心深处，细细记录下其"心灵史"，因此难以轻易定其忠奸。比如《沧浪之水》中的丁小槐，处处挤对新人池大为，但是通过他的醉酒吐真言，我们知道他身上背负着一家人的期望。当他得势之后，将家人接来城里安顿好，过上好日子，从他家人的角度来看，他就像网络上所说的"凤凰男"，是个勤奋工作、尊老爱幼的孝子。而主人公池大为，在得势之后为了防范后生，竟也像丁小槐挤对他一般去挤兑小龚，不动声色地让其咽下自己当年咽过的苦酒，此举让读者唏嘘不已。

第五，对于故事的发生地——官场，他不是简单的"×委大院"，也不是可视的等级制度，而是一块特殊的人文空间。一来，它自有其一套官场逻辑，每一个进到其中的人都要遵循这套逻辑，否则就要遭受惩罚。王跃文在《朝夕之间》便直截了当地说："官场上的事情，你不能简单地用道德标准来评判。"二来，他也有许多"不合逻辑"的偶然，也许就是打了一个喷嚏，顷刻间前途就可能灰飞烟灭，更何况不合时宜的话。机会也来得快去得快，稍纵即逝，池大为重新得到马厅长青睐，就是因为其妻子打针技术好，没有弄哭马厅长的孙女。三来，它有其纷乱繁复的关系往来，有的关系是看得到的，有的关系是看不到的，这些关系可以因为利益而紧密团结，也可以为了蝇头微利而土崩瓦解。四来，官场有着极强大的力量，渗透到生活的方方面面，使人欲罢不能，身不由己，只能顺从而改变自己。这种改变不仅是精神上的改变，连日常生活，比如电话响几声才可以接，走路该保持在何种速度，都要改变，合乎官场设定给自己的角色身份。

第六，在作家的创作中，官场已经是一个特殊的充满象征意味的隐喻空间。一方面，它象征着人的生存境遇，如上文所说，欲罢不能，只能顺从。另一方面，它是中国现实社会的一个缩影。科层制是现代化的产物，但它身上带有浓重的传统社会的习气，还有现代社会的金钱拜物教的渗透。王跃文在《官场文学与现实生活》中说，要想了解现在的中国，必须先了解现在的官场。①

第七，随着社会转型的发展，社会越来越复杂多变，小说中的话语也越来越复杂多变。《欲望之路》②里的邓一群说："他是适应这个时代的，既然这个时代也是无耻的，他怎么能够做到清高呢？对，这个时代真是出了问题了。"不少政治叙事小说中常常会出现对时代的质疑，难道真的是人心不古了吗？回想书中人物曾经历过的年代，许多荒诞的时代都熬过去了，怎么会在如今感到难以适应呢？其中很大一部分原因便是社会变复杂了，而不是变坏了。除了黑白两道，社会上还有许多"灰色地带"。一开始，池大为曾经看不起不学无术的妹夫任志强，认为他一定是"败类"，不知道原来还有下海经商这条发财致富路。后来池大为自己领悟到，关键在于"能不能"，只要做到了，便是好的。在政治叙事小说里，有着官场的话语，也有商场的话语，还有学术圈的话语，多种话语一起发生，形成巴赫金所说的"复调"，虽然往往是官场话语更占优势，但是读者却可以从这多声部中读出各种意味。

正如俗语所说："能人都死在自己的能耐上"，当今政治叙事小说呈现出许多新的创作特征，同时也正是这些创作特征使其陷入缺陷当中。比如过分注重针砭时弊而将小说叙事变成"新闻化写作"，过分追求日常伦理叙事而使艺术体验变成日常经验，深入人物内心世界导致为其腐败现实找到开脱借口等等。这些都是政治叙事小说所面临的实实在在的困境。

---

① 转引自王跃文博客[EB/OL]（2014 - 6 - 28）[2010 - 10 - 02]http：//blog. sina. com. cn/.

② 王大进. 欲望之路[M]. 北京：人民文学出版社，2001.

第四章　文学湘军政治叙事的缘起与勃兴

　　文学湘军是中国当代文学的一支重要力量，特点突出，风格鲜明，拥有庞大的读者群体，在文学史上占有举足轻重的分量。重要原因在于，其作品蕴含丰富文化信息，既有对中国传统政治文化的向往、追寻和反思，也不乏现代视野的价值参照，为当代政治社会研究发出了一家之言。选取政治叙事这个切入点，从政治的视角研究文学湘军，通过分析政治对人物塑造、故事架构和价值观设定等影响，本文认为，在湖南作家的文学世界里有一种微妙的政治关系：个人与体制既妥协又对抗、既规约又退让、既顺从又融合，形成了"个人与单位""利益与情怀""当下与星空""规则与潜规则"等四对范畴的向度，就四个向度的纵深而言，它始而是微观的单位组织层面，继而是中观的国家层面，最后是宏观的人性层面，三个层面揭示了文学湘军的政治倾向。在文学湘军的文学世界里，权力是不可忽视的力量，它是作品人物的动力机制和情节发展的内在逻辑，既顽强地保持着社会的稳定和公众的利益，也导向了人性的异化。作品中人物对权力的追求集中表现在两个场合，一是对上级主要领导意图的意会和迎合；二是个人进步与整体趋势形成了共振。在此过程中，作品主人公的个人魅力和能力显现无疑，丑陋面目也尽情展露。在这个与世俗社会密切关联，又呈现不同面貌的官场世界里，文学湘军建构了一个以社会主义核心价值观为基本准绳，以层级为控制基石的生态系统。

　　这与湖南人的文化性格和精神特点有关。它由湖南本土的气候地形决定，也导致了湖南人的显性特征，如"辣"、执着、坚强等，"吃得苦，霸得蛮，耐得烦"是湖南人精神性格的一种浓缩，而湖南人的性格又决定了本地文化的发展，同时进一步促成了湖湘文化直接、严肃、追求真理的特点。湖南经历了血雨腥风的苦难历史，从远古的偏远、人烟稀少的蛮荒之地到近代三次长沙保卫战，湖南的历史是一部"浸泡着苦难和灾难的历史"，也由此磨炼出湖南人民坚强的性格及顽强的意志。湖南作家自觉继承湖南文学的优秀传统，坚持"文以载道，汇则兴邦"。近代以来，湖湘大地人才辈出，革命志士灿若群星，他们对中国的历史发展和社会变革发挥了举足轻重的作用。晚清时期，有"中兴四大名臣"之一的曾国藩，有"我自横刀向天笑，去留肝胆两昆仑"的维新首领谭嗣同等。辛亥革命时期，有不惜身躯蹈海、自杀以警告后人的陈天华，有中华民国创建者之一的黄兴，有为民国宪政献身的宋教仁，有高擎反帝制大旗，倡言为"四万万人争人格"的护国英雄蔡锷等。

湖南人之所以能够在绵延百余年的历史发展和社会变革中发挥举足轻重的作用，源于湖湘文化的滋养和湖湘文化精神的熏陶。清末民初，在国势垂危、民不聊生的社会背景下，湖湘文化以其经世致用的精神、敢为人先的血性、务实肯干的作风、开放包容的气度，适应了中国社会的历史需要。在湖湘文化的孕育下，湖南一度成为人文荟萃之地，位居全国之首。湖湘文化的源头是楚文化，它的特质可以用一个"蛮"字来概括。这种带有原始野性的"蛮"，其内容之一就包括"筚路蓝缕的辛勤劳作和开拓精神"。在价值取向上，湖湘文化反对空谈，讲究务实。民间曾用一句俗语概括自晚清以来的中国各地方人士对中国革命的贡献：广东人立言，江浙人出钱，湖南人流血。这样的概括虽然不免带有一定的倾向性，但还是可以说明大家认同一点：湖湘文化的特色就是敢于担当家国天下事。在物欲横流的当下，在消费、娱乐文化的汹汹大潮中，作家讲述官场小说故事，重提精神的力量，关注文化和信仰的意义，无疑是对于新世纪文学内容绮靡、价值空洞和叙事贫弱的一种反驳。

列夫·托尔斯泰的《论创作》认为："文学就像大地上的植物一样，有着属于自己的生长品性，其萌芽、拱土、拔节、抽穗、开花、授粉、座胎、结果，都是个自然而然的过程，即便作者也不能人为颠倒生长的时序、主观规定它的内在节律和基因组成。譬如小说，它是靠细节和情节长成的物种，作者只能依情势给它锄耨、施肥、浇灌，你只能跟在它后面，按照它的引领，走向季节的远方。"①文学自有其产生发展的规律，作家不能"逆时而动"，但当时代需要文学时，相应的文学潮流便会呼之而出。时代在追寻生存的意义，官场权力备受世人关注，腐败成为热点，而湖湘文化中的责任担当、敢为人先的品质在创设文学创作语境的同时，也赋予湖南作家以敏感，于是，文学湘军的政治叙事在经历了沉寂之后，又兴盛起来。

湖南是一片热土，湖湘文化伴随着中国革命的进程，也彰显着一种革命文

---

① 列夫·托尔斯泰.论创作[M].桂林：漓江出版社，1982.

化。而文学湘军的政治叙事则是对中国经验的体认与传播。中国经验作为对中国红色革命的感受和认知，实际上隐含着在根本价值立场层面对"红色革命"和"红色文化"的认同态度。所谓"记忆"中对经验过的事物的识记、保持、再现或再认，就包含着一种置身其中，也就是作为革命队伍一员的心理态度。由此出发，创作就是对历史创伤与病症的审视，"疗治"创伤、健全和完善革命的肌体。学术研究使用一个概念，自然不能违背这个概念的基本意义指向。[①] 例如，舒中民的《非常突围》取材于作家自己熟悉的现实生活，截取某市市长位置空缺前后的政治生态与官场众生相，描绘了一幅良知与正义突围的艰难图景，在官场小说中具有少见的精神高度。而江月卫的《女大学生村官》则直面中国当代农村现实问题，通过描写女大学生村干部在农村基层的种种遭际，反映中国农村变革的艰难蜕变之旅，在新旧文化的冲突与和解中表达中国农民梦。这些作品都是中国经验在文学湘军中的具体呈现。

第一节　文学湘军政治叙事兴盛的原因

在中国现代文学史上，湖南这片热土上便诞生了沈从文、丁玲、周立波等文学家。新时期以来，湘江的浪花中涌现出古华、莫应丰、叶蔚林、韩少功、谭谈、孙健忠、彭见明、水运宪、蔡测海、聂鑫森、何立伟、残雪等一大批优秀作家，于新时期的头二十年在中国文坛掀起一次次"湘"字旋风，被诸多评论家誉为"文学湘军"。

然而，近年来，曾在中国文坛创造过奇迹、产生过深刻影响的文学湘军显得有些平静和落寞，连续几届的茅盾文学奖和鲁迅文学奖等国家级大奖都与湖南作家擦肩而过，湖南作家能够在全国叫得很响的还不多。放眼望去，若以全国为坐标系，京津沪三地的文学创作仍然处于中心位置，江苏、浙江等文学强省稳步发展，"晋军""冀军"和"鲁军"的创作势头风头不减，"陕军东进"和"粤军北上"渐入佳境，中原作家佳作迭出，西北边陲的宁夏也有了葳蕤的"文学林"，以东西、鬼子、李冯等为首的广西"三剑客"和以刘醒龙、熊召政、陈应松、张执浩等为代表的湖北作家正阔步向前，此时我们不禁开始四处寻找湖南作家的身影，寻问"文学湘军怎么了"！

像任何事物的发展一样，文学创作也是潮起潮落，高潮和低谷并存。沐浴着湘风楚雨的文学湘军不曾懈怠过，"敢为人先"的湖南精神让他们在蛰伏期中

---

① 刘起林.红色记忆的审美流变与叙事境界[M].北京：中国社会科学出版社，2015：9.

沉思和积累，观察和磨砺，他们在寂寞中学会了坚守，在坚守中学会了追问，在追问中学会了反思，在反思中学会了从容和淡定。终于，2006 年第 4 期《小说选刊》几乎成了湖南作家短篇小说专辑，这似乎是一个巧合。不过通过仔细观察我们发现，知名出版社和重要刊物的资深编辑把湖南视为稿源大省，湖南作家每年出版、发表和转载的作品都不少。文学湘军终于厚积薄发，初露锋芒。这一期的《小说选刊》便是一个信号，文学湘军再次振作，群星璀璨的井喷期即将来临！

与此同时，文学湘军业已形成一支具有凝聚力的队伍。在队伍里，你追我赶，互相加油，暗暗较劲，形成一种"为掉队的推拉一把，为居中的挤压一下，为冒尖的喝彩一声"的良好局面，在队伍里的作家于是有了活力、压力、动力、定力，这支队伍于是有了气场、氛围，昂首走向全国文坛。

20 世纪 90 年代初唐浩明的历史小说《曾国藩》的横空出世作为分水岭十分有意义。唐浩明从曾国藩存世的 2000 多篇家书、格言和奏折中精选出 47 篇加以评点，再现晚清之历史风云，透视曾氏为官为人为文之道，形成了独特的"评点体"文本，引起文坛瞩目。

"誉之为圣相，谳之为元凶"，曾国藩生前毁誉参半，至其盖棺，民间和史学界对其评价也多有起伏反复。唐浩明研究曾国藩多年，小说式的渲染并未破坏史实，为读者接近、审视这个对中国历史影响巨大的人物提供了一个视角。《曾国藩》分为三部：第一部《血祭》以 1852 年 43 岁的曾国藩在赴任江西乡试正考官途中，得母讣闻，回籍奔丧始；至 1857 年，因为多方掣肘，其所创立的湘勇在江西陷入困局之际，其父去世，再次回籍奔丧终。这时期的曾国藩由书生而至统帅，因为性格的刚强，与腐败横行的地方官场冲突严重，从而节节受阻，处处碰壁，又加上被人弹劾而心生倦意，在江西战局陷入困局之时，父亲去世的消息传来，于是撒手军务，回家奔丧。第二部《野焚》以 1858 年再次出山始，至 1864 年攻克天京，平定太平天国终。在家守制的一年中，经过读书、沉淀和思考后，曾国藩意识到了自己性格的缺陷，于是改变行事方式，从而使得境况大为好转，终于攻克天京，平定太平天国运动。第三部《黑雨》以 1864 年开始裁撤湘军开始，至 1872 年曾国藩去世结尾。曾国藩的命运轨迹和官场轨迹有如下关键词：由团练起家，位极人臣，富有实干，推进洋务，虽有缺憾，但不损名誉，曾为朝廷之栋梁，亦为强人之榜样。

梁启超在为李鸿章作传时，开篇即云："天下惟庸人无咎无誉。举天下人而恶之，斯可谓非常之奸雄矣乎。举天下人而誉之，斯可谓非常之豪杰矣乎。虽然，天下人云者，常人居其千百，而非常人不得其一，以常人而论非常人，乌见其可？故誉满天下，未必不为乡愿；谤满天下，未必不为伟人。语曰：盖棺论定。吾见有盖棺后数十年数百年，而论犹未定者矣。各是其所是，非其非，论人者将乌从而鉴之。曰：有人于此，誉之者千万，而毁之者亦千万；誉之者达其极点，毁之者亦达其极点；今之所毁，适足与前之所誉相消，他之所誉，亦足与此之所毁相偿；若此者何如人乎？曰是可谓非常人矣。其为非常之奸雄与为非常之豪杰姑勿论，而要之其位置行事，必非可以寻常庸人之眼之舌所得烛照而雌黄之者也。"①此论加之以曾国藩也极为合适。而杨国强也指出："在晚清中国的最后五十多年里，曾国藩和李鸿章曾前后相连地直面内忧外患的交迫而来，成为士大夫中自觉地首当其冲者。……曾国藩和李鸿章出自中国人的三千年历史过程，又在时势的逼迫之下成了回应世界历史过程的人。他们彷徨于两个历史过程之间，这是一种深深的历史困境和个人困境……他们在数十年强毅力行之后都是带着一腔不甘心的悲哀离开这个世界的。这种悲哀越出了一己之私，因此这种悲哀便成了中国近代历史的一部分。"②

曾国藩是矛盾的。儒生半世，但也"杀人如剃头"；作为理学大师，他对太平天国的檄文里也打出维护传统的旗帜但他又不一味沉湎于义理考据之中，而注重经世之学，也成为实践"革新自强"的第一人。"他维护传统又越出了传统；他保守旧物同时却抉破了旧物。作为'中兴名臣'之首，他是中国传统文化的自觉代表；作为'自强新政'的始作俑者，他又不自愿地为西方以技术为先导的文化开了引接的门洞。""曾国藩是一个识时务者，但又背负着几千年历史的沉积。在今日统称'洋务派'的人中，他是第一个师法西洋新文化的人，心中又眷恋着旧文化。他第一次看到西洋千里镜，惊羡之余，联想到的是如何'超凡入圣'的进德之功。一面开风气之先，一面又恪守着士大夫的传统情感，这种矛盾一直延续到他生命的最后一年。"③无论是修身、齐家还是治天下，曾国藩都堪称楷模，这使得他成为中国历史上能同时做到"立功""立德""立言"的儒家"三不朽"事业的少数人之一。毛泽东就曾直言"愚于近人，独服曾文正"。抛开个体，曾国藩身上所彰显的精神魅力也是湖湘文化的集中呈现，他激越务实，开办了中国近代第一家军工厂——安庆内军械所；后又任命规划成立江南制造总局，使其迅速成为中国最大规模的近代化工业基地；另外他还重视翻译西方书籍，以开民智；后来又推动清廷的首批幼童赴美留学等等。纵观晚清历

①　梁启超. 李鸿章传[M]. 武汉：长江文艺出版社，2012.
②　杨国强. 义理与事功之间的徊徨：曾国藩、李鸿章及其时代[M]. 北京：三联书店，2008.
③　杨国强. 义理与事功之间的徊徨：曾国藩、李鸿章及其时代[M]. 北京：三联书店，2008.

史，湖湘俊杰无一不是用一己之力力挽狂澜，奋勇济世，从魏源、胡林翼、曾国藩到彭玉麟、李鸿章、张之洞、谭嗣同等等，他们的呼喊和实践，都将湖湘文化的精神发挥到极致。而通过唐浩明的小说，历史的官场百态得到了还原，而历史大势也得到了细致的描写。

一定意义上，唐浩明的三卷本《曾国藩》可视为以真实历史人物为题材的政治叙事小说，而这部作品的引领作用也使得王跃文《大清相国》的出现拥有了有力的语境逻辑和文化逻辑。在这部作品中，王跃文畅想了一种相当理想的为官状态，康熙是书中政治叙事中的顶层设计人物，是实际生活中最理想的顶头上司。而陈廷敬不管是为官还是为政，几为完人：对下，对得起天下苍生、黎民百姓，纵使显得世故圆滑，也是为了发挥清官为民谋福祉的最大能量；对上，对得起一代圣主康熙大帝，始终忠心不二，回旋反复也只是在为了服从皇帝在作为人而不是神的人情的条件下达到为民施政的目的。当然，其中彰显的人物个性得益于许多方面，一是才学，才学是支撑，是基础，是动力，是叩门砖，"无才即灭，为官之途也"；二是公心，办差时时发自公心，让人抓不到把柄，找不到诬陷理由，无私心自然强大，无公心必不久长；三是理智，明知不可为而为之的事陈廷敬做了不少，但他处事时处处体现着理智；四则是所有政治叙事小说中成功从政者共有的隐忍、耿直，可以说，陈廷敬是在官场打拼多年的作者心中的理想形象。一部《大清相国》寄托了无数人心中的官场乌托邦，也为评说现代官场提供了一条有效的古代式路径。

应当说，政治叙事小说作家群有一大批湖南作家，如王跃文、阎真、肖仁福等，而且量高质优。在中国社会转型期，90 年代中后期政治叙事小说大量涌现，颇受读者欢迎、文坛关注。在政治叙事小说创作作家中，湖南作家成为最大的生力军。王跃文向全国读者捧出了《国画》《梅茨故事》《西州月》和《官场春秋》等精品力作，关注官场生态环境、八小时之外的日常生活流，司空见惯，他却能写得鞭辟入里，把政治文化的本质和生活中的繁华苍凉、精神之累和世事百态描绘得淋漓尽致，颇具惊世、警世和醒世意义。阎真的《沧浪之水》大气磅礴，举重若轻，以解剖刀般的笔触生动传神地刻画了当下官场人物的精神气质和生存状态，充满着对现实人生和知识分子的理想价值的深度追问。邵阳作家肖仁福躬耕自资，息绝交游，从政治文化场域中的"小人物"入手，出版了《官运》《心腹》《位置》《待遇》等多部"叫好又叫座"的现实主义力作，笔头硬健，锋芒直逼王跃文和阎真。

第二节　文学湘军政治叙事的审美特征

地域文化是作家安身立命的根本，它是这个地方气韵格调的产物，又决定了风土人情和人文旨趣。文学湘军所秉承的独特的文化品质与文化传统决定了文学湘军政治叙事的特征，既体现出湖湘文化精神原点，又再现了湖湘文化特有的诗性。

第一是转型时期的错位解读症候，文学湘军责任意识的错位解读。改革开放之后，中国各方面都进入了转型期，首当其冲的是经济体制的转型，接踵而来的是政治、思想文化转型。转型期价值观念多元化，正统文学遭遇危机。

部分文学评论界学者、读者从文学湘军的作品中读出了"淫"，批评其政治叙事过分渲染色情细节，有突出权色交易之嫌。部分读者甚至将《国画》《沧浪之水》当作"官场宝鉴"。实际上，这是转型时期造成的一种阅读错位症候，不是文学湘军误导了社会，而是社会误读了文学湘军。正如柏杨《丑陋的中国人》一样，文学湘军的细节展示旨在批判丑陋，本身就是一种责任感的体现，背后有人性的光辉和人情的温度，是"破"，欲"破"之而后"立"。王跃文的《国画》被封十年才得以出版，作家承受了巨大的社会政治压力，从侧面反映了文学湘军的魄力与勇气。

鲁迅先生说，一部《红楼梦》，道学家看到淫，经学家看见《易》，一部小说被读者当作"宝鉴"，正说明暴露之真实、彻底，而这种暴露的彻底性体现着文学湘军的社会责任感。

第二，政治焦虑的审美置换。文学湘军政治叙事中体现了责任焦虑，置换了其他官场小说中的人性焦虑。浮石的《皂香》是一部把男人看到骨头里，把女人刻进肉里的现代"浮世绘"。这部小说多角度地呈现男女关系、官商关系以及权贵和资本的勾连的复杂关系，字里行间无不充斥着浮石对官商关系、官官关系、男女关系的深刻理解与独特感悟，对新媒体微博的运用，使小说更有时代感。文学湘军中的政治焦虑与普世的人性不同。亚里士多德的"净化说"一方面体现了文学的功用，另一方面也体现出作者的主体表达意识。"作家并没有死"，文本的净化效果，是由作者这一主体表达意识所决定的，而文学湘军的文化秉性，决定了现代湖南官场小说的焦虑点并不在于人性的思考，而是直面现实问题的挑战，因为人性的悲悯是一种大情怀、大视野、大格局，但是在某种程度上并不能解决现实的苦难和问题。

文学湘军政治叙事思考的现实问题异常严峻：如何在官场中实现"家国情

怀"，造福一方百姓。在长篇小说《阳谋高手》中，作家黄晓阳捕捉着妙到毫巅的为官艺术，领导艺术就是平衡艺术，这是政治的不二法宝，是推不倒的稳定结构。赵德良的"御用笔杆子"欧阳佟升任江南省电视台副台长后，前景一片光明，幕后高官武蒙的提携，传媒王子唐小舟的帮助，美女贵人的出现，合作伙伴的无耻贪婪、背叛甚至疯狂构陷，与盟友甚或敌手间的情色周旋，道德底线的屡次突破……一幅全景式官场和商场画卷展开在他的面前。肖仁福《位置》中的沈天涯，有能力，有学历，但陷入权力欲中无法自拔。当上梦寐以求的财务处长后却受贿、出轨。作为典型的知识分子焦虑，作品既有知识分子的理想抱负，又无法切断对权力的依恋。阎真《沧浪之水》则更加细腻地刻画了池大为放弃知识分子立场，完全拥抱权力的转变过程。

第三，徘徊于"政"与"道"之间。"不在其位，不谋其政"，言外之意即是"在其位，谋其政"。文学湘军笔下的官场亦是如此，有邪恶，有正义；有法律约束，又有几分微妙；有为官有权者，亦有为民为公者。关系错综复杂，人心杂而不一。

"政"与"道"冲突的集中表现之一为个人原则与官场规则的冲突。一如曾国藩总结的从政经验那样：手下人跟自己出生入死，自己一心为公，但不能要求每个人都和自己一样，要允许手下人的私欲。官场里的每个人都有自己的"小九九"，这是政治生态的现状，但这种各为其利的格局使官场的人际关系变得异常复杂。众人皆不清白，而"我"独清时，便会被同事所排斥，同事皆溜须拍马，"我"便不能不随大流，甚至与官场之人一起掩盖是非。《位置》中的沈天涯接到巨额贿赂时，心存犹疑，想把贿赂退还回去，但是贾志坚副市长与傅尚良局长也收了钱，自己不收就违反了官场规则。

集中表现之二是个人利益与百姓利益的冲突。想拥有光明的前途，提升职位，需要红包，也需要服从领导，更要利用职权与不同的人进行交易，以处理好关系。但这种交易不可避免地要牺牲百姓的利益。在肖仁福的长篇小说《家国》中，市发改委副主任兼城建公司总经理柳居山是一个懂政治、能干事的现代新型官员，在仕途发展的关键期，遭到政治对手的设局暗算，被省纪委专案组秘密带走。在残酷的审讯期间，凭借高智商的政治分析和超人的胆识意志，于绝境中成功突围，并以退为进，适时为省里首长送上一份政治人情。在家与国对立又统一的辩证关系中，主人公在致命打击暗中袭来时如何面对？小说情节精彩跌宕，多角度展现了主政高手的施政智慧、权力气场和做人格局。而在肖仁福的另一部小说《位置》中，市委书记欧阳鸿因为余从容小姐陪同得好，便在财政极为紧张的情况下拨给一家"三无"企业三百万元财政贷款，沈天涯明知这家企业有问题，但是依然服从了领导安排；祝村长与二舅村里需要资金修路，沈天涯本来已经将资金拨付，但是为了讨好市委秘书而将贷款转作他用。其中个人利益的冲突与百姓利益的冲突，"政"与"道"的矛盾是尖锐的，尤其是在"我"看到年轻的祝村长为了村里修路而被炸掉一条胳膊时，心里更是愧疚。

第四，"反智"传统与时代语境的双重挤压。"宰相肚里能撑船"，官场要求忍受，妥协，遵循新"三从四德"：领导的话要服从，出门要跟从……领导的话要记得，领导的气要受得。对于官场中的部分事情，要"装聋作哑"，一切唯领导上级是从，不能有自己的思想，最好抛弃尊严，放弃所谓的人格理想。

但是另一方面，生命又需要意义，生命的过程就是不断追寻意义的过程。而湖湘文化赋予湖南人的责任、担当，心忧天下的情怀注定湖南人要在时代语境中不断寻求意义。王跃文、阎真、肖仁福等这一批作家，或不愿在官场中沉沦而跳脱于官场之外，或以一个知识分子的良心来批判官场，坚守自己的理想，为官场的丑恶现象而大声呼号。鲁迅的"呐喊"情结，正是意图唤醒国民，而文学湘军也是为了唤得湖南民众乃至全国人民的警醒。这是一批勇士，其呼喊承受着社会各方面巨大的压力。

文学湘军作家的呼喊在作品中化身成为一个个令人印象深刻的人物形象，是完成世俗蜕变的池大为，是充满矛盾的沈天涯，或是面对各方掣肘产生骂娘冲动的高长河。

第五，官场伦理的道德迷津。徘徊于"政"与"道"之间是"做人"与"做官"的问题，官场伦理的道德迷津则是一个如何"做官"的问题：行政不作为，只求升官发财，还是一心为公，在其位就谋其政。

官场伦理的道德是一个内涵丰富的概念，包括政府的诚信、反腐败、服务意识、责任意识、个人得与失等方面。文学湘军中涉及的主要是个人得失和行政作为两个方面。

其一，官场伦理中行政作为与否的道德迷津。众所周知，升官主要靠政绩，而出政绩较快的方式便是大兴土木等看得见的成果，而教育则一般较少受到官员的关注。即使官员想要为民兴办福利事业，百姓大众的不理解亦是官场压力的来源。周梅森的《绝对权力》中，作为市委书记的吴明雄想要修路、修水渠，但是百姓却因为安土重迁宁愿每年为争水闹出人命也不愿意搬迁，村支书号哭着动员搬迁的场景十分感人，百姓抗缴集资款也是百姓愚昧的表现。"明知是为了百姓好，但是要从他们手里拿钱仍然是难上加难"，干出政绩未必会升官，但是出了事一定会被追责，在这种现实情况下，官场中便形成了"无过便是功"的消极思想。这一思想被文学湘军准确抓住，并在小说中表现出来。

其二，官场伦理中个人道德得失的迷津。明末清初思想家李贽提出一条著名的论断：圣人不责人之必能，是以人人皆可以为圣。人性中都潜藏着成为圣人的欲望，或者说是道德欲望。康德认为道德律在人类实践理性中占有重要地位。个人的得失不仅指官场中人的前途、官运，更重要的是人性中的道德欲望。胡宗宪、张居正、戚继光等为官的方式与海瑞截然不同。他们也收贿、受贿、行贿，却利用手中的职权为百姓谋得福利，为了实现个人的理想抱负，与世俗同流合污，积极入世。抛弃个人的道德欲望，而甘愿被世俗所污并非易事，所谓"贪官好利，清官好名"，为了实现个人的理想，担负起应有的责任，与一些自己厌恶的人打交道，处理好人际关系，做自己不想做的事，牺牲小我，实现大我。而这亦是湘军文学的一个特点，湘军文学塑造了一大批有作为的官员，但他们不是完人，而要在遵循官场规则的情况下，尽力协调各方关系，有所作为。例如，黄光耀的长篇小说《争铁》，深度披露争建铁路内幕，作者以人大主任李无言担任争铁办主任为线索，细致描写了机关的生活、文化、生态，刻画了一系列个性鲜明的人物形象。在争铁过程中，李无言不断地受到良心的拷问、灵魂的煎熬，但他始终没有忘记党和人民的重托，即使牺牲亲人的利益，也没有改变一个共产党人应有的本色，充分表现了在新形势下的经济建设中共产党人所发挥的先锋模范作用。

第五章 政治叙事与新时期湖南官场小说的崛起

　　湖南官场小说的崛起主要体现在三个方面。一是产生了一批在国内具有较大影响力的作家。王跃文、阎真、肖仁福……国内读者耳熟能详，他们的作品有巨大的影响力，无论是纸质图书，还是网络阅读都有广泛的受众群体。一方面研究者对他们持续关注，就作品的艺术手法、读者接受、文化内涵和审美意蕴等方面进行了深入细致的研究；另一方面，不同年龄、不同职业、不同学历的读者对他们的作品表示出浓厚的兴趣。读者为作家、作品在百度开建了专门贴吧，大批读者在此发帖，对作品进行探讨。与文学研究专家不同，他们对作品的阅读渗入了自己的生命体验、生活经历和主观判断，尖锐而鲜活。读者之间对人物的命运设定和情节的推进方式展开激烈争论。在这一定程度上说明了作品的强大影响力，也彰显了作品的审美吸附性。除此之外，天涯、知乎等论坛也成为湖南官场小说讨论的重要平台。

　　二是作品的产量大，产生了一批被读者广泛认可的作品。王跃文自以《国画》于 20 世纪 90 年代轰动文坛之后，相继出版了《梅次故事》《西州月》等作品，并保持了较高的艺术水准。肖仁福连续推出了《官运》《位置》《心腹》《待遇》《意图》《仕途》(三卷本)六部长篇小说，都可以划归到官场小说的范畴。在新浪、搜狐等国内各大门户网站的读书频道上，湖南作家的官场小说占据了重要位置，魏剑美的《步步为局》、彭见明的《天眼》在新浪网图书频道有"官场"专题，被高频阅读。何维彩的《官场高速线》，刘春来的《办事处》，易卓奇的《纪委在行动》《纪委调查》，吴茂盛的《驻京办》，刘纯的《三色门》，阳剑的《彩局》等都先后占据各大读书榜前排位置。湖南作家的官场小说还是盗版小说的重灾区，这在一定程度上说明了文学湘军在读者中的深厚根基。

　　三是开拓了崭新的审美范式。文学湘军的政治叙事超越了传统的文学观念，已经很难再用"诗言志""文以载道""诗赋于丽""文典以怨"来概括，它们以独特的视角观察生活，表现官场生态，为读者提供了全新的文学想象和艺术形象。文学湘军的官场小说创作具有很强的范式开拓意味，其题材选择、哲学意蕴、人物塑造、场域选取、叙述手法乃至语言风格都开中国官场小说创作之先河。与普通意义上的主旋律作品不同，文学湘军的官场小说不再执着于理想主义和精英意识，人物谱系也不是简单的二元对立模式，非善即恶、非正即反、非丑即美，而是有了大量的中间人物，正面人物也有瑕疵和缺陷，反面人物亦耐人寻味。道德立场不再是评判人物价值的唯一尺度，政绩、人格、历史、家庭等向度都进入了作家的视野。出现了写实与写意并驾齐驱的格局。官场小说的作者大多有公职工作经历，能够以写实的手法切入当下的生活，展示日常化、世俗化的官场生态。但难能可贵的是，在细部的写实之外，还有艺术氛围的写意，为官场小说传奇的故事抹上了令人遐想和深思的底色，如阎真的《沧浪之水》扉页引用了"沧浪之水清兮，可以濯我缨；沧浪之水浊兮，可以濯我足"。并把小说题目设定为"沧浪之水"，小说本身非传统官场小说可以概括，而是充溢着仰望星空般的诗意和人生的终极关怀。王跃文的《苍黄》语出《墨子·所染》："染于苍则苍，染于黄则黄；所入者变，其色亦变。"寓意着事情变化无常，与我国的哲学精髓"易"形成了呼应，具有隽永的哲学意蕴。《国画》之中，"国画"的意象贯穿全篇，让艺术器物成为官场利益的载体和媒介，匠心独运。

在这个时期文学湘军那里官场不再神秘，他们以近似工笔的方式把官场展现在读者面前。在传统现实主义和主旋律文学那里，官员形象大多散发着神圣光环、牺牲精神和英雄主义色彩，不是一个活生生的人，而是集萃了众多人物形象特点的典型，典型环境、典型人物是他们追求的审美标准，这一切在新官场小说面前轰然倒塌。信仰和神秘消失殆尽，世俗化取代了神圣化，现世化取代了宗教化，他们展现的是当代中国官场的风俗画和浮世绘。从官场边缘到权力中心，作品中的官员在宦海沉浮中灵魂扭曲，在情感畸变中堕落，他们或城府极深，或圆滑世故，或阴险狡诈，或以貌取利。台前幕后，尽显官场众生相。官员英雄救世的豪迈情怀只是角色感十足的政治表演，而不是信仰和担当本身。现实的沧桑与世俗的利诱让这些曾经誓言鞠躬尽瘁的官员溃不成军。专注于日常化、世俗化的官场生态，实际上已经成为文学湘军政治叙事共同的价值取向，王跃文、肖仁福、浮石、黄晓阳等人皆是如此。他们除了把视角聚焦于官场，还关注官员的日常生活，通过八小时以外的生活痕迹、世俗化的日常内容来展示官场的生存规则和人性肌理，他们纵使有政治信仰和道德情怀，却仍然是欲望化、世俗化、情欲化的凡夫俗子。

　　在人物塑造上，湖南官场小说塑造了大量知识分子官员形象。《沧浪之水》中的池大为、《国画》中的朱怀镜都是知识分子，他们都是大学或者研究生毕业进入国家机关。从身份上而言，他们是职业公务员，是已经被高度规范化和格式化的体制产物，但是就精神气质而言，他们大多是高等教育尚未世俗化时期培养出来的人才，是精英教育熏陶出来的、以天下为己任的、具有政治情怀的人，更多地葆有知识分子的种种特质。这些文人型官员往往抱着传统的"入仕"观念和现代的人文情怀进入官场，但现实的问题和体制的重压与之前预想相去甚远，由此带来了身份的歧化和畸变。这种两重身份造成了人格分裂和心理折磨，《沧浪之水》中的池大为研究生毕业，进入卫生厅工作，从父亲那里继承了传统知识分子的担当，在大学熏染了现代知识分子的科学精神，但在卫生厅，很多事情都是灰色的，不但没有明确的界限，还有很多不可控、不可言的阻力。《国画》里的朱怀镜也是如此。他们最后都放弃了知识分子的准则，潜心钻营潜规则，终于身居高位，进入了卫生厅和荆都市的权力中心。这种蜕变的过程其实是一场曲折而痛苦的心灵之旅。实际上，文人情怀和官场规则之间一直存在着难以调和的矛盾。一方面，为了实现自己的政治抱负，知识分子必须步入仕途，另一方面，官场中的利益争夺从未止息，而且由于有巨大的话语权，官场还吸附了大量的蝇营狗苟之徒，他们投机钻营的能力和心机要远超过心怀救国爱民之念的知识分子。但是他们必须在这样的环境中生存，适应这样的环境，否则就没有立锥之地，理想和抱负只能是镜中月、水中花。"达则兼济天下，穷则独善其身"往往只是一种自我设定的理想状态，自命清高只能被边缘化，超然物外的状态在书房里想象一下就好。官场是一个能够给人荣耀、尊严和地位的能量场，对个体生命具有不可拒斥的吸附性，它吸引着无数想要展示雄才大略和获取巨大利益的人投入其中。作为知识分子，在他们的精神深处，文人情怀和精英气质已经嵌入灵魂深处，这使得他们不屑于阿谀奉承，试图保持知识分子的真诚、公正和操守。而身居官场，他们又不得不掩盖、克服这种不合时宜的书生傲气和矜持，以避免被人发觉其幼稚，成为利益链条上最脆弱的环节，从而淘汰出局。阎真《沧浪之水》中的池大为一直徘徊在两重身份的尴尬境地里，苦苦思索，努力挣扎，通过"杀死过去的自己"，摆脱尴尬的身份错位感，自觉完成由文人向纯粹的职业官员的身份转变。文学湘军中的"文人官员"是官场知识分子群体的缩影。这个系列人物的成功塑造丰富了当代小说的人物长廊，是文学湘军对中国当代文学的最大贡献之一。

第一节　文学湘军的创作实绩

文学湘军创作的历史传承与创作特点诞生于湖湘文化与时代语境氛围。如同屈原的《离骚》一样，文学湘军的创作在浪漫诗性中充溢着伤时忧国的强烈情感，也唯有这种情感才会同时与文化、民间、官场三种氛围产生共鸣。王跃文认为，因为作家以官场为题材，作品就被贴上官场小说的标签，所以官场小说至多是一个题材范围。官场小说热肇始于21世纪初，在这股热潮中，形成了三种不同层面的氛围，即民间氛围、官场氛围和文化氛围。官场反腐小说热有深层次的社会基础，读者的接受度好，他们特别关心官场的反腐问题，但容易陷入对腐败现象无节制展示的陷阱，而忽视艺术的精致性和思想的深刻性，因此应该在题材上进一步开拓和深化，艺术上更加精细化，内在思想上有突破，人性上升到更高层次。早期反腐小说高扬政治主旋律，以光明的结尾来唤醒大众的希望。但是随后，民间立场的加入，使湘军文学的创作开始走出自己的道路，真正显示出湖湘特色，民间反对"大团圆"式的结局，大众认为官场并非一片光明，因此，王跃文等一批作家创作出了揭露官场黑幕的小说，这批小说注重描写官场人物的心理、思想，不以情节称奇，而其对人物心理、思想的描写又必然引向知识分子对于人性的关注。人性在官场文化中的反应是时代与文学共同作用下，文学湘军政治叙事小说发展的必然轨迹。文学湘军敏锐地感受到了三种氛围，并在小说中体现了民间、文化与官场三种立场，由此使文学湘军的政治叙事独树一帜。

民间立场的主导价值观是民生，忧虑现实，急大众之所急，饱含对理想的呼唤，与大众的"太平盛世"梦想不谋而合。《青瓷》作者浮石认为，官场小说兴起的原因之一是它反映了老百姓关心的问题；表达文化诉求，在现实世俗中如何追寻生命的意义，怎样的人生才能承受生命之重，是坚守理想抑或是同流合污；解构官场权力神秘面纱，对权力进行批判式的解构，让社会了解官场，进而监督官场。《步步为局》作者魏剑美认为，官场反腐小说的功能虽然不能与党政机关和监察部门相媲美，但其影响依然不容忽视。当文学湘军紧扣时代的脉搏，将三种元素融入作品中，其创作显现出独有的特征时，文学湘军的创作实绩终于被社会所认可。

1999年5月，湖南小说家王跃文的《国画》由人民文学出版社结集出版，在世纪末引起了最后一场文学热点，重新激活了疲软的文坛，营造出翘首以盼的"争相讨论、一纸风行"的文学氛围。自此，政治叙事小说开始备受瞩目。它不仅仅是一种文学题材，还是反思官场这个特殊的人文空间的审美场域。

《国画》之后，王跃文又相继出版了《梅次故事》（2001）、《西州月》（2002）《大清相国》（2007）、《苍黄》（2009）等长篇小说，叫好又叫座。同时，在湖南，其他作家也纷纷加入了政治叙事小说这个队伍，形成了引人注目的湖南政治叙事小说创作作家群。其中，王跃文、阎真、肖仁福是这个作家群中的代表与中坚力量。2001年，阎真的《沧浪之水》也由人民文学出版社出版。2002年，肖仁福的《官运》出版，2003年《位置》《心腹》出版，2005年《待遇》出版，2006年《意图》出版，2009年《仕途》（三卷本）出版。三人之外，湖南创作政治叙事小说的作家和作品还有浮石的《青瓷》，魏剑美的《步步为局》《步步为局2：副市长》，余艳的《后院夫人》，彭见明的《天眼》，水运宪的《祸起萧墙》《乔省长和他的女儿们》，陶少鸿的《花枝乱颤》，邓宏顺的《红魂灵》《贫富天平》，刘春来的《水灾》《办事处》，朱金泰的《老爷子》《官疗》，铁戈的《绝对公仆》，阳剑的《彩局》，吴茂盛的《驻京办》，易清华的《背景》，等等。湘籍政治叙事小说作家队伍之大、创作之盛、质量之高、题材之广、视角之新，让人有目不暇接之感。这支队伍是新世纪文学湘军发展的主力军，凭其思考之深入、审美之独到，继承了文学湘军关注现实、关注生命、关注文化的传统，在全国独树一帜。

在《国画》出版之前，中国文坛从1995年陆天明的《苍天在上》出版开始，相继涌现出不少政治叙事小说，它们的创作呼应了主流意识形态"反腐倡廉"的号召，具有对社会腐败的冷峻审视与崇高诉求。这类小说弘扬正义、法律、公平等精神，一方面合乎了公众的心理预期，另一方面迎合并被纳入了主流意识形态的文化组织。然而，这种"主旋律"在反思和艺术价值上并不能让人满意。

因此，以王跃文、阎真、肖仁福为代表的湖南政治叙事小说创作群一出现便令人耳目一新从而备受关注。他们对官场权力运作做了深入、细致的摹写，对官场中人的生存状态与精神状态做了多维度的展示，从各个方面综合展示了官场的生态图景，既迎合了时代的要求，又在反思、超越的层面上关照官场，透视观察官场，感悟官场。

第二节　文学湘军的崛起符标

民间、文化与官场三种氛围的合力为文学湘军政治叙事的出现提供了重要条件，而且奠定了其政治叙事的基调。但是在一定程度上，政治叙事也必须迎合这三种氛围，任何一种立场的离场都会使文本的属性受到质疑。因此，文学湘军崛起的符标主要体现在三个方面：其一，文化氛围——学术批评立场；其二，民间氛围——窥视观照立场；其三，官场氛围——暴露立场，创作队伍壮大。

第一，湖南政治叙事小说作家们提供了许多新颖独到的切入点观照官场。首先，上文说到，官场是一个特殊的人文空间，那么写官场，就不仅仅是写官场的人员事务、工作安排，更重要的是表现出官场中的文化氛围。对于这点湖南小说家们做得尤其出色。他们将有形的日常事务、对话与无形的文化气氛混溶在一起，使得小说语言既有显性语言，又有隐性暗示，虚实相生，充满诗意。他们谛听着机关单位里来来往往的脚步声、话语声，从中感觉人物的性格精髓，从中剖析出官场的血脉肌理。这样有着独立、自成一体的文化的官场，是活生生的，复杂的，独特的，不可模仿的。很早就有批评家注意到王跃文在这一点上的开创性与代表性："王跃文的高超之处，就在于他从世俗的官场生活中，洞察到官场深层中的一些底蕴，并把它转化成了一种艺术美。"①

第二，写官场文化能"入乎其内，出乎其外"，用反思、超越的眼光看官场逻辑。每一个进入官场的人，无论一开始多么洁身自好，都会慢慢被其同化、改变、吸收，最后成为官场逻辑的拥护者、捍卫者、践行者。那个热情莽撞的大学生池大为学会了不动声色地打压新人，就体现了这种令人心寒的变化。正如萨特所说，"他能将自己界定为他将会变成的他人。所以他往往把自己变成工具、手段，以实现他作为他人的未来地位。"②作家创作时，一方面能超脱出官场的权力斗争的漩涡、权力金钱的诱惑，全局把握；另一方面，又会深入到他们的内心的痛苦与挣扎，不让角色脸谱化，我们看到池大为在日常的窘迫中自然而然地被官场逻辑同化，无法简单地给予道德判断。最后，才能传达出作者深刻的反思：权力思维渗透到生活每一个角落，人人无处可逃，人被异化成像萨特所说的"他者"只是时间问题，这该怎么办！

第三，多角度全方位地展示中国特色的官场。写官场的边缘地带、延伸地带、与其他领域的交叉地带，从而在更宽泛的视野中表现官场文化和运行逻辑。比如，浮石的《青瓷》写一个拍卖行老总张仲平这个生意人与官员们的种种纠结，既跳动着政治叙事小说的权力魅影，又闪烁着都市小说的五光十色，还有社会小说的文化想象。朱金泰《官疗》是一部描写公务员心理疾病的现实主义作品，作家创造性地将视点锁定在"官员病态"和"病态官场"之中，对常见的公务员心理疾病进行了深刻展示。女作家余艳将关照的视角对准官场的"后

---

① 段崇轩.官场与人性的纠缠——评王跃文的小说创作[J].小说评论,2001(2):75-81.

② 转引自唐欣.权力镜像——近二十年政治叙事小说研究[M].北京:社会科学文献出版社,2006.

院"，从"后院夫人"的特殊视角来观照官场的隐秘状态，呈现的必然是别样官场风景。

第四，扩大官场生活维度，写历史语境下的官场，提出深沉的人文忧思。比如王跃文的《大清相国》即将笔触伸向久远的历史，塑造出了一位驰骋官场五十多年、熟谙官场真经的清朝名臣陈廷敬。

第五，在反思批判层面上，除了继承现实主义传统，还引入了现代主义视角。比如肖仁福的《仕途》曲尽了官场争斗的你死我活，最后只是"白茫茫的大地一片真干净"，用生命之沉重与意义之虚无的强烈对比，对官场中人一生的辛勤劳累进行了极大的反讽。从这点看，湖南作家的政治叙事小说显然不同于其他"主旋律"政治叙事小说。他们有着自己的价值思考，并试图在文本中进行建构价值，有着一种文人型写作所能体现的精英意识。

第六，承继反思层面，湖南政治叙事小说呈现的美学意味意蕴深长，荒诞而真实、冷峻而温情、繁华的苍凉、意义的失落，冷眼旁观中暗含着对生命的热忱与关怀，充盈着忧患意识、反思精神和理想色彩。

湖南小说家从不同侧面切入官场，从现实、反思、超越三个维度思考官场，官场终于成为一个"类具体的三维空间"，作家可以在其中徜徉，在集中叙事时又可以将笔触"荡"开，有不少闲笔，呈现出是官场大观园、生态立体全景空间。王跃文说："如果把小说比作化学实验，那么人就是试验品，把它们放进官场、商场、学界、战场或者情场等等不同的试剂里，就会有不同的反应。作家们将这种反应艺术地记录下来，就是小说。"①湖南政治叙事小说家们便将各色人物放进官场这个领域中，写出了他们身在官场的现实搏斗与精神游移，呈现了他们真实而丰富的内心世界。没有脸谱化，官员们首先是人，有血有肉有灵魂，湖南政治叙事小说也因此显得更为真实贴切。比如《国画》中的朱怀镜，作者是贴着人物的心来写的，他有着善良厚道的一面，但更有圆滑自私、投机钻营的一面，即所谓"官场智慧"中"隐伏着严重的国民劣根性"。

写人，要写人与人的纠缠，写人与环境的冲突，最重要还有自己与自己的斗争等等。池大为是一位公务员，小说结尾处位至厅长，然而，阎真首先将他作为一个知识分子来写，洁身自好，不认同甚至排斥官场逻辑。因此，在官场面前，他曾困惑、厌恶、逃离，在生活的重压下选择回归。因此，《沧浪之水》所要表达的与其说是知识分子的"堕落"，不如说是在生存困境中的应对、选择、蜕变。因此，阎真笔下的池大为呈现出极其痛苦的身心分离，现实中他步

---

① 王跃文.国画：拒绝游戏(代后记)[M].北京：人民文学出版社，1999.

步高升，精神上日渐沦陷。作家站在权力的远处、高处甚至对立面，继承五四传统，批判"国民劣根性"、思考个体的生命价值、反思官场逻辑和时代对个体造成的压迫，表达一个作家的独立发现和深深忧患。像这样匠心独运、别出心裁的人物形象还有许多，湘籍作家们细致、逼真地表现了官场中人的悲哀和无奈，在文本空间中充盈着一股苍凉而又悲悯、冷峻而又温厚的情怀。

湖南政治叙事小说作家群的杰出代表王跃文自 1999 年发表《国画》以来，备受文坛瞩目，两三个月内，该书在人民文学出版社先后再版了五次。而在此前的 1998 年 11 月，百花文艺出版社在"21 世纪文学新星丛书"中就推出过他的中短篇小说集《官场春秋》。随后发表的《梅次故事》《苍黄》等等，几乎篇篇都能引发巨大的反响。王跃文写作极具个性，不随大流，在文坛有"王风"的美誉。21 世纪初，政治叙事小说潮流开始流行，王跃文也成为政治叙事小说炙手可热的人物，不光他所有的书都被盗版，并且市面上有近两百种盗用王跃文名字的"盗名书"。2004 年，有一本署名为王跃文的小说《国风》非常火爆，这本书的腰封上这样写着："王跃文最新力作，国画之后看国风，风行全国的第一畅销小说。"该书引发了一场名人姓名权的纠纷，可见，以"政治叙事小说赢得天下"的王跃文的影响力不容小觑，其姓名的市场价值远远超出了其余同类型的小说家。而王跃文于 2013 年出版的《大清相国》一上市便引发了轰动，当当网、亚马逊等网购平台全线卖断货。

对王跃文小说的专业研究著述也颇为丰富。据不完全统计，仅收录于中国知网的专业性论文就有 500 余篇。其中，中国当代文学研究会理事段崇轩的《官场与人性的纠结——评王跃文的小说创作》一文对王跃文的小说创作特点进行了评价，指出王跃文以敏锐的视角、生动的笔触描写了一幅世俗化的官场图画，并用一个反复出现的视角人物突出了官场与人生纠结不清的矛盾。孟繁华在《政治文化与官场小说》中认为，王跃文的政治叙事小说与当下其余同类型小说有所不同，在他的小说中，既有对官场权力斗争无情的揭示与批判，又有对人性异化的深切悲悯与同情，调侃中深怀隐忧，议论处多有悲凉。儿童文学专业作家张韧的《王跃文小说印象》则充分肯定了王跃文小说关于官场气氛描写的真切、到位。"小说有愤激有慨叹有调侃，又止于激愤、慨叹和调侃。官场气氛很浓又止于官场气氛，叫人几分叹惋，又几分无奈。"

邢小群的《官场生态演变的三部曲——谈王跃文的〈国画〉、〈梅次故事〉和〈苍黄〉》则认为，王跃文的写作为官场拍出了一张入木三分的 X 光片，其叙事后面有一种极深的悲凉，悲凉后隐约让人感觉到了一种对清明政治的向往。刘起林在《官场小说的价值指向与王跃文的意义》中以文艺美学理论对其作品进行了解读，以为王跃文的官场创作已经自成风格，独树一帜，并总结了王跃文小说的审美文化特征，认为其创作具有问题意识与风俗眼光的融合、反讽笔调与悲悯情怀的融合、多重视角与聚集官场的融合这三个融合。王向东的《近年官场小说漫评》称王跃文能综合运用隐喻和转喻两种叙事类型，笔触由官场至社会和人性，其作品内涵较为丰盈厚重，含蕴亦较为深远。黄声波的《王跃文官场小说的范式意义》将王跃文当作是 20 世纪 90 年代中后期最具原创力和影响力的政治叙事小说作家，称其超越和摒弃了某些传统的文学观念和现实价值标准，以独特的视角观察和表达生活，为读者提供全新的文学想象和艺术形象，其创作具有标杆意义，具有很强的范式意味，对后来的政治叙事小说写作产生了深刻的影响。

　　当前对王跃文作品的研究，多集中在其作品对官场的揭露以及人性的异化的层面，也有对其文风进行总结与概括的研究。

　　而阎真作为另一个政治叙事小说的文学大家，其影响力传播范围之广，其作品相关的评论之多，也属罕见。比如：《当代知识分子的精神困境——〈笔谈沧浪之水〉》，集结了雷达、孟繁华等多位评论家、读者对《沧浪之水》的评价，从精神内核、人物形象等多个角度，对作品进行了全面分析。一方面，在主旨思想探究中，知名文学评论家白烨将"进入到知识分子与权力秩序复杂关系的深入探究"作为小说文本的独到之处，他给予了《沧浪之水》较高的评价，认为该小说不求丰而自丰，不求深而自深，实为当下现实题材之难得力作，而作者亦为直面现实写作之高手。他惊异于阎真的语言才能、心理叙事、对话艺术，以及对人物的精致描写等方面的创作才能。《人民文学》编辑部主任李敬泽则称赞《沧浪之水》是一部"令人惊骇"的书，直接冷峻地展示了人的沉沦。小说向读者抛出了人是否有选择的机会或人们在反抗生活的暴政时是否有一处坚实的立足之地的问题，带给读者以思考。中国作协创研部主任雷达称《沧浪之水》是"天机泄露"，将人们在日常生活中微微觉察又有所朦胧的东西给挑明了，文本描写知识分子的迷失，追问迷失者的文化根因，从而超出一般政治叙事小说的格局，甚至当下的某些小说放在其面前会显得轻飘。另一方面，在角色形象分析上，中国社科院文学研究所研究员孟繁华强调小说展现的是人与人在对话中的被左右与被强迫认同，从中能够反映出当下社会承认的政治与尊严危机，池大为放弃独善其身的坚守，困难不仅来自他自己，更来自他与周围"他者"的对话过程。梁振华则认为阎真以知识分子的形象选择和自我身份选择两个方面来描写池大为在困境中的挣扎，他认为，一是池大为还怀有对知识分子负有的使命的信仰感和敬畏感，同时也觉察到在这个"速朽"的时代，钱与权是世界的主宰，二者矛盾造成了这位带有理想的知识分子的人格分裂。文学评论家阎晶明点出池大为是当代生活之中颇具代表性的人物，他深知悲剧的根源，就是不愿意真正彻底改变自己，他是大时代的小人物，最终他倒在了生活的泥潭里，逐渐变成了一个扭曲的人。

谭桂林在《知识者精神的守望与自救——评阎真的〈沧浪之水〉与〈曾在天涯〉》中认为，阎真小说是一面镜子，照出了当代知识分子的精神面貌，无论是从时间的纵向还是空间的横向上，都体现出了当代中国知识分子的尴尬与失落，也揭示出了在世俗化过程中的灵魂拯救问题。① 李建军的《没有装进银盘的金橘——评阎真的小说〈沧浪之水〉》，从幻灭主题与失败的成功者形象、不成熟的讽刺和过度化的议论、作者要了人物的命三个方面来解读这部小说，在肯定人物形象描写之余，又指出小说中作者形象过分膨胀，过于干涉小说的独立性，挤压了人物的生态空间，过度渲染了小说的讽刺格调。② 这是对《沧浪之水》较早也是较为有分量的一篇评论，且不论文中的批判色彩，单从评论的存在价值而言，这篇文章紧接着《沧浪之水》出现，足以说明《沧浪之水》在面世之初就引起了评论家的注意，引发强烈反响，小说在文坛的影响力可见一斑。钟友循在《幻灭还是堕落？——再论〈沧浪之水〉兼及中国知识分子的生存境遇与选择》对李建军的观点做出回应，他肯定了李建军对池大为知识分子形象特点的概括，表明池大为身上带有"个体生命图式"，不只是当代中国知识分子的缩影，还是人的堕落的原型代表，其形象是悲喜交织的矛盾体。③

对阎真政治叙事小说的研究初成规模，无论是从微观上对《沧浪之水》池大为形象意义的研究，还是宏观突出外部环境对人性的扭曲上，皆有论述，同时开始出现了接受理论的分析文章，如钟友循的《试论〈沧浪之水〉及其接受效应》。

而文学湘军阵营中的又一员猛将肖仁福，其作品同样在文坛引起不小的轰动，其作品也是官场类小说的畅销书。陈立群的《官场的终结与民间的开端——评肖仁福的小说〈官运〉》认为，肖仁福有所创新，对"官运"这种强大力量的恐怖性以及它对人性不可避免的扭曲与异化进行了深刻描述，并且引入了

---

① 谭桂林.知识者精神的守望与自救——评阎真的《曾在天涯》与《沧浪之水》[J].文学评论，2003(2)：62-67.
② 李建军.没有装进银盘的金橘——评阎真的长篇小说《沧浪之水》[J].小说评论，2001(6)：43-48.
③ 钟友循.幻灭还是堕落？——再论《沧浪之水》兼及中国知识分子的生存境遇与选择[J].湖南科技学院学报，2006(9)：16-24.

民间的行动，在官场之外开辟了一个广阔的民间领域，他在写官场之余更树立起了民众的形象。佘丹清的《在场、典型、人本——王跃文、阎真、肖仁福官场小说论》对三人的小说特点分别进行了概括，其中概括指出，肖仁福作品蕴含了作者本人对现实生活的深刻体验，贴近生活，直面生活，反映了时代的心声。① 梁振华、龙其林的《民间立场下的时代精神省察——肖仁福小说论》认为肖仁福政治叙事小说带有一种国民性思考，对现代官场进行了一种冷峻、理性的批判。② 梁振华《官场文化生态的描摹与反刍——肖仁福小说略论》则认为肖仁福小说呈现了出官场文化生态的某种制度性缺失以及实现现代化转型的艰难与可能。③ 纵观关于肖仁福政治叙事小说的研究文章，其角度多是评价肖仁福政治叙事小说所揭示的总体社会图景，概括其小说创作特点，而对小说人物形象研究较少。

　　同时，湖南政治叙事小说群其余的中坚力量也在发展壮大。浮石的小说《青瓷》注重人性的挖掘，拷问众人在物欲横流的现实面前的精神坚守与痛苦抉择，具有审视灵魂的警策意义。《青瓷》已经被改编成 40 集的连续剧，该剧一经播出，便引发了网民的热烈讨论，"青瓷""雅贿"成为网络搜索热词和持续关注的话题，其中该剧所揭露的中国式关系、商海之雅贿潜规则等成为热点话题。刘智跃的《世俗、男女、梦——评小说〈青瓷〉和〈红袖〉》则强调了作品本身所展示的社会阴暗面。④ 魏剑美的《步步为局》以冷静细腻的观察和辛辣讽刺的笔法著称，陈亮、杨晖等人的《论赌博心态与腐败行为的关系及其预防机制——以官场小说〈步步为局〉为例》，将《步步为局》中描写的官场图景、人物百态当作典型，从法制的角度出发，以崭新的视角进行跨学科研究，分析赌博心态与腐败行为的内在联系。⑤ 女性作家余艳的"官场后院"长篇三部曲——《后院夫人》是国内第一套真正由女性写、主写夫人的长篇小说，该书具有填补

---

① 佘丹清.在场·典型·人本——王跃文、阎真、肖仁福官场小说论[J].湖南文理学院学报，2006
　　(1)：55 – 58.

② 梁振华，龙其林.民间立场下的时代精神省察——肖仁福小说论[J].湖南大学学报(社会科学版)，
　　2010(1)：71 – 75.

③ 梁振华.官场文化生态的描摹与反刍——肖仁福小说论略[J].湖南工业大学学报(社会科学版)，
　　2011(1)：10 – 13.

④ 刘智跃.俗世·男女·梦——评小说《青瓷》和《红袖》[J].中南大学学报(社会科学版)，2010(6)：
　　147 – 150.

⑤ 陈亮，杨晖.论赌博心态与腐败行为的关系及其预防机制——以官场小说《步步为局》为例[J] 社会
　　科学论坛，2010(14)：171 – 175.

市场空白的意义。《后院夫人》首发仪式上，1500 本图书不到三小时被签售一空，并且因小说的独特看点和良好的销售势头，"官场后院"长篇三部曲影视版权目前已被国内多家具有知名度的影视公司竞相购买。对余艳小说的研究上，有曹光辉的《深沉的现实内涵和沉痛的情感世界——读余艳的长篇小说〈后院夫人〉三部曲》，文章称余艳的小说语言很"跳"，余艳紧贴生活的书写，均不弱化自己的审美感受，让笔触勾勒在诗意表达的深层内涵。余艳以女性细腻的书写占得了一席之地，其小说在官场文学中是一枝独秀。① 可见，上述的研究文章多是从作品本身出发，注重细致的文本分析，关注点在文本的语言艺术、叙事类型上，尚未对作家的写作特点进行概括。

　　在市场经济的冲击之下，在湖南政治叙事小说的这股潮流的推动下，一些成名作家也开始涉足政治叙事小说的创作。由于这些作家业已成名，他们累积的名气一定程度上又推动了政治叙事小说的传播。彭见明的《天眼》、水运宪的《乔省长和他的女儿们》、陶少鸿的《花枝乱颤》、邓宏顺的《贫富天平》等等，他们用多样的笔触，写尽官场点滴，文化的镜像、血缘的隐喻、人性的张扬、生态的反讽、策略的想象，将官场的种种脸谱显露在世人面前。其中，《天眼》是国内首部从民俗相术巫文化切入今日官场和世俗生活的小说，带有东方神秘主义文化色彩，刘起林的《边缘性文化与叙事资源的独特发掘——彭见明长篇小说〈天眼〉、〈平江〉合论》从价值本位出发去分析文本所蕴含的悲悯世态人情、感悟生存迷茫。② 《乔省长和他的女儿们》则被称之为"一首当代正气的昂扬之歌"。现已被改编成同名电视剧，由知名演员李幼斌等出演，受到观众好评。陶少鸿的《花枝乱颤》自出版至今，在新浪总图书排行榜上保持着前 50 的位置，点击量已有五千多万次。贺绍俊评价称："政治叙事小说表述了人民对于政治的知情权和监察权的强烈诉求，但不要媚俗的政治叙事小说而要标高的政治叙事小说，《花枝乱颤》属于后者，且有新的开拓。"聂茂的《"零过程叙事"的价值指归与精神洁癖者的情感还原——评陶少鸿的长篇新作〈花枝乱颤〉》则以期待与实现之间的讽刺性差距、"零叙事"的价值指归、精神洁癖者的情感还原这三个方面来概括《花枝乱颤》的特点，称其于平凡琐事中糅合有诗意的张力。《贫富天平》被认为是"一部新时期干部的必读小说"，葛红兵、郭彩侠的

---

① 曹光辉.深沉的现实内涵和沉痛的情感世界——读余艳的长篇小说《后院夫人》三部曲[J].理论与创作，2010(5)：88－91.

② 刘起林.边缘性文化与叙事资源的独特发掘——彭见明长篇小说《天眼》《平江》合论[J].中国现代文学研究丛刊，2013(2)：157－163.

《2011年·中国文坛的五副面孔》则将《贫富天平》作为侧重以批判视角揭露官场黑暗腐败的突出作品，认为其将重点放在了表现社会贫富矛盾和官民危机上。由于这些作家的成名作非政治叙事小说，业界对该作家的研究多集中在其此前的作品，因而关于上述作品的研究著述不算丰富。

而湖南政治叙事小说作家群的新生力量也开始崛起，他们肆意张扬，有着"初生牛犊不怕虎"的傲气，以同样犀利的新生代作品为湖南官场文学带来了一股新鲜的血液。铁戈的《绝对公仆》以主流叙事手法写灵魂拯救，朱金泰的《官疗》则写都市快餐文化风行下该如何进行文化疗伤的主题，何彩维的《官场高速线》揭秘了特殊行业的职场阴暗面。描写官场在市场经济冲击下的变化的，则有吴茂盛《驻京办》、易清华《背景》、阳剑《彩局》、舍人《宦海沉浮》等等，而汪谈的《官场红颜》、滕章贵《谁是英雄》、姜宗福《官路》则另辟蹊径，以娱乐化的视角来关照官场。他们的作品崭露头角，把脉官场中人的心理，直抵人性深处，吸引了大批读者，在当当网、京东商城等销售平台，他们作品的购买好评率为90%以上，颇具市场潜力。由于他们初涉政治叙事小说创作，关于其作品的研究文章仍然较少，其关注者多集中在市场的普通读者中，尚未形成系统的学术研究之风。

当前湖南政治叙事小说创作的提升空间仍然很大，发展态势良好。文学大家、中坚力量与新生代作家的搭配，使得湖南政治叙事小说创作这支队伍日益壮大。在湖湘文化深厚基础之上发展起来的政治叙事小说创作，既有对现实的深切关注，又有对人生的长远展望，既有对官场的文化批判，又有对人性的深刻透视，既有感性的书写，又有理性的思考，可谓意蕴丰富，意义多元。

第三节 政治与美学的双重叙事

20世纪末的湖湘文坛显得有点落寞。沈从文、丁玲、周立波……这一串闪烁的名字的链条寻找着它的后继者。此时，王跃文和阎真的出现一定程度上完成了对这串名单的补充。世纪之交，凭借在大热政治叙事小说界大显身手，"阎王"二人一度将湖南文学推向了新的高峰。两人的创作秉持了湖南文学一贯以来的现实主义传统，在官场生活领域的描写中，注重环境与人物的刻画，极具严肃批判意义。与此同时，他们由离间与现实，走向了审美的高度。

《国画》被广泛归入政治叙事小说一类。当中写的是司空见惯的日常生活流，却鞭辟入里，把政治文化的本质和生活中的繁华苍凉、精神之累和世事百态描绘得淋漓尽致，破旧惊世、警世、醒世意味。按王跃文自己的说法，他的

"政治叙事小说"并不着重于暴露，或者解释黑幕，更重要的是它书写官场这一特定领域中人生的一种特殊的生存方式和生存处境。他要从官场这一角度来表现人的共同处境和命运，是对深植于中国传统文化的民族心理中权力焦虑的一种切实而生动的表达。

而《沧浪之水》则以其"知识分子气质"和美学性将一个权力增殖和利益横流的时代一览无余地展现在了读者面前，在传统失落、价值紊乱的现代社会，知识分子的精英意识和文化担当转变为特定典型的焦虑和沉浮。如果《沧浪之水》通过文本所展现的是独立人格被现实利益蚕食的过程的话，那么其思想则是普世情怀和文人道义对冰冷时代的针砭痛陈。

当下的社会语境，是一个市场、娱乐泛化乃至深入人心的时代，语调平和但却内含绝望的文化叙事已经彻底与游戏混同——不只是政治，整个社会的文明构造都变成了一场喧哗无聊的"杂耍"。于是，信息碎片和梦呓般的嬉笑怒骂成了文化的主题，而所有的行动和言说都有表演的嫌疑。而这也正是波兹曼的担忧："如果一个民族分心于繁杂琐事，如果文化生活被重新定义为娱乐的周而复始，如果严肃的公众对话变成了幼稚的婴儿语言，总之人民蜕化为被动的受众，而一切公共事务形同杂耍，那么这个民族就会发现自己危在旦夕，文化灭亡的命运就在劫难逃。"①作为这种文化语境的亲历者，王跃文成功地完成了以叙事者身份同步旁观的任务。他对中下层官场十分熟悉。大学毕业后，王跃文便进入了基层，从乡间一直打拼到省城。机关的生活习惯、干部作风、人事关系、思想情绪等，他都有亲身体验。他把这些体验融进作品中，增强了作品的现实主义成分和可读性。这种亲历型创作，决定了他的小说具有极强的在场性，站在生活中间，展示发生在身边的人和事。由此来的则是《国画》中强烈的现实性和关怀性。

再看阎真的创作。本雅明说，在20世纪，知识分子是稀缺物种。那么，在阎真的笔下，这种稀缺物种非但没有得到应有的保护和尊重，而且"从内部被击败了"——从身体到精神，"知识分子"不仅作为一个社会种群，更是作为一种精神象征遭到了无情的打击。然而，这种悲剧意味的小说表达不仅没有彻底取消诗性和传统，反而是将诗性和传统作为一种美学期待赋予了知识分子。由此来看，知识分子的身份不仅未被取消，反而是得到了加强，而这也必然地意味着新的社会担当和意义建构。在《沧浪之水》中，阎真为我们展现了池大为的"成长"，一个有良知的知识分子，在权力与金钱面前的沉浮。小说中，作者的

①　转引自刘建新.拟态环境中的媒介恐慌与责任[J].传媒观察，2012(4)：5-7.

影子时隐时现，知识分子的愤世嫉俗、为国担忧、无奈悲凉等情绪都表现得十分到位。作为一名主讲"小说艺术"课程的学院派作家，阎真利用自己丰厚的学术沉淀对小说创作做出了别有意味的回应。这必然地意味着其作品不再是简单的"感性学"呈现，而是冷峻而理性的艺术化表达。

伴随着书写语境的现代化深入，艺术表现力度成了文学艺术深度参照，在王跃文和阎真的小说叙事中，无论是朱怀镜还是池大为，寄生于语境的命运都是人物形象塑造的主要动力，但必须承认的是，在一个相对封闭却完整的叙事结构中，叙事完全是风格化的，即书写者的文化情怀主宰着一切。正如我们在前文中指出的那样，如果朱怀镜的人生起伏参照了现实的话，那么，池大为的命运轨迹则多了几分理想性和超俗性。在《国画》中，王跃文对主人公仕途的极端化处置和典型性建构使得官场文化极具现实代表性和艺术批判力，通过把官场叙事的极限化操作，官场文化的悲剧性情境得到了呈现。而在《沧浪之水》中，人物性格只是小说叙事的一部分，其背后的文化承载无疑有着史诗般的野心和百科全书式的企图，借助对池大为在官场中沉浮、蜕变的艺术化描写，阎真站在精神传承和身份合法性的高度上对知识分子做出了精神素描。同样是异化，王跃文的着力点是官场人生的无奈和悲剧性，而阎真的着力点则是知识分子的失落和合法性。

比较《国画》与《沧浪之水》，艺术创作上的路向明晰可分：前者写实，融合拟态环境理论；后者虚构，参照现实环境。一虚一实，又在各自的话语符号系统中巧妙地结合了虚实相生的艺术理念，共同为读者奉献了一场关于官场叙事的盛宴。无疑，无论是《国画》还是《沧浪之水》，其思想支撑都是一种悲剧精神，不管是在官场沉浮的朱怀镜还是以官场为自我反思语境的池大为，其人物形象共同受制于悲剧性，而现实恰好为官场提供了悲剧的土壤——从作为个体的"官"到作为社会场所的"官场"，再到作为社会文化的"官场规则"，政治叙事小说所满足的不只是官场猎奇，而是对官场作为一种社会文化的破译，对作为民族性格的官文化的破译。不是所有的政治叙事小说都是官场文学，而王跃文是第一个突破权术伎俩、权色交易等低俗叙事，以文学艺术的高度来进行官场叙事的作家，在某种意义上，《国画》可以说是中国官场文学的滥觞之作。在王跃文的笔下，知识分子的气质浸润于艺术形象的权力、道德、权术、人情之中，他将自己的笔触指向了具有普世意义的人性，这使得《国画》在文学性上达到了"画国"的艺术效果。最重要的是，《国画》在困境之中结束其艺术叙事，而主人公理想的破碎和仕途的晦暗也将人情冷暖彰显得淋漓尽致；朱怀镜先得势，后失势，最后被贬到底下县市；这不是简单的仕宦升降，而是官场叙事的悲剧性使然。反观《沧浪之水》，笔者详述的池大为由人堕为狗人期间灵魂的挣扎、煎熬、反抗、绝望和无奈，令人不由自主地联想到陀思妥耶夫斯基作品中关于灵魂的生死拷问。池大为的命运不只证明了道德信仰在现实面前的孱弱，更是对道德信仰在现实中的意义有效性本身提出了怀疑。在小说中，阎真借许小曼给池大为讲故事为所有的知识分子讲了一个故事：从前有个农夫赶着一头驴走在山崖上，下面是万丈深渊。农夫鞭子打着驴要它贴着石壁走，驴偏要靠外边走，怎么抽它都不行；最后驴掉下了深渊，农夫叹息一声说，你胜利了，你胜利了！这是对池大为命运的悲剧化诠释，也是当代知识分子悲剧性的形象表达。

鲁迅曾说："悲剧将人生的有价值的东西毁灭给人看。"①而从官场人物形象的悲剧性上来看，无论是《国画》画一国之官场，还是《沧浪之水》涤荡当代知识分子之灵魂，其本意都有着强烈的悲剧意味。关于《国画》，有人说它是浮世绘，有人说它是升官图，更有人说它是走入社会、走入官场的指南。长期以来，我们的文学都极力宣扬着仁义道德，即便是涉及官场，所倡导的也都是正义良知，但在王跃文的笔下，权柄执掌者们的权术、谎言、欲望等等都被无限放大、公之于众；也正是在对官场文化的悲剧性解构上，《国画》完成了一次心灵震颤，向读者展示了一个我们一直想看到却一直看不到的中国。至于《沧浪之水》，其写作初衷为对知识分子精神状态的隐忧；池大为的悲剧性混合了喜剧性，也正是这种暧昧不明的叙事提示了这个时代的价值错乱。一个价值错乱的时代，官场等同于商场、娱乐场，"有政治而没有原则，有财富而没有勤奋，有商贸而没有道德，有娱乐而没有良心，有教育而没有品德，有科学而没有人性，有崇拜而没有献身"②。而关于当今知识分子在人与"狗人""猪人"之间的道路选择，阎真同样以悲剧意味浓重的结论予以回答：池大为是"胜利的失败者，失败的胜利者"。

王跃文的创作是希望能够关注平凡人的世界，关注人的感情；他希望通过展示朱怀镜的成长，让人性回归到人性的世界。这种文化关怀为政治叙事小说摆脱"俗文学"的质疑提供了相当的例证，用心者可以发现，这种超越阅读行为本身的文化关怀还体现在王跃文获得鲁迅文学奖的作品《漫水》中。事实上，自《漫水》发表以来，就好评如潮，很多文学评论者认为这部作品所体现的人文关怀可以和沈从文的《边城》相媲美，《边城》已成为中国文学史的一颗明珠。《漫

---

① 鲁迅.坟·再论雷峰塔的倒掉[M]//鲁迅全集(第1卷).北京：人民文学出版社，2005：203.

② 转引自秦淮川.慎用权力比慎用劣迹艺人更重要[N].深圳商报，2014-09-19.

水》很可能也会成为中国文学史上与之相对应的另一颗明珠。作为政治叙事小说代言人的王跃文用实际文本展示了辛辣犀利、针砭时弊的官场文学创作实则与拙朴细腻、流畅优雅的乡土文学创作殊途同归。而阎真的创作则提出了一个更为尖锐的问题：知识分子何去何从，人生的意义到底何在！如果说，王跃文以"国画"为名展现了对众生的人文关怀的话，那么阎真则是借"沧浪之水"对现实完成了有力的审美超越。同时，如果说政治叙事小说是要揭露黑暗，反对腐败，立场鲜明，那么，王跃文和阎真二人便在人道主义的立场上搁置了这种观点，他们丰富了政治叙事小说中对于人性的表现，从现实温情与美学理想两方面拓宽了政治叙事小说的审美视野。

阎真的创作遵循"归纳法"，化具体为抽象，《沧浪之水》中池大为的转变是如此决绝，没有犹豫与徘徊。其决绝是对中国知识分子的人格想象：彻底摆脱知识分子心态，融入现实。这一转变本身就富有戏剧性，正如屈原《离骚》中，诗人在现实面前，想象自己羽化成仙。但是这一洒脱背后却隐藏着对祖国的挚爱，对现实的忧虑。王跃文、阎真等文学湘军的杰出代表，从湖湘文化中攫取理性资源，又将其运用于创作中，在时代语境中发展创新了湖湘文化。

第六章 王跃文：文学湘军政治叙事的旗手

　　进入 20 世纪 90 年代之后，改革开放的浪潮和社会转型的步伐渐趋平稳，人们的关注热点不再是一夜暴富的神话和遍地黄金的梦想，而是在现有格局下争取自己利益的最大化。在此背景下，官场贪腐和机制公平就成为社会关注的热点，政治叙事开始走向历史前台。王跃文在这样的背景下应运而生，应时而生，应势而生，成为这一时期受到瞩目的湘军代表人物之一。他创作的许多作品都成为政治叙事的经典，堪称文学湘军政治叙事的旗手。

　　除了与时代契合的客观原因之外，王跃文自身的精神资源和文学滋养也是他能够成为文学湘军政治叙事旗手的内生性动力之一。法国文学和俄国文学对他的影响最深，作家自己也表达过对契诃夫和拉伯雷的喜爱，但贝克特等后现代作家在精神气质上对王跃文的影响更深。王跃文曾说："我的新作《爱历元年》是一部'无病呻吟，却有大痛'的书。无病之病，是为大病。我想同读者朋友们一起喊一声痛，一起面对我们必须面对的人生。"①在他的作品里，很多人都有病。在生活中被人们认同的人、羡慕的人、仰慕的人，其实是已经"病入腠理，或者病入骨髓，司命之所属也，无奈何也"。但是因为权势和地位带来的荣光掩盖了内在的疾病，最终导致病入膏肓，朱怀镜、皮德求皆是如此。他们的问题不仅是官场的问题，还是社会的普遍问题，那就是在现代性的困境中，人的灵魂在欲望的炙烤下备受煎熬，无处安放。寻求灵魂的救赎，探寻生命的存在意义，是王跃文作品的重要哲学维度。与充满田园牧歌的农业社会相比，现代人不断刷新欲望的标准和自己的心理高度，经常处于焦虑的体验之中。官场是崇尚理性和利益的生死场，层级、权属的清晰度像一个放置在显微镜下的切

---

① 新华网.王跃文谈新作《爱历元年》：无病呻吟，却有大痛［EB/OL］（2014 - 10 - 20）. http：//news. xinhuanet. com/book/2014 - 10/20/c_127118218. htm.

片，等级森严，边界整齐。场中之人在利益的驱使下，按照规则划定的路线，通过潜规则到达目的地。对于官员而言，权力是其荣耀、地位和利益的通行证，是至高无上的图腾，面对利益至上的社会现实，他们将权力、地位作为追逐的目标，变得世俗化和工具化。官场是一个金字塔形的权力结构，所处的层级越高，掌握的资源和话语权越大，自我力量随着层级的递进而急剧增长，他们愈加认识到自己孤立无援的存在状态。"人所有的孤独的恐慌和分离的寂寞，都是源自引发人恐慌和寂寞的外部世界。"①为了排遣这种孤独，他们开始纵欲，以填满自己的孤独感，朱怀镜与不同的女人发生性关系，就是这种官场人格的体现。

王跃文作品的形式和内容都突破了主旋律作品的框架和思路，这种突破不仅表现在官场展示的尺度上，而且自身充满了矛盾。一方面，他在艺术上力求创新，甚至把艺术性作为作品重点标示的符号，《国画》就直接以"国画"作为小说的题目，而且成为小说的主体性意象；另一方面，在官场腐败的尺度上，他以细致入微的方式突破限度，这种尺度不是单一维度上的钱款数额，以及让人惊呆的堕落行为、瞠目结舌的奢华生活，而是包含了文化、心理、荣耀等多个方面的虚伪和腐化。所以这种看似矛盾的写作反而使作品充满了艺术的张力。王跃文的创作类似于"演绎法"，他擅长化抽象为具体，以寓言浓缩湖湘文化的内核，尽量不用晦涩的说理回溯人物的内心世界，而是以艺术的方式诠释政治叙事的本质。他的小说充满了艺术历险，亦极具现实性。

从本质上说，王跃文依然是现实主义作家，但是对艺术的探索和实验使他的作品充满了驳杂的色调。他不满足于对官场进行表层的"直来直去"的反映，简单地满足读者的窥视欲，而是把官场作为社会的断面，希望在弥漫于微观政治生活的各个角落里，在民族官场文化的神秘感中，着力于揭示行为的支配性力量，重视人性的挖掘，刻画出政治人物的微妙心理，从而塑造出各色人物的众生相。基于此，他调整了焦距，或者聚焦，把那些隐秘的斑点放大，或者拉远了视角，写了一些具有浓烈的象征气韵，把讽喻、神话、隐语、哲理、诗情汇涵其间的作品。王跃文不是一个只讲故事的小说家。故事是烹饪小说的食材，他更讲究火候和食材背后的天地万物。他的烹饪让你能够在菜品中品味到季节、山川、河流、土地，让你在咀嚼中感受播种和收获食材的人。读《国画》，看到李明溪，你能感受到艺术界的痞子气，知道他们在喝酒时怎么讨论荤段子，得意时怎么忘形，能够感受到他书画桌案上纸张的褶皱。

---

① 弗洛姆.爱的艺术[M].萨如菲，译.北京：西苑出版社，2003：122.

第一节 《国画》——湖湘文化的精神原点

奥威尔害怕的是那些剥夺我们信息的人，赫胥黎担心的是人们在汪洋如海的信息中日益变得冲动和自私；奥威尔害怕的是真理被隐瞒，赫胥黎担心的是真理被淹没在无聊烦琐的世事中；奥威尔害怕的是我们的文化成为受制文化，赫胥黎担心的是我们的文化成为充满感官刺激、欲望和无规则游戏的庸俗文化。

奥威尔担心我们憎恨的东西会毁掉我们，而赫胥黎担心的是，我们将毁于我们热爱的东西。

——尼尔·波兹曼《娱乐至死》

一、"快乐中国"及其背后的湖湘文化

提起当下的湖南文艺界，人们首先会想到什么？相信肯定少不了湖南卫视。湖南卫视"快乐中国"的口号让无数学者真切地感受到了尼尔·波兹曼"娱乐至死"的担忧。然而湖南卫视至今依然红红火火，实际上，湖南也的确是世俗文化甚嚣尘上的地方：以"快乐中国"的湖南卫视、田汉大剧院为代表的歌厅，以解放西路为中心的酒吧文化，以及遍布全城、散落于湖湘大地各个角落的餐饮文化、洗脚文化等等，足以将湖湘大地火辣又世俗的娱乐精神完整地呈现。

是的，我们可以将这种娱乐精神理解为一种乐天气质，也完全可以用"传统的转型"来予以解读。然而，转型是否真的就意味着所有的传统都可以被继承、发扬？华东师范大学的仲富兰教授曾撰文指出：传统文化，犹如一条浩瀚的大河，曲折蜿蜒地日夜流淌，时至今日，对我国政治、经济、哲学、文学、艺术、音乐、化学、医药、民俗等各个领域，还在发生着极为深刻的影响和作用。[①] 在当下的湖南文艺生产中，"电视湘军"几乎成了一个可以取代"湖湘文化"的指称，伴随着印刷术的没落，电视文化成了现代文化的核心，其所代表的文化精神也彻底颠覆、改写了公众话语的旨趣；大到文化的生产、呈现方式，小到包括政治、宗教、教育以及任何其他公共事务领域的文化内容，都在电视的框架中被重新定义——尽管这种定义本身背后有着文化特有的辛酸和无奈。

---

① 转引自王泠一. 何必"娱乐至死"[N]. 新民周刊, 2008(29).

与其说电视文化以娱乐的方式解构了湖湘文化的传统构造，不如说现代文化生态以消遣的姿态完成了对新语境中文化嬗变哀悼。

从麦克卢汉的"媒介即信息"到波兹曼的"媒介即隐喻"，媒体以一种隐蔽却强大的暗示力量颠覆性地完成了对现实世界的重新定义。然而，对于湖湘文化而言，重要的不是媒体以特定的形式塑造了转型时期的文化特征，而是媒体所构筑的数字产业已彻底刨除了原有的文化土壤：人类大胆而鲁莽地从"文字时代"转向了"音图时代"，以电视传媒为主力的文化传播形式也深刻地改变了社会认知与人际交往的模式——由此引发的不只是深刻的文化变迁，还有传统精神的式微，甚至消亡。有趣的是，波兹曼在另一部被命名为《消逝的童年》的著作中，从历史建构主义的视角深入剖析了文化嬗变更替的种种表里："童年的消逝"背后，实为"童年"作为一种特定的文化特征的含糊和暧昧。在一系列关于"童年"和"成年"的文化理析中，因传媒（即文化传递形式及其背后的文化生态）而形成的文化鸿沟被一步步揭示。如果说电视作为一种新的大众传媒一方面填平了因传媒而生成的文化鸿沟的话，那么在另一个方面，社会群体之间的文化分界被彻底拆除——于是，童年便消逝了。由此引发的不是对作为一个生理群体消逝的担忧，而是对其所代表的文化危机征兆的担忧——它不仅指向文化生态，也指向文明生态。

传承作为一个重大的历史命题被重新推到了现实面前。在电视彻底修改了人类的符号世界以后，不再有儿童与成人之分：儿童与成人共同成了电视文化的牺牲品；更可怕的是，政治、经济和文化领域都发生了"孩子气"的蜕化降级——一种娱乐化的、商业化的、幼稚和肤浅化的文化正在肆无忌惮地蔓延。如果说这种文化的后果是高品级思维和个性特征消逝的话，那么其所代表的文化生态已经对有序、自制的传统语境造成了致命的威胁。

这种以阅读为特征的新成人文化推广了一种新的思维方式和性格品质。线性排列的文字促进了逻辑组织、有序结构和抽象思维的发展，要求人具有更高的"自制能力，对延迟的满足感和容忍度"，"关注历史的延续性和未来的能力"。这对人类的宗教、科学和政治等多个方面产生了深刻的影响，改写了新世纪的文明面貌。因此，传统文化的重提和发扬成了一条解决文化困境的必由之路。

"欲读天下奇书，须明天下大道"。2006年至2012年，湖南省完成了《湖湘文库》的编撰出版，这项大型文化工程对湖湘人物、湖湘历史、湖湘风物等方面进行了广泛发掘、研究，对湖湘文化进行了系统性的整理。文库分为甲、乙两编，甲编以时间为序，分为上古至唐代、宋元明、清代和民国时期四个时段，主要为湘籍人士著作和湖南地区出土文献，同时酌收历史中寓湘人士在湘作品及晚清至民国的部分报刊，共计 445 册；乙编按内容划分，包括湖湘人物、湖湘历史、湖湘风物、湖湘文化综合研究、湖湘文化工具书与研究资料等 5 个部类，共计 255 册。全书涵古盖今，在历史新语境下，湖湘文化以一个全新的姿态真实而优雅地舒展开来；为湖湘大地的新文化建设提供了一份昂贵可鉴的历史标本。在这部总字数达 3 亿字的《湖湘文库》中，湖湘精神文化和物质文化都得到了全面的呈现和汇聚。令人瞩目的是，湖湘文化中"经世致用"的思想贯穿了文库的整个编辑过程，这使得湖湘文化对文、史、哲命题的关注并没有破坏对政、经、法等相关选题的关注，《湖南实业志》便是湖湘文化"经世致用"思想的完美集结。此外，对湖南英杰的群体化描述使得当代湖湘文化建设者有了明晰的情怀导引和志趣引擎。

在一个日渐浮躁的时代，传统的创新和再生为湖湘文化注入了一股新鲜而古老的强力，植根于湖湘厚土的湖湘文化再度成为对抗晦暗语境的利器。从屈原"上下求索"的斗争精神和奉献精神到"若道中华国果亡，除非湖南人尽死"的桀骜性格和家国情怀，湖湘文化从其辉煌的源头到近代以来结出的硕果一直彰显着昂扬的姿态。作为一种精神传统，湖湘文化"激越""担当"的品格依然对历史新语境中的人们有效。它可以是对忧患意识的汲取，也可以是对博大胸襟的传承；它可以是穷源探本的原道观念，也可以是实事求是的思想方法。

湖湘文化中政治意识的传承、理性与理想的并重、责任与使命的发扬，以及桀骜骁勇、敢为人先的精神品性无一不对通变求新的文化取向产生影响。

二、《国画》——镜，警世，或语境对抗

如果说，娱乐精神也是一种草根本能的话，那么是这种接地气的生命热情扮演了娱乐精神的最后一根救命稻草。《国画》便是这种热情汇于弊端、以语境对抗语境的产物。

王跃文的《国画》虽被认为是"政治叙事小说"，但其中出现最多的场景，与其说是官场，不如说是"欢场"。酒店、保龄球馆、桥牌室、茶馆、公园，各处灯红酒绿，声色犬马，纸醉金迷；当中，高官贵人、精明商人、江湖术士、艺人美女，无不在大显身手。然而，王跃文没有让他的故事在叙述的表层沉沦，上演"宫斗"一般精致无比又自私糜烂的戏码。他笔下的"荆都"欢场，似金碧辉煌的宫殿，美轮美奂，却也提醒了人们在霓虹灯外，还有一个黑乎乎的、死寂的、值得同情怜悯却又贫困陌生的世界。朱怀镜升迁的起点，是他来自农村的远房亲戚"出事了"。这穷亲戚卑微贫穷，找不到工作，无端被打。通过处理这"冤

案"，朱怀镜认识了龙兴大酒店副总梅玉琴、派出所所长宋达清等各色人等，打开了自己在荆都的人脉场面。那灯火通明的豪华酒店，为我们打开了陌生的世界：民工、服务员、小姐、保安……他们如同光亮的影子，贫穷，无知，没有尊严，身体与生命都被人玩弄践踏。评论者们多把目光集中在书中的"欢场"，批判朱怀镜的堕落，进而批评王跃文有"诲官"的嫌疑。然而，批评者不自觉地为这光鲜亮丽的世界所吸引，忘记了王跃文充满怜悯的笔端在挑开欢场金色窗帘的同时，也提示着世人外面更为广阔的被碾压的"草根"生命。

王跃文在空间的坐标上将广袤黑暗的大地带上前来，在时间的坐标上，王跃文将目光投入历史的长河。我们相信历史是美好光明的。然而，站在历史长河畔，血腥味却扑面而来。也许历史前进本身就带着"恶"的东西？也许"恶"本身就成为历史前进的一种动力？这是让人齿冷的问题。

然而，王跃文拾起了这个问题，并在自己的作品中给予了充分的思考和呈现。在语境对抗的背后，传统也自觉地得到了参与，湖南人经世致用、敢为人先的精神，都融进了王跃文的创作中。

王跃文通过真实地反映蜕变期纷呈杂错的社会现实，留给人们许多思考的余地。在《国画》里，没有一个是"好人"。每个人都是在为着自己私欲四处斡旋。最后的结局中，皮市长的落马也不是被正义的一方"收拾"，而只是被更强大的阴谋"打倒"——"夺位"，又一个阴谋的开始和结束。情人梅玉琴因商业受贿收审后，朱怀镜感觉到"自己的麻烦要来了"。最后曲终人散，朱怀镜没有反省自己的堕落、腐败、出轨，而只是感叹自己"倒霉"。沿着人物的人生轨迹追溯，《国画》里的人都是靠着"恶"沉浮。不是模式化的"邪不胜正"，而是展示出官场逻辑之"恶"，王跃文的小说的发展主线沿着对"官本位"的批判在延续，从体制、文化、人性诸多层面对"官本位"进行了透析，由此赢得了千千万万中国读者的真诚喝彩。

王跃文是一个真诚的有着崇高责任感和使命感的作家，他拒绝游戏，在《国画》"代后记"中，他说："任何一位作家，不管他的写作如何晦涩曲折，他的灵魂也会在作品中隐现。我自信我的灵魂见得天日，所以我作小说。如果有一天，我的血管里流淌的已是腐臭的淤血，我的灵魂已被淤血污染，我就不会再写小说了。"在他的小说中，我们看到湖湘文化精神赋予的正面迎视政治的勇气和不朽的经世精神。王跃文最有影响力作品无疑是长篇小说《国画》。这部小说以主人公朱怀镜的宦海沉浮为线索，对荆都市政界、商界、学界、宗教界、新闻界等社会各界做了综合的、立体的审视，对官场、商场、情场都做了独到深刻的透析，而支配人们追逐倾轧的是不受监督限制的权力这根魔杖。朱怀镜原是一个县的副县长，在县里本来"事事也都顺心"，"只因为有人为他看了相，料定他离土离乡会有大出息"，他才设法调市政府当了一名办公厅副处长。他深知官场套路，知道权力的效应，所以故弄玄虚，将错就错，在他妻子表弟与龙兴大酒店的纠葛中，既得到大笔的钱财，又获得副老总梅玉琴的爱情；他选定时机，瞅准机会，费尽心机贿赂皮市长，从而成为皮市长的心腹，获得财政厅副厅长的要职。由此，他更加利用手中的权力和皮市长这张招牌，如滚雪球般，敛聚财富，寻欢作乐，导致国有资产成千万地流失。他和县委书记张天奇表面称兄道弟，却暗中弄到张天奇贪污一百多万的人证物证，在他最后因皮市长倒台而倒霉的时候，以此要挟这个红得发紫的张天奇，迫使张天奇为他去市领导那里"运作"而绝处逢生，被安排了一个地委副书记的职务。作者对人物的刻画细致入微，尤其是写官场中人和在权力面前各色人等的心态，更是毫发毕现。

比起腐败本身更触目惊心的是，单从受教育程度来看，现在的官场的确是精英荟萃的地方。可是，精英的堕落比群氓的堕落更可怕。因为它们是善于理性思维的一类，总会找出堂而皇之的理由为自己的行为辩解，进而心安理得。所以，他们就堕落得更清醒、更理性、更自觉，也更彻底、更智慧、更自鸣得意。他们或许会有片刻的良心发现或自责，而这仅仅只能是他们进一步堕落的心理疗药罢了。社会深层的灾难将从精英的堕落开始。

文学评论界有人认为"王跃文是第一个在文学中划清了好官和好人两种价值标准的作家"。这不仅仅表现在没有对角色做简单的脸谱化处理，更表现在王跃文在小说中展现了"好人"与"好官"两套逻辑的冲突。书中被所有人都看不起的派出所所长宋达清，被梅玉琴讥笑为"不穿警服的话就是一个痞子"。他也有他的心酸。年轻热血时候的他曾经带领着部下想要管理好管区治安，结果遭人报复不说，还遭到了部下的唾弃、领导的责骂。最后，他学会官场的逻辑，不是要做个"好官"，而是要"无为而治"，专心阿谀奉承，广结人脉，才能助自己飞黄腾达。纵观全书，宋达清也是难得的有兄弟义气的人，在朱怀镜落难后没有像别的"朋友"那样避之而不及，相反愿意帮他开车，带他去看监狱里的玉琴，甚至陪朱怀镜到山里散心。"做官"与"做人"是两套逻辑，混淆了就会被判出局。有宋达清这样一位朋友，也实属不易，然而在官场中，宋达清的猥琐行径也着实让人侧目。

如果仅止于去脸谱化，那王跃文还不算高明。他的独到之处，便是不放弃"做人的逻辑"。哪怕"做官的逻辑"再强大，人作为主体还是有能动性，要符合"做人的逻辑"——人性。这很大程度上便体现在《国画》的续集——《梅次故事》上。

　　作为官场中人，王跃文对官场怪现状谙熟于心。因此，选择写作官场的暗角，对于世人来说无异于一种警示。"文坛中人说我是官人，官场中人说我是作家，用句时髦话说，我是边缘人。其实我什么都不算，只是个尴尬人。"王跃文的潜台词是：作为一名判现实主义的作家，我有责任揭露官场文化的黑暗角落，然而身为一名政府机关的工作人员，我这样做无异于自绝。有趣的是，《国画》中对朱怀镜这个复杂且饱含争议的人物形象的描写虽然服务于作者深切的忧患之心，但也难免让人联想到形象的影射对象，《国画》出版不久就遭封杀，原因是小说有影射之嫌，将当代官场描写成"洪洞县里无好人"。那么，朱怀镜会是作者本人吗？王跃文处境由此显得更为尴尬。

　　王跃文当时所承受的压力是完全可以想象的，这平添了他一份无奈，这种情绪直接影响到他以后的《梅次故事》的创作。2000年，王跃文所在的湖南省政府办公厅机构改革，37岁的他被"分流"了，成了"下岗干部"，在此期间，他创作了《梅次故事》。按理说脱离了官场，王跃文应该更无后顾之忧地"批判"才对。然而出乎意料的是，《梅次故事》中的朱怀镜多了不少正气。没有了"官人还是作家"的身份尴尬，王跃文更为自由地创作。他不需要再剑指官场，相反，是让自己的主人公在各种场合中经受磨炼。此时，主导他的是"做人的逻辑"。而王跃文认为，《梅次故事》中朱怀镜的"亮色"不是他刻意为之，而是人物自己按生活逻辑走下去的结果。他解释说：朱怀镜是一个受过高等教育、本质上也真诚善良的人，朱怀镜要生活下去，必须遵守一点现实的逻辑，尽量保持人格的底线。

　　王跃文与传统的周梅森等政治叙事小说作家有本质的不同。周梅森小说中的政治意识仍是周梅森本人的政治意识，他不过是借用了政治官员的视角而已，因此这些小说表现了强烈的政治乌托邦意识，也即是说，他在小说中表达了一种知识分子的政治理想，这种政治理想还突出表现在作者着力于塑造理想型的政治领导干部形象这一点。至于自己为什么热衷于塑造理想官员形象，王跃文解释说："我的作品还能给各级官员树立一个标杆，告诉他们真正的好官是这样的。"

　　而王跃文关注的是官场中的人的境遇，用王跃文自己的话说就是："我其实更多的是写有关官场人生的孤愤与彷徨（痛苦和救赎）。"在官场文化中，人应当如何应对环境与自我内心冲突，自然而然就成为王跃文小说中所要表达的主题。

　　正因为关注人的境遇，从《国画》到《梅次故事》，朱怀镜的形象才会有所调整。这个调整也许说明了王跃文对自己的文学追求有了更清晰的把握，他不想自己对现实生活的复述被戏剧性搅乱，尤其不想因为这种戏剧性而使得自己的小说往模式化的反腐小说、政治叙事小说靠拢。[①] 他后来的小说更具有一种生活的常态，更确切地说，也就是官场的常态与在常态中的人性挣扎才更具有一种内在的紧张感。

王跃文的小说可以说就是对官场上的异化与反异化的纠结的最为形象生动的表现，他以一种客观平实的叙述和日常生活化的细节，将官员在异化与反异化的冲突中的微妙心理和精神状态表现得淋漓尽致。

做官与做人这对关系是一种对立统一的辩证关系，做官原则需要做人原则来加以平衡，一个人如果完全不顾及做人原则，做官原则缺少了必要的约束和牵制，他也就同样不把做官原则放在眼里。刘星明后来的很多做法也是违背做官原则的，即使官场也不能容他，这是异化到了极端的人物。在做官与做人的冲突中，避免自己异化的良方，就是人的真情。

20 世纪的湖南文学就是以这样一幅能作为"化验单"和"透视底片"来读解的"国画"收束的。也像一种命运的安排，它和 20 世纪初陈天华的"警世钟"般的作品形成了 20 世纪湖南文学的首尾呼应，构成了湖南 20 世纪文学史的起点和终端，他们都是"警世之作"。20 世纪湖南文学的主旨取向就是"警世"，这一主旨取向是 20 世纪的中国社会和湖南社会的发展状况所规定的，是湖湘文化精神对 20 世纪湖南作家的创作心理顶事的规约导致的。而这些作家的创作成果亦成为湖湘文化精神的新的辉煌表征。

第二节　日常生活的寓言特质

跟传统政治叙事小说类似的是，《国画》中也有不少寓言式夸张幽默的地方。就如人物命名方面，《国画》对此也做了不少文章，保留了传统特有的隐喻传统。如乌(污)县的书记名张天奇(欺天)，为皮市长备宴的餐厅经理叫郝迟(好吃)，以及什么"黑白两道""鱼龙混杂""混蛋称皇"的菜名等。以此类推，主人公朱怀镜的命名就应更具深意，有学者认为朱怀镜谐音便是"诸坏尽"。然而笔者对此抱有质疑。

第一，"怀镜"是一个蕴含了深厚古典文学意味的意象。"心如明镜台"，虽蒙尘，仍可擦拭，本质其实不坏。另外，还有一层重要的意思在于，主人公与

① 贺绍俊. 做官与做人——王跃文官场小说主题析[J]. 理论与创作，2011(2)：63-65.

"镜子"实在是密不可分。主人公首先是一个"反映者"，小说基本上是通过主人公的视角展开叙述的，读者的所见所闻所想大多要从主人公这个"透镜"中得来。朱怀镜只能"怀镜"，他若像曾理、李明溪那样，他就不是"怀镜"而是"怀玉""怀冰"了，但也就无法进入官场，无法充当"透镜"。

而且，与镜相比，"玉"（李明溪）、"冰"（曾理）都显得太不近人情。曾理、李明溪所代表的又是怎样的一种"人文精神"呢？在小说中，他们没有家庭，没有婚姻，具有某种不食人间烟火的非人状态。不仅身处社会边缘，而且简直是无处容身……他们与其说是某种理想的化身，还不如说是关于人文知识分子的来自大众文化的"想象"。在这种想象性的建构中，曾、李既具有传统儒家文化中"不得中行而与之，必也狂狷乎"的狷狂形象（曾狂李狷），又是当今大众文化塑造的媒体英雄（作为记者的曾理）和所谓异人隐士的现代版（作为怪画家的李明溪）。可以说，这只是一种符合市民阶层想象的知识分子形象。小说中的人文知识分子话语，明显地是从"人文精神大讨论"之类文本中，生搬硬套来的。在《国画》的"基调"中，它们成了明显的"他者"和"边缘"。

第二，如果像邓才刚那样不大熟悉官场规则，则会被过早淘汰出局。但如若像张天奇那样对官场规则了如指掌谙熟于心的话，便成了"怀恶"（心怀恶念），漆黑一片，无法为叙述者代言了。

第三，从某种意义上说，朱怀镜又似乎是分裂主体的"隐喻"。在小说中，朱怀镜时常陷入一种双重人格的焦虑，他的"镜外之我"按官场规则行事，而当他面对"镜中之我"时，又常常自我反省。但值得注意的是，朱怀镜每每通过这种忏悔式的自我反省而得到"救赎"。这也正是朱怀镜在做过诸多恶行，而且不妨继续再做的同时，仍能"怀镜"，仍能被谅解被同情的秘诀之一。由此不难看出作者在试图超越自身话语时的力不从心——自我的反省和批判转而成了一种自我保护。

第四，毕竟镜子有其通透、干净的特性，因此，朱怀镜还是小说中诸多对话关系的交汇处，官场内与官场外（如曾、李等人）的对话关系，乃至所谓的"理想"与"现实"的对话关系，都是以朱怀镜为中介的。事实上，曾、李的批判功能正是因朱怀镜而消解：曾理最终撤回了自己的稿子；而李明溪的"国画"，也通过朱怀镜之手成了官场运作中的道具。

不仅是名字，整部《国画》都构成了日常生活的寓言化书写。我们知道，寓言不仅具有夸张、戏谑和讽刺的阅读快感，而且带有强烈的隐喻和启示意义，它既可以是对传统意义的界定或反抗，也可以是对当下生活状况的扶正或疏引，甚至能够对神的暗示进行合理的生发与解构。寓言化的东西是一种变形艺术，它通过对世事百态的精细描绘，借物寓理、暗藏机关，具有很强的战斗性、警示性、劝导性和超脱性，引人共鸣或深思，让读者产生看破"繁华苍凉"的心灵震撼，从而达到一种释放"精神之累"的情感满足。[①]

西方理论家认为，日常生活的寓言化是一种生活态度。因为不论怎样，寓言首先是一种表达方式，与语言、书写是相同的。其次，在寓言中，形象与意义并非如在象征中那样，融合为一个统一体，并在瞬间中闪现出神的灵光；相反，它与意义是断裂的，寓言作为表达方式不是自足的，因此，创作上要表现出这种寓言化需要一种"恒久"的功夫，原因在于，作家的知识、经验、生活和写作技巧的积累不是一朝一夕能够完成的，而在完成创作积累的过程中，社会文化、道德政治和经济结构及其运作方式共同构成等宏大总体，即卢卡契所标明的那个整体结构处在千变万化之中。

读者在阅读作品时，无论是否身处官场，都深深感觉到故事所描绘的人物、环境和细节活灵活现，生动可感。这种真实感，其实是一种寓言化之后的"真实"，是一种比生活更真实的真实。或者说是一种超真实。它不仅再现了日常生活的原生态，而且将日常生活的诸种可能寓言化，变成了一种艺术的真实，使读者既置身于作品的精神氛围，分享塑造的人物的悲悲喜喜，又超脱于作品的临界状态，参与作品的再创作，从而实现作家、文本和读者在不同时空的、真实的"寓言式的共振"。

生活之"真"与文本之"真"，这是个一直争论不休的问题。在土耳其作家奥尔罕·帕慕克的小说《我的名字叫红》中，这种争论得到了完美的呈现。小说的主要事件是两桩凶杀案，真正的主题却是怎样才能使时间停止流逝，什么才是艺术之真。古老的波斯细密画以放弃对自然的真实描画来追求真实，停住时间。细密画画家们运用工笔年复一年日复一日地描画，直至眼盲才能再现最高境界的真实。真正的真实只有在彻底放弃对现实中真实的狂热追求后才能得到。由于文字本身的特质，任何一个作家想要以照相似的准确去再现现实都是徒劳的。无论信奉的是什么理念，哪怕就是自然主义的左拉，呈现在文本中的也只可能是想象之"真"。所以文本之真，或者说艺术之真，并不仅仅看它与现实生活的相似度，而是看它是否完成了对生活无限可能性的一种呈现，是否揭示出了生活本质的真实。

本雅明在分析巴洛克时期的德国悲剧时曾这样说："而在寓言中，观察者所面对的是历史垂死之际的面容，是僵死的原始的大地景象。关于历史的一

---

① 王苏立.王跃文政治叙事小说综论［D］.长沙：湖南大学，2011.

切，从一开始就不合时宜的、悲哀的、不成功的一切，都在那面容上——或在骷髅头上表现出来。"①以寓言的观点来看历史，看现实，得到的景象只是碎片化的、忧郁的、废墟的。在王跃文的小说语境里，官场生涯的一切看上去都是那么理性，那么必要，有时甚至是崇高和高尚的，然而不知不觉中，王跃文意识到，一切都变成了废墟，无论是身内还是身外。这种官场生涯对人性的暗中置换与掏空既是中国这一特定政治文化背景下的历史，也是现代的，未来的。在这一点上，王跃文的小说是具有普遍的人性指向的。

还有一点，艺术的特性就在于它能够使日常生活被再度"经验"。这种再度"经验"其实实现了作者、文本和读者三者间的对话。文学的阅读，必须有情感的投入。文学作品的阅读欣赏，其本质就是"对话"：精神的对话，心灵的交流和撞击。读者要把自己摆进去，"烧"进去，不能"隔岸观火"，要与作者和文本产生感情的共振和心灵的默契。

严格意义上的寓言小说作品至少应该具备以下三点：一是它的叙述框架应该带有浓厚的非现实色彩，无论它的细节叙述得怎样逼真现实；二是它的叙事方式应该是扭曲的、夸张的、反讽的、黑色幽默的；三是它在整体上有强烈的象征性，言在此而意在彼。

从宽泛的意义上来说可以说是的。王跃文的着眼点是人性，"我只是睁着我的眼睛在看，看这些生活在官场的人，古往今来，他们并没有根本性的变化，我看见的是人性在权力磁场中的变异和缺失；往更深处说，是人的本质的异化。当然，我也力图写出这种异化的根源。"②王跃文的小说，表面是对现实官场领域的逼真书写，深层却表达了官场人生对人的本质异化和掏空，也是言在此而意在彼。这也是本雅明所说的形象与意义的断裂。

因此，官场人物言行举止中言有尽而意无穷的"象征意味"的剖析，在王跃文的小说中可谓是比比皆是，他不放过主人公每一次握手、每一次谈话、每一种表情，以捕捉其心里的涟漪。比如，官员的目光会随着其身份地位的变化呈现出微妙的不同……在官场文化的悖谬与荒诞中，装腔作势反倒成了官场中人不可或缺的本领。而对于上级惜字如金的只言片语，则更要加倍细心聆听与及时领悟。

王跃文津津乐道的这些官场潜规则与信息量远远大于其字面含义的话语分

---

① 本雅明.德国悲剧的起源［M］.陈永国，译.北京：文化艺术出版社，2001.

② 王跃文.我为什么做起小说来［EB／OL］（2014－03－17）［2007－01－13］http：//blog.sina.com.cn/s/blog_55f402f60100076h.html.

析，不可避免地被打上"诲官"的烙印。因为在作者不厌其烦地透露官场礼节的每一细微处，交代分析人物钩心斗角的玄机时，不仅作者本人已似乎沉醉于其所营造的官场文化氛围中去，还在一定程度上给读者解读和喻示了官场的言行方式。这种客观效果连作家本人也始料未及："我倒真希望自己的小说有那么大的魔力，真的能够诲淫诲盗。果真如此，也好让我有个报效国家的好机会。我只需将自己的小说全都销毁掉，并就此封笔，从今往后就政风清平，乾坤朗朗了。"文学只是文学，从本质上讲，它在上层建筑中亦属于边缘力量，因此，它只能承担部分的功能，实现一定的价值。"其实官场上左右逢源的任何一位官员，都比我聪明多了，用得着跟哪位作家的小说去学？他们运用自如的官场套路和游戏规则，没有哪本书上阐释过，可他们入了官场就会。"小说的传奇性对于真实的官场而言，至多是亦步亦趋的模仿，无论怎么发挥作家的想象力，都只能窥见官场之一斑，全豹就是幻想。官场套路和游戏规则被官员们玩得炉火纯青，其熟稔程度远非作家所能及。"中国的传统是书必须堂而皇之，而官场的实际操作原则大多是不得上书的，因为无法堂皇。作家既缺乏官术的理论功底，又无缘身体力行，他们所能做的不是照葫芦画瓢……任何一个腐败官员都比作家要高明许多，他们若是读了作家们写的揭露官场腐败的书，肯定会暗自发笑，骂作家们真他妈的没见过世面。"从这个意义上说，妄图通过官场小说打开向上的通道、获得升迁的真经是不可能的。

诚然，正如我们不能说每一步侦探小说都在给罪犯反侦破的手段一样，我们也不能因为一些政治叙事小说揭露了腐败内幕便认为是在诲官。但是对于王跃文的政治叙事小说而言，其实其中引人入胜的也许不仅仅是一些官员如何贪污腐败的具体行径，更在于作家对官场人物钩心斗角的绘声绘色的讲述，"很真切，很到位，那虚虚实实和倾轧角斗，在那谈笑间和饕餮之中我似乎闻见拳脚往来的拼杀声。"如果说做官的诀窍就在于熟悉官场的游戏规则，而这些游戏规则本身就是一套无形却又复杂的符号系统，那么王跃文的政治叙事小说则正好提供给人们对这一符号系统的阅读过程，小说中通过对这套符号系统不失时机、不厌其烦的讲解，帮助人们进一步参透其中奥妙无穷的玄机。对于秘书、对于领导……作者已沉醉于自己的分析种种，从而有些脱离人物口吻，书写了一大堆"官场艺术"。这是王跃文独特的风格所在，但同时也无法摆脱诲官的客观效果。

我国历朝历代重视修史，并专设史官，这就形成了主流文化的"正史"。与野史相比，正史似乎更真实，更靠谱，而实际上，由于体制的约束，正史除了轮廓的可靠性之外，可能更多的是经过了修饰的历史。从这个意义上说，历史比文学更具有设计感和人为性。在王跃文看来，官场文化同样如此。"我在小说里剖析的只是一种'官场亚文化'，即不曾被专家研究过的，但却是在千百年来真正左右中国官场的实用理念，一种无法堂而皇之却让很多官人奉如圭臬的无聊文化。"出现在公众面前的官场一定是光明、规则、理性、公正的化身，而实际上，作为一个集纳了社会管理职能的权力集中点，它也是一个藏污纳垢的场域。"中国传统的官场文化，照说应该是一种很典型的'典章文化'，从源到流都贯穿着儒家精神。尽管不同时代有不同时代的典章文献，但骨髓里面的东西却是一脉相承的。"这只是表面，如同一件衣服总要有表有里一样，呈现出来的典章文献是官场的衣表，光鲜、亮丽、规则、设计感好，而实际上，官场也有自己的里子，"中国官场自古有个很不好的传统，就是心口不一。讲《论语》而用《反经》，讲王道而行霸道，讲仁厚而用厚黑……更可怕的是，在有些官场人物那里，没有起码的是非或道德标准。他们不仅为自己在官场游戏中玩得游刃有余而自鸣得意，而且把一切中规中矩的言行看成迂阔可笑。他们从骨子里嘲笑崇高，却很职业地扮演着伪崇高。"官场可以有表有里，但是心口不一，假装崇高，并把中规中矩视为迂腐可笑，这就是一种彻头彻尾的诈术，有术而无道，就需要纠偏，这是王跃文官场小说的价值伦理，也是思想的基点。

第三节　官场祛魅的艺术历险

官场自有官场的游戏规则，而王跃文是如何窥破这些规则的呢？王跃文曾说，好的政治叙事小说，其实就是在给官场"祛魅"，给官员"祛魅"。那么，作为一个客观的社会生活场域，其神秘化之后的祛魅又是如何得以完成的呢？维特根斯坦很早就道出了其中玄机：规则内嵌于语言之中！

"官场"这个由权力编织的场所历来被喻为酱缸、赌场、商场等等。而各种官场流行病的系列化展示也逐渐使其成为一个神秘的社会层面，其特殊的行为标准和价值观念足以对进入其中的个体产生诱变。建立在权力诱惑之上的利益诱惑、地位诱惑、美色诱惑都成为一种官场潜规则。当权力本身成为竞相追逐的对象，乃至成为明码标价的商品，权力背后的责任以及公共利益自然只能被践踏。

在王跃文的《国画》中，"去神秘化"通过小说语言成为可能。社会话语的建构并不是来自人们头脑中思想的自由飞舞，而是来自社会实践，后者牢牢植根于并定向于真实的物质的社会结构。社会领域是一个由各种集体语言组成的整体。在社会生活中，每一个社会利益集团都频繁使用代表本集团利益的一套整体语言，即社会方言。奥地利学者齐马指出："社会价值几乎从不独立于语言而存在，词汇、语义和句法单位表达了一些社会集体利益，并且能够成为社会、经济和政治斗争的赌注。"他还引用了米歇尔·佩舍的话："一切阶级斗争往往都可以概括为拥护一个词、反对一个词的斗争。"①

符号权力是通过言语建构给定事物的能力，是使人们视而可见和闻而可信的权力，是确定或者改变世界的视界，因而确定或改变了世界的行动乃至世界自身的权力。它几乎是一种魔术的权力，借助特殊动员手段，它可以使人获得那种只有通过强力（无论这种强力是身体的还是经济的）才可以获得之物的等价物。作为上述权力，它只有被认同的时候，也就是说，作为任意性被误识的时候，才能发生功效。

符号权力的参与，要求其中的人不仅要相信权力的合法性，还要相信实施权力的人的合法性，而且是自愿相信。"符号权力总是基于符号资本的占有。那种能给别人的思想强加以社会区分的、无论新旧世界的权力，依赖于先前斗争取得的权威。符号资本是一种信誉，是一种赋予那些已经得到足够认同的人的权力。这种权力使他们处在一个能够强化其认同的位置上。"②

通过分析小说的话语，便可以分析出小说中隐含的规则，而这种隐含的规则背后，既有对官场文化的祛魅，也有对官场人物的祛魅，而从根本上来讲，是对官场作为一种现代社会隐秘建构物的祛魅。

在小说的多重对话关系中，最为激烈的当属叙述者以及主人公朱怀镜等人所承担的话语与主流意识形态话语的分歧。《国画》中的话语构成极为复杂，就社会语言环境而言，可以说是夹带了当今中国社会转型时期所特有的嘈杂。小说主人公的话语在官场社交语的滋养下，一步步深入，也一步步被揭露、解构。

贪污了一百多万却仍得到提拔的官员张天奇，在被知识分子贺教授嘲讽了一番后，曾发出这样的感叹："怀镜呀，我总是在思考这个问题：为什么我们共产党人是费力不讨好呢？我们说要为人民服务，不是假话。绝大多数共产党人是怎么做的。不争气的党员和领导干部确实有，但毕竟是少数。可我们的形象就是好不起来。"小说将这样一段官方话语放在这样一种语境中作为引语说出来，就颠覆了其在官方语境中的意义，从而也拆解了其中诸如好/坏、多/少等语义的二元对立关系。酒桌、欢场上官员们一边频频使用着官方话语，一边又大讲荤笑话，这样就将民间市井语和江湖语置于官方话语之间，使其难以继续

---

① 皮埃尔·V. 齐马. 社会学批评概论[M]. 吴岳添, 译. 桂林：广西师范大学出版社, 1993：44.

② 转引自朱国华. 符号暴力与性别统治[M]//社会理论论丛（第二辑）. 南京：南京大学出版社, 2004.

保持正襟危坐的姿态，不得不加入话语的"狂欢节"中来。这种话语出现在《国画》的故事层面和叙事策略上，更多的是出于对当今社会政治类小说中占主流的意识形态叙事的颠覆的考虑。

再看官场人物形象的祛魅。在传统社会政治类小说中，故事都是建立在好/坏、多/少、英雄/反英雄等二元对立之上的，但作为《国画》"基调"的官场社交语却完全打破、拆解了这种传统叙事中惯用的二元对立。主人公朱怀镜混迹官场并最终获得权力的故事其实就是官场人物形象被解构、官场文化潜规则被揭露的过程。在《国画》中，做官只是种谋生手段，而做官的诀窍就在于熟悉官场的"游戏规则"。如果把这些"规则"当作一套复杂的符号系统，那么做官也就是对这一符号系统的"阅读"过程。克里斯蒂娃认为在不分离原则下每个参动者又可变成它的对方，以至于每个实体同时又是它的对方，每个实体都具有二重性。以此来看《国画》中的"施—受"关系，实际上就成为"权—钱、色"的交换关系，朱怀镜不先"施"钱，张天奇不先"施"小保姆及"秦宫春"，又怎么能"受"到提升(权力)呢？王跃文描述的这种官场文化中"施—受"关系的戏剧性转换，与其说是解构，不如说是戏谑。在小说中，刘仲夏、宋达清、袁小奇、鲁夫、裴大年等一大班人的角色始终难以明确归位，因为他们的立场总在变换，今天的支持不代表明天的支持，而明天的反对也并不意味着后天的不反对——决定着他们帮助或反对的唯一理由是利益，因此，官场人物形象在利益的框架中完全被解构。与其说他们是官员，不如将其归类为官场混子，或者是以官场为舞台的丑角。

我们知道，人的"主体"是由话语构成的，仿佛是人在说话，其实是话在"说"人。不可能有超越其话语的"言说"，这也就决定了《国画》的真正寓意不在"官场话语"，而在其话语背后的意义消解，其实也正是在这个层面上，《国画》超越了社会政治类小说的俗套。

小说作者王跃文在后记中说："我原本是一个理想主义者，可现实逐渐让我明白，理想主义是最容易滑向颓废主义的。理想似乎永远是在彼岸，而此岸充斥着虚伪、不公、欺骗、暴虐、痛苦等等。颓废自然不是好事。但颓废到底还是理想干瘪之后遗下的皮囊……我既不想颓废，也不愿麻木，就只有批判。"

为此，作者试图把"理想"的"彼岸"引进到对现实的"批判"中来。在小说中我们不难从人文知识分子话语的代表人物曾理、李明溪那里发现所谓"理想"的踪迹。也正因他们是作者的所谓理想人物，最终才会在小说中一个出走一个失踪，统统从"此岸"中消失而回归"彼岸"。这也说明，在作者的想象中，"理想"就是所谓的"人文精神"。然而，曾理、李明溪所代表的又是怎样的一种"人文精神"呢？在小说中，他们没有家庭，没有婚姻，具有某种不食人间烟火的非人状态。不仅身处社会边缘，而且简直是无处容身……他们与其说是某种理想的化身，还不如说是关于人文知识分子的来自大众文化的"想象"。

在小说里除了上述的那些小市民式的"理想"（或干脆说是"想象"）外，便再也听不到什么来自"彼岸"的声音了。作者似乎是要以此"理想"为支点来反讽现实，但正如前面所分析的那样，小说中真正对官方意识形态构成颠覆的，是作者将"官场"从"幕后"推上了前场，亦即将私下语境中的话语变成了公共语境中的话语。这种"批判"是靠官方话语的自我解构来进行的，而并未过多倚重曾、李等人的知识分子话语来做批判武器。事实上，曾、李的批判功能正是因朱怀镜而消解：曾理最终撤回了自己的稿子；而李明溪的"国画"，也通过朱怀镜之手成了官场运作中的道具。

最为引人注目的祛魅来自小说对主人公朱怀镜代表的官员形象的解构：以浪漫叙事为语境，以性与爱为主题，在朱怀镜与梅玉琴之间展开的隐秘而又大众化的情爱游戏。

婚外恋加床上戏，虽已是当今大众文化中不可或缺的噱头，但在《国画》中，其功能倒也并非如此简单。在作者理想／现实、彼岸／此岸的二元对立中，朱、梅二人的"真爱"显然是属于"理想"、属于"彼岸"的。这样朱怀镜就又有了来自"爱"的救赎，得以超越其所在的"官场"。

然而，这一作者想象中的、似乎是超凡脱俗了的"爱"，却仍旧是庸俗肮脏的官场文化的附属品——一种以极端男权观念为核心的现代官场文化的附庸。与贾平凹的《废都》一样，女人"物化"和男性欲望的强化使得《国画》中的话语塑造更显官场黑洞之深。只要对《国画》的文本稍加分析，便不难发现这一点。朱怀镜与玉琴初次相识时，朱怀镜的感觉是"这女人的声音沙沙的，是熟透了的哈密瓜的那种沙，叫人荡气回肠，满嘴生津"；这与他对陈雁的注视如出一辙："那女人，眉眼自已无可挑剔，可她的天然风韵却全在腰段。……真是妙不可言，只要想想那腰段，他的胸口就晃悠，身子就要云一样飘起来"，在官场潜规则之下，女人与可品尝乃至把玩的美食、美物一样，都服务于男性的窥视欲和享乐思想。在那种男人"看"女人的鉴赏性的目光中，极端男权思维和道德挑衅意味一览无余；实际上玉琴正是这样一个按照男人的想象建构起来的欲望对象，她甚至也符合官场男性对女性的最后期待——年逾三十还是处女。日本文艺理论家洪田正秀曾分析说："艺术中的女性形象是置于男子和社会之间的一种情感调节器。女性处于客体的连接处，是个人与社会的交叉点。"①在《国画》中，无论是情人玉琴，还是妻子香妹，甚至也包括那个投入皮市长怀抱的陈雁，都是这样一种在男权主导的官场潜规则中"必然性"地存在的"调节器"和"交叉点"。

《国画》中借助性爱的形象祛魅和意义消解在朱怀镜的情爱缠绵中表现得淋漓尽致，在与妻子香妹同房时，小说始终通过朱怀镜的视角说出其所看、所做、所知、所感；一旦房事结束，叙述视角就会"满意地"从朱怀镜的视界撤出，越入女方的内心，并"代替"她说出内心的性感受："香妹爱怜地搂着男人，心花怒放。她还舍不得睁开眼睛，仍在回味着。手却不停地在男人身上抚摸。见男人背上微微沁出汗来，就拿了毛巾轻轻地揩着。男人侧过身子，把脸紧紧地偎在她的双乳间。一阵甜蜜而又痛快的感觉便像潮水一般再一次涌向她的心头，顿时觉得胸口被什么掏空了，身子像要飞起来。"又如："晚上，朱怀镜去了玉琴那里。他今晚有些反常，几乎通宵没睡，要了玉琴三次。玉琴依着他，每次都表现得欢快。事实上她直到最后一次才找到感觉，一边娇喘着叫道怀镜你今天是不是疯了，一边体味着男人的雄壮，直把自己送到云雾里。"叙述者如何得知女方的性感受呢？只能通过欲望中的想象。而"言"女方性感受，则无异于以话语力量控制女性的性高潮，使其为我所用，更好地满足男性的欲望。而对男权主导下的官场文化本质揭露最深刻的要数这样一段："今晚，两人就像刚经历过一场鏖战的战士，整个身心都放松了，最需要爱的抚慰。配合是少有的和谐，香妹的情绪一次次冲向高潮，如痴如醉。朱怀镜骄傲自己像位音乐指挥大师，挥舞着神奇的指挥棒，让人世间最动人心魄的交响乐演奏得美妙绝伦。"在这里，男权的支配欲、控制欲、征服欲暴露无遗。这实际是种男性本位的"话语施暴"，也是小说语言为对官场意义实施的一种"全方位"祛魅。

第四节　拟态环境的现实力量

一、拟态环境——真实的谎言

"拟态环境"是新闻媒介基于现实环境营造出的世界图景，它的出现本身定义了它的特性：虚拟性与真实性共构，戏剧性与指引性并存。而当作家明确宣

---

① 转引自刘丽娟. 权力场中知识分子的身份建构问题——以朱墨的官场小说为例[J]. 宜春学院学报，2012(10)：84 - 88.

布文学艺术作品世界是经过虚构和想象、经过加工改造过的世界图景时，文学作品必然地被打上了"拟态化"的烙印。巴尔扎克道出了其中真谛：小说是"真实的谎言"。

来源于现实生活的文学艺术作品，其表达形式与新闻记者对现实世界新闻题材的报道有着异曲同工之妙——而事实也正是如此，新闻报道本身即是文学的一部分。在媒介语境中，尤其是现代电子传媒的视角下，作为"拟态环境"的新闻报道与文学艺术作品几乎是一对孪生体。

在李普曼的拟态环境理论中，受众始终是一个"局外人"的角色，其所接受的也只是拟态环境中的"主观真实"，即一种对于现实环境的认知反映和意识回应。在拟态环境理论的发展演变过程中，拟态环境逐渐成为由媒体和受众共同参与的社会性建构。艺术的使命不在于再现真实，而是通过想象塑造真实之上的真实；因此，广义地理解，传统文学艺术作品所虚构的语境也是一种"拟态环境"。

抛开拟态环境生成机制中的内部因素，政治和经济逐渐成为拟态环境的构建支撑。立法机构颁布的法律、行政机构下达的命令、司法机构实施的监管，乃至整个社会的经济动态，都成为拟态环境的生成动力。由此来看，拟态语境出现在政治叙事小说中并非难以理解，甚至，这是一种因政治语境化而导致文化语境化的必然趋势。

1968年，日本学者藤竹晓提出了"拟态环境的环境化"问题，直指现代社会中人们对大众媒介的依赖使得整个社会系统的信息判断和适应行动都具备了虚拟的特征，而这些行动的结果则是拟态环境作用于现实环境，使得现实环境越来越带有了"拟态环境"的特点，以至于人们很难在两者之间做出明确的区分。如果说这只是在社会学视角下的拟态环境理论延伸的话，那么在文学作品中呈现的虚拟语境则直接将拟态环境理论纳入文学艺术批评。

一个重要的问题是，作为文学艺术的创作主体，如何有效地规制、利用自身和外界因素，努力呈现有现实批判力的艺术化现实？笔者认为，对社会信息的把握和对文学旨趣的坚守是两个必备条件。

"人类传播天生就是不完美的，道德秩序是传播的组成部分，对于传播过程中信息的解释与传递而言，多样性至关重要。"[①]这意味着营造一个成功的拟态环境必须突破单向的线性信息机制，就文学创作而言，作者必须摒弃片面性的社会信息和语言信息，通过艺术化的信息整合来完成艺术对现实的指引性超

---

① 【法】埃里克·麦格雷.传播理论史——一种社会学的视角[M].北京：中国传媒大学出版社，2009.

越。这意味着固定的思维与表达模式、政治偏见等等都应该得到矫正，而所有的艺术信息都应该服从语境。

只有在立于现实的基础上，文学作品才能通过读者对其艺术真实性和思想真诚性的考验，而小说也才能成为"真实的谎言"。

二、怕与爱——官场现形记

李普曼在《公众舆论》第二章的《审查与保密》中，通过详细描述一次战地新闻的见报过程分析了审查在战争宣传中发挥的作用，这也为信息的传播如何影响人们对现实的认识做出了极具参考意味的解读。他甚至坦言："如果没有某种形式的审查制度，这个世界就不可能存在严格意义上的宣传。"而在王跃文的小说叙事中，这种信息的筛选、搭配一定意义上也是由自我审查和语境审查的合力所支配的。

归根结底，王跃文小说中借助拟态环境所构造的真正的着力点在于其对话语结构和小说寓意的经营。在现实世界之上，王跃文摆脱了真实的政治斗争和文化环境，营造出了一个极具虚幻性，但又不乏真实性的文本环境，完整地呈现了这个时代的精神文化概况。麦克卢汉曾说，"艺术家在我们的社会里扮演着一个重要的角色，因为他们创造了反环境，并且使对环境的感知成为可能"，"在过去的一百年里，艺术家变成了反环境的象征"。① 可以说，虚构世界与现实世界之间的对比张力和反省意义赋予了文学作品中的拟态环境以"反环境"的作用。

从人物命名到官场话语的艺术化转述呈现，王跃文都合理而巧妙地化解了官方话语在"内容"与"形式"上固有的意义紧张，这为官场文化的"现形"奠定了一个基调。另外，民间话语、市井话语、江湖话语的借用也打通了小说艺术在通往拟态环境有效性上的道路。然而，《国画》的终极指归不是对恶的揭露，而是一种立基于现实语境的文化关怀。借助世俗类话语之外的虚拟与隐喻，文本以精神性抵达了世俗性，以上升性瓦解了功利性。

在王跃文的政治叙事小说里，"恶"是对已经无力约束人的过气的"理想主义"的反动。曾理、李明溪等人走的走，疯的疯，无力再为理想招魂。然而，当"恶"膨胀到极致的时候，会剩下什么呢？

在访谈中，王跃文总是十分强调小说中深沉浓郁的"怕"的意识。这种

---

① 转引自赵建国.文艺作品的三个参照系与"拟态环境"、"虚拟现实"[J].文艺理论与批评，2009(5)：104－107.

"怕"里有权力异化、道德滑坡、人性变质的担忧，更有一种"敬畏"之心。什么都不怕，便什么都不敬，便什么都敢。运用权力时没有敬畏之心，便会仗着权力为所欲为，践踏生命的尊严与价值。而且，这种"敬畏"之心也带来生活中阴暗与腐朽的救赎的可能。所谓"举头三尺有神明"，在《增广贤文》里是"人间私语，天若闻雷"，在王跃文的《国画》中则是"命运如天，高高在上，无可逃避"。

只有自我约束才能实现自我救赎。这里的"怕"是一种爱的力量的外化，有信仰、有顾忌的人才会有所敬畏。在《国画》拟态化的语境中，文本所极力呈现的就是个体在放弃所有的信条和道德底线，只剩下欲望时的恶果。在语境化的现实中，世俗欲望像一个至尊魔咒，人成了欲望的奴隶，成了权、钱、色的奴隶。在欲望的驱使下，人已经无所忌惮，可以为所欲为。在《国画》的结尾，王跃文将拟态环境发挥到极致——不可解说却又无时不在的命运将解释一切，当来自社会、来自自然的报应不足以对现实形成敲击作用的时候，命运的报应成为了一种自然而然的选择。当然，能有敬畏的人也是一个能自我认识、自我反省的人。我们不能期望所有的人都是具有自我认识和自我反省能力的人。所以，在拟态环境的视角下，《国画》所寓意的"怕与爱"的终极意味，与其说是有所敬畏只是道德期许的话，不如说是所有的敬畏都只是起始于道德期许。

道德与理想的争端引发的思想性呈现，得益于王跃文在文本技巧的处理背后的拟态环境经营。无论是否身处官场，对《国画》的阅读体验都将被寓言化之后的真实感笼罩，这不仅是对现实语境的取消，更是对理想语境的重置——一种拟态化的艺术语境不但比现实语境更真实，也能再现日常生活的原态，而且能赋予日常生活极大的可能性和寓言性，达到"寓言式的共振"。

在拟态化的语境构建中，王跃文以"国画"为名，为官场这一巨大稳固的文化场域做了一次解剖，不得不承认，在"言"的背后是"怕"，而在"怕"的背后则是"爱"。此时，丹纳的忠告依然有效：不是这个或那个大师的生平，便是每个大的艺术宗派的历史，也证明模仿活生生的模型和密切注视现实的必要。一切宗派，我认为没有例外，都是在忘掉正确的模仿，抛弃活的模型的时候衰落的。

第七章 阎真：文学湘军政治叙事的杰出代表

　　说阎真是文学湘军政治叙事的杰出代表系因《沧浪之水》。他的其他作品与政治叙事相距较远，但是一部《沧浪之水》足以使阎真这个名字刻在文学湘军政治叙事的里程碑上，尽管这仅仅是他的一个侧面。

　　在阎真的作品中，《沧浪之水》只是个案。在其他文本中，我们看不到他对政治的热情。他的官场小说与普罗文学、主旋律文学都搭不上边，甚至谈不上官场密码，给公务员带来的技术性借鉴非常少。所以，把他作为文学湘军政治叙事的杰出代表，尽管有着逻辑上的合理性和必然性，却不能体现阎真作品的全部价值内核和哲学意蕴，这一点需要特别说明。

　　《沧浪之水》的毁与誉都来自泛政治化。泛政治化为作品刻下鲜明性的同时，也有一定的负面效果，泛政治化即政治化过度带来的偏差。官员的最大政治就是职衔，为了更高的职衔不断攀升，不惜任何手段。有了这种几乎超越了"力比多"的刺激，几乎所有的人都拼命往上爬，因为荣耀、尊严、享受、待遇都来自更高的职级，于是"官"就成了他们的原罪。在这个场里，人们的行为和心理、官场和生活、上级和下级、男人和女人都在权力面前失去了人性的本真，拼命攫取。所有的一切都来自政治，这就是《沧浪之水》的泛政治化。

　　政治文化没有固守自己的领地，而是僭越了其他生活空间，占据了其他生活和文化精神领域，成为一种统摄性话语和支配性力量，从而落入了人物关系的单一化逻辑。事实上，社会生活和文化精神是一个多维度、多层次、多侧面的综合体，而作品的泛政治化造成了简单化线性思维，即权力支配一切，权力解释一切，权力成了图腾和信仰，而不仅仅是工具和责任。再者是泛政治化造成了二元对立的思维模式，这给《沧浪之水》带来的影响是，从根本上制约了作品应具有的广度、深度和厚度，限制了作品艺术审美质量的达成和提升。

　　政治有自己的位置和空间，并在人类历史上起着积极的作用，但是如果它以无所不在的力量控制了所有的环节、领域和人群，就会成为钳制人类进步的镣铐。卫生厅本是一个管理医疗、防疫和药物的卫生部门，具有很强的专业性，是社会的支撑性机构，但只要是在有资源和利益的地方，政治就无处不在。尽管政治对社会生活产生了重大影响，但是它不能取代其他领域而独立存在。

政治的强悍超出了池大为的想象。在《沧浪之水》中，"父亲"代表着道德、良知和传统，他一生立足最底层，为民众带来健康，这也对池大为的思想产生了深刻的影响。在大学和研究生期间，他树立了"为天下计"的思想，立志成为像父亲那样的人。尽管自己的研究生身份在当时的卫生厅堪称人才，但因为不懂官场潜规则，很快被淘汰出局。卫生厅是一个庞大的管理机构，进入上层的管理者都是利益既得者，马垂章就是他们的代表。但是初入官场的池大为以从父亲继承来的传统思想和学校接受的民主思想为标准，对卫生厅的各种行为提出质疑，结果被这台诸多利益捆绑的机器碾压得粉碎。理想、现实、家庭一同向他挤压，迫使他做出改变，否则就成为理想的牺牲品。这样，他非但不能为正义代言，还成了幼稚的殉葬品。在《沧浪之水》中，官场是现场，也是人物行为的全部动力。池大为在政治、泛政治与知识分子情怀的矛盾中徘徊，一方面仰望星空，一方面要面对官场的挤压。

政治是文化母体的一部分，尽管它的体积并非最大，但却拥有最为强大的力量。这是政治自身暴力属性的延伸。现代文明的伟大之处就在于，它能够最大限度地限制政治的野蛮扩张，防止它肆无忌惮地僭越雷池，谨防在其他领域形成泛政治化的态势。《沧浪之水》就是这样一个泛政治化的小说文本，马垂章、池大为、丁小槐，甚至池大为的老婆杨柳都患上了政治焦虑症，源于政治的焦虑只能从政治渠道去获得满足，并在弱势人群面前发泄和释放。人物的所有逻辑都基于政治，政治在行使社会治理功能的同时，还成了人性堕落的帮凶和原罪。

小说泛政治化的表现还在于，它将世界要素的各个部分一律兑换为政治内容，住房来自政治，学术来自政治，职称来自政治，职衔来自政治，荣誉来自政治，总之，拥有了政治，就用了上述的一切。甚至每一个人的一举一动、一颦一笑、一言一行都服务于政治，政治俨然是主宰这个世界的上帝。总之一切都被纳入政治的框架，以政治的视角阐释一切，政治就被不合理地扩张和扩大了。小说不是社会科学，而是文学的一种表现形式，它不负责为社会提供合理化解释。但却是读者理解世界的窗口。

所以对于《沧浪之水》来说，政治既是源头，也是原罪。

第一节 《沧浪之水》——被遗忘的诗性

一、诗性的小说

庄子鼓盆而歌，面对妻子死亡的现实，庄子以另类的方式缅怀妻子。魏晋时，阮籍丧母，食肉饮酒如旧，尔后却吐血三升。当苦难来临时，悲痛是不可避免的。按照存在主义的观点，存在先于本质，他人即为地狱，但是人可以自由选择。选择如何对待苦难，痛苦可以以眼泪表达，亦可以以微笑来表达。生活的日常审美所注重的诗性，本质上是对人生存在痛苦的娱乐方式，这种方式是人生命活力的爆发，是对生命苦难的反抗方式。情到深处便无言，痛到深处便无泪。

庄子所代表的逍遥精神与儒家精神一样都是悲天悯人的，只是儒家板着脸，道家嬉皮笑脸。《沧浪之水》所表现的诗性是痛到深处的苦中作乐，在作乐中，湖湘文化中的执着、倔强、担当一览无遗。

《沧浪之水》全书的结构可以分为三个部分。首先是小说的开头，即序篇。序篇中池大为的父亲池永昶在回忆中登场。他一生高举理想的大旗，用响亮的人格阐释了知识分子的气节，《中国历代文化名人素描》是一座神庙，神殿里的各尊神像时刻警世历史长河中每一个人，每日三省吾身，在醒悟中比照内心是在向这些文化名人聚合构成的磁场靠近。池永昶通过自己的行为，用生命的陨落和精神的升华实现了对传统文化的精神皈依。他孤独却不绝望，清高但心系天下。池大为的童年与人格，便是在父亲的影响下建构起来的。

第二部分是全书的正文部分。池大为怀着父亲赋予的人格与理想走出山坳，在中医最高学府拿到了本科和研究生学位，进入到卫生厅，开始了官场生涯。池大为一步一步决心放下理想主义的自己，竭力攀登权力的高峰，将自己的灵魂碾得粉碎。

第三部分是全书的结尾，池大为终于将权力置于自己的股掌之中，但他没有继续在人格堕落的下坡滑行，而是迅速调整姿态，实行一系列的改革措施，对老厅长马垂章留下来的弊政或者纠正，或者叫停，而且试图对那些根深蒂固的腐败积弊建立长效根除机制。他竭力靠近了开头父亲的人格定位，向理想回归。

由于第二部分之精彩让人拍案叫绝，且从数量上就占去了全书的80%，无论是专家读者还是普通读者，普遍将目光投注在了这一部分上。甚至有读者认为，序篇和结尾是全书的败笔，不符合逻辑。

　　的确，《沧浪之水》一经出版便被认为是继《国画》后政治叙事小说的又一力作。当然，这是一种对文学作品的简单化处理，而阎真也多次辩解，自己的小说不仅仅是大家印象中的"政治叙事小说"。毕竟，在小说发表的 2001 年，政治叙事小说远不如现在那么丰富，当时的政治叙事小说总会与模式化情节、脸谱化人物、雷同化语气等标签联系在一起。在一次访谈中，阎真旗帜鲜明地表述了自己的小说不同于其他政治叙事小说的特点：

　　有人将《沧浪之水》看成是政治叙事小说，但我的小说的关键词不是"官场"，而是"知识分子"。当然，我的小说写了官场，但写法与其他小说有所不同。以前有两种写法，一是写正义与腐败的斗争，如《抉择》《大雪无痕》等，这种写法对事情的理解有善恶二分法倾向；另一种以揭露黑幕为主，如《国画》《羊的门》。我的态度在这两种之外。我不想以极端的态度表现现实。在我看来，现实的形态相当复杂，不是黑白二字分得清的。我要表现的是，知识分子在这种时代背景下何去何从，以及他们的心态变化。歌颂和批判都不是我要表达的东西，我要表达的是知识分子的心灵史。①

　　《沧浪之水》中有令人窒息的卫生厅官场，也有池大为清高单纯刚硬的理想，更有温情脉脉的人文关怀，这些不再是一般的政治叙事小说题材可以囊括的。

　　厦门大学教授杨春时认为，文本分为三个层面，首先是原型层面，这关乎潜意识里的欲望；再者是现实层面，这是严肃的现实主义题材小说关注的所在；还有一个总是被人遗忘的层面，就是审美层面。这个层面超越了现实的阴暗，升华了欲望，进入到自由诗意的形而上的层面。②《沧浪之水》显然已经来到了这审美的层面。

　　我们可以看到，小说中有许多譬喻与象征场景。比如那本《中国历代文化名人素描》，比如仰望星空，比如旷野。如果说全书的第二部分是我们眼睁睁看着池大为的世界被世俗碾压至干瘪，那么这些象征就是这个世界里的张力，为池大为留出空间，容纳诗性的清风在其间流动。

　　诗性的界说要追溯到意大利思想家维科。维科认为，人类原始民族的创造者都是诗人和哲人，他们的思维方式和现代人不一样。他们的思维是一种诗性

---

① 转引自聂茂, 阎真. 转型时期的精神逼宫与知识分子的良知拷问——与阎真对话[J]. 芙蓉, 2007(2).
② 杨春时. 文学概论[M]. 北京：人民文学出版社, 2002.

的思维，以隐喻的原则创造事物。① 比如《周易·系辞》中说："古者包羲氏之王天下也，仰则观象于天，俯则观法于地，观鸟兽之文与地之宜，近取诸身，远取诸物，于是始作八卦，以通神明之德，以类万物之情。"《周易》中的卦象就是远古的意象，它作为一种介质，指向了"神明之德""万物之情"等宇宙的真理。这与西方的"隐喻"传统有殊途同归之妙。卦象包含了隐喻，即诗性思维，有两种重要的品性：形象性与含蓄性。卦象是祖先以眼中之物画得的，形象性自不必说。而它也经过一定的抽象，因此避免了绝对的复写，留下了许多空白，意味深长，含蓄悠远。

在日常生活当中，我们已常有"言不尽意"的无力感。维科认为现代人的思维是被概念和系统"格式"过的。而诗性是人性中的浪漫基质，如果一个人被现实的物质需求完全占有，不能自拔，就会异化，就会迷失。尼采说道："人需要一个目标，人宁可追求虚无，也不能无所追求。"在这里，虚无不是一个贬义词，它是相对于物质欲望的泥沼而言的星空，纯洁、高雅、美丽、安静、智慧……一个人必须有对这些诗性的"虚空"的追求，免于沦为物质的奴隶。

有了诗性的追求，便有了超越现实的自我心灵的拯救，才能听到海德格尔所言的命运的呼唤。现实是生存的根基，离开了衣食温饱去谈精神追求是不可能的。诗性的追求不排斥生理的需求。但是，它是另外一个层面上的需求与生活。

《沧浪之水》中，激励着池大为走出大山的，不是急切改变贫困的物质生活的需求，而是一本薄薄的小册子——《中国历代文化名人素描》，里面是十位历史人物的剪影：孔子、孟子、司马迁、嵇康、陶渊明、李白、杜甫、苏东坡、文天祥、曹雪芹、谭嗣同。这组名人群像代表了中国传统知识分子的理想人生，在《沧浪之水》中，他们的反复出现作为一种知识分子精神的隐喻贯穿全书，点亮了池大为的人格，照亮了他的路，走向北京，走向大学，走向官场。最后，融入官场，"杀死自己"的池大为来到了父亲的坟前，点燃了这本小书。用如此诗意的方式与自己的理想人生告别。火苗暗淡，纸灰飞扬，散向风中，只剩群星在头顶闪烁。还记得仰望星空的池大为，理想的光芒已寥若晨星，还能否给予他帮助呢？阎真在这诗性的画面中冻结了结尾，留下意味深长的含蓄。

翻阅相关评论，《沧浪之水》最让读者沉醉并津津乐道的部分是池大为进入政府机关沉浮的部分，至于序篇与结尾，总是被人遗漏。的确，中间部分细腻

---

① 转引自岳庆云.物质与精神的取舍心灵与自然的对话——《瓦尔登湖》的生态学思想解读[J].时代文学(双月版)，2006(2)：65–67.

的语言与细密的描绘让人如临现场，现实主义的批判让人掩卷深思。但是，序篇与结尾部分，空荡荡的山里和浩瀚的星河为快被现实压成平面的故事吹入了空气，为要"杀死自己"的池大为留下了一条活路，为凝重的故事留下了灵动的自由空间，精神、诗性、审美、虚无……便在这期间流转，迂回。

二、诗意的创作

孟子提出"以意逆志"，文如其人的评论原理是有道理的。作品的诗意，在某种程度上是由作家赋予的。诗意的创作是无功利的创作，海德格尔说，人一边在大地上劳作，一边诗意地栖居，这是一种存在，是一种幸福，也是人的追求。阎真诗意的创作体现在其创作的自由性上，按照心灵深处的想法自由创作，不被物质金钱所羁绊，创作在阎真这里是一种自由选择，与心灵达到高度的契合。创作成为其生命的一部分、存在的表现。

阎真不是一个职业作家，他不以写作为业。已是大学教授的阎真能保证宽裕体面的生活。他的写作也不是出于经济上的动机。阎真对于金钱并没有一个准确的概念，这当中有一个趣闻，据说《沧浪之水》引起反响后，西安电影厂找到阎真，以八万元转让费取得了电视剧拍摄权。事过不久，另一家制片厂出价十五万，惜为时已晚。据《沧浪之水》改编的电视剧《岁月》由胡军、梅婷主演，反响热烈，然而我们并没有看到阎真在制作与宣传中有所活跃，没有人们预想中的"大捞一笔"，赚个盆满钵满。而巨大的经济收入也没有给阎真的生活带来实质性的改变。如此天真的人，写作时却洞若观火，实在让习惯了"文如其人"之说的人诧异万分。

不为稻粱谋，阎真对写作的要求亦近乎严苛。他的写作周期很长。迄今为止，阎真只写过三部长篇小说，《曾在天涯》(1997)、《沧浪之水》(2001)、《因为女人》(2008)，从这三部作品的写作时间来看，平均要间隔五六年，堪称精益求精。在《沧浪之水》出版后，这部"很猛很现实"的小说为阎真积累了大量读者，他接下来的作品也备受期待。但是从《沧浪之水》到《因为女人》，中间间隔了整整七年，才迟迟露面。

对于写作过程的"磨洋工"，阎真有自己的解释。他感叹自己写作的不幸。他认为，近现代知识分子中最幸福的是二十世纪初"五四"时期的那代人，上下左右，到处是空白，随手的一个题材就可能是开启了一个崭新的空间，就是独创。有很多作家，一个人同时开创几个领域，并有很高的建树，那个时期的一些作家在思想、历史、哲学等方面均成为一代宗师。现在，你的思考和写作一不小心就陷入了和别人的重复之中，而优秀的作家是耻于重复别人的，无论在艺术层面还是思想表达上。

就是这种对自己作品的负责，让《沧浪之水》的前期构思就耗去两年。在一篇文章中，阎真讲到了写作的痛苦："我的写作周期很长，要五六年才能出一本书。这种状态是由我的文学观念决定的。在动笔之前，我要经过长期思考来选择一个多少有点思想创意的方向，这个方向需要有比较大的精神背景，比较鲜明的历史因素，还需要很多鲜活的细节来支撑。方向选定之后，还不能马上动笔，还需要思考再思考，把问题想深、想透，用笔记的形式把这些思考记录下来。我觉得笔记非常重要，思想的闪光，生活中精彩的语言，对话，我如果不在那个发生的瞬间把它记录下来，就再也追不回来了。有时候身边没有纸和笔，我就把关键词输在手机上，回家再记录下来。"①

这种咬文嚼字的态度使人想起法国文豪福楼拜的"唯一词法"。他曾说，宁愿像流浪狗一样暴死，也不愿一个词早一秒被写下来。天赋、才华、灵感不必赘言，但阎真的写作更是勤奋、认真、坚持的融合。阎真的写作深深地打上了学者的烙印，用严谨的态度表达着自己的所思所感。在阎真的创作中，几乎所有的写作都指向特定的文化内涵，几乎所有的扉页都题记着一段发人深省的警句。在最早的《曾在天涯》一书的开头，作者这样起笔："多少年来，我总忍不住想象自己将在某一个遥远的晴朗早晨告别这个世界，这种想象那一年在多伦多一个冬日的黎明出其不意地袭击了我以后，就再也无法摆脱。"这种娓娓道来却满含知性的学者笔调在《沧浪之水》中既有延续，又有提升，在书的扉页部分，"沧浪之水清兮，可以濯我缨；沧浪之水浊兮，可以濯我足"几个字赫然在目，提醒着文章的主题；而在正文部分，每一篇的开始也都有一段文字引领下文，序篇开头是"她的目标是要把我培养成一个上等人，有上流社会的风度和情感方式"，一个知识分子的最初心语被置于读者面前，伴随着文本叙事的深入，每一篇的引语都有变化，这种引语式的写作与学者在学术研究中做注解有着异曲同工之妙，达到了既引领下文，又醒目题旨的效果。

不为名利，严谨态度，这些不过是阎真的注脚，而真正烛照阎真创作的，是信仰。略萨说："只有那种献身文学如同献身宗教的人，他准备把时间、经历、勤奋全部投入到文学才华中，那是才有条件真正成为作家。"②阎真便是这样对文学虔诚如同宗教的人。"文学抱负不是消遣，不是体育，不是茶余饭后玩乐的高雅游戏，它是一种专心致志、具有排他性的献身，是件压倒一切的大

---

① 阎真.崇拜经典艺术本位——自述[J].小说评论,2008(4):44-46.

② 【秘】马里奥·巴尔加斯·略萨.给青年小说家的信[M].赵德明,译.上海:上海译文出版社,2004.

事，是一种自由选择的奴隶制，让它的牺牲者（心甘情愿的牺牲者）变成产奴隶。文学变成了一项长期的活动，成为某种占据了生存的东西，它超出了用下写作的时间之外，渗透到了其他所有事情之中，因为文学才能是以作家的生命为营养的，正如侵入人体的长绦虫一样。福楼拜曾经说过，'写作是一种生活方式，换句话说，谁把这个好而耗费精力的才能掌握在手，他就不是为生活写作，而是活着为了写作'。"①阎真自己也说过，自己是一个"严格按照艺术的标准写作"，"不可能迎合社会流行心态下的阅读需要"的作家。

阎真也并非如此无欲无求，他有自己的理想，甚至可以说是欲望："如果我对创作有什么梦想，那就是，在一个自己已经不存在的世界中，还有人在读自己的书。这是痴心妄想，但也是最大的生命诱惑，一个比千万富翁的梦想更大的梦想。"②他是一个有意追求经典并为之奋斗的作家。物质追求、柴米油盐没有纳入阎真思考的版图当中。而他把自己自觉地纳入历史的版图当中，希望名留青史，希望在世界留下自己的痕迹。从创作主体而言，《沧浪之水》便是这样一个闪耀着天真与信仰的诗意的结晶。

第二节　转型时期的精神逼宫

文学的伟大不在于解决了社会问题，而是能够引起大众的思考、反思，对问题的关注、讨论。有学者认为小说是社会的晴雨表，文学或像是病症一样显现社会肌体的问题，或像是一个抗议者，自顾自地诉说着对现状的批判。

后现代主义的思潮解构了一切，让信仰受到嘲笑。《沧浪之水》中池大为与同学们因为中国在足球比赛中取得胜利而狂欢，池大为当时感觉"甚至献出生命也愿意"。在解构者眼里，这种想法极为愚蠢。池大为高尚的献身信仰不过是被当权者的谎言利用了而已，接近于"洗脑"。

然而道德欲望是人性中的有机组成部分，当众人皆醉我独醒时，社会的欲望横流逼近人们由人堕落为奴隶、欲望的动物，他人开始向"自我"逼宫，尤其是"自我"意识强烈的知识分子对此更为敏感，因此，也更为痛苦。这种"精神逼宫"使阎真的创作带有明显的探索色彩，其探索在形式上表现为"自我"与本我、他人的对话。

---

① 【秘】马里奥·巴尔加斯·略萨.给青年小说家的信[M].赵德明，译.上海：上海译文出版社，2004.

② 参见阎真.这是我的宿命[EB/OL]（2014－05－03）[2004－11－20]http://www.chinawriter.com.cn/bk/2004－11－20/18915.html.

阎真是一位文学理论研究的学者，其于 2004 年发表的《巴赫金狂欢理论质疑》一文是国内第一篇有意识地明确对巴赫金理论提出质疑的文章。由此可见阎真深厚的学养与过人的胆识。作为中国巴赫金研究的专家，阎真文本中自觉不自觉地都融入了巴赫金的气息——复调。

所谓复调小说，是指有着众多独立而不相融合的声音和意识，由具有充分价值的不同声音组成的小说。声音是指通过语言表现出来的某人的思想、观点、态度的综合体。巴赫金说：复调的实质恰恰在于不同的声音在这里仍保持着各自的独立，作为独立的声音结合在一个统一体当中。多种声音的多重性乃至矛盾性，并没有成为发展的过程，也没有连缀为时间的运动，是在同一个平面上展开，或是相伴平行，或是相互对峙；虽然和谐但互不融合，矛盾到底，永无休止地争论。

阎真与王跃文的不同的地方在于，尽管小说中包罗万象，但每个角色、每种类型都能发出自己的声音，尽管这些声音无法与作者的价值观保持一致，但阎真还是将它们记录下来。整本《沧浪之水》就像是一个广场，女人、小孩、官僚、商人、传统知识分子、新型知识分子，都在其中发出了自己的声音。

复调小说不仅是让各种声音齐鸣那么简单，阎真还让各种声音对话。作为主人公的池大为与女性、官僚、商人、知识分子等各色人物对话。主人公通过不断地对话建构起了自己。看起来他是被各种声音逼到小小的空间中，被打败得体无完肤。但还有一种对话，是主人公自己与自己的对话。他所受的教育、现实中的所听所见、他的理想……在外界声音挤压的小小空间中，池大为通过与自己的对话，保住了人格的独立与立体。

一、与他人的对话

第一，是池大为与在生活中耳鬓厮磨的妻子的对话。在男权中心文化下，女性一直是被剥削被压迫的"他者"。所以，女性解放就成了社会发展水平和文明进步程度的重要指标之一。尽管随着社会的发展，尤其是近年来女性主义理论的传播，女性的社会地位得到了提高，在政治和经济上也相应取得一些成就，但是，女性仍未真正获得"自我"，依然扮演者"他者"角色。如就业中的性别歧视、家庭生活中被动和依附关系、以男性立场思考问题等，这些问题在文本中董柳的身上得到显现。

董柳，卫校毕业后在市第五医院当护士，因扎针技术好，人称"董一针"。嫁给池大为后，她的人生就与他的政治生涯紧密连在了一起。他们的对话可谓是"话不投机半句多"。她不关心国家大事，只关注眼皮下的事情，眼下的世界就是她的整个世界，如房子问题、孩子奶粉和上学问题等。然而，就是这些鼻眼大小的事情却与丈夫的工作起伏密不可分，使其将目光紧紧锁在丈夫的工作上，并力促丈夫走上正轨，"正因为要带好儿子，所以要那顶帽子，做父亲的总该给儿子创造一个好的成长环境"。董柳在与池大为的对话中看似掌握着话语主动权，并对其行为起着引导作用，但并不表示她作为自由的"主体"站在与男性平等的地位上对话，她的一切思考和言语都是以"家庭主妇"的立场出现的，"既然丈夫是一个生产劳动者，他就是一个超出家庭利益而面向社会利益的人，就是在建设集体未来的同时，通过合作开创他自己的未来，所以他是超越的化身。而女人注定要去延续物种和料理家庭。"董柳无意识地以池大为妻子的身份对待世界，自觉担任"他者"的角色，凸显池大为在家庭中的中心地位，推动其"主体"身份的确认。

因此，这样的对话提醒着池大为的窘迫可笑，使池大为在家庭中地位受到威胁，陷入痛苦的思考，并认识到了权势和金钱的重要性，动摇了原本所坚守的立场，走上屈服的道路。

第二，另一个与池大为生活息息相关，甚至掌握着生杀大权的，便是马垂章。马垂章是省卫生厅的最高领导，是厅里游戏规则的操纵者。在那个位子上待了那么久，已经形成了一种固定的难以移易的体验方式，他需要别人对他恭敬，需要自己说话能够算数。离开了圈子，他的世界就坍塌了。长久的习惯养成了其刚愎自用、自我中心的性格。

马垂章教会了池大为如何卑躬屈膝，如何成为"猪人"，如何操作规则，打破了池大为先前信守的"天下千秋"的精神神话，最终将其"培养"成下一代厅长。

成为池厅长前的池大为，在与马垂章的对抗中，注定是一个失败者，因为他连对抗的资本都没有，是"奴隶"。为了做人，找回身份，他用在马厅长那学到的官道反过来对付马厅长，直到成为池厅长，将规则牢牢掌握在自己手里，当回自己的"主人"。而成为池厅长的他却发现有一只无形之手控制着他，让他按照更强权势制定的规则行事，例如他对血吸虫调查事件的无奈收手。这里，超出文本之外，池大为的身份再次失守，而要确认"不做猪人"，则需在官场逻辑的轨道上继续前进，不容迟疑。在与典型官僚的对话中，池大为表面上成功"复仇"了，但他也要在这条道路上继续沉沦下去。

第三，是与同样身份的人——知识分子的对话。若说池大为与两位朋友的交往显得过于漫长，那么知识分子间对话最集中的体现，莫过于许小曼组织的同学聚会，它堪称时代的最佳镜像。

因为知识分子的生存境遇和精神状态通过同学聚会这个窗口得以展示，通过这种集中展览的方式，把他们放置于一个平台之上，每一个人才可观、可测、可评，才更能反衬出此时池大为的窘迫。

他们在体制和市场两条战线上分头行进：

许小曼在卫生部当了处长，匡开平也在地方机关当上了处长，伍巍是省长秘书，汪贵发也当了处级干部……在这个体系里，级别自然是衡量成功与否的唯一标准，所以，在体制的那个屋子里，天然性地以省长秘书伍巍为中心展开话题。

从改革开放的前沿广州坐飞机过来的几位同学则意气风发，以凌国强为中心在大谈生意经，一个个雄心勃勃要走上国际舞台。凌国强说："我一辈子的理想就是让中药走向世界，市场可以说是无限的。我想起那种前景经常激动得整晚无法入睡，百万算什么，千万又算什么？"这是市场荷尔蒙在野心推动下的一种显现，目光不仅仅在国内，更在全世界，百万、千万……财富要以几何级的速度增长，体制也好，市场也罢，都是展现成就的一种方式。

在同学聚会上，做生意发了财的同学都认了捐，有四千的，有五千的，在机关上班的许小曼也捐了一千。所以相比之下最为落魄的池大为，其时正在省级卫生系统最不起眼的中医学会，无论在权力还是在金钱上都无从谈起。"其他同学基本都是坐飞机来的，池大为连卧铺都没有坐上"。和其他同学自然的鲜明对比，使许小曼一眼就看出池大为的落魄现状。

这场无声的对话，同学们的舒心生活，诱惑着池大为。也让池大为迷惑，他们究竟是怎么做到的。他接受了许小曼的"指导"，开始不由自主地向官场逻辑"虚心求教"。

第四，便是与商人任志强的对话。任志强可谓是一个在早期市场经济环境下如鱼得水的操作大师。市场经济的原则是"天高任鸟飞，海阔凭鱼跃"。与传统的自然经济相比，它是一种开放的经济形态。鼓励使用一切合法手段获取财富，它调动了包括资金、技术、智力、有形资产在内的全部生产力因素，使经济发展迸发出前所未有的活力和动力。市场经济同时也是法制经济，它必须要有各种完善的法律、法规、制度作为约束市场行为的准绳，需要明确指出什么是合法；什么是非法的；什么是禁止的，什么是提倡的。但是在市场经济早期，定下来只是经济运行的原则和框架，原则和框架之下具有可行性操作的法律、法规却相对滞后。这样就使市场经济环境异常宽松，经济框架漏洞百出。一些头脑"灵活"的人就利用这些漏洞赚取了市场经济开放的第一桶金。

任志强的暴富有其合理性，他有非常灵敏的市场嗅觉，尤其是他善于洞察人们的心理和消费心态，比如在高科技产品展销会上推销"气功魔掌"，巧舌如簧，不得不服。

任志强在推销这种产品时首先想到了池大为，让他去充当产品有效性的证明，的确是一种非常具有说服力的方法，充分利用了人们对知识分子的信任和对知识的崇拜。作为一款保健产品，仅有生产厂家和经销者的鼓吹，说服力还远远不够，那么医学专家的推介就成为博取消费者信任的一柄利器。20世纪八九十年代，知识取代阶级斗争成为时代的新图腾，任志强看重的正是这一点，此外，知识作为生产者和消费者之外的第三方，最为公正可信，不会偏袒任何一方。而知识要发挥作用，除了产品说明书上天花乱坠的功能宣传外，还要通过知识的携载者，即知识分子去实现其由静而动的说服。毕业于北京中医学院的硕士研究生池大为就成了最佳人选。在硕士研究生还非常稀少的年代，这种层次足以有专家的成色了。再者是他利用了人们对健康的重视心理，把视点投放在保健产品上。作为一款"概念"产品，除了任志强外，少有人知道它究竟有多大的利润空间，他说"才两百九十九，十个以上批发七折"。"一个月的工资就可以买这么一个高级保健品，真便宜啊。"池大为估算了一下说，这玩意的成本绝不会超过十块钱。任志强知道人们购买的不是这款"无所不能"的魔掌本身，而是这款产品背后的"神奇"功效，但究竟神奇与否又有谁去论证？天花乱坠的信誓旦旦加上专家的"合理"说辞使消费者彻底缴械。最后是借壳生财，把这个推销放在"高科技产品博览会"上，更使人们相信这是一款具有知识含量的高科技产品。三个因素的巧妙使用使钱从别人口袋里轻松地落入自己囊中。

如果说任志强还是一个伪知识分子，池大为就是一个纯正的知识分子。面对困窘，知识的神圣性已经荡然无存，任志强把池大为叫到这里，就是利用池大为的知识分子身份和那一套说辞。任志强要利用的是"硕士"这个标签背后的符号价值。除了池大为这个准专家外，连礼仪小姐都是中医学院的学生。

任志强可谓熟谙经商之道，一旦进入到特定的情景之中，人就很容易受到环境的感染。在任志强设置的这个甜蜜销售陷阱中，池大为无形中半推半就地充当了一个举足轻重的角色。他充分利用了自己熟习的专业知识，这些知识对付那些常年体弱多病、对医学略知一二的中老年人游刃有余。

这一场与商人的对话，让池大为明白，知识分子这个名号不仅会给自己带来生活压力，更给自己带来升迁的资本，自己，就是可以利用的"手段"。

二、与自己的对话

经历了"自我"（父亲）与他人、本我充满焦虑的对话、争论，知识分子的弱点便充分暴露出来。没有毅力摆脱现实，又无法摆脱自我被异化所带来的痛苦。"生存还是毁灭"，知识分子在犹豫中陷入维谷境地。而对于文人而言，唯一的解决办法便是向道家文化寻求帮助，将痛苦转化为诗意的栖居。这种诗意的实质便是嬉笑的形式、痛苦的内核。表达无奈与痛苦的方式也可以是开心的幽默、无所谓的游戏。

池大为的人生经历就是一场戏剧，甚至于闹剧。可以认为池大为是成功的失败者，因为他的人生至少对于他个人而言，已经失去了真正的意义；也可以认为其是失败的成功，因为他成功坐上厅长的宝座，获得了现实的补偿。结局的总结后隐藏着阎真的一个小聪明：庄周梦蝶，到底是庄周变成了蝴蝶还是蝴蝶变成了庄周？池大为到底是成功了，还是失败了？是池大为变成了厅长，还是厅长厅长都是由池大为式的人物变成的？以此方式，阎真解构了精神的逼宫的难题，因为人生意义本来就是由个人赋予的，带有个人性。每个人心中都有一个池大为，都可以有自己的答案。

作为被广泛定义为政治叙事小说的《沧浪之水》，大部分笔墨都在记叙着池大为官场沉浮的历程。想要保持自己知识分子的尊严，那在官场只能"沉"，降到最低。想要"浮"，就必须"杀死自己"。池大为与自己的自言自语，第一点便是该如何处置自己知识分子身份。夸张一点说，池大为身上背负着哈姆雷特的"生存还是毁灭"这伟大命题的现代翻版。因此，池大为身上便有着这两个面向，一方面是清高的知识分子，却坎坷困顿，另一方面是"知识分子之死"，但也迎来了事业与生活的如意。对于前者，我们在同情落泪的时候忍不住反问，保持这样的人格值不值得？这是清高还是迂腐？对于后者，我们感到恐惧，感到身份死亡的痛苦并企图抗拒。

所谓知识分子，其精神上的规定性按阎真的说法就是强烈的人格意识和责任意识，向内坚守自我的人格尊严，向外对社会负责，他们关注天下千秋甚于计较个人得失。这是一种理想状态，小说主人公池大为开始就是以这样的人为楷模做人行事，结果是将自己陷入不堪忍受的境地。要摆脱这一困境就需要放掉自己身上属于知识分子的血液。这时，家庭、朋友、同学、同事都用他们的行动和道理来说服他诱导他，使他从理性上认识到，坚持原有的准则没有意义。于是，他开始精心谋划，实现突围，获得成功。可以说，池大为抛弃了书本的教育，接受了生活的教育。整个社会的价值观念和精神氛围也为池大为的转变准备了条件，也就是书中池大为常感慨的"时代变了"。其中最强大的是市场经济所携带的利润至上原则和物欲崇拜，它不承认金钱以外的价值，它瓦解了一切信念的神圣性。可以说，生活实践的教育及由此引发的理论思辨，使池大为放下了知识分子固有的操守和信念，走上了世俗的成功之路。"《沧浪之水》反映的是当今知识分子的现实遭遇及其心态，揭示出的不是个别知识分子向世俗权力的投降和精神蜕变，而是 20 世纪 90 年代知识分子在理想幻灭之后的全线撤退。"阎真对这种现状也十分悲观，"在当代中国，知识分子的人格意识和责任意识正在淡化，而这两点，正是他们的身份标记，我因此痛感'死亡'之说正在成为中国的现实，我自己也强烈地感到了内心的动摇，以致崩溃。"①之所以悲观，就是因为他看到这一现实和趋势是难以逆转和阻遏的，而他同时又觉得失去了最珍贵最本质的东西，失去了一种自我。

　　而且，在池大为身上，我们还可以看到古代知识分子的传统话语、80 年代的启蒙话语与当下时代语境的争执。那本薄薄的人物素描是传统精神资源的象征。对这一资源在当代的有效性，阎真表达了自己的质疑："余秋雨先生写了《文化苦旅》《山居笔记》，在虚无主义的历史语境中向传统寻索，试图以此为依托建构当代人特别是知识分子的价值平台，这是他的散文一纸风行的原因，人们在价值虚无之中还想抓住一点什么。我则认为传统精神资源与今日现实不能发生有效联系，进而提出寻找新的人文理想的话题。"②事实上，池大为的人生轨迹就说明历代文化名人所树立的典范在当代是无效的，是经不起风吹雨打的。阎真在池大为的人物设置上颇有用意，他不像是一个"长在红旗下"的青年，而是直接跨过几十年的社会历史，在精神气质上与传统文化对接，阎真有意在池大为身上检视古代的精神传统在当下语境下的耐腐蚀程度。有论者说："池大为虽然出身低微，但淳朴的文化血缘和独善其身的自我设定，是他希望固守的'中式'精神园林。这一情怀从本质上说不仅与现代社会格格不入，与现代知识分子对社会公共事务的参与热情相去甚远，而且这种试图保持内心幽静的士大夫式的心态，本身是否健康是值得讨论的。"③更有人认为，池大为身上对传统精神的坚守本身就是不当的，"对于当今社会各种现象的困惑与批判，池大为是站在传统文化的立场上的，这就不能不带有一定偏见。在传统文化中，金钱与欲望总是被否定的，甚至被认为是罪恶的渊薮，权力也成为批判的

① 阎真.历史转型期的中国知识分子——《沧浪之水》的写作随感[J].博览群书，2002(7)：31-33.
② 阎真.历史转型期的中国知识分子——《沧浪之水》的写作随感[J].博览群书，2002(7)：31-33.
③ 孟繁华.21世纪初长篇小说中的知识分子形象[J].文艺研究，2005(2)：5-12+158.

对象，因而君子总是淡泊名利，远离权力的。……由于传统文化的遮蔽，他不能正确理解和认识作为现代社会特点的个人化时代。因此，在现代社会里，池大为凭借着传统的人文精神来与世俗抗争，真有点堂吉诃德大战风车的味道。"其结果就是，"当池大为在残酷的现实生活的教育下，在价值观转型的阵痛中终于明白传统的文人操守和身负天下的理想是如此的苍白无力。"①

也有人指出，现代中国知识分子并不是只能从中国的传统中汲取资源，从"五四"前后崛起的第一代现代知识分子开始，对西方文化已经有了较直接完整的认识，20世纪80年代崛起的新一代知识分子，知识文化结构更是开放多元，"没有理由断定民族传统精神资源失效后，现代知识分子就没有奶水喝了，就没有内在的精神撑托了。"②

怎么能说80年代的启蒙话语没有喂养池大为呢！它以直接的方式塑造起了池大为。在北京中医学院，从本科到研究生总共八年的校园生活，不仅赋予池大为严格的学术训练，而且以权威且毋庸置疑的价值观教育了这正处于成长期的青年。在80年代，所有能够进入高校的学生都被称为"天之骄子"，都是人们眼中闪耀着荣光的"精英"。而且大学毕业就意味着分配工作，能够在社会上充当一定的角色。没有后顾之忧，大学生们要考虑的事情就不仅仅是书本，而是放眼天下、献身祖国、挥洒豪情。这个时期，池大为和同学一起到农村做社会调查，写了三万字的调查报告寄到国务院。他们的日常生活，都蕴含着豪情与热血，哪怕是一场足球赛。"在大学四年级那一年，八一年，一个春天的夜晚，我从图书馆回到宿舍，活动室的黑白电视正在放足球比赛，人声鼎沸。那是中国与沙特队的比赛，中国队在2比0落后的情况下，竟以三比二反败为胜。"在今天看来，这一切都已经司空见惯，对于亲临现场的人来说，经历这样的反转的确激荡人心，但是在世界上，这样的比赛经常发生。"比赛一结束，大家都激动得要发疯。宿舍外有人在呐喊，大家一窝蜂就涌下去了。有人在黑暗中站在凳子上演讲，又有人把扫帚点燃了举起来当作火把。这时，楼上吹起了小号，无数的人跟着小号唱了起来：'起来，不愿做奴隶的人们，把我们的血肉，筑成我们新的长城……'"源于体育比赛的情绪失控，最终转化为爱国情绪的释放。"火光照着人们的脸，人人的脸上都闪着泪花，接着同学们手挽着手，八个人一排，自发地组成了游行队伍。走在队伍中我心中充满了神圣的感情，哪怕要付出生命也在所不惜。前面有人喊起了'团结起来，振兴中华'的口号，

① 孙德喜.拿什么拯救人文精神——读《沧浪之水》[J].湖南师范大学社会科学学报,2002(3)：104-107.
② 杜兴，黄忠顺.从《沧浪之水》看当代知识分子的精神困境[J].东莞理工学院学报,2005(4)：40-42.

这口号马上就变成了那一夜的主题，响彻校园上空。"

他们的狂欢在今天的大学生眼中是难以理解的。仅仅是一场足球赛，胜负说明不了什么，胜利了不意味着国家繁荣昌盛，失败了也不说明民族羸弱无能。但是就这样一场球赛，在特定的社会环境中被赋予了特定的意义，点着火把，喊着口号，唱着国歌，球赛点燃了大学生们的爱国热情，迅速蔓延，彼此叠加。就是在这种氛围和力量下，池大为的"放眼天下"理想主义气质逐渐形成。那一天是三月二十日，北京几乎所有的大学都举行了校园游行。"'三二〇之夜'使我好几天都处于亢奋的状态，我觉得自己的灵魂受到了圣洁的洗礼，也极大地激发了我的责任意识，我坚定了信念，它像日出东方一样无可怀疑，无可移易。"这段洋溢着理想和激情的回忆永远地留在池大为的记忆深处，后来在举行同学聚会时，池大为同许小曼见面，提及的往事便是这"三二〇之夜"。这种心系天下的气质也一直没有离开池大为。

当池大为走出校园，走出传统和80年代，来到90年代，才发现"当下"是多么的不一样。市场经济在改善人们生活的同时，也改变了他们对世界的理解。市场经济自有一套完整的价值体系。其最基本的出发点，便是对个人欲望的承认。人们进入市场，并不是为了什么高尚的目的，而是为了利益。当个人的欲望冲动得到了理论的合法性，并被当作合理的原初动力，那种功利化的价值观就以市场为依托成长起来，并以其无孔不入的渗透力渗透到每个人的生活的每一个方面。市场的游戏规则，便是利益最大化。在这一规则面前，良知的抵抗、人格的坚守，变得异常艰难。特别是，市场不承认终极，也不承认理想，它将人的理想从形而上层次牵引到形而下层次，现实功利的层次。对理想主义的建构在市场的逻辑下自然而然地展开。新时期人的私欲合法化成为一个不争的事实。这让习惯了"非私即公""黑白分明"的池大为感到措手不及。当然，私欲合法化到后来成了私欲唯一且最终的价值，这确实是一种病态。但此时的池大为们，已经无意于辨明、批判、抵抗，而是成了时代的弄潮儿。

知识分子们抛弃了知识分子的身份也不是从池大为这一代身上才开始。在这之前，知识分子已经被捶打得恨不得自己是一个文盲，"我的天职就是开口说话"这种自豪早就退化。在"文革"后期，"我不相信"的喊声已经响起。眼前，被灌输的信仰欺骗愚弄了的自己，人们从信仰的天空落到地面，这时能找到最真实的东西不是信仰，而是饥寒交迫提醒着自己的肉身。知识分子们突然意识到自己的利益才是最真切的，个人意识和个人欲望渐渐苏醒。市场经济的浪潮迅速淹没了他们。

在形而上的层面上，阎真借文本表达出一种90年代是一个相对主义时代的判断。相对主义不承认终极价值和终极真理，这些都是从乌托邦的理想中衍生出来的。一旦乌托邦从我们的价值视野中消失，崇高性神圣性就很难建立起来，稳定的规范也就随之解体。没有了神圣和崇高，一切原则都成为一种说法。既然原则成为一种说法，那么也就可以被另一种说法所取代。相对主义解放了人们的思想，也解构了人们的思想。在这个没有先天价值尺度的世界上，信仰就是最后的尺度。可是，当虚无主义盛行，我们已经失去了信仰的能力。小说里有这样一句话："我们的幸运和不幸，都因为我们在世纪之交遭遇了相对主义。"知识分子就是面对着这样的一篇虚空。不学无术的丁小槐、专横跋扈的马垂章，只要有权力或金钱，就可以任意践踏人的尊严，甚至生活。

传统精神也好，启蒙话语也好，知识分子身份也好，这些标杆在虚空面前不堪一击，最后决定池大为精神走向的是现实。他放弃了所谓的良知和责任，物欲和权欲都得到了相当的满足，却又在蜕变过程中痛苦万分，他不断为自己的行径辩护，不能对自己的选择做完全肯定的评价，不能在心灵求得安妥，不能在灵魂深处彻底"杀死自己"。他是真诚还是虚伪，变了还是没变，难以一言以蔽之。他在行为上背叛了父亲，理智上更渴望得到父亲的谅解。他说："我是人，我不是神，人所具有的我都具有，我不必为一个神话把自己禁锢起来。"但他也说："我是池永昶的儿子。我还是想当个好官，做点好事。"他低调回乡，在纯净高贵的父亲的灵魂面前，他露出怯意。但他还敢袒露自己的灵魂，向父亲汇报，接受拷问。他焚烧了书，但还能仰望星空。

池大为对屈原式人格范式的背叛并非是出自自愿，而是在对话过程中被迫选择的，并重新按照转型期的意识形态对其历史身份进行重新评价，进而建构新的身份形象。"原有的意义世界已经崩溃，我必须在一种新的时空观念上，在瞬间和角落的认识上，在个人现实生存的基础上，重新构筑自己的意义世界。这很可悲，但这是事实。"[①]所幸的是，他的心没有被权欲"格式化"，各种话语还能在他体内对话争执。

第三节　从坚守到放弃的生命之痛

《沧浪之水》中的池大为一生的痛都与父亲联系在一起。故事前期，池大为在顶着巨大的生存压力、在金钱与权力的诱惑下，经受着生存恐惧与尊严丧失的双重打击。故事后期，他痛苦地斩断了与以"父亲"形象为代表的原来的我的

---

① 阎真.沧浪之水[M].北京：人民文学出版社，2005：216.

内在精神维系。同时承受了"无父"的恐慌，兼具忏悔意识，充当起"守灵"的孝子身份。

对这种现象，著名心理学家弗洛伊德总结为"俄狄浦斯情结"。男子恨自己的父亲，因为父亲是他们在权力欲和性欲上一个难以克服的障碍。弑父之后，他们甚至会有一种代替的快感。然而很快也会陷入"无父"的恐惧和哀悼的情绪之中。在《图腾与禁忌》中，弗洛伊德曾举例，在加利福尼亚州的一个印第安部落里，他们每次都把秃鹰的皮和毛好好地保存并体现出一定的恐惧和哀悼的情绪。

引入弗洛伊德心理分析的视角，我们可以看到生存欲望与精神超越不可兼得的池大为们，难以承受的生命之痛。

一、弑父的无奈

故事始于父亲的猝死，怀着高贵纯净的理想与灵魂，父亲的高大形象已不可能再被玷污。主人公池大为带着对父亲深深的思念和父亲留下的一笔巨大的精神财富，翻开了人生新的一页。父亲的精神及父亲的遗物——《中国历代文化名人素描》，成为"我"在异地他乡蹒跚而行的最大精神支柱和抵抗外界诱惑与不公的思想武器。面对周围的"庸人哲学"和"世俗体验"，"我"高傲自豪地宣誓："我注定是要为天下，而不只是为自己活着的，这是我的宿命，我别无选择。"这并不是假大空的话，它确实是在"父亲"的精神光环照耀下呈现出的思想光芒。抚摸着父亲留下的画册，"耿耿星河，天下千秋""富贵烟云，亦菊亦乐"……池大为决心成为这一连串精神符码中的一员。因此，池大为毅然放弃了毕业留京机会，回到省城卫生厅。身披父亲赋予的威严和权威，与官场生存法则一战，与权力和金钱角逐。

面对冷酷的现实，"父亲"的形象被时下的法则撞击成碎片，苍白无力，滑稽可笑。池大为发出过"举世皆浊我独清，众人皆醉我独醒"的喟叹，但在"见放"的恐惧下不得不检点自己的内心，在百般踌躇后选择了"沧浪之水清兮，可以濯吾缨；沧浪之水浊兮，可以濯吾足"的"世俗"人生法则，同时也在选择的过程中完成了自己精神上的"弑父"。小说通过池大为亲身经历的一系列事件，展示了从坚守精神家园到被同化与进入世俗世界的痛苦过程。这些事件可以分成两类，一类是生活的窘迫，另一类是意义的虚空。

在第一类事件中，池大为由于试图说出单位的浪费情况而受到马厅长等权力人物的排挤及丁小槐等势利小人的落井下石，被下放到中医学院搞科研。刚开始，还能坚守住做一名"踏雪无痕的忍者"的清高，但是"贫贱夫妻百事哀"将这跟清高无情地击碎。妻子调动、房子窄小、儿子出生没押金、入托时求人无门、被烫伤后医生无动于衷……更让他无法忍受的是，自己不仅精神上一蹶不振，而且生理上也"阳痿"了。父亲的存在成了阉割自己正常生存欲求的刀子。残酷的现实使池大为意识到以往信奉的"独善其身"的理想主义和英雄情结在权力和金钱面前是多么幼稚可笑。人需要一个神话，但这个神话被无情地打破了，理想乌托邦解体之后，池大为"清醒"地认识到人首先要解决生存问题，才能够有考虑其他人生要义的资本。以"父亲"为象征的价值体系在现实生存的挤压下已无法控守自己的底线，其含义也日益变得模糊不清。精神家园的衰落与坍塌导致了主人公人格的最终扭曲，促成他后来举起屠刀。

　　而另一类事件显得更为触目惊心，使池大为"发誓想要重新做人，把过去的自己杀死"，决绝地宣告了与以"父亲"为代表的知识分子生存方式与价值观念的断裂，上演了血腥的"儿子"打倒"父亲"的场景。池大为以前在"父亲"的感召下，把知识分子当作自己的身份的准确定位，把良知责任看成知识分子在人格上的自我命名。可是，通过整顿中药市场、随园宾馆起草文件、陪同马厅长检查工作、血吸虫病调查、申请国家科研课题等种种事件的经历，他痛心地发现"世界上的道理可以像捏软泥一样捏成人们愿意的形状，就看谁来捏了"。权力的主体就是话语的主体。池大为代表的知识分子的意义被抽空，他们第一次感到放下天下意识、千古情怀的那份轻松，可是这种轻松比沉重更沉重，传统意义上的知识分子最不能承受的就是没有什么东西需要他们承受。在虚无的价值真空中，人们极易抓住的仅是极易与自己的生存息息相关的那几根救命草。而生存的关键就是与"大人物"站在一起，没有永恒的敌人，只有永恒的利益。"千万不能去虚设什么公正的立场，那些原则是在打官腔时敷衍老百姓用的。"最终通过一系列的策划和努力，他体验到了作为中心人物的那种安排一切、掌握一切的感觉，也终于感觉到"弑父"的狂暴之后，自由自在、呼风唤雨的舒展，他重新撑起了人格和尊严的支柱。[①] 在性欲方面，也有年轻痴情的晓敏来到他身旁。

二、无父的恐慌

　　池大为放下了自己的尊严，放逐了以前苦苦守望的精神家园，终于当上了厅长。没有了义不容辞的使命意识，没有了天下千秋的承担情怀，没有了流芳

---

① 王鹏."弑父"与"守灵"的双重承担——从池大为形象看知识分子文化角色的确认[J].邯郸师专学报,2002(4):28-32.

百世的虚幻妄想，时代给了他足够的"智慧"看清事情真相。是的，他看清了真相，却堕入到虚妄的深渊。

从小在"父亲"的精神指引下蹒跚学步成长起来的池大为注定不能从容、坦然前行。他不可能从前辈的价值体系中突围，"父亲"以他那亘古悠悠的招魂曲不时地惊醒着在泥潭里沉睡的"孩子们"。一旦池大为得到了初步的满足，就会驻足回首，来到父亲的坟前。他在决绝地宣告与历史无可挽回地断裂的同时，又无限深情地期望这种断裂的脐带能在某处重新接通。

池大为最终大权在握，拥有了伸张正义和公正的资本和舞台。一上台就清理了上亿元的债务；为12位因仗义执言而受到前任厅长排挤的学者恢复了评定职称的权利；重新对血吸虫发病率展开调查并亲自到基层监督款项的发放情况；在拍卖锦绣大厦的过程中，不为60万元的贿赂心动。这段时间回荡在他心中的最强烈的声音就是"良心"。正像他自己所说的那样，"我是一个知识分子"，"毕竟我在下面苦了几年，毕竟我是池永昶的儿子，我还是想当好官，做点好事"。卫生厅厅长的宝座为他提供了历史的契机，寄予了他张扬道德的勇气和力量，让他得以走出一条自我救赎的路。在这个过程中他确实感到一种崇高和神圣，重新寻回了那种熟悉的但已经很遥远的与"父亲"的情感联系。"这样想着我心中有一股暖流出其不意地冲了上来，我忍住不让眼泪掉下来。"这眼泪成了对自己良心最有效的安慰与对父亲最深沉的祭奠，以池大为为代表的当下知识分子在"弑父"又需要"父亲"的谅解与回归的二律背反中，完成了暴力又温情的矛盾统一。

虽说"弑父"是生存个体面临现实的挤压所做出的主动选择，但是，背后支撑这种选择的价值体系却不足以为"孩子"提供其存在的终极意义。一旦他们的既定目标得到初步满足，他们由于心灵一隅，孤独地诘问生命的意义。这时，传统文化中知识分子"修身、齐家、治国、平天下"的责任感又汇入他们的血液之中，成为他们难以泯灭的人生情怀。"守灵"一度成为困顿中突围的抉择。但是曲终人尽，这种突围最后只能幻化成一个美丽而苍凉的手势，小说在最后一部分通过治理单位小金库以及安泰药业两个事件，无情地反映出主人公的尴尬。"非行政性权威"的幻想也告诉他，在权力追逐的路上，不过是以"有涯"争"无涯"、永无止境、疲惫至极的事情。面对世俗，他不想同流合污，但无法也没有武器与之抗衡，只能孤独地去实施一种"旷野中的呼告"。最后，他只能无奈地得出结论："在白色地带与黑色地带之间，有一个灰色地带，这是权力者的利益空间，又是他们的运作空间。争取空间的冲动是人生的大根本，不是几条道德可能压抑，几点理性可以束缚，几个榜样可以说服的。"鲜花、掌声、虚拟的尊严和真实的利益使挽歌曲终人散，池大为犹豫再三，还是点燃了那本画册，宣告了"断裂"的彻底性和结果的无可更改性。池大为挥泪作别父亲的坟茔，又融入现实生存之中，做一名"清醒的堕落者"。

第四节 古典诗学的价值追问

一、古典的诗学式复活

《沧浪之水》中的古典诗学气质直接显现于其小说题名，让屈原落泪的歌谣《渔夫》在现代语境中依旧有效，关于知识分子，关于隐逸，关于担当，关于人格……"沧浪之水清兮，可以濯吾缨；沧浪之水浊兮，可以濯吾足。"歌谣似乎也无意给我们答案，对于清浊去留，见仁见智罢了。

渔夫的洒脱却给后人带来了难题。"渔夫唱罢"之后留给我们的疑问在某种程度上与"娜拉出走"以后留给我们的疑问一样，同样关涉到去留背后的价值抉择。有评论者认为，所谓"沧浪之水"，不过就是池大为堕落的借口，借此高尚之名，他姿态化地放弃了精神坚守。也有评论者说，起名"沧浪之水"，是为池大为开脱，将罪责归于社会，呈现"逼良为娼"的现实主义批判意识。然而，严肃认真的文本细读并不允许我们妄下种种论断。我们知道池大为没有简单粗暴地"杀死自己"，他还有知识分子的血性；但更多时候感到力不从心——精神之累、肉体之沉重由此可见一斑。既然如此，我们又怎能理想主义地批评池大为"堕落""放弃"，怎能说"沧浪之水"便是浑浊不堪的呢？

艾略特在《四个四重奏》开头讲了这样一个神话故事，一个人向酒神祈求长生，却忘了祈求不老。终于，她只能眼睁睁看着自己衰老萎谢，却无法死去。阎真对于古典知识分子的精神资源的态度是悲观的。传统精神在今天已经彻底地屈从于经济规则和价值紊乱——在市场强大的异化作用下干瘪，在相对主义的意义摇摆下粉碎。诚然，我们不能站在屈原的高度重估现在的知识分子，也不能站在传统的立场上追求现代文明背后的古典诗学意味，然而精神性的普遍失落和古典诗性的消弭却因为知识分子的普遍世俗化显得别有意味。同样是艾略特，在其《荒原》中，荒原人破碎的灵魂是一堆散落的石灰，被遗弃在荒原的枯枝败叶里。土地龟裂，石块发红，树木枯萎，众生精神恍惚，一片死寂。残酷的现实湮灭了荒原人的爱情与信仰，白天如同黑夜；历经繁华与腐朽、温情与背叛、流血与杀戮之后，负荷太多的人们变得一言不发，只能平和而麻木、隐忍而不甘地活着。工业化进程使得人与人之间的关系开始像机器一样变得冷漠而疏离；越来越多的人关注的不再是群体和沟通，而是物质和自我。人间感、故乡感成为永远的回忆，唯一残存的记忆就是人们成群结队，互相送葬。

如果说荒原意识传达的是人类关于现代化作用下心理、道德和宗教的困惑的话，那么生命的本质意义和古典诗性在《沧浪之水》中被再一次提及——委婉而悲凉地回应着这个世界。在一片神秘莫测的价值荒漠面前，人们开始怀疑一切，这时对传统的回溯和追问无疑也显得悲壮而勇敢。

同《荒原》一样，《沧浪之水》借文本呈现的是上流社会（官场）的卑鄙与淫欲，是精英人群（知识分子）的罪恶和龌龊；而文本背后的话语环境则同样涉及价值追问：人们为什么口头上标榜，行为上沦落，重复着远古先人的罪行；为什么潜规则一直在左右着人类的话语权力，而"当下"又为什么永远是令人恶心的"此在"？人性的本质到底是什么？而人类文明到底是不是一场集体狂欢式的"施虐——受虐"过程？在艾略特的笔下，耶稣被永远地钉死在十字架上了，信仰成了一个符号，滋生出一片恐怖的荒原；而在阎真笔下，沧浪之水的清浊之辩最后以极具寓言意味和挽歌气质的"传统之死"终结。

当然，小说所写既非纯然虚构，亦非作者一己的体验，事实上，在现代荒原中，每个人的处境都与之相似：虚弱，无力，又无法言说。真正可怕的不是我们不再坚守和抗争，而是我们已失去了信任和爱的能力——一代人的精神失落，一个社会的价值紊乱，一种文明的生命力枯竭。

《沧浪之水》所承载的语境并不陌生，早在19、20世纪之交，西方现代派就做过探索和抗争，而唯一不同的是，《沧浪之水》背后明确指称的传统就是中国的传统，其所象征的失落也是中国知识分子所特有的失落。就像本雅明笔下的《德国悲剧的起源》一样，阎真以"沧浪之水"为名在废墟中徐行，以期为当代知识分子的困境寻求个体意义上的出路。而那些被遗忘的古典和诗性，他是否真的能够追回呢？答案一样是悲观，也一样温情脉脉。在现实面前，所有的理想都是脆弱的，而所有的言说，也许诚如罗兰·巴特所言，是一种坚决抵抗的姿态罢了。

好在阎真所借助的传统有着极其深厚的文化土壤，现代性语境似乎并未能彻底消除中国传统文化对知识分子的滋养。在一次采访中，阎真说："传统的精神资源，我不是说没有用，但它的有效性已经大打折扣。既然市场经济是个无可动摇的事实，无可讨论的前提，那么在这个事实、前提之下，怎样建构时代的人文精神、价值标准、价值体系，尽管我没有足够的精神力量回答这些问题，但我必须提出这些问题。"①如果说此时阎真对传统的态度只是一种"话题的提出和隐忧"的话，那么在板仓书院一次题为"中国传统文化现代命运的历史性逆转"的国学讲座中，他明确坦承传统文化没有民主、科学、自由、平等这些现代性理论基因，不能成为现代文化主体，而在当今形势下，市场经济依然掌握着话语霸权。但他依旧明确提出："这体现了主流意识形态的妥协。"在市场经济功利主义的冲击下，现代人已不可能像屈原那样精神高洁胜于生命，但是这并不影响我们汲取传统文化精粹、丰富精神世界。至于自己的态度，他说："高山仰止，景行行止，虽不能至，心向往之。"在提到继承传统文化的具体操作层面时阎真说出了自己的理解："一是传统文化的内在魅力，二是传统文化对身份认同有着重要意义，三是传统文化关乎生存。他说，传统文化具有身份认定的意义，有了文化的认同，才能有心理上血浓于水的认同，因此坚持中国传统文化对民族发展有着生死攸关的意义。"②可见，在阎真那里，传统依然生生不息，以新气象出现并作用于现代人的身份认同，这种从身份到文化、再到心理的认同无疑为《沧浪之水》中关于传统知识分子的精神重提提供了旁证和支撑。

二、"知识分子"的重提

《沧浪之水》不只是一部政治叙事小说，借助主人公池大为在官场与人世的"成长"故事，阎真在某种程度上完成了对一代知识分子精神的素描。小说的关键不在其叙事技巧和思想指涉，而在其复合结构中由时间、空间上的开放性所建构的精神趋向和意义象征。

借助对池大为个人遭际的描述，小说逐渐完成了对世态景观的完整呈现，而其真正的高明之处则在于借空间性解剖了人性，并在时间性的助推下呈现了无穷尽的精神流亡。可以说，阎真实现了某种社会情绪的宣泄，但社会问题并未由此得以释放；作为生命的自在体，现代人的无奈感和焦虑性在中国知识分子身上表现得尤为明显，政治、市场、社会、信息等现代化的文明建构都对当代知识分子形成思想冲击和精神压迫——由此而生的是伴随着使命感而来的生命隐痛和挫折，是伴随着精英意识而来的人性焦虑和价值重估。

严格来讲，"这部小说在对市井大众和纯粹的官场人士的口味上，并不比

① 肖迪.阎真.《沧浪之水》不是政治叙事小说[N].湘声报，2005－1－13.

② 刘军.国学热兴起，中国传统文化全面复兴，著名作家阎真板仓书院开讲——传统文化关乎生存，理应心向往之[N].长沙晚报，2013－5－5.

一些渲染官场黑幕、普及种种厚黑学伎俩并满足大众对官场得势者'腐化'生活的想象与艳羡的小说更投合市场需求。"①但小说的知识分子意味和古典诗学意味几乎可以回答并解决所有相关的问题。

池大为是无数知识分子的缩影，其故事亦是对中国知识分子境遇的史诗性描摹。"小说借池大为这一人物形象记录了一个在乡村民间的原始正义、父亲承传的传统文人的道义操守和80年代大学虚幻的广场意识共同孕育下的'末代知识者'，如何经历对抗、屈辱、屈服、投入、钻营并最终成功地由体制外的游离者成为体制内的得势者"②。相信这是绝大多数知识分子的际遇，池大为的出现迫使当代知识分子反省自我，重估自我的价值道路选择——在一个物欲横流、世俗价值完全取代精神道义的时代，作为边缘者和弱势群体的知识分子如何才能在自我与社会的天平上站稳脚跟，而自我与传统、与未来的关联又如何逃脱体制的束缚，以诗性的方式获得答案——这一切又真的可能吗？

由此，我们从《沧浪之水》的文本中获取的不只是叙述的批判性，而是艺术的自省性，让一个知识分子生死沉浮的除了现实规制，难道没有源于自我的身份认同和文化忧患吗？在一个社会分工逐渐明晰化、技治主义成为政治筹码的时代，知识分子如何摆脱技术专家的政治性牵绊，进而成为一个思想者成了知识分子的首要担当。毕竟，传统永远都不可能彻底消逝，传统中关于知识分子角色的想象依然是当代知识分子的价值坐标参照。知识分子当然不能拒绝进入现实，但是，当现实性逼退精神性，生命贬值到只有生存的时候，时代语境几乎是天然地要求知识分子要有所文化担当和精神建构行为的。

社会转型时期，知识分子的重提是一个必然的命题，因为它不仅关乎当代知识分子的现实际遇，也牵连到知识分子的历史使命。在余英时的《士与中国文化》中，"士"几乎就是"社会良知"的代名词，其含义为："一是天下千秋的情怀，对国家对社会的关注承担；二是威武不屈贫贱不移的人格精神和对人生意义的超越性体验和追求。"③然而新的时代语境几乎已将知识分子社会良知和启蒙先行者的角色剥夺殆尽。在新伦理道德和价值体系尚未建立而坚守已堕落成为一种姿态的时候，当代知识分子的角色定位成了一个重要的命题。

---

① 郑坚. 末代文人的"事业"成功史和精神颓败史——读阎真的小说《沧浪之水》[J]. 理论与创作, 2003 (1): 53-54.

② 郑坚. 末代文人的"事业"成功史和精神颓败史——读阎真的小说《沧浪之水》[J]. 理论与创作, 2003 (1): 53-54.

③ 汤晨光. 士人精神的时代性陷落——论阎真《沧浪之水》[J]. 南方文坛, 2003(6): 58-60.

　　水秉和在对"知识分子"进行定义的相关论述中指出了"高级知识分子"的含义：除了受过相当程度的教育并从事创造、传播、使用文化等工作之外，"高级知识分子"还应在意识与行为上有求真精神、社会使命感等比中国传统知识分子的"忧患意识"更具现代性的人文主义倾向——这同时也是作为一个现代学者的必备条件。在此基础上，学者还应学有专攻（有自己特别熟悉的专业领域），且已取得成就，在学术思想、思维方式、方法规范上有自己的操作法则，其创造性成果不仅要改变学科、专业的历史，也将影响人类精神和生存方式。学者的最高境界要求有服从真理、维护真理甚至不惜牺牲自我的殉道精神；从这个意义上说，学者是高级知识分子中的精英。①

　　借助《沧浪之水》中的第一人称视角，阎真通过书写池大为的挣扎和沉浮道出了"自己的呻吟和叫喊"②，在一定程度上，也喊出了当代知识分子共有的声音。事实上，作为存在个体的知识分子首先面对的必须而且只能是生存，而长期以来，知识分子在传统精神园林的作用下守着"君子固穷"的理念，这导致的结果虽然是"独醒"，但也苍白无力、悲剧化、边缘化。考察小说的文本，作者关于知识分子的出路问题并不是完全寄托于传统，问题的关键在于当代知识分子如何扬弃传统价值观，如何在传统价值和现实社会之间找到一种理念上的平衡和价值上的契合。对此，阎真说："我对生活有许多疑惑，无力解答，想通过小说提出来，向读者请教"③。可见，在儒道传统没落，而新的价值体系建构尚未完成的语境中，《沧浪之水》似乎对知识分子神话的重建并无兴致，但其对一种清醒、丰盈的文化品性的呼唤无疑是令人瞩目的！或者，退一步讲，如果超人意志和圣人情怀是对知识分子身份的另一种压迫的话，那么在《沧浪之水》中，阎真对知识分子在生存层面的价值关注和重提不仅对当下的政治叙事小说是一种整体提升，而且借助对犬儒主义和市侩哲学的警醒为这个价值虚脱的时代提供了一份美学期待。

①　参见喻大翔.知识分子·学者·学者散文[J].当代文坛,1999(6)：19-23.

②　汤晨光.士人精神的时代性陷落——论阎真《沧浪之水》[J].南方文坛,2003(6)：58-60.

③　阎真.时代语境中的知识分子——说说《沧浪之水》[J].理论与创作,2004(2)：52-53+60.

第八章　文学湘军政治叙事的中坚力量

　　文学湘军的政治叙事以王跃文、阎真等作家为大纛，经过一段时期的发展，相继形成了以肖仁福、浮石、黄晓阳、魏剑美、余艳为中坚力量的创作队伍，呈现出百花齐放、百家争鸣的状态和姿态迥异的风格，堪称蔚为壮观。

　　他们在整个文学湘军政治叙事的阵图上已经成型，各自找到了方位，形成了战斗力，这是他们作为中坚力量的基本前提。肖仁福秉持自己的民间立场，以底层视角观照芸芸众生。浮石关注人的生存状态，有着现代主义荒诞派的哲学底蕴和精神气质。在他看来，欲望究竟是人们生存发展的动力，还是痛苦的根源和无底的黑洞？浮石用《青瓷》以文学的方式给出了答案，那就是在精神荒芜的废墟上，欲望会像自我繁殖能力极强的病毒，恣无忌惮地吞噬人的灵魂，蚕食精神的领地，因此精神故乡的追寻和灵魂原乡的重建就成为必然的选择。黄晓阳以《二号首长》奠定了他在文学湘军中的地位。政治是一种神奇的存在，你的昨天、今天、明天随时会发生变化，这就是官场，一个人正在各种纠缠中备受煎熬，突然被任命为省委书记的秘书，从而掌握了大量的隐形权力资源，在各种场域中如鱼得水。权力是符号，更是魔咒，它让深入其中的人无法自拔，更让掌握魔咒的法师呼风唤雨。"赌"是人性的另一个黑洞，它给人以瞬间的快感和无尽的悔恨，荣与辱、强与弱、胜与败、生与死就在一瞬之间，魏剑美的《步步为局》让赌场、官场、情场交叉，人性和生命都在丧失殆尽。部分官员的精神空虚和信仰危机在欲望的炙烤下原形毕露。余艳是一个在报告文学领域取得较大创作实绩的作家，其小说同样精彩，《后院夫人》就展现了野性的生命力量，对都市女性的世俗关怀使小说具有了浓郁的城市气息和海派意味。

　　无论是浮石对欲望的批判、揭露、反思，还是余艳以女性视角对官场下人性的关怀、思考，文学湘军一直坚守湖湘文化的特质。其特有的担当、求新精神是区别于其他小说的重要特征，他们作品所表现出来的由权力所引发的人性异化等是文学湘军的"地标性差异"。"地标性差异"探索的是现实认知的一种可能性，因此文学湘军创作的着重点并不在于其批判话语产生的意义，而在于探索的价值。正如鲁迅式的"呐喊"，这种绝望式的反抗也许并不具备改变现实的意义，却唤醒了麻木的大众。"国事，家事，天下事，事事关心"，湖湘文化的表现形式随着时代的变化而变化，而不变的则是湖湘文化的内核，即"为有牺牲多壮志，敢教日月换新天"的精、气、神，所谓神挡杀神，佛挡杀佛。湖湘文化就如一面镜子，反映着社会肌体的病痛。

　　文学湘军的政治叙事在批判的激烈程度和对官场现状的揭露方面，都达到了相当的高度，湘军作家也因此承受了巨大的社会政治压力。纵然步履维艰，却依然一往无前，这便是湖湘文化的精神的体现，是一种倔强，是一种信仰，是一种责任与担当。文学湘军近乎信仰式的倔强，在风云变幻的时代，有不同的显现。有时显现为对乡土、传统的迷恋，有时则表现为对官场、腐朽的批判；有时是《边城》式的美好，有时是《八骏图》式的丑陋。作家个人生命体验和经历的差异导致了文学湘军不同风格的政治叙事。但不变的是湖湘文化的脾气、秉性，共文化特质在时代文化语境下，呈现出魏剑美式的浩然正气、黄晓阳式的诅咒、余艳式的野性、肖仁福式的哀叹。

第一节　小说肖仁福

一、民间立场的书写理由

1. 关于"民间"

　　文学是一个开放性的话语体系，与民间有着天然联系。自从巴赫金和20世纪90年代以来的文学批评家引导人们关注并重视文学之中本来就存在的民间的意义之后，文坛上标写着的"民间立场"的旗帜就渐渐升起，并成为时下各种不同思想交锋所倚靠的力量。

　　"民间"作为文学叙事方式的一个概念最早是由陈思和在20世纪90年代提出来的，他在《民间的浮沉》和《民间的还原》两篇论文中做了系统的阐述。他主要从1937年以后文学史的发展过程中，探讨"民间"的存在形态、价值和意义。因为它触及了对文学史的重新理解、知识分子的价值立场及精神重建等重大问题，立即引起学界的广泛注意，并导致强烈的争鸣。这种基于个人价值选择不同而导致的·时的论争，使得20世纪90年代的文坛在热闹之余，对文学走向把握显得无力和对不同意见归置实难统一。在于坚、伊沙、侯马等人的嘹亮的"民间写作"的呼喊中和王家新等主流诗人们的"知识分子"道路交锋中，更是催生出了"中间道路"的诗人们。这些纷繁的文学论争实际上产生于 20 世纪末中国社会转型阶段和多种社会思潮交叉冲突的复杂文化语境中，论争中的各路理论主张亦是这些社会文化冲突的反映。

那究竟何为"民间"？怎样的态度才称得上是"民间写作"？在概念的界定上，于坚一再强调民间的意思就是一种独立的品质。民间诗歌的精神在于，它从不依附于任何庞然大物，它仅仅为诗歌本身的目的而存在。而这一思想与陈思和关于"民间文化形态""自由自在""新鲜活泼"的观点颇为近似。在于坚看来，"民间"的对立面是作为"庞然大物"的官方和西方两种"权力话语"。

陈思和认为民间是一个多维度、多层次的概念，从描述文学史的角度出发，它具备了以下几个特点：一，它是在国家权力控制相对薄弱的领域产生的，保持了相对自由活泼的形式，能够比较真实地表达出民间社会生活的面貌和下层人民的情绪世界；虽然在政治权力面前民间总是以弱势的形态出现，但总是在一定程度内被接纳，并与国家权力相互渗透，它毕竟属于被统治的范畴，有着自己的独立历史和传统。二，自由自在是它最基本的审美风格。民间的传统意味着人类原始的生命力紧紧拥抱生活本身的过程，由此迸发出对生活的爱憎、对人类欲望的追求，这是任何道德说教都无法规范、任何政治律条都无法约束，甚至连文明、进步、美这样一些抽象概念都无法涵盖的自由自在。在一个生命力普遍受到压抑的文明社会，这种境界的最高表现形态只能是审美的。所以，它往往是文学艺术产生的源泉。三，它既然拥有民间宗教、哲学、文学艺术的传统背景，用政治术语说，民主性的精华与封建性的糟粕交杂在一起，构成了藏污纳垢的独特形态，因而要对之做简单的价值判断是困难的。① 显然，这一民间概念是在抗战以后文学史的范围内，以文学作品为依据概括出来的。但是陈思和的观点在赢得大多数学者认同的同时，也出现了大量的质疑之声。质疑者的观点认为："民间本身并不包含有多少现代性的内容，因为迄今为止的民间文化形态大致是悠久的农业文明的产物，在历史上当知识分子的道统与国家政统发生冲突时，政统更多的是通过民间发挥作用，中国民间文化传统与官方意识形态在历史当中形成了水乳交融的深层关系，民间的存在价值就值得考虑。"还有人认为："民间的就意味着传统的和非现代的。""走向民间则意味着走向传统和丧失现代性。""真正的民间已经成为各种陈旧观念的旧货厂"，"当代中国的民间文化像一锅大杂烩，其中煮着全部自发的生机和几千年积淀

---

① 参见陈思和.陈思和自选集［M］.桂林：广西师范大学出版社，1997：207，208.

的陈腐。在这里生机是微弱的，腐朽却因为长期发酵而气味特别浓烈。"①

　　然而，"民间"这个概念在看似喧哗而热闹的讨论和激辩中，并没有形成完整而带有核心内容的定义，反倒变成一个被知识精英随意解读的空泛概念。它并不具有文学创作的实践意义，只是精英话语的一种言说。因此精英作家笔下的"民间立场"，与底层社会的"民间立场"，明显地表现出了文化心理与艺术趣味的巨大差异。

　　学者王光东在陈思和对"民间"阐释的基础上，对"民间"概念做了大量的补充与说明。他所坚持的基本观点，大致可以分为两个方面：一是他认为"我们可以把民间区分为乡村民间、市井民间和知识分子自身的民间等几种类型，这几种类型与国家权利之间的关系可能有强有弱，有所差异，但它有着相对独立、相对稳定的一面却是事实"②。二是他认为"民间"审美具有四个比较明显的表现特征：作家"自觉地"用"民间的视角来思考问题和叙述故事"，"自觉借鉴和运用民间的形式"，"对民间文化的转化与再造"以及"知识分子的民间想象"。③总而言之，民间的核心内涵是"自由－自在"，"自由"主要是在人民朴素、原始的生命力紧紧拥抱生活本身的过程中体现出来，而"自在"则是指民间本身的生活逻辑、伦理法则、生活习惯、审美趣味等的呈现形式。④

　　追根溯源，不论何种文学活动均有民间之根。对于民间的体认，态度跟取舍往往比口号要来得更为实际和重要。民间不仅是各种观念争夺的战场，更是民众生活的全部内容，要对民间进行表现，就必须对民间采取真实、客观、正义、踏实、朴素的态度。只有这样，民间才能以其原生态的形象成为文学表现的对象，这样的文学民间可能是传统和现代相依、精华与糟粕并存、陈腐和新鲜共生、洋气和土气并置的。面对这个整体性的民间，需要是正视的勇气，因为民间是一个如此藏污纳垢之地。

　　2."民间立场"的书写

　　在湖南的小说作家中，肖仁福始终将自己对于民间故土的认知和感情很好

① 参见陈思和.李振声.理解九十年代[M].北京：人民文学出版社，1996：178.

② 王光东.民间与启蒙——关于九十年代民间争鸣问题的思考[J].当代作家评论，2000(5)：100－106.

③ 王光东，杨位俭.民间审美的多样化表达——二十世纪中国作家与民间文化关系的一种思考[J].当代作家评论，2006(4)：4－25.

④ 王光东."民间"的现代价值——中国现代义学与民间文化形态[J].中国社会科学，2003(6)：162－174＋20.

地融合进自己的创作之中，将风俗小说笔法和精神旨趣较为完整地融汇进了政治叙事小说之中。正如他自己说的那样："作家的民间立场，我觉得不仅跟创作题材有关，更重要的还在于作家对生活的理解。有些作家写农村题材，把农民写得欢天喜地，无视农民对工业化做出的巨大牺牲，无视这种牺牲给农民留下的痛苦，这就不是民间立场。相反我写官场，对官场生态不健康因素进行批判，希望体制慢慢健全起来，政通人和，国富民强，大家衣食无忧，居有定所，就是民间立场。"①肖仁福始终坚持着自己对人生的感受、对社会的观察，用富于浓郁湘西南色彩的文化进行着表达。实际上，恰恰是他这种出于正义和文化本能的追求，使得他的小说更具有一种植根于生活土壤、贴近底层的亲切，并且以自己对湘西南历史的体认、文化的感悟和文学的熏陶，表达着自己真切而生动的故乡情结。正是这种源自生命本源的妥帖，将地域文化与时代思想、传统文化与西方影响、个人体验与群体状态有机地融合，在富于传奇色彩的小说讲述中为我们刻画出偏于一隅却自足自享的湘西南社会生活的画卷。同时，作为一名民间知识分子，肖仁福将自己的精神世界建立于邵阳这块土地上，并以此确立自我的身份认同，在自己的小说世界中执着地表达着民间艺术风格的无拘无束、自由自在，从而使自己的创作与民间存在合而为一。

肖仁福的民间立场既非知识分子式的精英话语下的"民间"，也非原汁原味的底层生活的民间，他更多是带着社会"中间大多数"人的眼光来记录和传写真实的生活。就像他在与我对话时那样，我以本雅明对文学文本的寓言式阐释来形而上地谈论对文学的认识，而肖仁福则回答道："说到本雅明，那是个洋人，我不甚了了，……洋寓言理解起来费劲，让我说件中国的旧事……这样的事情太多太多，若都算是寓言的话，那咱们中国到处都有现成的寓言，简直可算寓言大国了，用不着本雅明和卡夫卡之类的文学大师挖空心思，胡编乱造。"②肖仁福的立场相较于知识分子的立场，更为贴近社会大众，这为其作品的接受提供了很好的受众平台。他的作品既不粉饰太平，也非仇恨阴暗面，他以自己的生活历练为蓝本，艺术加工成官场想象的话语，创造出一种客观的真实，将人性在官场之中的挣扎的过程展示给读者，并且融进一些自己的思考，这些思考不是着眼于生活的表层或者生活的本身，而是跳出了生活的原点，从精神的、

---

① 肖仁福新浪博客［EB/OL］（2014 - 06 - 20）［2007 - 06 - 04］http://blog. sina. com. cn/s/blog_4a81e21c01000803. html.

② 肖仁福新浪博客［EB/OL］（2014 - 06 - 20）［2007 - 06 - 04］http：//blog. sina. com. cn/s/blog_4a81e21c01000803. html.

哲理的、文化的和人性的维度，去分析生活，烛照生活，洞察生活。他不是让生活复杂的表象遮蔽眼界，而是透过这种表象，努力抓住跟表象相关的深层次问题，进行追寻或探源，让人读后不仅若有所思，而且恍然大悟；不仅会心一笑，而且感到意味深长。

肖仁福是一个以民间立场书写者自居的作家，他的作品在对官场生态进行精细描绘的同时，总是试图对文本人物的心理活动进行一种合乎理性的深度分析，许多时候，这种分析增加了文字的张力与质感，增加了文本的穿透力和震撼力。有时候会带给读者以错觉，觉得作者即那个观察显微镜的检验医师，所检验的标本是生活，没有居高临下、臧否人物的感觉，而是对从生活中检查到的种种病变给予同情和怜悯。作者并没有站在一定高度拔高或者批判笔下的人物命运，而是站在社会生活大众情感体验的角度，思其所思，感其所感，从而拉近了读者和作者之间的距离。从某种意义上说，肖仁福的小说成为畅销书的一个原因就是他贴近大众读者阅读感受，具有很强的在场意识。因为从传统的叙事来说，作者不仅是叙述者，而且既"看"又"说"，但肖仁福则全心置于场景中，模拟官场图景，以小人物或事件之间的距离作为分界线。

肖仁福很少写某人发迹到身居高位直至灭亡这类打上了个人悲剧色彩的故事。他的政治叙事小说所展示的人物大多都是普通的中下层官员，展现他们的精神状态。在他的笔下，普通官员形象被描画得与他们在现实生活中的形象几近同出一辙：有才华，但表现并不出色，大事做小，小事又不太想做，是一群心比天高的普通人。他们都还年轻，大多具有较高的学历，刚刚进入或正在进入官场。他们一开始觉得官场是那样庄严、神秘，继而便感受到了官场的虚伪、污浊和压抑。他们有良知，感觉敏锐，但在仕途上总是不平坦。作为政府的一名小官员，始终处在一种固守清贫却又向往权力甚至无法自拔的矛盾心态中。他们从政多年，兢兢业业，但是鲜能看到"进步"曙光。肖仁福的作品蕴含了作者本人对现实生活的深刻体验，贴近生活，直面生活，反映了时代的心声，较之当今文坛大肆流行的虚浮生活和情感泛滥的泡沫作品，他的这种现实主义态度与勇气是可敬的。肖仁福常常在作品之中描写人性在纠结中走向世俗，走向一种直白中的虚无。

3. "民间"的走向

人性永远是文学孜孜不倦的话题。民间立场旨在根植于底层纯朴的土壤结出完美人性之花。从文学史的角度来看，当代文学的发展历经了人们对于人性认识的变迁。"新时期文学"取代"当代文学"的过程，说到底是一种人性取代了另一种人性的过程。当代文学认为理想的人性才是人性。于是，当代文学以审美作为自己的目标。而新时期文学则是以审丑作为自己的使命。① 人性并不完美。粉饰太平，塑造"高""大""全"的典型人物诚然是从一个角度来引导人们向善，可其作用和影响远没有直面那些由黑暗人性所带来的暴戾、污垢的阴暗来得深刻。这也就是为什么越来越多的政治叙事小说放弃了原来典型的手法，返回民间，描写真实，并以一种日常生活的亲切感和对现实的贴近，以生活中多有不得见光而又不得不面对和从属遵循潜规则的无奈呼应了广大读者的生活感受和情绪。这些小说致力于描写和反映官场苟且卑劣的一面，将一切崇高、理想、浪漫和诗意的东西清除出去，还原所谓的"官场的原生态"，描绘政治生活的底色和本相，以一种"出淤泥而渐染"的流变，将美好人性毁灭在读者面前，将普通人的艰难奋斗历程原原本本地和盘托出，展示了另一种生活的真实，导致了一种强烈的陌生感和特殊的真实感。

福柯说："哲学家，甚至知识分子们总是努力地划一条不可逾越的界限，把象征着真理和自由的知识领域与权力运作的领域分隔开来，以此来确立和抬高自己的身份。可是我惊讶地发现，在人文科学里，所有门类的知识的发展都与权力的实施密不可分。……所以人文学科是伴随着权力的机制一道产生的。"② 从历史上看，不管知识分子对待民间的态度如何，我们不能否认知识分子在民间文化的创造、传播、传承过程中发挥的作用，只是在民间文化的具体形态方面两者的联系多少不同罢了。几乎可以达成共识的是，民间文学与作家文学、知识分子写作与民间写作被视为对立的概念，这也是为了对民间进行界定而不得不做出的一种草率而模糊的划分。其实，到了现当代，知识分子的身份认同和社会地位、价值判断、思想观念已经发生了巨大的变化，"向下看"成为他们进行策略性活动的或者不得不做出的符合时代要求的自我转型。

在20世纪90年代"民间立场"提出之前，政治意识形态化的粗暴干预带给文学和知识分子的只能是伤害，而之后发自知识分子内心的对"民间"的拥抱则是一次妙不可言的奇遇。这种转向或许带有痛苦，痛苦过后则是无限的欢愉。莫言说："所谓的民间写作，就要求你丢掉你的知识分子立场，你要用老百姓的思维来思维。否则，你写出来的民间就是粉刷过的民间，就是伪民间。"是"作为老百姓的写作"，而不是"为老百姓的写作"。③ 与其说这是民间写作方法的经验之谈，不如说这是带有知识分子和民间两重性的作家对前一种身份的否定

---

① 旷新年.写在当代文学边上[M].上海：上海教育出版社，2005：10.

② 福柯，瑞金斯.权力的眼睛——福柯访谈录[M].严锋，译.上海：上海人民出版社，1997：31.

③ 莫言.文学创作的民间资源——在苏州大学"小说家讲坛"上的讲演[J].当代作家评论，2002(1)：4–9.

与对后一种身份的亲近进行的努力，对农民出身的莫言来说，这是一种返璞归真的追认。当代作家普遍对民间有了自己的认识，这些认识大多基于曾经的基层生活经历，或者赢得了作者感官、心灵上的认同，因而才产生了带有体温的创作实践。我们知道，绝大多数的作家都是知识分子，当代的作家许多都有大学教育经历，他们把视线瞄向民间，或者直接返回生养自己的民间大地，这与他们自觉的角色转变有关。陈思和曾说，在20世纪知识分子转型期，"失落了精神庇护所的知识分子在风雨飘摇中无家可归，苦苦寻求"①，那么民间就是他们找到的一块避难圣地。

从文学进入民间产生的实绩来看，民间资源给当代本土文学的发展提供了丰厚的给养，带来了不同于以往的新的审美形式和感受。值得注意的是，每个作家的"民间立场"实质上是他们眼中的"民间"的写照，是他们对于"民间"的想象，他们努力向民间大众靠拢，但实质上还是有距离的"观照"。而真正意义上的"民间立场"应该是如何的呢？王光东等研究者认为，作家要对民间文化形态进行内部式表现，也就是说作家应当自觉地——同时也具有丰富的民间生活经验——用民间的视角来思考问题和叙述故事；还要自觉借鉴和运用民间的形式。当然还要注意对民间文化进行转化与改造，因为"民间"的不一定都是好的，在精华和糟粕并置的"民间"话语之下，这种区分和改造显得尤为必要。

二、《仁途》：底层视角的独特咏叹

萨义德在《知识分子论》中这样表述何为"对权势说真话"："严格说来，知识分子不是公务员或雇员，不应完全听命于政府、集团，甚或志同道合的专业人士所组成的行会的政策目标。在这种情境下，摒弃个人的道德感，完全从专业的角度思考，或阻止怀疑而讲求协同一致——这些诱惑使人难以被信任。"但是，这种挑战权威的做法具有多少可操作性仍然是个问题。"许多知识分子完全屈服于这些诱惑，而就某个程度而言，我们全都如此。没有人能够全然自给自足，即使最崇高伟大的自由灵魂也做不到。"②这种知识分子的使命与实践的艰难形成了鲜明的对比，也向我们昭示了对权势说真话的不易。知识分子的批判性异见已经构成了对既有政治权威和世俗权威的挑战，势必动摇其精神根基，因此，官方意识形态与知识分子的天性必然产生一定程度的矛盾冲突，此种情况在肖仁福的政治叙事小说中表现得尤其明显。

---

① 陈思和.陈思和自选集[M].桂林：广西师范大学出版社，1997：169.

② 爱德华.W.萨义德.知识分子论[M].单德兴，译.北京：生活·读书·新知三联书店，2002：75.

1. 官场奋斗的角色演绎

在肖仁福的《仕途》中，乔不群、秦淮河、蔡润身、李雨潺、马森森等人某种意义上是士人精神的承担者，他们既有知识，也有着大学生、研究生的身份归属。然而，市场经济无处不在，已经对这种传统的士道精神构成了严重的威胁。是继续坚持传统的理想精神独善其身，还是驯服于政治和市场的需要，成为这群知识分子亟待解决的问题。在这种鱼与熊掌不可兼得的情况下，蔡润身、马森森们选择了对政治、金钱的归顺，成为权力倾轧、欲海纵横的化身；秦淮河、李雨潺则努力保持着自己的精神完整性，依然不能放弃知识分子的清高与良知，但是这种精神的坚守也让他们在利益、前途面前际遇坎坷。蔡润身、李雨潺们虽然追求相异，但他们毕竟还是为自己找到了精神的立足点，而乔不群的情形则尴尬得多，他固然历经宦海浮沉、长于权术，但是心底那时时涌动的知识分子精神又使其在尔虞我诈的权力争斗中心生倦意，难以全力以赴地实现个人利益的最大化。当乔不群牵头主办的学条例见行动活动办得出色，丁副书记答应为他提名的时候，乔不群的知识分子清高意识体现了出来。当妻子史宇寒让乔不群给市长甫迪声送钱时，他觉得："自己取钱去跑纪检组长，吕秋云取钱给顾吾伟去跑助调，我岂不跟顾吾伟成了一路货色？""乔不群觉得滑稽，都有些瞧不起自己了，掉头离开队伍，出了银行。也许你本来就不想去给领导送钱，这下正好找到一个不成借口的借口，可以逃之夭夭了"。乔不群之所以从桃林市政府研究室的综合处长降为监察室副主任，而后仕途坦荡时又意外地从代理市长位置上滑落，说到底还是在于他心中的那股士道精神在起着根本的作用，使他难以无所顾忌地完全投入到官场权力的攫取中去。亚当·斯密曾用棋盘与棋子的关系喻示政府领导与社会中人不同的思维方式："棋盘上的棋子除了手摆布时的作用之外，不存在别的行动原则；但是，在人类社会这个大棋盘上每个棋子都有它自己的行动原则，它完全不同于立法机关可能选用来指导它的那种行动原则。如果这两种原则一致、行动方向也相同，人类社会这盘棋就可以顺利和谐地走下去，并且很可能是巧妙的和结局良好的。如果这两种原则彼此抵触或不一致，这盘棋就会下得很艰苦，而人类社会必然时刻处在高度的混乱之中。"[①]对于乔不群来说，他有着自己心中的道德律。而对于官场来说，它有着自己的运行法则。这二者若并行不悖，则个人和系统皆得其利。但若相生龃龉的话，那么个人必将被打上悲剧的烙印。在市长甫迪声看来，乔不群最大的缺点也是书生气太浓，"要说乔不群这人，工作上确实不错……就是

---

① 亚当·斯密.国富论[M].郭大力，王亚楠，译.上海：上海三联书店，2009：78.

有些傲气，不太讨人喜欢。想进步又不是丑事，却不主动找政府领导"①。乔不群遇到出卖自己的老同事蔡润身，心里不免有些尴尬，"见面说起话来难免有些生硬。不想蔡润身却没事人似的，仿佛两人之间从没有过芥蒂。乔不群自惭形秽起来，暗怪自己修养不够，没有蔡润身历练这么深"。乔不群最终的功亏一篑，其根本原因还是在于他无法彻底洗刷自己的知识分子精神特征，即便在接近权力巅峰时仍然保留着不少看起来不合时宜的观点与行为。正是这种道统与政统之间的冲突，让乔不群身上具有了浓郁的悲剧色彩。

2. 乔不群：势统与道统的对抗

乔不群是小说的主人公，也是一块能体现官场中知识分子精神困境的活化石，是在新的历史语境中精神根基和价值观惨遭解构的具有传统信仰的知识分子的典型。小说倾力刻画了他在面对权力与金钱双重诱惑时的种种矛盾与困惑，以及遭遇现实困境时的挣扎。当乔不群从桃林市政府研究室的综合处长降为监察室副主任时，官场上的起伏跌宕并没有过多地带给他精神上的震荡。从某种意义上来说，虽然在官场沉浮中始终要取悦领导，但这种取悦本身就是知识分子利用自己的睿智化解现实风险的自然表现，更何况，在乔不群的身上，读书人的精神特征始终得以保持而未轻易丧失。

而这种读书人的精神特征的直接表现即是乔不群在官场中表现出的内心深处的困境，读书人固有的精神危机开始出现，这集中表现为行动的清醒和精神的迷茫之间的不间断冲突。在欲望泛滥的时代，精神坚守就已是一种困境，而官场的特殊性语境则直接加剧了这种生存和生命的悖论；这种悖论从中国传统士大夫一直延续到当代的知识分子的精神领地。"而更让乔不群感到痛苦的是，他发现当他试图与之对抗时，实际上已经接受了它，这种合理利己主义的新伦理很有可能成为一种内化的压抑。在中国传统社会，文人为官是为了'替天行道'，'道'是他们制约王权的武器，也是他们的精神十字架。在漫长的历史进程中，知识分子在'道统'和'势统'之间苦苦挣扎。而到了今天，'势'是如此强霸，挤得'道'无立锥之地。小说主人公不得不对以往的道德价值体系表示怀疑，这其实是当前中国知识分子的普遍心态，因为传统的'道'与现实已经脱节"②。某种"宿命"的力量运行于生活当中，生活以无可抗拒的合法性、合理性、真实性逼迫每一个人，人们主动将自己交给生活的同时就是在退却和放

---

① 参见肖仁福.仕途[M].长沙：湖南文艺出版社，2009.下文引述相同，不一一做注。

② 陈菲，张刘薇子，罗韵，皮进.转型时期的精神困境与文化审视——肖仁福长篇小说《仕途》笔谈[J].湖南工业大学学报(社会科学版)，2011(2)：95-99+133.

弃。乔不群的人生经历中充满着知识分子面对现实选择的两难处境，而作为小说中的另一主要人物，蔡润身不仅被当作是权力欲望的化身，更是知识分子精神异化的典型。他历经宦海沉浮，长于权术，通过出卖自己的同事，获得耿日新的信任；同时，他又善于左右逢源，阿谀奉承，通过市长夫人攀上了甫市长，一路从处级干部做到了副市级领导，可谓是步步高升。当然，上升的不只是他的职位，更多的是他对于权力无休止的追求与渴望。蔡润身非常明白，要想生存得好，就必须依附既有的权力体系。刚当上领导秘书的蔡润身很擅长使用自己的资源，当乔不群的表兄郝龙泉为办煤矿的事而焦头烂额时，他不遗余力地帮忙，事情办成以后，当对方一再想用钱表示感谢时，他却每每拒绝了，因为他很清楚，绝对不会为这些小钱而影响了自己的前途。在蔡润身追求权力的过程当中，一切都将成为其攀升的阶梯，为了能顺利地当上县长，他想尽办法遮蔽了龙泉煤矿的矿难事故；为了满足自己的性欲，他占有了文小芹后又将之抛弃；为了能当选为副市长，他想尽办法让情妇曾玉叶打掉了他们的孩子，以免除他的后顾之忧。

《仕途》里的乔不群和蔡润身都是知识分子出身的政府官员，都不可避免地要面对谋权和用权的现实问题。所不同的是，蔡润身谋权、用权的行为逐渐失当，并极大地损害了精神，使其人格严重扭曲。相比较而言，乔不群的谋权、用权行为则显得张弛有度，虽然在充满欲望的角逐中也难免精神的困境，但就其知识分子的角色维护来说，已经是迥异于蔡润身的一个存在了。"在新世纪这个充满迷惘、尴尬和无奈的生存境况中，政界和官场承载着太多的风云变幻和精神负累。学而优则仕作为中国文人最主要的人生出路，使他们过分地依赖于权力"①。知识分子精神的丧失与他们在现实社会结构中的依附性地位、依附性人格有内在关系，也正是这种依附性直接导致了乔不群们精神上的软弱性。

3. 知识分子的现实悲剧

一些精英知识分子永远保持着对正义、真理的追求，这使得他们与周围的环境保持了紧张的对抗关系。由于这种对抗，知识分子几乎是自我认同般地处于一种漂泊的状态，对权力虚饰的厌恶和对理想生存境地的过分猜想使得他们不得不游离于话语体系的核心。《仕途》中的秦淮河原是桃林市政府研究室的公务员，硕士研究生毕业后与乔不群、蔡润身一同进入政府机关。与乔不群的

---

① 陈菲，张刘薇子，罗韵，皮进. 转型时期的精神困境与文化审视——肖仁福长篇小说《仕途》笔谈 [J]. 湖南工业大学学报（社会科学版），2011（2）：95 – 99 + 133.

独善其身、蔡润身的迎奉钻营不同，秦淮河仍然是一个胸怀充满理想情怀的奋进者，虽然身处政府部门却不乏豪情，始终保持了可贵的清醒和追求。秦淮河不仅有知识分子的远见，也具备公务人员的务实精神。当研究室要撤销时，秦淮河另谋出路，去省城当了记者，紧接着便重回桃林调查黑社会组织开赌场设淫窝的事件。后来秦淮河的行踪被发现，桃林市长副书记轮番上阵拉拢，又派人盯梢，最后使他不得不结束调查返回报社。"在秦淮河身上，集中体现了知识分子的历史性格与必然命运"①，他可以被视为社会转型时期知识分子士道精神生活的记录和象征。

应当说，这小说取名为"仕途"具有双重含义。这个词语既继承了自古以来的仁道传统，尤其是湖湘文化之中为生民立命的担当意识，又感喟了现代社会宦海沉浮之无常和悲凉。肖仁福站在"民间"的立场上，从底层大众的视角去窥视正直的个人如何在利益博弈和龙蛇混杂的场域之中挣扎和毁灭，这种情感基调和人文观照始终是带有普通大众的终极体认的，即对于人性之中恶的憎恨和善的同情。肖仁福笔下的乔不群具有中国传统文人宁折不弯、不为五斗米折腰的人格理想和中国传统知识分子身无分文心忧天下的人生态度，然而他生活在一个官本位、权力高于一切也重于一切的具体社会环境中，他的现实境遇是，在权力漩涡之中，所有人都要围绕权力的核心做向心运动，否则，或者流向边缘，或者被淘汰出局。他身处自我期许和外在欲望的矛盾包围之中，却始终在内心或隐或现地追寻着精神的皈依。正是在对知识分子精神根基和文化惯性的细腻书写中，肖仁福的作品敏锐地发现了时代内涵的变迁，揭示出知识分子心灵和命运的某种悲剧色彩，从而使当代官场知识分子的心灵叙事达到了一个新的深度。他对当代权力场中知识分子命运轨迹和精神危机的书写，具有相当深度的心理发现，当代知识者的精神困境、生存状态以及灵魂变异，在看似轻松、幽默的文本中得到了一种反向呈现。

湖湘文化经历唐宋尤其是近代的洗礼，锻铸了经世致用、力行践履的思想和自强不息、直面现实、敢为人先的奋斗精神。每当社会出现大的动荡或变迁之时，湖湘文化总能于此刻展现出强韧的生命力，其杰出体现者凭借近乎本能的忧患意识、社会责任感和经世致用的思想寻找着治国安邦的良药。肖仁福本着湖湘文化直面现实、经世致用的精神，对当代官场中的政治追求以及关系盛行、钩心斗角的现象进行了表现，他始终以很强的政治参与感，关注着中下级

---

① 梁振华.民间立场下的时代精神省察——肖仁福小说论[J].湖南大学学报(社会科学版)，2010(1)：71-75.

底层官吏的生活和命运，对新时期市场经济环境下工作、成长起来的"桃林市"的官员们的思想心理和时代性格进行了精心的描绘。社会转型的特殊历史时期使得终极理想的产生缺失和乌托邦激情的逐渐淡泊，使官场中人们的思想状态也发生了微妙的变化。肖仁福笔下"乔不群"式的具有湖湘文化经世致用精神特点的官员也不得不面对现实、逼仄的尴尬境地。肖仁福对于底层官员这种现实处境的难题不光加以揭示，而且给出了自己的解决出路——归向禅宗的淡薄和顿悟。在小说的最后，乔不群在历经了种种沉浮之后，在驱车前往寺庙的路上想到："车前的路越发狭窄，让乔不群不禁想起自己的仕途，本来越走越宽阔，忽然一个转折，又到了窄处。看来人想向宽处行，可不是那么容易的。世间路千条万条，别说选择起来困难，更多的时候还由不得你去选择，命运似乎早就给你安排好了，你想走宽处，等着你的却是窄处。"文至如此，让每个读者都产生一种得到净化的崇高感，一如俄狄浦斯始终抗争不了命运的安排。最后小说以"这么想着，乔不群心头豁然开朗，连眼前的路似乎也不再那么狭窄了"作为收束，将乔不群的官场奋斗经历打上了一个并不圆满的圆满句号。

肖仁福有着对知识分子和官场经验的双重体认，因此他的作品可以被视为一种个人的心理传记，同时也是一种官场知识分子的集体精神记忆。这种心灵体验和文化印记，既烙印着中国传统的文化痕迹，又镌刻上了当下时代的思想内容，从而勾勒出传统士人的精神传承与时代遭遇。

第二节　小说浮石

一、生存哲学的欲望黑洞

自从 20 世纪八九十年代以来，中国社会就处在一个急剧变化和转型的时期，不论经济、社会、文化、道德等，都发生着翻天覆地的变化。在这种变化的洪流之中，经济体制的改变而造成的商品和市场意识的变化深入人心，同时较之于此前计划经济下的人心向背也出现了根本性的改变。

1. 社会转型下的"欲望"天性

关于"生存哲学"，浮石借《青瓷》主人公张仲平之口道出了当今社会生存哲学的精髓——"网"，社会人无时无刻不处在一张无形的大网之中。对此，诗人北岛有着自己独特而深邃的理解。他的组诗《太阳城札记》的最后一首诗《生活》，外在以最短诗歌而闻名，内在以深刻内涵而取胜。单字"网"构成全诗的整个内容和全部意义，生活是网，人情网，关系网，纠缠交错，一张张交叉的网构成了生活，没有这些网，个体便不复存在。有些人小心翼翼驾驭于网，谨小慎微；有些人在这张大网上大起大落，时沉时浮。《青瓷》在进行书的市场营销时候推出的口号是"学关系、用关系"，足见人际关系网在当下社会之重要。正是由于"关系网"触及每一个当代人，并且驾驭好它所带来的利益尤为可观，人们对它的态度不仅仅是停留在认识和了解的水平上，而如何适应之、驾驭之便成为多数人心照不宣的努力方向。市场上的"厚黑学""成功学""官场学"等指导书籍也大行其道。

究其本质，在这些所谓由"攀附关系""驾驭权势""工于心计"所构成的当下生存哲学的背后，欲望才是驱使人们乐此不疲地追名逐利的原动力。从根本上说，欲望是人作为个体存在的本质之一，在人之所以为人的建构当中，欲望的参与扮演了重要的角色。古人云"食色性也"，除了动物性的欲望之外，人还有着政治性的欲求：权力欲、道德欲、名利欲等等。叔本华认为，人的生命是盲目的、无止境地寻求生存及繁衍的欲望，而欲望是永远无法满足的（欲壑难填，贪心不足），人们生存便是要在这种永不满足中去追求，因而生命的过程也就是痛苦的。在他看来，"人的本质就在于他的意志有所追求，一个追求满足了又重新追求，为此永不停歇。是的，人的幸福和顺遂仅仅是从愿望得到了满足，从满足又到愿望的迅速过渡。因为缺少满足就是痛苦，缺少新的愿望就是空洞的向往、沉闷、无聊。"[①]而且人们能用理性认识痛苦，却无法借助理性来清除痛苦。

尽管叔本华对欲望的认识带有悲观的唯心主义的色彩，但是他对人生介于欲望和追逐欲望之间的过程描绘是准确的。尽管现在的人们不一定认为欲望作为一种痛苦而存在，但是"人类生存是由欲望构成"却是道出了生命的本质。而且，人们满足欲望确实是人不断追求和发展的内在原因和动力。应该说，追求人生的各种欲望是人的一种无可厚非的本能，但是如果把欲望的追求绝对化，强调欲望追求是人生的唯一目的，那么当欲望超过了一定的度量的时候，就会对人产生巨大的负面影响，以至万劫不复的境地。而那些用放纵欲望的方式来作为解除痛苦的根本方法则会把欲望的负面影响推向极致。人们常说"知足者，常乐也"，真正能达到这种境界的人毕竟是少数，由此从另外一个侧面也可以看出人的本性在于不知疲倦地获取和追求贪欲，这也是荀子主张下的"性恶论"，所以才需要道德和法律的力量来对人进行规训和惩戒，来控制人们根性中那种难以遏制的欲望。在 20 世纪五六十年代的西方社会，非理性思潮和后

---

① ［德］叔本华.作为意志和表象的世界［M］.北京：商务印书馆，2006：360.

现代思想影响下的年轻人崇尚的是通过放纵欲望来追求个性的彻底解放，"在路上""迷惘的一代""垮掉的一代"以及"嚎叫派"等年轻人无休止地追寻欲望，终不免堕入更深的迷惘和虚无之中。那么，如何去正视心中的"欲望"？如何在欲望的追求和心中道德律令平衡和取舍？这个问题是当下知识分子难以绕开的难题。

2.叙事的转向：因时而变还是人格沦陷？

王光东在与张炜的对话录中谈及"知识分子与当代"①这个话题时这样说道：在我们看到现实中的"知识分子"不可避免地也世俗化的同时，仍然可以看到有一些倔强的背影跋涉于世俗的大地上，守望着一种精神，或者用思辨的学术语言，或者用想象的、富有文采的文字，传达出对人类的关心，揭示出在历史发展过程之中对人的漠视和戕害的现象。尽管这种戕害有时是在崇高的名义下进行的，而艺术却常常透出历史背后所隐藏的真相，揭示历史中的人所具有的邪恶本质，把知识分子的社会良知和道义精神充分地表达出来。我们很欣慰在转型时期的社会仍有这样的一群人存在，在灰暗天空之下为我们保留着一道金色的阳光，以便于我们在穿行过价值和人文荒原之后，返回精神的故乡。

但当理想和现实存在着相当大的差距的时候，当知识分子仅凭自己不可能改变现状的时候，那么发生改变的只有知识分子自身了。一部分人固守着知识分子的生存理念和生存方式，而另一部分人则选择了对原有生存状态的逃离。就20世纪90年代以来作家、知识分子的实际选择来看，也有相当部分的作家进行了这样的尝试。在市场经济的冲击下，选择下海的有张贤亮、陆文夫、刘恒等，而王朔则以"消费主义"视野下的戏谑和反讽来"躲避崇高"，消解文学的严肃意义，完成了知识分子立场的蜕变。如果说以上的作家们在现实生活中的分野还仅仅停留在被吸引的自主选择上，那么，已然进入商海的知识分子或者那些为现实生活重压所"逼迫"的人的低头，则更多的是"不由自主""身不由己"的无奈和悲凉，被深深地打上了社会转型时期悲剧的烙印。当这种贴上了"唯唯诺诺""工于心计""权利交锋"的生存哲学在社会上大行其道的时候，从根本上说这是文化的溃败。而文化的溃败源于人心的畸变，人心的畸变导致现实人性的异动。在这种恶性循环之中，人们总处在极其强大的恐惧心理之中，人不仅失去了对于外在制度的期待，也丧失了内在的道德支持，不仅抛弃了对于恶人恶行的鄙视和讨伐愿望，也泯灭了对于正直良善的同情和道义支持。尤其是那些为生活大网所网住而无计可施的人，在面对已经芜杂的浮世时，努力

---

① 参见张炜，王光东.张炜王光东对话录[M].苏州：苏州大学出版社，2004：4.

地想要不被淘汰。他们或是耽于生计，或是出于私利，干出蝇营狗苟、狼狈为奸的行径。他们置换了"卑鄙"与"高尚"的概念，贴上了悲悯的标签，企图在模糊正义与邪恶界限标准之下求得内心的安宁。

回过头来再来看看《青瓷》的创作者浮石，浮石的个人经历非常富有戏剧性，从哲学系毕业后留校任职十年，下海做老板十年，曾经有千万身家，曾经负债累累，曾经身陷囹圄。教过书、当过官、经过商、坐过牢，这正是《青瓷》的作者浮石的人生写照。而《青瓷》正是浮石在涉嫌贪污被抓后在看守所中所写的故事。所以，无论是剧中拍卖商张仲平，还是扬帆地产董事长颜若水，甚至是国家司法机构，他们之间的纠葛故事或多或少都存在着浮石人生的影子。而剧中展现出商人对利益不择手段的追逐、背叛、贿赂与讨好，更是一步一步为观众揭秘了这竞争激烈却又充满神秘的行业生存现象。浮石曾希望把自己的这部作品送给司法机构，可以对他们破解行贿受贿案件时能有所启发。

作为一名知识分子的浮石坦言自己当初下海经商也是心血来潮，受到了当时整个追逐名利的大潮的影响，他变换过多份工作，做过的行业有画廊、广告、房地产和证券。后来回家乡湖南创办了自己的拍卖公司，主要是做法院的拍卖业务，成天跟承办法官打交道。因为做事敬业、专业，他很快就赢得了众人的信任，生意一度风生水起。而法院拍卖的买卖，真的是槌子一响，黄金万两。可是2003年年底的一天，浮石因为别人案发而被牵连成为他们中的一员。浮石自认为从来不是一个胆大妄为、为达目的不择手段的人，他一直按照一个规矩的商人的标准与套路为人处事。所以，当厄运来临的最初，他更多地感到的是意外、不平与委屈。这才有了他"发愤著述"之举，在羁押了306天之后，他以自己的亲身经历创作了处女座《青瓷》。而这部小说的主题是反思和救赎，反思这个词不单单是作者自己在写作过程中的反思，也是希望读者在读到《青瓷》时能够反思，反思自己、反思生活。这便是一个知识分子的良心的写照，自身在遭遇到一些弯路和过错之时，能拾起文人的笔，将自己见闻到的可怖的，甚至是战栗的现实故事示以众人，免走邪途；同时也反映了他秉持了湖湘文化心忧众人、自我鞭责的意识和勇气，他曾应时而变，可从未人格沦陷过。

3. 无处安放的生存哲学

生活之主客有无，全在人心变和不变。当人们抬头仰望青天，置于大地之上，发现同行者不过寥寥数人，在犹疑与惶惑之间，不禁会问：我们当以何种姿态生存于世？当知识分子为汲汲于权势而不择手段之时，他们已是嵌入权力机构的一分子，其灵魂在"现实重压"之下已负载不堪，在商海和官场污秽的角逐之中朝着深渊迅速下坠。在相对主义盛行的时代，失去了绝对意义的精神追求，从而使得知识分子在历史的缝隙中无以立足。在行政机关产生的生态权力的形态和市场机制的双重作用下，似乎自我的内在放逐成为其无以逃遁的精神宿命和行为导向。然而在他们持道自处的传统价值观与冷静算计并消泯道德判断的流行理念之间，毕竟仍会有一定间隔，要令他们真正放下其苦苦坚守的价值立场仍非朝夕之间所能完成的。我们看到的更多的是徘徊在"角色"与"非角色"之间的尴尬境遇，或是彻底放弃价值坚守而入流俗，或是自视清高而无处容身，生活以无可抗拒的合法性、合理性与真实性将知识分子挤向一个逼仄之地。可生存依然是一个现实的问题，它是经济腐败的一个内在动因，官场腐败和利益博弈是更高意义上的基于生存的一种厮杀。

浮石小说作品当中尽管没有提出解决腐败问题的根本办法，但是对问题的提出和大胆的暴露本身就具有引导性和发人深省的意义。如张仲平为了拿到高院的拍卖案子而不惜间接讨好高院执行庭法官侯昌平，省高院执行局局长健哥索贿五六百万，张仲平与江小璐和曾真保持的不正当性关系，包工头龚大鹏为攫利不择手段……它不仅是写作的主题内容，同时也渗透着作家忧愁深重的使命意识。《青瓷》小说中所暴露的"权钱交易""商业贿赂"成了不法商人心照不宣的行业潜规则：张仲平是3D拍卖公司的董事长兼总经理，他的日常工作就是搞"三陪"，陪法院执行局的法官、银行资产管理公司的干部吃、喝、玩、乐。他一夜暴富的"不二"法门是：第一步进行感情投资，第二步向对方证明自己能把事情做好，第三步向"受贿者"证明"绝对安全"。这些有着操纵手腕的权势集团在搭乘了市场经济带来的巨大商机和便利的同时，钻了法律的空子，谋取了一时的暴利。

浮石曾这样告诫道："那些刚出大学校门的大学生们，那些在象牙塔里待得太久了的老夫子们，你们听好了，现实生活中那些隐秘的犯罪，比《青瓷》所写要厉害十倍百倍。"①他以自己的亲身经历，在官场和商海的生态沉浮，得出以上振聋发聩的忠告。"那段与世隔绝的日子，是我生命的最低谷。昨天的繁花似锦、莺歌燕舞，转瞬即逝，自由的空间被剥夺和挤压，要想继续生存不被窒息，唯有逃向精神家园，尽管那里因为久未打理而已经杂草丛生，但我还是通过写作完成了自我救赎，是文学帮我找到了通往'此岸'世界的桥梁"②。浮

① 聂茂与浮石谈话录 [EB/OL]（2017 - 10 - 03）[2014 - 07 - 15] http://www. frguo. com/Info. aspx? ModelId = 1&Id = 5719.

② 聂茂与浮石谈话录 [EB/OL]（2017 - 10 - 03）[2014 - 07 - 15] http://www. frguo. com/Info. aspx? ModelId = 1&Id = 5719.

石通过把这些官商勾结、权钱交易、商场鱼肉等恶行摆在台面上，来引导读者去思考背后的原因，以及解决之道。"回过头来看，这个事情很清楚，是程序和制度出了问题。是谁给了法官个人这么大的权力？……有权者的自律是一种相当微弱极不可靠的力量，而权力一旦失去制衡，马上就会变成火药桶。"①这也是浮石那种"提出问题远比解决一个问题来的有意义"写作原则的写照。虽然浮石并没有给出到底是浮世绘的"表现"还是"鞭挞"的答案，但他笔下主人公张仲平最后的"窘境"似乎昭示着他的"生存哲学"走到了尽头。

二、《青瓷》: 精神荒芜的价值重建

在社会转型时期，原有价值体系崩溃，新的价值观念尚未建立，人们不仅信念迷失，失去了敬畏之心，也模糊了是非、好坏、美丑，越来越变得无所顾忌、自私自利。关于现代人"精神荒芜"和"价值失落"的宏大命题并非现在才出现。实际上，在整个 20 世纪，人们一直在苦苦思索"现代性"的普遍意义。从尼采宣布"上帝已死"到罗兰·巴特的"作者之死"，再到福柯的"人之死"，现代人不论从宗教、心理、文学、艺术方面都处在了前所未有的"精神荒原"之上。T. S. 艾略特在《荒原》中的《对弈篇》写道："我想我们是在老鼠窝里，在那里死人连自己的尸骨都丢得精光。"②这种对现代人麻木和虚无状态的揭露显得无比的残忍，艾略特认为，现代人重复着古代人的罪恶，世界放纵兽欲，人们成了丧失人性的行尸走肉。

而同样在八九十年代后乃至今天的中国，这种精神荒原毫不例外地出现在中国的普罗大众的身上。混乱、激情、消费、贫富、思潮等关键词均是时代变革的写照，人们处在空前的激动与惶惑之中，旧的信仰价值体系逐渐崩溃，而新的精神依靠支柱却还未竖立起来。北岛在他的名作《回答》里这样振臂疾呼道："卑鄙是卑鄙者的通行证，高尚是高尚者的墓志铭。看吧，在那镀金的天空中，飘满了死者弯曲的倒影。"诗作不仅是诗人对于现实颠倒的控诉，也是和一个时代决裂的宣言，同时也是一种梦想的预示。

处在道德缺失和理性遮蔽荒原之上的现代人，如何来实现已经荒芜的人文精神的复兴以及道德价值的重建？在谙熟了生活中阴暗、晦涩的生存之道后，人们所保有对现实的态度究竟是对欲望黑洞的透视还是对精神荒芜的鞭挞？

---

① 聂茂与浮石谈话录［EB/OL］（2017 – 10 – 03）［2014 – 07 – 15］http://www. frguo. com/Info. aspx? ModelId = 1&Id = 5719.

② 张礼龙. 20 世纪英美诗歌导读［M］. 厦门：厦门大学出版社，2007：102.

1. 作家：冷眼旁观还是主观战斗？

作家艺术良知的丧失的关键还在于作家社会良知的丧失。作家的社会良知是作家身份的自我认证和自我确立。对作家这一社会角色的选择，就意味着必须遵守这一角色规范。作家的角色意识就是作家的社会良知。作家作为社会中有独立精神的一个群体，有着把社会理想和人类理想当作自己的生存方式并在创作中致力于创立这种理想的高尚心灵。这就意味着作家必须是他们所在社会的批判者和新价值的寻求者，而不是庸俗化现实的认同者和丑恶人性的张扬者。然而20世纪90年代以来，作家的这种角色意识已基本不存在，作家们已沦入普通庸俗的生存者行列，为名为利而写作，很多人公开表示或通过作品表示是为名为利写作，池莉也说是为了广大的世俗读者而写作，其动机和目的皆相同：通过写作来获得金钱。王朔从不掩饰自己对于金钱的热望和渴求，他就是为了名利而写作，一方面他以轻松、调侃、叛逆的姿态消解着文学的严肃性，进行着祛魅式的写作，他用油滑和玩世不恭的态度迎合着市场的口味。另一方面，这种写作拒斥了文学应有的人文关怀和担当精神，催生了世俗主义的流弊。[①]

人是一个活生生的生命体，有物质身体欲望的一面，更有追求完美精神的一面，身体应该是浸透精神、秉承意义和价值的主体。当生存欲望的一面扩张开来走出个体并在社会和公众中寻求地盘与市场的时候，人的精神的一面就彻底隐去，人的意义和价值便消失了。作家、艺术家的意义就在于他能够敏锐地看到这一人性沦丧的危机，从而担当人类良心的仲裁，去唤醒被遮蔽的精神，成为人的生存意义的给予者。[②]

可喜的是，浮石并没有沦为大时代、大环境下的书写肉欲、物欲和情欲的作家，他以自己真真切切的人生体验，秉承着中国古代士人"发愤著书"的精神传统，也怀着湖湘文化"忧悯苍生"的士人价值，在身陷囹圄之时写下了此书。他以悲悯和深切的眼光关照着主人公，而非站在一个道德制高点来对书中人物进行道德评判。这种复合的手法写出了一个活生生的人，一个在价值选择面前艰难挣扎的知识分子形象。正是因为如此，《青瓷》才未流入俗套，才在官场文学之中具有深刻性和范式意义。

在浮石看来，在作品里通过人物的沉沦起伏的过程悲剧所展示和揭示的问题远比回答某个问题来的有意义和深刻的多。他认为当情感出轨、道德沦丧和

---

① 参见陈晓明.中国当代文学主潮[M].北京：北京大学出版社，2013：452.

② 雷体沛.作家良知和文学精神的失落[J].文学理论与批评，2007：118.

社会种种的不公平已经司空见惯时，证明这个社会自我净化的功能已经大大地减弱。这种情况会令自甘堕落者欣喜若狂，而任何一个有良智的人都会感到焦虑。"也许我现在勉强可以给你一个答案，但这个答案相信不会让你满意，因为连我自己都觉得那不是一剂济世良方。但我们可以像电视里的智力测验一样，求助于现场的观众和我们的亲朋好友，因为他们也是社会的一员，也有思考的权力和责任。并不是投机取巧，我真的觉得提出问题比回答问题有意义得多。"①这答案未必见得是最好，可是一个严肃的问题可以引发千万种不同的答案而引人深思。浮石在张仲平身上投射了自己的影子，他的奋斗、发家，甚至最后的败落，也都打上了浮石深深的同情和哀叹。一如书名"青瓷"，人好比瓷胎，不经过窑变的锻造和洗礼，必将不会出落为有价值的、完美的珍宝。

2."张仲平"的个人悲剧

《青瓷》这部书以十分精细而生动的刻画描写了当下社会多重价值的缺失，里面所涉及的重重黑幕、权钱交易、潜规则、攀附关系等问题，让读者见识到社会运行规则，同时心中产生战栗和恐惧。首先是心中道德律令的分崩离析。康德曾经说过，世上有两样东西最使他敬畏，那就是头上的星空和心中的道德法则。头上的星空是宇宙论问题，心中的道德法则是人类学问题。若是道德失范，个人失去了心中判断是非曲直的标准，那么其必将深陷罪恶的泥淖之中。《青瓷》中的张仲平深知这一点，但他难以抗拒社会强大的运行法则，或者说，他根本没有试图去抵抗这种对个人的腐蚀，而选择听之任之并参与其中。张仲平对妻子唐雯说："我们这些所谓的老板，一个个就像一只一条腿上被拴了细绳，允许你活蹦乱跳，但是，如果有谁要逮你，肯定一逮一个准的青蛙。青蛙不会因为可能被逮住而不活蹦乱跳，因为尽管被拴上了细绳，被逮的青蛙毕竟是极少数。为什么是极少数？因为你总不能把所有的青蛙逮尽了。青蛙的繁殖能力多强啊！你不可能因为存在着一种真实、可怕的，然而概率极小的危险而放弃生存。"②他的这段话也就说明了现在社会为什么反腐、检查监督这么厉害，可贪污贿赂、权钱交易还是屡禁不止。"法不责众"，违法者永远多于锒铛入狱者，正是这种侥幸心理使得他们心安理得地行贿受贿。张仲平所说的这种"青蛙效应"十分可怕，不但丧失了湖湘文化心理结构中的担当意识、忧患意识和警醒意识，而且对个人的堕落和对欲望的放纵缺乏应有的认知和反思，尤其

---

① 聂茂与浮石谈话录［EB/OL］（2017－10－03）［2014－07－15］http：//www. frguo. com/Info. aspx? ModelId＝1&Id＝5719.

② 参见浮石. 青瓷［M］. 长沙：湖南文艺出版社，2012. 以下引用皆相同，不一一做注。

是没有崇高的目标和伟大的理想。这种道德的失范和理想价值的缺失，使得主人公总能为自己的进退找到台阶，为自己的不当甚至是犯罪找到开脱的理由。

其次是社会诚信的缺失，即人与人之间的不信任感在增强。古人们常说"人而无信，不知其可"，夫妻之间"夫妇有恩矣，不诚则离"，而张仲平说谎是家常便饭，重要的是，他说谎的水平很高，说得人家感觉不到："前后几分钟的时间，张仲平便跟两个女人撒了谎，一个是唐雯，一个是江小璐。张仲平也知道撒谎不好，但一个男人如果有了私心杂念，不撒谎还真不行。"他在这三个女人之间游刃有余地穿行着，唐雯是大老婆，而江小璐是旧情人，曾真则是小情人。可唐雯并不傻，她智商很高，之所以她不管是因为她不想，只要张仲平按时回家，不逾越红线。可到最后，曾真怀孕被唐雯发现，而旧情人江小璐则是沿着自己给她引入的道路，走向了自己的对立面。这不得不说是他咎由自取的结果。张仲平经常跟法院的人打交道，很快就揣摩出了一套游戏规则，"比如说你在请人吃饭搞活动的时候，忽然来了电话，问你在干吗，你是绝对应该含糊其词的。因为被你请的人，需要你保持这种私密性，这就像不成文法一样不可违抗。"张仲平也是这样一次一次教导他自己公司的那些部门经理的。张仲平跟他们说，"不要有事无事地把跟谁谁的关系挂在嘴上，你知道别人会怎么想？你以为你跟某某好，某某就跟你好吗？某某跟另外的人也许更好呢，别把事情人为地搞复杂了。"这种细节与电影《手机》所揭露出来的丑恶嘴脸如出一辙，社会就是一个巨大的交际场。作为小说的作者，浮石是这么解释这种现象的："有人说自己一辈子不说谎。我想这大概是他或者她最大的谎言，世界上还没有这么高尚的人，也还没有这么弱智的人。撒谎的动机无非避害趋利，要么是为了掩盖真相，要么是为了感动别人，从而把事情搞掂。好处是显而易见的，成本却极其低廉，除非是傻瓜，否则，为什么不撒谎？"①但谎言累积到一起，总有算总账的时候，谎言一旦揭穿，失去的就是诚信。这个社会就是这样，尽管人人说谎，但如果某某被贴上了不诚实的标签，就不会有人去相信。事实上，集体诚信的大面积缺失伤害的是作为社会成员一分子的每一个人。

再次是真爱之情的缺场。爱情是冲动和盲目的，而少年时代的爱情又往往是最美好的。历经社会多年、有着丰富阅人经验的张仲平心里很清楚："他的情感在那场疟疾一样的初恋中，激情燃烧过了也死翘翘了。后来他虽然有过一些女朋友，基本上是有性无爱，逐步地学会了怎样把感情和做爱分得比较清

---

① 聂茂与浮石谈话录［EB/OL］（2017 - 10 - 03）［2014 - 07 - 15］http：//www. frguo. com/Info. aspx? ModelId = 1&Id = 5719.

楚。没有爱情，但是有动物式的欲望。"如果说，男人可以在无爱的情况下做爱，那么这种爱情亦无多少价值可言，这只是青楼买醉式的动物欲的发泄。张仲平用金钱的方式轻而易举地替换了爱情。他的情人江小璐说："爱不爱财不是区分君子和小人的标准。这个社会就是这样，男人的所谓气质、气势、气派，至少有百分之八十是靠金钱财富支撑和装点的。……至于爱，好像这个字已经被你们男人用滥了，女人的爱只有一次，对于女人来说，有比爱更重要的东西。"那就是性欲和金钱。前者是动物式的需要，后者是因为需要而成了纯粹的动物。江小璐把爱看得很透彻，临出国时，还要与老情人做一次爱以示告别。张仲平由此发出对爱的感慨："有人说爱，是因为心里没有爱；有人不说，是因为不能说；还有的人不说，是因为拿不准，因为每个人对爱的理解其实都不同。"实际上，张仲平在江小璐身上或多或少地投入了一些感情，只是在后面了解到了她的欲求之后不断地警告自己，再加上后来曾真的出现，完全占据了自己的感情，才导致了他与江小璐之间彻底的决裂。其实说欲望是人的天性，"食色性也"，男人的朝三暮四和见异思迁是一种动物欲的行为，然而理性和责任，以及对真爱的忠贞把男人约束在社会正常运行的框架之下。张仲平并非不知出轨对自己、对家庭、对事业、对情人有巨大的伤害，可惜他过于自信，他过分相信自己谙熟了官场和商场的运行法则，但最后自己估计失误，只落得个妻离子散、竹篮打水的下场。

　　3. 浮石：艰难的精神返乡

　　鲁迅在《野草》里面有一篇《影的告别》，描述了"影子"的这样一种状态：影既不愿意被黑暗吞没，也不甘心因光明而消失，甘愿彷徨于明暗之间的境地，以黑暗和虚无作为自己唯一的精神拥有。它最痛苦也最痛快的选择，是在黑暗里无声地沉没：我愿意这样，朋友——我独自远行，不但没有你，并且再没有别的影在黑暗里。只有我被黑暗沉没，那世界全属于我自己。"影宁肯自己全部被黑暗沉没，也不希望别人再经过这样黑暗的境地。影以自己的沉没向虚无和黑暗做最后的悲壮的抗争，显得更为勇猛更悲壮"①。实际上，我们可以把浮石当作这类知识分子处在两难境地之中真实的写照。浮石作为知识分子，坚守过内心的文人良知；作为第一批下海的文人，也在物欲横流的市场经济之中沦落过，但是作为一个大时代转型社会的见证者和亲历者，他最终选择了愤而著书，实现了文人精神的复归。

　　可是，并非所有的知识分子都有像浮石这样丰富的经验和对生活深刻的体

---

① 孙玉石，王光明. 鲁迅《野草》的生命哲学和象征艺术[J]. 鲁迅研究月刊，2005(6)：46-61.

认。他们基本上分为两种迥然不同的类型：第一种是知识分子对其立场的坚守——就是在权力面前对其信念的执着。萨义德这样来形容知识分子的立场："知识分子不是专业人士，为了奉承、讨好极有缺憾的权力而丧失天性；而是——再次重申我的论点——具有另类的、更有原则立场的知识分子，使得他们事实上能够对权势说真话。"①这种"对权势说真话"的坚守立场的知识分子无论是在历史还是在现实中都能找到其艺术形象。而另外一种则是在现实的冲击下为了生存而做出对现实权力的策略性妥协，并在妥协中寻求同化的文人。在这一过程中，他们自身是痛苦的，同化的过程有时候伴随的是人格的分裂。纵观知识分子从理想到现实分裂的整个心路历程，我们就能发现：这一历程反映的不仅是知识分子自身的心理变化，更反映了当前社会环境压力下知识分子处境的尴尬与无奈。知识分子的这种无奈，以及自身对社会影响的式微，也是在精神层面上对荒芜社会的无声的控诉。

在阅读《青瓷》文本之时，读者可深切地感受到一种基于现实的"焦虑感"，张仲平在商业、官场和女人之间疲于奔命，我们从他回家对妻子唐雯说的"男人在外辛苦"的那番话，就可以看出他那想掌控一切而不能的焦虑意识。小说中的龚大鹏为讨回自己在胜利大厦案子中的权利而鞍前马后地与人搞好关系，他文化水平有限，办事直接而且执着，没有社会背景，没有法律常识，喜欢蛮干，蛮干中又有农民的狡猾执着，一幅你不做我就不放手的姿态。而高院执行庭法官侯昌平面对张仲平的殷勤，也显得相当谨慎和拒斥，可当张仲平为自己儿子的书法而左奔右突地跑关系的时候，他又欣然接受了这份情，以致后来替他开通便利条件。哲学家蒂利希从存在的本体论对"焦虑"进行了界定："焦虑是一种状态，在这种状态中，一个存在着能意识到它自己可能有的非存在。"②在政治叙事小说中，焦虑是这样一种极其复杂的状态，人们所能意识到的"存在"与"非存在"状态有着天壤之别。像张仲平、徐艺、龚大鹏和丛林等人，他们处在权力的边缘，他们的所作所为莫不是围绕着权力而展开，权力是形成种种焦虑状态的意义之源。

"行胜于言""经世致用"，湖湘学派的学脉精髓和价值风尚之可贵之处在于面对业已崩溃的价值体系和当前社会的欲望黑洞，它能将这种"焦虑感"化作社会前进的助推之力。湖湘学派之精神实质是在乱局之中勇于打开一番天地，以"血诚"和"明强"的姿态屹立在生存之高顶。浮石便是这样一个有见地和思

---

① 爱德华·萨义德.知识分子论[M].北京：三联书店，2002：82.

② ［美]P.蒂利希.存在的勇气[M].成穷，译.贵阳：贵州人民出版社，1998：29.

想的作家，他在谈论"寻找文学精神原点"的时候这样说道："我认为，中国产生鸿篇巨制的时代已经来临。东西方价值观念的碰撞，经济体制、政治体制的变迁对人性的冲击，使我们进入了一个多元价值观念博弈、包容的全新社会，将会有多少人性挣扎、求索的大戏，在这块土地上上演？唯一的问题是，我们的作家们准备好了吗？我的作品的生命取决于跟社会生活的贴近程度。我希望它们之间的距离为零。这样，我的作品，将跟我们这个时代一起，存在或者消亡。"①浮石的这种勇于担当和现实针砭，让他能够倾听生活内在的声音，并且成为承担世界的使命者，唯有如此，知识分子连同浮石一道，才能实现失落已久的"精神返乡"。

第三节　小说魏剑美

一、社会批判的浩然正气

1. 批判源于现实的哀伤

郭敬明在电影《小时代》上映，宣传剧情时有一句话："这是一个梦想闪耀的时代，这也是一个理想冷却的时代；这是最坏的时代，这也是最好的时代，这是我们的小时代。"这句脱胎于英国大文豪狄更斯《双城记》中的名句的宣传词，虽故作姿态，却不无深刻地揭示了这个时代的光明与黑暗、智慧与愚蠢、信仰与怀疑、天堂与地狱互生并存的冰火两极：经济飞速发展，物质财富极大涌流，却放逐了精神和崇高；城市兴起，阶层流动畅达，可年轻人却又步履艰辛，晋升阻滞；"文化多元，价值多样，却几乎都指向金钱；我们告别伟大和理想，成为这个碎片化生存的时代里外表光鲜的'市井小人'。如果这是最好的时代，我们并不是共襄盛举者；如果这是最坏的时代，我们却都是狼狈为奸之徒"②。在政治叙事小说中，我们每个人都是读者，也都是小说中的人物。我们与小说中的人物是一体的，他们是我们在现实时空中的镜像，无法回避，难以逃脱。

进入 20 世纪 90 年代，随着社会转型和市场体制的逐步确立，80 年代赖以获得话语权和文化地位的"启蒙使命"相对地结束了。市场社会客观上要求把

---

① 聂茂与浮石谈话录［EB/OL］(2017 – 10 – 03)［2014 – 07 – 15］http：//www. frguo. com/Info. aspx? ModelId = 1&Id = 5719.

② 王萌. 新时期以来政治叙事小说研究［D］. 济南：山东大学，2013.

一种相对自由的经济自决权、生活决定方式的自决权还给大众，从而培植起人们另一种自我意识、主体性。文化工业的崛起和繁荣，使得它所表现的文化形态、所表征的意识形态以一种更为广泛、深入的方式进入生活，强有力地与知识分子争夺大众。社会转型带来的是知识的转型，而知识的命运在某种程度上又决定着知识分子在具体时代的地位和命运。当下的社会转型以及"启蒙工程"的相对结束导致人文知识与科技知识、实用知识的地位的升降，带来了人文知识分子的相对边缘化。而且知识分子内部也出现分野，一部分知识分子在丧失大众之后从"广场"退入"岗位"，成为学术化的"专门知识分子"，另一部分则成为"市场知识分子"，在自由写作和市场需求之间来回摆动。在现在看来，20世纪90年代中期关于"人文精神的讨论"，其实夹杂着把人文知识、人文知识分子边缘化与"人文精神的失落"混为一谈的声音，关于权力、知识的话语被包裹成道德的话语出场。许多知识分子一方面惊呼和哀叹"人文精神的失落"，另一方面又很难捕捉和分析新的文化问题，无力创造出这个时代有生命力和精神价值的新文化。

市场经济社会拒绝高蹈、宏伟的"关怀"与"启蒙"叙事，但这并不意味着知识分子可以由此全身躲入象牙塔内，或摇身成为迎合市场需求的"码字者"，在夺取以往价值观、道德伦理的话语权之后，市场体制以及其所奉行的价值体系不能扮演万能调节者的角色。相反，社会转型出现的艰难与无序、市场自身的局限性，都会暴露出市场时代的内在矛盾与困境。这无疑为知识分子参与社会、对社会说话提供了更为广阔的舞台。从此意义上说，"退入岗位"并不意味着"背对广场"，关注社会、关注问题、广泛参与和社会对话，依旧是知识分子不容推卸的使命。

比如说，"新世纪小说"的出现和兴盛。90年代以后，随着政治意识形态在文学领域的隐性退场，意识形态对于文学的强制性的约束力比以往任何时代都要更加无力，文学空间显得更为宽松和自由。这些外部条件都使得新世纪文学的价值取向出现多元化。同时，市场经济的渗入也让其逐渐倾向"世俗化"，开始注重对人的现实关怀，比如"食与色"、人的求生爱美本性、对金钱的追逐、对权力和名誉的艳羡等等。同时，为了使新世纪文学在面对实现的逐利和无序状态时不至于丧失其立场，它的价值观需要正面的导向，比如呼吁人与人之间的爱，追求光明，求真求善求美，理想与憧憬，人的信念，公平与正义等等。

2. 心痛于时：丛生的乱象

众多政治叙事小说中都反复出现"屁股决定脑袋"这一社会法则。福柯曾经指出：权利构成了从制度到主体的全部社会关系的基础，渗透于社会的所有层面，身体也直接卷入某种政治领域。权利关系直接控制它、干预它，规则的权利体制集中于听话的身体的生产，以这样的方式来组织、训练和征服身体，以提供一种顺从的劳动力资源。① 在这样的政治文化背景下，人性之善会自觉地让位于人性之恶，人们不断地从一个生存困境走向另一个，生而在世的苦闷困扰着每一个清醒着的人。然而无论是面对无法和解的生存之困，还是面对外来的洪波巨浪，人们至少挣扎过，无论结局是否美好。

乱象丛生的社会还充斥着"权色交易"等心照不宣的潜规则。身体的交易不过是激情戏剧的开始——不论女人渴求爱情或自甘堕落，男人色欲熏心或情之所至。错乱了的权色游戏使欲望的追逐带上了政治的色彩，也使权力的游戏情色化。"情欲描写作为一种叙事话语，因为倡导性欲诱惑，撒播低俗情调而与主流的意识形态话语和文学规范水火不容。正直知识分子认为其本质上体现了一种资本主义的颓废，格调低下，但是受众们对这样的叙事话语趋之若鹜，一方公开喊打，另一方却悄悄地追捧。这样的表现其实并不能说明现阶段中国的身体政治比以往纯净，反而可能只是凸显传统压抑机制导致情欲描写的困窘和匮乏以及社会对话系统中人性与非人性、雅与俗、规范和僭越之间沟通的艰难。"②

此外，当前社会的另一个特征是成功学的流行，成功学成为社会生活中一个代表性的符号。媒体上津津乐道的是成功人士的艰辛奋斗历程，书店里摆放的是成功学教材，在各种培训机构中甚嚣尘上的是"我的成功可以复制"。"成功"成为评价任何一件事和任何一个人最重要的标准，而各种名目的"成功学"又都被物化和量化为各种指标，以财富远景作为刺激手段来激发所谓的"内在潜力"。周湘华对此深感忧虑，她指出："有时，我会杞人忧天地陷入一种莫名的忧虑之中：在一个人人渴望成功，人人渴望抄近道成功的社会里，如果人们只以成败论英雄，只关注成功的结果，却不关心手段的合理性与正当性；如果为了成功，可以没有原则、没有立场、没有底线、没有自我，甚至没有人性，那么，这样的成功于时代、于社会有何意义？这样的成功是否是一种病态？建立在这种畸形价值观道德观基础上的成功人士，会否越成功越疯狂？这样的成功学熏陶出来的所谓成功人士，会否是心智不健全的废品？"③被成功学所主宰的

---

① 王先霈. 文学理论批评术语汇释[M]. 北京：高等教育出版社，2006：37.

② 参见王萌. 新时期以来政治叙事小说研究[D]. 济南：山东大学，2013.

③ 闫立飞. 辣帮烩浮世——魏剑美、周湘华、刘诚龙"湘辣三人帮"杂谈[J]. 创造与批评，2013（2）：117 - 120.

人一定是单向度的人，被成功学所引领的社会一定是拜物教化的社会，其结果必然是迈向疯狂。

最后，神圣的亵渎与道德良知的衰落成为这个时代一个明显的表征，我们似乎进入了一个消灭理想、淡忘良知的贫乏时代。

3. 湖湘文化的浩然正气

批判，是指在一定科学理论指导下，对客观世界的现象、事物、理论和行为的精确性、真实性的判断，是指按照某种尺度对事物或现象进行事实上或价值上的评论，即对事物和现象的是非、善恶与美丑的断定。社会批判从社会良知出发，运用高深知识，评论各种社会问题，反思无可非议的信念、不证自明的真理，以及对于常识的理解，从而揭示出有可能阻碍实践进程的前提性条件，最终提出实践过程的价值取向。

上溯湖湘学脉，湖南士人从不缺乏社会批判的传统和先驱。"经世致用"这种治学思想由明清之际的思想家顾炎武等提出，他们认为做学问应以治事、救世为急务，以有益国事为本，反对理学家不切实际的空虚之学，对后世治世及治学的态度影响较大。它要求各种思想、建议和措施都必须切实可行，立竿见影，实用性是其衡量事物的主要价值标准。

可以说，"经世致用"的思想与现实主义创作方法一拍即合，在20世纪中国文学史上打下了深深的烙印。现实主义的发扬，被公认为政治叙事小说突出的艺术成就。作家将讽刺的笔锋对准那些人们习以为常的官场人事，将其中的可笑、可鄙、可恶的不合理因素一一离析出来，令人惊愕，促人警醒。现实主义创作方法建立在"我思故我在"的哲学基础上，强调主体的经验性，"以个人经验取代集体的传统作为现实的最权威的仲裁者"①，个人经验在小说中占首要的地位。现实主义小说将艺术的表现对象瞄向当下的社会人生，将粗鄙、低下、肉欲化、丑陋的生活图景引进艺术领域。在小说描写体现出来的现实针对性上，现实主义被认为是对社会"真实"的揭示，而其并不掩盖社会丑陋的特征，又使其具有了强烈的现实批评色彩。

魏剑美笔下的《步步为局》讲述了一个国家机关干部汪大明的一系列人生博弈的故事。汪大明，作为一名政府官员，偶然发现了所谓稳赚不输的秘诀后，便与朋友去澳门赌博，初次出手即大获全胜，由此开始了他的赌博人生。赌桌上的瞬息万变，使他几乎倾家荡产，但汪大明并没有从中吸取教训，反而将赌博心态转向职场，费尽心机，竭尽全力，开始了官场的博弈。他棋出险招，

---

① 伊恩.P.瓦特.小说的兴起[M].北京：三联出版社，1992：7.

偷拍下省里高官陈伟阳在澳门赌博的情景作为证据，并以此胁迫，拉开了他官场赌博的序幕。他开始官运亨通，青云直上，但多行不义必自毙。瞬间荣辱、生死一线的豪赌不可能让他走上正常的人生之路。为了赌赢官场上的一局又一局，他不惜出卖人的天性与良知，甚至是好友的生命。赌场、官场、情场，面对一局又一局的人生赌博，身陷其中的他已经别无选择，"只要还在下注，就说明败局未定"。赌，成了他生活的手段和寄托，成了他生命的存在形式……最终情人小奕离他而去，他要挟、倚仗的"大树"陈伟阳省长被"双规"，在官场上遭到一场又一场的败局，"步步为局"变成了"步步败局"。可以看出，小说通过对于汪大明在生活与官场中一次又一次博弈的描述，揭示和批判了赌博心态及其危害，从新的角度对职场中的腐败现象进行了深刻思考。

魏剑美的高明之处不仅在于设计了巧妙的情节，也在于塑造了汪大明这个人物的鲜明独特个性，他动态地写出了其一步步地由励志榜样到平庸小官吏，再到落入赌场、勒索副省长、要官要财等罪恶之路的演变，从一个富有涵养而又坚毅的大好青年转变为官场的赌徒，读者看到是其美好人性的沦丧。尽管汪大明打着融入社会的幌子来为自己的沦落开脱，但是却无法引起读者的一丝丝同情。他在堕入无边的赌局之后，一切都不为他所掌控了。为此，他出卖朋友耿友达，让他蹲监狱，以至于泯灭了匡扶正义的理想。他还间接害死了挚友加死党老黑，让他在走投无路之时做出绑架自己孩子的过激行为，最后被无情枪毙。汪大明所得到的暂时的名与利，是以牺牲自己的操守和宝贵的友谊换来的，最后在自己的王牌陈伟阳被双规之时，便是汪大明整盘赌局彻底输掉的结局。魏剑美将这种病态心理的发生和行进高明地渗透在小说文本里。他以自己的经验与理性，对复杂的社会现状进行了不同层面的反映，同时在作品中给出了个性化、爱憎分明的价值判断。同时，他聚焦并提取了腐败现象的精髓与法则，即权钱交易。他通过笔下人物的层层涉险和起落沉浮启示和告诫读者，什么是正义的，什么是所应遵循的，正是在这种故事起伏和逻辑演绎之中，他振奋人心，并给予众人新的方向。

二、《步步为局》：官场生态的精神救赎

如果说对"官场生态的洞悉与批判，是政治叙事小说引发社会关注的原因，那么对权力挤压下心灵蜕变历史的拷问，则是政治叙事小说艺术品位和精神深度的标杆。文学审美的作用，在于以超越现实世界羁绊的眼光和高度，将审美主体引至一个自由的心灵境界中，使人类不惮于现实的功利，葆有对真、善、

美的纯真向往和实践赤诚"①。虽然政治叙事小说在揭示官场的卑鄙可笑和官员腐化的下场上相当用力，但是它仍然传递出一句鲜明而强烈的潜台词：当官就拥有一切。

魏剑美的笔触并没有仅仅停留在批判上，他无意于以个案的灰暗丑陋来代替整个时代的精神价值，把这个时代刻画成低劣恶俗、灵魂死亡的混乱世界，让人看不到任何理想和希望。《步步为局》更重要的价值在于引发人们对于这种官场病态的注意和疗救，抒写蕴藏在"官场争斗"之下心底的纯真感情和欲念；这种精神引领或精神救赎，是在文学迷失于狭义的审美或广义的媚俗而遮蔽了精神疗救功能之后，对文学自身的一种救赎。

1. 注定失败的人生赌局

杂文家魏剑美的长篇小说《步步为局》是一部充满批判、质疑和忧愤的小说，它对当代官场权力倾轧下的人物内心的挣扎、人性的沦丧进行了细腻的刻画。在这部长篇小说中，魏剑美聚焦了主人公汪大明从某省文化厅前任厅长的乘龙快婿沦为无足轻重的零余者，尔后走上孤注一掷的官场赌局的惊心动魄的过程。小说一气呵成，围绕着"赌博秘诀"的发现和实践经过，展现了一幅当代官场人物、心理、生态的浮世绘。道德、操守和良知，在残酷的权力争夺下渐渐成为稀有的品质，适者生存和赌博命运的心理成为小说中人物难以逃脱的宿命。

"败局"是小说的题眼和叙事的意象，恰如题记所录："人生就像赌博，非赢即输，既需要一往无前的勇气，也需要见好就收的智慧。"②这种对官场赌徒心理的把握是相当犀利和新颖的，同时也在其中隐含着作者对当代社会物欲纵横、官场腐败、道德沦丧的现实的批判和反思。当这种批判底色被置于错综复杂、荒诞不经的官场现实中时，所形成的叙事张力是巨大的。在小说中，官场对人性的残害是通过汪大明在官场和婚姻的困境加以揭示和推动的，这是小说并行不悖的两条线索，而串联二者的内在精神，则是作者对商品经济的时代语境下产生的泛赌心理的精神困惑以及权力与金钱勾结催生出的光怪陆离的社会现象、变态人物。

在作品一开始，汪大明就因为发现了"一个足以彻底改变他人生命运的重大天机"而欣喜若狂，乃至于"必须一刻不停地折腾，才不至于被内心那个捂得发烫的秘密给烧灼"，可以想见，"他想改变自己命运的愿望是何等的强烈；也

---

① 傅异星.“现实”的迷局：官场小说突围的掣肘[J].理论与创作，2010(1)：55－57.

② 魏剑美.步步为局[M].北京：国际文化出版公司，2009.

可以想见，他此刻所处的境遇和命运是何等的可怜。他感觉到了自己的可怜，所以想改变这种现状的愿望才如此强烈。作为一个年轻人，不安于现状，想要改变自己的命运，这应该说是一种积极的人生态度。但是，他把改变命运的希望寄托在赌博上，这不仅可笑，而且可悲"①。青少年时代的汪大明出生于"赌博之乡"，却能出淤泥而不染，叔叔和母亲的先后自杀给他精神上造成的强烈刺激促使他洁身自持，"让他成了全村第一个大学生"，一直到当上副处长，不管别人如何挖苦嘲笑，他都能做到"既不恼羞成怒，也不亡羊补牢"，始终坚守着自己13岁时发过的誓言："终生不再沾一个'赌'字"。有如此的涵养和坚毅，足以证明他的可爱和可敬，也足以体现他性格的鲜明和独特。

主人公汪大明在陀思妥耶夫斯基的著作、书信和传记中，发现了他"必赢"的赌博方法，并由此改变了他的性格和人生轨迹。在汪大明去澳门的头一天晚上，作者交代了他性格转变的原因和复杂的心理活动：他实在无法抵制钱财的巨大诱惑，更何况丁副处长、钱一军博士、高金金甚至还有妻子和岳母的嘴脸变化，无不在深深刺激着他，很多时候，人其实就是为了活给别人看的。汪大明在心里发狠，等自己从澳门背了大把的钱回来，什么正科副处，统统去他妈的，老子就做一个散漫自在目无领导的暴发户又怎么样？他甚至想好了首先买一台比厅长还牛的豪华轿车，天天神气活现地开着去上班……这么一想，汪大明心里又止不住生出悲哀。曾经有过的理想、目标、志向原来都这么不堪一击，最后不得不依靠俗不可耐的金钱来维系可怜的自尊，而且还是从赌场上赢来的金钱。好在他又迅速找到了自我安慰的理由：我这不是赌博！生死未卜的才叫赌博，而我这是十拿九稳的科学投资！科学投资！他这样在心里默念了三遍，便多了些理直气壮。

在这样的内心独白中，我们可以清晰地看到汪大明内心的转化，也能看到在这个转化过程中的犹疑、徘徊和艰难。从"立誓"到自欺欺人地"打破誓言"，汪大明感受到的是无所不在的现实压力的"逼仄"。

当然，汪大明真正的赌博场不是在以金钱为标的的赌场，而是以仕途为标的的赌场——官场。为了确保自己稳赢不赔，汪大明偷拍常务副省长陈伟阳到澳门参与赌博的证据，用照片和录音作要挟，将陈伟阳变成自己升迁的一个重要筹码。甚至，当他最要好的朋友耿达告诉他，陈伟阳弟弟陈伟豪有贪腐问题时，汪大明直接向陈伟阳告密。在耿达被无端栽上"嫖娼"恶名，遭受牢狱之

---

① 陈仲庚.官场赌徒的"这一个"——魏剑美《步步为局》人物形象特色[J].湖南科技学院学报，2010（1）：215-217.

灾，并被单位除名时，自己由处长升到了副厅长。对汪大明来说，"赢"是第一的，"升官"是第一的，只要确保能"赢"能"升官"，拿朋友做赌注也是在所不惜的——赌徒总是要损人利己的。

但是复杂的是，汪大明作为平常人的良知和操守并没有因为官场风波而完全泯灭，他对自己儿子、老婆姚冰、情人小奕等人的感情却是至真至诚的。当得知儿子被绑架之后，汪大明立即就恢复了常人常态："平时对儿子也没怎么关心的汪大明，此时才深切地明白，儿子是他唯一的珍爱，一旦有所闪失，再大的官位和再多的钱财都无法弥补内心的伤痛和缺失，也无法再有下注的兴趣"。另外，为了升官他虽然出卖了耿达，但心中那一份愧疚始终存在。听说耿达被判"劳教半年"，他便赶紧打电话向陈伟阳求情。当求情不成时他又一直在心里忏悔：小时候看小说和电影，汪大明最鄙视的就是那种卖友求荣的卑劣小人。现在才知道，一旦在官场上投下筹码，往往就会身不由己地迅速滑向卑劣小人的边缘，那种神秘的力量甚至不容许良知和内心道德感做些许挣扎。如果一切可以重来，汪大明倒真愿意自己还是当初那个天真单纯的少年，那个被丁胜贤骂为"不懂味"的普通科员。

当然，历史是不能重复的，汪大明再也不能回到过去，但他的忏悔至少说明了他的良知并没有完全消弭。

2.纷扰浮世下的自我救赎

政治叙事小说所反映的是一个众声喧哗的文化空间，在这个我们都无法逃离的社会中，复杂的欲望和混乱的价值使得小说不再是寄情言志、怡心养性的附丽，而是一个在金钱主宰一切的社会之中的谋生之道。

政治叙事小说的叙事模式和叙事理念越来越表现为用无微不至的细节和喋喋不休的对话来表现现实生活的无序和混乱，以此来展示生存的琐碎、卑微和无价值，实践了作者消解历史深度的企图。更为危险的是，许多作者在作品当中流露出的是相对主义下的社会归罪情节，对于个体而言，它意味着任何价值标准都是相对的，是个人主观选择的结果，没有客观的理性准则与绝对的价值观。而在政治叙事小说之中，个人并未获得真正的主体抉择自由，而是在新的历史化场景中，在一种普遍的市场规则的指引下，无原则地追求权力的交换价值。诚然，主体的精神沦落与时代精神的嬗变有直接关系，但是这并不能画等号，也非充分和必要条件，只能表明一种无原则的认同与作者理性的全面崩溃。

我们从魏剑美笔下那波澜不惊的叙述中阅读到一种潜藏着的尖锐的疼痛。这种疼痛，源自现实生活的冲突表象，是更为复杂的人性挣扎与生存悖论。作者"将人物不断地置于各种相左的伦理观念、欲求及情感之中，在保持强劲叙述张力的同时，凸显出一个个无助而又无奈的人生场景"①，构建了一个巨大的官场生态的黑洞，无情地吞噬着尚有良知和操守的官吏。官场中人事浮沉的背后，是小人物一次次徘徊于希望与绝望的挣扎，一次次周旋于欲望与宿命之间的艰难抉择，一次次戴着镣铐在火盆之上的危险舞蹈。

《步步为局》对转型期的当下生活有着敏锐的感悟，对是非颠倒、人性沉沦的时代精神和人格失衡有着强烈的警惕，因而在行文之中更包含着自己的激愤、无奈之情；尤其是从赌博心态的角度来解读人物的心理变化，更是触及了一个时代文化的内核，在对现实的关照中召唤着情感、人格、良知的回归与健全。本雅明认为写一部小说的意思就是通过表现人的生活，把深广不可量度的带向极致。② 魏剑美的小说不是对某一重大政治主题的迎合，也不再是对官场陋习的简单呈现，它经过作家的加工和改造，把广阔的社会人生引入其中，引发对当代人的人性变异、信仰坍塌等问题的多元思考。作家以全知叙述的姿态，为其小说构置了紧张而扣人心弦的情节冲突，同时在高潮之中戛然而止，形成一个"话语真空"，"真空"的背后带给人的是深沉的感伤与无限的思考。

第四节　小说余艳

一、"后院"女性的生存叹歌

1.女性叙事的发轫

湖南女作家余艳出版的长篇三部曲《后院夫人》迥异于其他的政治叙事小说。这部小说具备了吸引读者的几个关键词：官场、女性、情感、伦理等。在如今为数众多的政治叙事小说中，这些要素似乎已成为作家招徕读者的必备要素。就权力角逐、官场生态的刻画而言，生活积淀丰厚、作品刻画逼真的作家为数亦不少，余艳未必能与一干湖南官场作家相提并论。《后院夫人》的成功之处在于，作家选择了"后院夫人"这一敏感领域，同时最主要的或许还在于这部长篇小说在官场的题材下，试图展现当代人尤其是女性的灵魂境遇和情感波澜，通过对一群后院夫人的生存状态的描写、心灵世界的揭示以及情感破碎的苦楚和坚强的表现，向人们展示了一幅消费时代官场夫人的生存场景。

---

① 姚慧.人性书写与精神反思——论90年代以来官场生态小说[D].合肥：安徽大学，2013.
② 瓦尔特·本雅明.本雅明文选[M].北京：中国社会科学出版社，1999：295.

　　余艳通过写作洋洋洒洒60万言的长篇小说《后院夫人》三部曲：《情殇》《浮沉》《劫数》，对精神有独特发现："关注心灵和心灵提升，彰显人性关怀和道德关怀的价值取向。尤其小说表现的现实感颇具深度，展示出深沉的现实内涵和沉痛的情感世界，把一个个鲜活的夫人形象推向'市场'，立于时代人物画廊，创造了不同凡响的新的题材，新的形象，新的探索，新的艺术，并呈现真切真诚和细腻浓情的艺术特色，很值得我们关注和研究"①。

　　正是这种以女性为主导的视角，让余艳抢占了关于官场后院女性的山头，因此，作者不写官场争斗、前场拼杀，只写后院"内痛"，不写夫人们的风光灿烂和幸福指数，只写夫人们的精神要比生存更加艰难。这种以"女性中心"视角书写的方式从某种程度上契合了女性主义文学大潮的特征。"女性主义"（feminism）这个概念是西方社会女权运动的产物。"女性主义"和"女权主义"的实质是一致的，只是译法不同而已。可就这一个字的差距却包含着女性主义发展的几个阶段。西方的女权运动大致经历了以下三个阶段：第一阶段，从20世纪初到50年代，女权运动主要通过争取一些政治权利来提高女性的社会地位，具有浓厚的政治色彩；第二阶段，从20世纪60年代开始，女权主义者主要强调男女的性别差异，将女性话语和女性世界作为研究对象，希望建构女性自己的理论；第三阶段，80年代出现的第三代女权主义者，又称为后女权主义，她们不再单纯地强调平等、对立或一元论等，而强调男女文化的互补关系，致力于使世界成为具有新生意义的后现代世界。先于女权运动的风起云涌的是观念的革新，是渐渐觉醒的女性自我意识，成为女性对抗男性话语强有力的话语武器。②

　　什么是女性自我意识？它由两个部分组成：自我意识和女性意识。因为女性首先是作为具有一切人的属性和特征的个体生活在这个世界上的，而不是作为对象、他者、客体存在于社会之中的，所以自我意识是女性意识的基础。而女性意识就是指，"女性把自己放在人的位置上进行思考，并从女性自身的特点和立场出发来对自身的本质进行思考后，所形成的对女性自身和外部世界的一系列认识、看法。它包括对女性自我的关注，对女性自我需求、想法、意愿、感情和利益的关注，对自我的主动性和独立性、自我的价值有清醒的认识，并

① 曹光辉.深沉的现实内涵和沉痛的情感世界——读余艳的长篇小说《后院夫人》三部曲[J].理论与创作，2010(5)：88-91.

② 参见刘晓文.多元文化视野中的西方女性文学[M].武汉：华中师范大学出版社，2007.

能根据自己的现实生活自主做出抉择，确定自我的价值和地位"①。

　　早在 19 世纪，英国著名小说家维吉尼亚·伍尔芙就提出了女人必须要有"一间自己的屋子"的论断，她大胆而又不顾一切地写道："我只能贡献给你们一点意见，关于一件很小的事——一个女人如果要想写小说一定要有钱，还要有一间自己的屋子。"②距伍尔芙生活的时代过去了几百年，今天的女性仍没有"一间自己的屋子"，她们仍只是探进头去张望，偶尔有少数女性能探身进去多待一会儿，但没有真正的、自明的、自在的拥有。我国女性的自我意识真正苏醒是在 20 世纪 80 年代后了，国门打开，外国文艺思潮如洪水涌入，其中包括西方的女权主义思想。在当时的历史条件之下，一代中国知识分子走出极"左"的历史阴影，急于抚平内心的创伤，肯定人的尊严和价值。在这样的大环境下，女性作家也与男性作家并行不悖，喊出了女性自由和独立解放的时代先声。③

　　不论怎样，中国女性主义作家的"欲望化"的写作仍是对一直以来的女性文学表达的一种突破。从王安忆对性欲望的正视，到林白、陈染对性感觉的表露，直至卫慧、棉棉将性行为具体表现出来，她们突破了女性表达的禁区，让女性在写作上不再顾忌重重。这是对男性话语垄断的一种挑战。

　　2. 后院女性："前景"与"后景"的置换

　　新时期的女性写作一直处在时代文学的前列，女性作家们以她们特殊的敏感，表达了人们在各个时期社会生活中最迫切的历史愿望。在意识形态带动实践的每一个切入点上，女性写作都触及了社会精神的深层。但在当代政治叙事小说的书写潮流中，女性写作却显得稍稍滞后。

　　余艳的这部《后院夫人》呈现出一种贴近生活的日常性、世俗性的叙述，表现出一种与宏大叙事疏离的姿态。她以"人情味"来观照"政治"，在激烈的官场斗争中展现女性独有的柔情和真爱的永恒。这种与宏大叙事的疏离是作家为了女性自我意识和女性自我主体的表现、塑造而进行的一种必要的策略。余艳笔下的人物以女性的性别身份站起来，让那些与生命相关、与日常生活相关但一直都被男性贬抑的价值，随着自己的性别站起来，让那些最卑微的东西跟她们一起站起来。余艳的叙述具有十足的叙事耐心，用一些琐碎、日常、不经意的细节，建构起一个密实的小说世界。她以这样的方式来建构自己在官场的话

---

①　傅云辉.新世纪"女性政治叙事小说"论[D].长沙：湖南师范大学，2011.

②　[英]弗吉尼亚·伍尔芙.一间自己的屋子[M].北京：人民出版社，2008.

③　参见陈晓明.中国当代文学主潮（第二版）[M].北京：北京大学出版社，2013：401.

语权，以此实现对男性在官场拥有的中心话语权的破解。同时余艳选择将"世情"融入小说之中，对官场人物描写进行新的开辟，因为无论是她或是处在现实或虚构中的女官员们所经历的还很少到达权力场的核心，一般还只是在官场的边缘，这种在现实与虚构中和核心权力场形成的距离，成为余艳选择政治日常生活叙事而与宏大叙事形成疏离的必然的选择。

　　事实上，以余艳为代表的女性书写的政治叙事小说势必不同于男性主导的官场写作。20世纪中国文学中，男性作家对女性做了广阔的书写和叙述，他们往往借助女性的身体符号来揭示社会问题，表达他们的内心反抗、革命要求、人性诉求以及对现代性的理解、追求和焦虑。在很大程度上，女性在文化想象中往往代表着无法言说的沉默和激情，她们的身体符号历来是作家们揭示时代心理冲突的叙述焦点。因此，"男性作家对他们的异性的叙述与女性作家对她们自身的叙述有着很大的不同，女性往往更侧重于从婚姻、家庭、情爱的角度对她们自身的存在和生存的命运展开书写和思考，而男性作家们对女性的书写大多只是在客观上折射了女性的生存命运，对男性作家们来说书写女性其实是在书写他们自身，书写他们对这个世界、对他们所处的社会和时代的思考"①。在当下的众多的政治叙事小说中，女性戏剧般重复性地成为官场作家们集体叙事的又一个道具，她们的从属地位并没有随着时代的发展而取得多少改进，男权意识以一种集体无意识的强大力量渗透在官场作家们的内心深处，成为男性作家们难以超越的樊篱。

　　而以《后院夫人》为例，小说中的人物活动的场景虽然也是官场，但是此种"官场"已经泛化成为一个巨大的幕布与背景，是女性的思维、心性、喜怒得失的一个舞台和发生场所。在主打"后院难事"的《劫数》中，主人公双胞胎姐妹柳依水和柳波尔，一个是莲城的名作家、名学者，一个是电视台名主持，姐妹俩无时无刻不是话题的焦点，而倾城倾国的美色和高贵冷冷艳的身份使得她们有着红墙深宅的神秘感。然而，她们饱受命运的作弄——柳依水和柳波尔的老公身犯同案，双双落马。水儿的局座丈夫毕伟被捕，波尔的房地产商丈夫齐广源在逃。她俩的"风光显贵在一夜之间全部消失"了，取而代之的，是四面楚歌，是凄婉幽怨，是泪水洗脸。相较于波尔的又骂又跳，水儿却是哭过之后不怨天、不诉地，坚守住自己灵魂一片净土，以自己独立的人格挽救饱受世俗摧残的灵魂。她认定了只要自己坚强，就能"顽强生存，机智奋争，冲出谷底"。这个落难中的"夫人"，终于以"滴水穿石的韧性"，排解了世俗的冷漠和情色出

---

① 赵佃强.转型期的现代性焦虑与叙事——论世纪之交的政治叙事小说[D].苏州：苏州大学，2004.

击的困惑，挺起胸膛，与大起大落的命运周旋，以柔克刚，顽强抗争。她勇敢面对丈夫触犯法律的现实，坚强地挑起艰难困苦的担子"前行"，主动去化解了一个个矛盾，不但养老育小一肩扛，而且危难日子里事业不松劲。作为研究女性的专家，她呕心沥血创作出了长篇连续电视剧剧本《辛追传奇》，进而成为最能抗压的高知女性形象的典型，成为"后院夫人"有血有肉的最有立体感的新形象。在这部小说里，透过女性视角看到的"官场"已消退了皮相，反映出来的不再是布满了重重黑幕的"潜规则"，也没有那么多令人震惊的腐败案件，也少了让人惊心动魄的权力之争。尽管在小说中，"政治叙事小说"必备的诸多元素，比如权谋、倾轧、沉浮等也有活跃的时候，但这些都处于次要的位置，"官场"只是作者把"女性"与"政治"两者合二为一的媒介。在"她们"眼里看到的官场，没有官场的厚黑学，没有尖酸露骨的权钱交易，正义和罪恶泾渭分明，没有中间的灰色地带。女作家们在对政治叙事小说进行叙述时，通过对官场女性个人生活命运的关注表现出与宏大叙事疏离的姿态，实现了对官场女性形象描写的祛伪与祛魅。事实上，女性的情感参与社会活动的程度往往高于男性，但这并不能说明女性没有理性意识，不过通常是情感压倒了理性。我们常说"女主情、男主理"，女人天然地要比男性情感丰富、心性敏感。所以，女性常常以独特的视角、情感、观念，描述并分析女性有别于男性的对情感、身体、心理、日常生活等细节的体悟。比较突出的就是女性日常生活叙事、女性身体写作的盛行，并且自觉地从中寻求女性自我价值、寻求女性言说方式及女性话语的合法性。

　　3. 后院女性的逐渐觉醒

　　《诗经》中的《卫风》里有一首著名的弃妇诗："于磋女兮，无与士耽！士之耽兮，犹可说也。女之耽兮，不可说也。"这个被遗弃的女子告诫女性：当女子失去自我，完全依赖男人的时候，这个男人就掌控了她的命运，会造成她的悲剧命运。不论从传统的宗法制社会的中国而言，还是从外国的社会传统来说，女性一直是处在被压制的状态的。譬如易卜生的《玩偶之家》中娜拉直到最后冲突的爆发，才发现自己只不过是丈夫海尔茂手心之上的玩偶而已，所以此书也曾被比作"妇女解放运动的宣言书"，在这个宣言书里面，娜拉终于向丈夫严正地宣称："首先我是一个人，跟你一样的人，至少我要学做一个人"①，以此作为对男权社会传统观念的一种抗争和反叛。

　　在传统的男权社会或者说是男性书写之中，女性形象一直是男权中心意识

① ［挪威］亨利克·易卜生. 玩偶之家［M］. 北京：世界图书出版公司，2010：172.

与权力欲望的话语载体，在官场文本的男性话语想象中，女性更是成为男性间接满足权力欲望并实现自我的主体性想象。要么女性成为男性主人公所征服的客体，为男性的巨大魅力所吸引，心甘情愿地为之献身；要么女性被描写成权力争夺的想象性替代品，通过征服女性，男性获得自我成就感和满足感。

余艳的《后院夫人》不是从权力争斗、仕途角逐的立意出发，也非逻辑的、知识的推理演绎，而是以官场后院夫人们的生活体验和情感状态为观察点，努力在政治叙事小说醉心权术勾勒、心灵异化的常见模式中，发掘出为人们所忽略的女性主人公的情感体验和生命存在。① 换言之，它致力于从官场"后院"这一视角重新审视官场生活和人生经验，发掘官员夫人们人生的内心情感和思想状态，唤醒读者对于官场生态另一侧面的关注。《情疡》讲述的是后院夫人的"情"事。作者从心然、龚主、梅丽三个女性人物的情爱之路着眼，揭示她们在市长夫人、副厂长夫人和局长夫人身份下的情感际遇和心理嬗变。书中有三个性格鲜明的主人公：一个是优柔寡断型的市长夫人心然，一个是敢作敢为型的局长夫人丽丽，一个是复合型个性的厂长夫人龚主。这三位政、工、商界的官夫人，能走在一起共居后院，是因为她们原本是同年同月同日生的同学，从上幼儿园至读完大学各奔前程，在 20 年后再相聚时，巧合而富有戏剧性的是，三人都成了相当级别的官夫人，头顶上都罩了这样那样色彩的光圈。书中描述市长夫人心然，是个"情感走私"又不能将真情进行到底的外柔内痛的"双面夫人"。心然本来活得很知足，小心翼翼地呵护着幸福的来之不易。然而生活在行进着，"严肃"的心然经受不起"红杏出墙"的诱惑，心然被优秀的却又在落难中的齐磊打通了，点燃了一把深情爱火，一边"私下里轰轰烈烈地爱着"，又一边"胆战心惊地走着命运的钢丝"。心然本来可以尊重情感向市长和后院花园告别，同齐磊远走高飞。然而心然出于自己稳扎稳打的处事个性，重要的是放不下头顶上戴的那顶市长夫人"凤冠"，陷入了两难境地，最终选择了从爱的"真情"里退出。同时，小说也讲述龚主与刺头由友情生发爱情的内心焦虑，以及丽丽与兆伦由"野合"产生真情的心里苦闷等等，小说通过富于情感色彩的文字既表现了主人公的内心独白，又通过人物对话真实地展现了小说形象和作品的真实思想。而这种对人物的生理体验和心理感受淋漓尽致的刻画，则生动地表现了夫人们在爱欲被长期压抑的生活和巨大的内心空城的"欲求与现实、精

---

① 龙其林. 在权力和情欲的背后——余艳长篇三部曲《后院夫人》解读[J]. 中国石油大学胜利学院学报，2002(9)：44-48.

神与物质、世俗与超脱"①之间的无所适从的苦闷与挣扎。

而《浮沉》虽然重点描写的是市长家庭的亲情争斗，但依然逃不开情爱叙事的基点。作者将笔触伸到市长夫人生活的方方面面，又将笔力集中在"高贵夫人"人格多方面性的人性描述。市长蓝天浩因工作忙很少回家，将家里的重担交给了夫人言岚之。言岚之是他的第二任妻子，为他贡献了一生的感情。同时，作为丈夫与前妻卓群的孩子的养母，言岚之始终视养子为己生；此外她又以同样的情怀关爱并养育着扶贫时捡来的孤女叶心卉，最后供养她成长为一名研究生，这位"漂亮的精灵"就是她和丈夫掌上的一颗明珠。言岚之含辛茹苦帮夫教子，育女成才，家庭和谐，子女幸福，她应该劳苦功高地享受"风光高贵"和"优雅富足"，卓群也应来表达一声对言岚之大爱无私养育儿子的感谢。然而事实恰恰相反，卓群心怀抢夺"夫人凤冠"的鬼胎，她以亲生母亲照顾患忧郁症的病儿小宇为由，来一个打道回府入住家中，试图搅局，向言岚之发起一次又一次刁难。高考前夕小宇出走，言岚之牵肠挂肚地寻找，没料还是遭到了卓群尖刻的咒骂；小宇被寻找回来以后，卓群更加放肆地与蓝天浩及岚之纠缠。小说就这样一层层地展示着人性美与丑之间的对比，善与恶之间永恒的斗争，引发人们理性与非理性之间的长期思索。更引人瞩目的是，叶心卉深爱着养父蓝天浩，这种感情与日俱增，以至于她不能"控制"自己，叶心卉痛苦了很久，终于寻到一个"投怀拥抱"的机会，便依情顺性地释放出积储已久的畸形之"爱"。言岚之是高贵夫人，同时也是普通女人，她面对叶心卉与蓝天浩之间发生的有违伦理的爱，既无奈地质疑自己从善良开始而被伤害告终的母爱，也无奈地怀疑丈夫对自己爱的真诚。真情是否走到了尽头？真爱也是否已经土崩瓦解？她痛苦万分，用泪水洗刷着无奈。其实这些无奈正是人性中最深刻的感觉。余艳试图通过塑造言岚之的心理表现，以完成对复杂心灵的深层揭示，折射出后院夫人这个特殊文化群体的历史现实人生，彰显一种明确的人性关怀和道德关怀。

《后院夫人》并不以揭露当下官场的阴暗面和耸人听闻的官员丑闻为主旨，它是以女性人物的情感体验和心理演变为出发点的。余艳在以自己的方式思考着女性处在这样权力争斗、诡谲异变的官场之中所应保有的姿态。《劫数》中的水儿、波尔、盈盈三人作为显贵一时的官夫人、准官夫人，在丈夫、情人被逮捕、审判中饱尝了身份带来的屈辱与苦辣。水儿的丈夫毕伟曾居于卫生局常务副局长的位置，在各种诱惑下走上了受贿的道路，最后受到法律的制裁。在毕

① 余艳.后院夫人[M].长沙：湖南人民出版社，2010.以下引述相同，不再注.

伟东窗事发后，我们看到了一个褪去了后院夫人光环的水儿。她在经历了担惊受怕、忍辱求助和讽刺打击之后，终于渐渐地适应了这种生活，在女儿、妻子、母亲和女研究专家的角色中担负起自己的责任。水儿在家庭的剧变中非但没有迷失自我，反而在这个过程中寻找到了自己的心灵支点，将其视为一场难得的机遇。在她身上，小说还原了现实中官场夫人的本色，将她的复杂性与坚韧性写了出来。高干子女盈盈在情人鞠老大面临法律追究时，仍然对于他们的感情持以乐观态度："只要两个人同心又牵手，喝稀粥、住草棚又如何？想用灾难拆散我们，偏要好！没准出来那天，两个人同心就还是一条好汉，加一段传奇"。从水儿、盈盈等人这里，我们看到了她们对于世界的热爱、对生活的追求，她们虽然也有陷入困境的窘迫，但最终能勇敢地走出自怨自艾的哀伤，在无奈中坚守，在坚守后执着，并由此而确立了自我的精神根基。

二、《后院夫人》：官场原态的世俗关怀

学者张颐武认为"世俗关怀"指的是对于今天我们所共有的社群的真挚的关切，是与普通人之间的对话与沟通，是在差异之中显示的理解。它不是居高临下的贵族式的"训导"，也不是媚俗的取悦，不是堂吉诃德式的狂吼，也不是阿凡提式的滑稽表演；而是始终肯定世俗人生的价值，肯定普通人的生活欲望的合法性，并在此前提下凸显社群的共同利益和共同愿望，凸显新的社会空间的创造的可能性。这里并没有将知识分子放在社群之外的自我陶醉，而只有将自身有机化的新的"情感空间"的生成；这不是对"他人"的敌意，而是承认差异的同时增进互相沟通的努力。①

此种世俗关怀，着力描摹的是底层的日常生活、生命体验、世俗欲望和内心世界。同时作者的基本情感立场是理解的同情，是对底层境遇的控诉和发泄，是对底层灵魂的承认和呵护。作家对底层不是居高的俯视，也不是站在边缘的观赏与把玩，而是以平民意识和人道精神对于灰暗、复杂的生存环境发出质疑和批判，揭示底层人物的悲喜人生与人性之光。这种观照也许更能逼近当下，其审美效应给读者更多的是一种亲切、感动、温暖。

1. 官场的"旧瓶"装世情的"新酒"

俄国形式主义文论学者什克洛夫斯基提出文学文本的"陌生化"理论，指出文本的内容与形式需要违反人们习见的常情、常理、常事，同时在艺术上超越常境。只有这种陌生的感觉，才能让人的审美和观赏进行重估，产生类似于细

---

① 张颐武．说"世俗关怀"[J]．文学自由谈，1996(2)：6．

读文本的过程。陌生化的基本构成原则是表面互不相关而内里存在联系的诸种因素的对立和冲突，正是这种对立和冲突造成了"陌生化"的表象，给人以感官的刺激或情感的震动。

余艳的这部小说，也正是运用了这样的手法。其实，写当代官场方面的长篇小说，出手不凡的作品已不胜枚举，若想要再有突破和创新，是十分困难的。只有调动一切方法和手段，另辟视角和内容，塑造好有"陌生感"的新人物，才谈得上创新求异。"这也是《后院夫人》长篇系列作者余艳一贯的'文学风'追求，所以作品彰显出来的美学趣味和情感基质与他人的著作显然有别。首先，她不让自己的笔触仅仅停留在'树倒猢狲散'的'社会问题'之浅表层，而是决意提笔'向内转'，回到艺术与生活的关系和写好典型环境里的典型性格，且是塑造有现实感有陌生感的新的人物新的艺术典型"[①]。因此，作者没有直面描写官场的拼杀，只写后院"内痛"，不写夫人们的风光灿烂和幸福指数，只写出夫人们的精神要比生存更加艰难。三部书的笔墨均集中在人生意识和内在精神的深入开掘上，并重在对复杂人性做多层次发掘，以有力的笔触抵达人性的隐秘处，去成功地塑造志趣各异性格鲜明的夫人艺术形象。从文本的整个架构当中，不难发现，余艳始终是以女性的独特视角来描写故事情节的。纯女性的、带有情感投入的笔法难免带上了传统言情小说的套路，就文本的真实性来说，它是源于生活而抽象于生活的，带有极大的偶然性而非原汁原味地反映现实生活。作者对于笔下人物的塑造和观照打上了主观投射的痕迹，这也是文本魅力的一种表现。

尽管《后院夫人》无法脱离当前的政治叙事小说非常热衷于书写离奇的故事、缠绵的艳情和权力的争斗的套路，注重官场经验的揭露与批判等叙事重心，但余艳将自己书写的焦点对准了人心和人性，努力地想要写出后院夫人们繁复的情感世界。《情疡》中的心然并未直接参与到政治角逐之中，而是在市长夫人、贤内助的身份下有着无法言说的情感困惑与心灵迷茫。正如心然所说的："人，只要追求，就会有痛苦。位置越高，追求越高，痛苦越深。"但是心然的这种追求是心灵的满足、情感的释放，以及在与齐磊的情感碰撞中寻找慰藉。即便是在帮助齐磊的过程中，心然也无法回避自己的情感挣扎："我第一次觉得自己好笑：我怎么摆出救世主的造型？救世主，是救别人，还是救自己？天知道。"《浮沉》中虽然也写到了副市长宾海涛、城建公司总经理杜立城的落

---

① 曹光辉. 深沉的现实内涵和沉痛的情感世界——读余艳的长篇小说《后院夫人》三部曲 [J]. 理论与创作, 2010(5)：88−91.

网和权力寻租的现实，但作家的侧重点并不在此。小说围绕着言岚之的情感遭遇展开叙事，将她与养女叶心卉、市长前妻卓群、表哥许宏鸣的情爱关系铺垫开来，同时由此发散出各种社会网络。这部小说与其说是对于当代官场生活的批判与反思，倒不如说是对于后院夫人们生存状态的追溯与思想情感的絮叨。心然、言岚之、水儿这一类形象的意义在于，透过她们彷徨无奈的灵魂境遇的再现，作品完成了一次对于官员夫人生存世相的认真梳理及其精神世界的刻画。

2. 理想女性形象的塑造

社会日益地进步和发展，不论从经济、文化还是社会地位上来说，女性地位都得到了提升与尊重。但是穿过社会表象，我们仍然能够感受到在很多方面，女性的诉求是难以得到满足的。无论求职、生产、晋升与职业规划，抑或决策等等，女性都处在一个被忽视的边缘。余艳感受到当下女性受到的压抑和漠视，从她们的视角来洞察整个官场，乃至人生的纷繁复杂的运行轨迹，这种洞察是十分具有警醒和指导意义的。可由此也带来一个问题：女性当以何种姿态屹立于官场以及人生路上？

沈从文说："我只想造一所希腊小庙，这庙里供奉的是人性。"在沈从文的文学作品中，"人性"是一个极为重要的概念，既是他的社会思想和美学思想的体现，也是统领其文学创作和文学思想的灵魂，他的"人性"的内涵也不仅仅是多数论者所理解的"美的人性"，而是一种"金子与沙子并存"的客观实在。作品所要表现的人生形式虽具有理想的特点，但并没有完全理想化，而是一种现实的自为自在的人生形式——自然，美好而又杂有"沙子"的人生形式。在如诗如画的《边城》中，他给了读者一系列深刻而自然的艺术形象，让人百读不厌。同样，余艳笔下的《后院夫人》系列作品分别以"情疡""浮沉""劫数"为主线，贡献给读者夹杂了美好人性和复杂人性的文本，作家在探索人物心理表现和重新发现人性的同时，以艺术的高度和人性的深度来塑造人物，倾注心血打造了自己认为理想的女性形象，使小说变得自然、朴实、深情、完满和诗意，使作品中的故事情节变得巧妙、跌宕、独特和内蕴动人。

无论是《劫数》中的水儿、《情疡》中的心然，还是《浮沉》中的言岚之，这些夫人们都依情顺性地在"后院"这个主景背景下，闪耀着自己人性的光辉。水儿的丈夫毕伟服刑回来后，意志消沉，除了打牌就是烂醉如泥，甚至还怀疑水儿有"外遇"。反观水儿，她不但设身处地为自己的丈夫着想，还劝解丈夫、开导丈夫。水儿节衣缩食，再苦再累也咬牙坚持，她甚至想："有好房，有好身体，即使他们夫妻情分尽了，早给他备下的好条件，也会让一些女人上竿子爬，毕伟再找个好女人，他能幸福，自己也就无牵无挂。这才是真正让水儿心安的。"
从此后，"水儿每月的工资照样交给他，要省就省自己，工资除外的稿费，水儿
也全贴着家里用……"自古以来，只要家庭和私有世袭财产仍无可争辩地是社
会的基础，女人就会处于社会的最底层。在女性地位不断提升的今日，无可否
认的进步不再是女性与男性一样开始在社会中承担更多的压力，而是女性如何
认识到自身的处境，如何在一种悲剧性的处境中绝处逢生。无疑，水儿所做的
一切就是对自身人生处境的强烈反思和认知，也是对女性悲剧宿命的抗争。

　　波伏娃在《第二性》中认为，作为一种社会角色的女性在私有财产出现以后
便被废黜了，因为女性的命运始终同世袭财产的历史有着暧昧不明的关联。男
人关心的永远是自身的地位和财产，在顺风顺水的处境之中，男人不会与女
人——即便她可能是自己的妻子——共享自己所拥有的权利。因为在父权时
代，男人几乎天然就是财产的占有者和权利的归属者，尽管这些财产和权利曾
经是女性生命的一部分。对于水儿来说，自己所面临的不是整个社会的压力，
而是自己深爱的人、自己的丈夫甩给自己的生命包袱，如果自己是一个一无所
有也一无是处的女人的话，她完全可以放弃；但她的才华和她身上的美德使得
她不得不承担一切、面对一切、抗争一切。她不再是自己丈夫的一部分，而是
他的拯救者。

　　在婚姻、家庭中，水儿用女性独有的美德提醒着毫无斗志的丈夫；在社会
生活中，她用一个女性少有的责任感重新打拼，试图赢回一切。在婚姻、家庭
和社会生活中，水儿设法在两组关系之间保持一种不容忽视的自由。这两组关
系几乎天然就是混乱的，甚至是对立的，因为每一组都足以支持她反对另一
组；但水儿的人性之伟大在于她明知无望而奋不顾身的努力："水儿知道，无论
自己在外多荣耀，毕伟多落寞，老公还是她的主心骨。何况。原来毕伟呵护
她，现在她必须承担起保护毕伟的责任。这是情感，也是义道和人品。"在这
里，我们可以看到，水儿身上的悲剧性不只是源于外在命运和遭遇，更多的是
源于女性自我的角色定位和价值追求。

　　事实上，余艳也在某种程度上丰富了湖湘文化的内涵和外延，"心忧天下、
敢为人先"是湖湘文化的真实写照。余艳以自己小官夫人的人生经历，创作了
三部能够反映"后院夫人"精神和生活状态的小说，想要借此唤起读者大众的关
注和关爱。事实上，湖湘学统衍生出来的湖湘文化历来强调"自强不息"。从
《后院夫人》三部曲之中，我们看到了余艳倾其心力在这些理想女性的塑造之
上——心地善良、纯朴真诚、自强不息、明理懂事，无一不具有湖湘文化之中
正面的力量。余艳创作《后院夫人》最初的一个重要意图，便是对于后院夫人这

一特殊群体的理解试图以一种宽容、善良的态度来看待这些为社会所关注的女性人物，展现她们的爱恨情仇与人生轨迹。在余艳看来："我是一个小官夫人，对她们的生活了解深刻，同时我也是一个作家，在作品中，我带着一种善良、一种理解、一种宽容来描写她们。夫人跟着官场的丈夫富足华贵，也同时走着命运的钢丝，她们要比普通的女人承受更大的情感、心理及社会压力，随时要储备大悲、大喜的能量。如果丈夫一旦失足，她们也难逃生命的寂寞孤独。她们的生活被颠覆，痛苦磨难在所难逃。而且有些男人情感走私，她们表面上表现得无所谓，实际上也很矛盾和痛苦。"①也就是说余艳的创作初衷在于她试图借助对后院夫人们的描写，表现她们的情感状态、心理压力和精神孤寂，这是一个具有一定人性意味的命题。

---

① 秦绪芳.揭秘官场后院夫人生活——余艳推出"后院"三部曲[N].半岛都市报,2010-7-9.

第九章　文学湘军政治叙事的动力阶层

　　与王跃文、浮石等人专注于政治叙事和阎真成名于政治叙事不同，部分作家在起初没有涉猎政治叙事，后来开始转向这个领域。本章所指的动力阶层并非创作时间上的后来者，或者成就意义上的跟随者，而是政治叙事的推动者。

　　《那山 那人 那狗》是彭见明的成名作，作品充满了乡土气息、原始氛围和信仰意识，而从《天眼》开始，彭见明开始向政治叙事的方向转变。尽管《天眼》延续了彭见明作品的民俗性、世俗性和神秘性，但这些要素不再是作品的骨架，而是一种氛围，官员层级、政治投机、贪赃枉法构成了作品的筋骨。水运宪的成名作是《祸起萧墙》，小说获得全国第二届中篇小说奖，作品在著名文学刊物《收获》发表，由巴金审核定稿，被给予了很高评价。《乔省长和他的女儿们》则带有主旋律文学的特征，但其所揭示问题的深度、广度和宽度达到了一定的水平。侯门一入深似海，乔省长的儿女们情感历经波折，甚至都不敢结婚，仕途、官运、利益都在良知和内心的拷问面前露出了原形。其意义在于对官位的深层思考，官位并非大杀四方的利器，它在给别人庇护的同时，也带给自己巨大的阴影。权术名利如果不能给别人、给自己带来心灵的安宁，就异化为萦绕在灵魂深处的心魔。从这个意义上说，水运宪的政治叙事在带有主旋律性质的同时，也为人性、人心、人伦标示出了新的高度。少鸿的《花枝乱颤》以人物对照的方式写官场腐败。两个女科长是表姐妹，性格和人生观迥异，一个正直清高，才华横溢，一个以性为媒，不择手段。她们或者把心灵作为灵魂的归宿，或者把肉体作为上升的工具。但是官场用自己的选择结结实实地给了理想主义者一记响亮的耳光。人性堕落者身居高位，洁身自好者碌碌无为。权力如果与肮脏沆瀣一气，良知就要退出，从这个意义上说，"花枝乱颤"既是意象，也是寓言。邓宏顺是一个非常奇特的作家，他的政治叙事常常有一层哲学意义上的悲剧底色，他能突破一般当代作家的精神资源，尽情展现对已有哲学体系的嘲弄。他的嘲弄不是直接的讽刺，而是以文学形象和故事单元让这种哲学观显得非常荒谬。邓宏顺小说的故事单元之间环环相扣，因果相连，但到最后读者突然发现，人物命运和结局已经远离了读者的预期和设定，一切的合情合理都显得不可思议。理性与非理性、现实与非现实的边界已经模糊。人物在强大的合理逻辑的支配下自觉走进了一个没有预谋的圈套。那种无底深渊甚至不能说是陷阱，但它就存在，因此他的作品有一种不可逃脱的宿命感和内在的冷峻性。他的《红魂灵》描写极左思想给人性带来的扭曲和异化。《贫富天平》把视角对准地厅级干部，描写一个市委书记的生活、工作和对社会的思考。小说的核心意象是"天平"，它衡量着民心，称量着人性，度量着良知。在社会转型期，贫富差距极大，这就对党员干部的党性、公众生活的人性形成了极大的挑战，各种丑陋、龌龊粉墨登场，诸多隐患集中爆发。作品选取这样一个社会的断面，本身就具有很强的社会价值和标本意义。刘春来的政治叙事带有极强的隐喻性，《水灾》提出了"我们抗洪，我们自己就是洪水"的命题，振聋发聩，发人深省。水灾就是人灾，水灾反映了政府的贪腐问题。《水灾》在艺术上带有明显的古典现实主义色彩，在典型环境中塑造典型人物，选取带有典型性的场景、人物和细节，带有先入为主的价值导向性。如果《水灾》还是从反面切入的主旋律作品的话，《办事处》便开始摆脱典型化的束缚。相似的是，"办事处"依然是官场的一个断面，但已没有了贯穿始终的旋律。小说场景就是广泛意义上的关系网，社会关系、人际关系、私人关系都需要经营，经营好了关系，才能在社会上立于不败之地，才能找到通往权力和财富的入口。但是关系场的变幻莫测之处在于其微妙性，尽管关系是运作出来的，但各种关系之间并没有简单的线性逻辑。从人物塑造上看，《办事处》更加立体，人物或者老于世故，或者工于心计，或者酸不可耐，或者泼辣爽直，或者痴情憨厚，作家以全知视角看待他们，以悲悯的情怀观照着芸芸众生。

这部分作家或者之前没有涉足政治叙事题材，或者创作风格开始变化，向纵深处发展，构成了政治叙事的动力阶层，从人性、信仰、期望等角度对现实做出了完善的回答。

第一节　彭见明印象及文学创作

政治叙事不只停留在官场对人性的压抑层面，还包括对人性的发现、人性中对美好的向往、理想的坚守等多个母题。《那山 那人 那狗》是传统回归的情结，更是人在现代社会中对精神回归的渴望。人在官场中迷失了理想，找不到人生的意义。《天眼》下的迷茫众生与《那山 那人 那狗》的深切追寻构成完整的政治叙事。

一、成名作：令人迷恋的《那山 那人 那狗》

1. 另一个"边城"

一个人拥有此生此世的现实世界是不够的，他还必须拥有一个诗意的世界，即理想的世界。如果说"边城"是沈从文理想人生的缩影，是他远离"边城"而做于都市的梦，那么《那山 那人 那狗》①便是彭见明的诗意的栖居地。

边城的人民，诗意地生活，诗意地栖居。彭见明的《那山 那人 那狗》是一个边城故事，而不是小城故事；但特殊之处在于它不是《边城》的摹写，而是一个新的关于父与子、情与性的抒写。

《那山 那人 那狗》像是在秀丽风景和淳朴的民风中流淌着的一首抒情诗，在这首诗中，人类美好的情感都得到了充分的展现，有深沉内敛的亲情、爱情，有质朴真挚的友情，还有对事业执着的坚持。作品用诗一样的语言，描写了一对乡村邮递员父子之间深沉、温馨的情感，以及对青春岁月的怀念和对美好生活的向往。对于青年人来说，这部小说无异于一堂在抒情诗中完成的人生课程。

2. 父与子：缺席与成长的故事

小说故事情节非常简单，讲述的是一个在深山工作多年的老邮递员，因腿病提前退休，他的儿子接替了他的工作，面对儿子第一次的送信之路，老父亲放心不下，带着自己的黄狗陪伴儿子走上送邮之路的故事。这200多里的送邮山路既是儿子的第一次体验之路，又是父亲对自己工作的告别之旅，更是体验亲情、友情、爱情和对事业执着的追求之情的幸福旅程。这部小说不仅是一个父子间的亲情故事，更是一首让人们感受到了亲情、爱情、友情和对事业的执着追求的抒情诗。

小说中蕴含的父与子的对话是最容易被感受到的，深沉内敛的父子亲情随时都感动着读者。平淡的语言自然而又饱含浓情，在父亲和儿子之间，心灵的融合及父亲对儿子含蓄而又内敛的爱无时不显露于自然平静的言语表述之中。

故事起始，儿子和妈妈告别时说："妈，你有事就找许万昌，我托过他了。""妈，你回去吧。"而和父亲告别时只是冲着门说了一声："我走了！"此时父亲很嫉妒地嘟囔说："妈，妈的，叫得亲！"这些看似埋怨的话语，情真意切又暗合文

---

① 彭见明.那山 那人 那狗[M].北京：中国青年出版社，2004.

章的深层逻辑：由于父亲常年在外漂泊，父子之间很容易出现感情的隔膜，但毕竟血浓于水，父亲对儿子深沉的爱只有通过这样别扭但真实的方式才能完整地呈现。父子两人同走邮路，情感的疏离感和亲情的陌生感慢慢得到治愈，当看不见父亲时，儿子会急切地叫到"爸、爸……"而父亲的内心当然是无比激动的，以至于对着黄狗老二说："见了吗？他喊我爸了。"

父亲与儿子之间由摩擦和隔膜到理解和融合，这些简单而又质朴的语言传递出父子之间默默的温情；此外还有父亲与儿子在村里乡亲们来拿信之时的语言场景。儿子说："那乡里村里也不给写封表扬信？"父亲："写是写过，我没让发，哪里有自己给自己投递表扬信的，再说，你也要记住了，不兴自己喊苦。"

中国人的父爱是深沉内敛的，让孩子不易察觉，由于常年在外送信，父子交流非常少，父子增进亲情需要一个过程和契机。这三天的行程让父子的心灵不断贴近，很多细节感动了人们，比如儿子心疼父亲腿病，执意背父亲过溪水，父亲"有一种安全、温馨的感觉"。老邮递员"已经理解到了'享受'的含义。他正在享受所有做父亲应得到的那种享受"。父亲流下感动的泪水。在这三天的旅途中，儿子更多地理解了父亲多年的辛苦，父子亲情加深了。这部小说中体现的有父亲对儿子的疼爱，也有儿子对父母的孝顺，让人们也看到了作为儿子的担当。刚开始旅程时，看到父亲累了的时候，他心疼地对父亲说："爸，你不行，你走不动了。转身回去吧。"知道父亲担心自己，也担心邮件的送达，就说："你回去吧，放心，我晓得走的。"多么懂事、善解人意的儿子。他嘱咐父亲一定要带有病的母亲去县城检查身体。儿子交代家里的情况时，是那么的成熟干练，父亲倒像是个不谙世事的未成年人。可见在父亲这些年忙于工作的背后，儿子承担了太多，"十几岁时，就已必然地、无可推托地挑起家庭重担，默默地像牛一样的劳作，为在远山奔走的父亲解脱，为操劳过度的母亲分忧"。十几岁就成了一个家庭的支柱，默默地支持着父亲，疼爱着母亲，可见这个儿子是个敢于担当、能够担当的孩子，对于现在的年轻一代来说有着很深刻的教育意义。

3. 大爱无疆：爱情与亲情的抉择

亲情是一种微妙的感觉，是一种本能的不经意的牵挂与惦记。它不需要轰轰烈烈，但需要用心去体会。

爱情是美好的，是动人的，两情相爱，又能朝夕厮守，自然很好。老邮递员年轻跑邮的时候，"由于经常在一栋大屋里歇脚、吃中午饭，引起了一个年轻女子的注意"。可见他们的爱情是一见钟情式的，是浪漫的，从此，那年轻女子开始不断地等他，偷偷地送他。最后这个姑娘成了他的妻子。坚贞爱情的真正价值不会因两人的分别而遭受损伤。"真正的爱情是无怨无悔的，是没有尽头的期盼与牵挂。影片中父亲与母亲的爱情对这句话做了最好的诠释：为了那个她心仪的男人，也就是父亲，母亲放弃了优越的生活，开始了苦苦地等待与守望，直到父亲退休。"①儿子说："小时候我很爱看我妈笑，可只有三个人聚在一起的时候，我妈笑得最开心。我妈老说我爸在外面苦，从不怪他。"父亲退休了，母亲不用再苦苦等待父亲了，父亲和母亲可以安享晚年了，母亲的等待与守望终于有了一个美满的结果。

　　他们的爱情是内敛的，也是炽烈的，女人多年坚定执着的等候是对爱情的坚守，是夫妻一辈子爱情的写照，老乡邮员的爱情是纯美深沉的，令人艳羡的，因为有一个女人愿意为他在寂寞中从年轻等到年迈，从美丽等到苍老。在物欲横流的今天，有谁还愿意再为爱情等待？没车没房免谈婚姻的女孩子，怎么会选择等待？人们更多看重了物质，淡忘了爱情本身应有的纯美，物质欲望驱动下的爱情扭曲成了图一时之快的快餐，快餐仅仅有着食物的形式，却没有食物应有的营养与精致，美好的爱情犹如精致的食物，需要用心地制作，需要时间的等待。物质欲望驾驭下的爱情不能称为爱情。什么才是真正的爱情？人们应该如何看待爱情？

　　如今，在喧嚣的现实生活中，等待已经成为一种稀有的现象，有多少女人愿为爱情从年轻美丽等到风烛残年，品尝等待中的孤独与寂寞？

　　老乡邮员一辈子勤勤恳恳，任劳任怨地几十年奔波在艰难的山路上，无怨无悔。人生就在得失之间，他在几十年的工作中固然没有得到世俗看得起的名利，但得到了山里人的认可、信任和尊重，得到了山里人深厚的友情。当乡亲们看到像极了父亲的儿子时，"乡亲们更高兴。于是，大队干部马上带头鼓掌欢迎"。这不仅仅是对儿子的欢迎，更是对老乡邮员的认可，也是新的友情在传递，老乡邮员并没说退休的事，他撒了一个心酸的谎："将来也是跑这一带，和儿子轮流跑。"说这话时，他觉得眼圈那儿一热，这一热是对乡亲们无限的眷恋。"洗脚水、一顿丰盛的晚餐、特别好的铺盖，还有夜宵"，这是山里人对客人的最高礼遇，这是对乡邮员的最深情谊，以自己的能力所及给他最好的最周到的待遇。他们通过自己能做的日常的照顾展现对朋友的真诚，他们的友情是发自内心的尊重，是在付出真诚后获得的一份感情。老乡邮员与乡亲们结成的友情是朴实的、真挚的、纯洁的，是他人生的一份收获。

　　平平凡凡、普普通通的一个乡邮员，几十年来，寂寞孤独地走在艰难陡峭

①　陈勤香.观电影《那山 那人 那狗》有感[J].电影文学,2014(7)：88-89.

的山路上，把信件邮包准确无误地送到山里人手里，他没有和领导叫过苦，也没和家人喊过累。他为了保持"硬朗的步伐"竟然吞下了一百条蜈蚣，他因为从事了这件工作耽误了与家人团聚的最重要的时光，即使在自己最疼爱的儿子周岁这样的重要日子，他也要带着他的狗走在送邮的山路上，他失去了太多和儿子亲热、和妻子相守的美好时光。因为多年的工作，他成了自己家乡生活的陌生人。他对工作是认真负责的，他一路上把工作上要注意的事情和儿子重复了很多遍，他怕儿子工作出错，也怕因此给乡亲们带来不便。"葛荣荣有信，那就要不惜脚力，弯三里路给送去。他和大队秘书关系不好，秘书不给他转信。""木公坡的王五是个瞎子。他有个崽在外面工作，倘若来了汇票，你就代领了，要亲手交给王五。他那在家的细崽不正路。"他对自己的服务对象的情况是那么的了解，他把自己的服务对象当成了亲人朋友。"不怕路远山险，不怕风霜雨雪"，面对九条江，他必须毫不犹豫地脱袜卷裤下河，严寒也罢，急流也罢，必须通过。有时，还要脱掉裤子过河，把邮包顶在头上送过去。当看到坚定执着、无怨无悔在陡峭崎岖的山路上付出了几十年的老乡邮员的时候，人们内心安静了。

4. 朴素，而天下莫能与之争

父亲没有做过惊天动地的大事，他只是在自己平凡的工作岗位上，日复一日，年复一年，跋山涉水、风餐露宿，把一封封的信件按时且准确无误地送到每一个村民手中。有一些细节让我们深受感动，小说中的老邮递员，他是平凡、普通的，但他拥有完美的人生、完美的情愫。他有着一见钟情的激情和婚后温情等待的爱情，有着山里村民们质朴浓厚的友情，有着对事业几十年如一日的坚守，还有多年难以割舍的父子亲情。在物欲横流、喧嚣嘈杂的今天，人们在把名利作为追求目标的时候，再来看《那山那人那狗》里的老乡邮员，他的那种执着、平和、安静、淳朴、纯洁是多么的难得，也深深感动温暖了无数读者的心，唤醒了人们内心久违的平和的温情，也让人们在喧嚣中静下心来，重新审视自我，重新审视自己的事业、自己的亲情、自己的爱情、自己的友情，追寻人生的真正有价值和有意义的东西。

彭见明说："我个人的创作，如果说有一点成绩的话，首先是得益于深厚的湘楚文化的滋养。我曾经对我出生的故乡充满感激，因为故乡的山水人情造就了我最初的小说，带我走上了我十分钟爱的文学之路。"[①]在《那山 那人 那狗》中，他始终专注于对自然环境、风俗习惯、性格特征和文化心理等本土文化核

---

① 彭见明.本土文化资源的艺术开掘[J].理论与创作，2001(1)：13－14.

心内容的描述、发掘。在经历了近二十年来的种种文学风暴和浪潮之后，他清醒地认识到了湖湘文化对于自身创作的影响："如果我还能写下去的话，我的前途和根据地，还是在自己的故乡，在湘楚文化的摇篮里。故乡没有过时，故乡仍旧是个丰厚的文学富矿。如果说自己写不下去了，那便是缺少沉下心去寻找富矿和精耕细作的毅力。如果说自己写不好了，那就是不再具备对本土文化进行艺术挖掘的才情与智慧。一个行色匆匆的写手，只是看到了故乡的民俗风光，而一个优秀的作家，才可能透过现象去触摸人性特征和文化心理，更重要的是：能找出这种性格特征和文化心理与另外一块乡土不同的地方，独特的地方。"①在完成了对本土文化的价值确认之后，彭见明的笔下开始涌出"流之不竭、肥沃养人的泉流"。这之后，他将注意力转向艺术表达的形式和语言，以及这种形式、语言所能承担的更深层次的文化。这些转变在其政治叙事小说《天眼》中得到了很好的见证。

二、官场小说《天眼》：政治文化的镜像

对于小说《天眼》，彭见明有两种解释：一是小说中有些神秘的色彩，所谓神秘指人所不知的东西，我们觉得神秘，老百姓经常说"天知道"；另外就是指小说要谈到很根本的问题，要揭示人的作为、言行，人一生应该有节制。所谓"头顶三尺有神明""苍天有眼"。

《天眼》由相术、巫文化切入今天官场和世俗的小说，题材非常特别。彭见明表示其创作初衷是"任何小说家最终写的还是这个社会上的人"。官场也是社会生活的一部分，不能把它分离，它是一个社会整体，是不可分割的一部分。自己的定位是"社会生态小说"，小说中肯定会写到官场，但是中间大多数人物不是官场的人物，有商人、农民、市民，社会各个层面的都有。

因此，可以说《天眼》既是一部百态的社会生态小说，也是一部官场的百态镜像小说。

1. "官场"生态：横看成岭侧成峰

"官场"文化，其实也是社会各种文化的一个角力场和表演场。因此，它也随着社会、人情等不断变化，可谓是"横看成岭侧成峰，远近高低各不同"。《天眼》以相术高人何了凡、何半音父子的人生轨迹和生存状态为叙事中心和情节线索。作者广泛地展示了他们的学艺过程、谋生方式、日常生态、江湖名声、看相奇遇等侧面。

---

① 彭见明.本土文化资源的艺术开掘[J].理论与创作，2001（1）：13 – 14.

　　围绕着何了凡父子的看相测字生涯，小说广泛地展现了相术文化圈的群体生态。从"寅斋公"、慧觉等专业相术之士，再到秀妹子、心宜等深谙相术之道的女流之辈，再到刘铁、郭向阳、郭如玉等巫术的信奉者、迷恋者，作者对他们的人生隐曲和命运真相，都进行了或正面或侧面的点染和勾勒。其中的描述重心，也是相术对他们人生的意义和作用。在此基础之上，《天眼》以"相术"这种边缘文化所包含的价值底蕴为基础，参世道、悟人生，由此揭示出一种深具民间智慧的人生哲学。"以原始宗教观念为基础的传统巫文化及其相术之道堪称源远流长，而且在长期的发展过程中已经与儒、佛等文化的民间积淀相互交融，确实蕴藏着深刻的人生哲学意味。"①

　　从何氏父子谨守相术文化的处世法则来观察：他们以隐逸的方式游走于闹市、闻名于江湖，时时呈现出一种历经沧桑而能独立自足的生存境界。众多的相术圈人士，也无一不是依赖相术所隐含的价值观来作为自身的心理支撑和行为基点的。这种相术文化所体现的价值观的诸多方面凝聚到一点，就是作者借寅斋公给何半音取名所概括的"求半"。所谓"求半"，"是守本分，是知足，是随缘，是戒贪念，是拒奢华，是甘居中游，是不偏不倚"。其中所隐约表达的，"既明显地积淀着道家文化知雌、守弱的处世哲学，又潜藏着佛家随缘、舍得、戒贪念的思想观念，还包含着草民百姓善良、知足、守本分的人生原则作者在《天眼》中张扬这种'求半'、'半音'的人生境界，无疑隐含着对人欲泛滥的商业化社会的深沉感慨"②。

　　横向观照社会生态是小说更为浓墨重彩地表现的另一个方面。《天眼》广泛地描述了当今社会千姿百态的风俗民情，并对其中光怪陆离的生活场域、人际关系、人性欲望和人生价值观进行了精妙细微的剖析。生活场域方面，无论是大红山的十八里铺还是县城的流星巷，无论是名声显赫的阳山寺还是落寞寂寥的阴山寺，抑或是寅斋公贴满了报纸和字纸的破茅屋，乃至何氏父子从广州避凶回湖南的乡村公路和集镇，作者都以"浮世绘"式的笔法进行了全面而丰富的呈现。人际关系方面，作者既描述了何了凡与于长松之间超越社会阶层差异的友情，又表达了刘铁与"大老板"之间无关成败利害的忠义，以及在郭向阳与心宜之间集痴迷、信任和放纵为一体的男女情感。除此之外，还有由广州的商

---

① 刘起林.边缘生态·民间智慧·世道沧桑——论《天眼》的境界独特性和内蕴丰厚度[J].湖南工业大学学报(社会科学版)，2012(2)：25－28.

② 刘起林.边缘生态·民间智慧·世道沧桑——论《天眼》的境界独特性和内蕴丰厚度[J].湖南工业大学学报(社会科学版)，2012(2)：25－28.

场黑老大、省城的官场大老板和阳山寺的佛界大住持构成的商界、政界和宗教界诸多的人际矛盾纠葛。《天眼》以相术等神秘文化活动为线索,通过对这种种生活场域、人际矛盾的艺术反映,摇曳多姿而又意味深长地揭示了当今社会世态的丰富与复杂、人心的凶狠与质朴。

在细读文本时,小说表层叙述无一不是在展现深刻的相术文化内涵,并由此为众生画像。以阳山寺为例,从名僧慧觉"重塑昔日大庙的辉煌"、启动阳山寺"项目"开始,小说详尽有致地展现了阳山寺从落成到后续的一系列文化活动,诸如:开光典礼、烧"头炷香"等重大的佛界活动。随着小说情节的发展,小说完成了对与阳山寺相关的佛教人物的精细刻画。名僧慧觉声名远播却甘于平寂,对于外人来说始终是一个神龙见首不见尾的高僧形象。与慧觉对应,本寂作为寺庙的大住持,个人生活竟豪华奢靡,连于长松都心生"县长不如庙长"的感慨。更重要的是他还以看相测字、送佛经书法、打造各种佛界活动为名,为阳山寺赚取了广泛知名度。小说的揭露也由此展开:作为寺庙大住持的本寂是一个"很有头脑、很懂世情"的世俗式高僧,具有一整套功利算计和蒙世手段。无独有偶,妙云卷款潜逃,而且在她的住处与本寂的寝宫之间还有一条用于偷欢的地道,寺庙内部生活的本质也就遭到了无情的解构。"通过对相关人物生活的种种刻画,作者入木三分地揭示了佛界复杂生态的内在真相。而一个'烧头烛香'名额的竞争,竟然牵涉到大老板、于长松、关书记、刘铁之间的暗斗与官运,官场中那'不动声色的杀机和美好',也就通过与阳山寺的联系,而得到了独具特色的审美透视。由此,佛界、俗界中亦正亦邪的各种生存景观,就都围绕相术文化活动这个轴心,在作品中得到了有声有色的展现,文本的审美意蕴也因此变得丰富和深厚起来。"①刘起林以"边缘生态""民间智慧""世道沧桑"三个关键词来概括《天眼》的艺术内涵,可谓一针见血。

作者从底层社会边缘性风俗的角度,趣味盎然地描绘了民间相术这一在当代中国鬼祟、乖戾却始终顽强地存在,甚至也被社会各阶层人士普遍认同和依赖的文化生态,并以此为基础形成了一种独特的审美视角,既洞察世事沧桑和人心善恶,又包含着一种以民间智慧"拯世""渡人"的精神企图。

2. 天眼:多元叙事手法与百态生活融合

《天眼》在叙事角度上,采用的是传统的全知叙事,但在叙事结构与叙事时间上却有突破。小说中没有中心人物与中心事件,情节、人物、描述等结构似

---

① 刘起林.边缘生态·民间智慧·世道沧桑——论《天眼》的境界独特性和内蕴丰厚度[J].湖南工业大学学报(社会科学版),2012(2):25-28.

乎显得也较松散。相术是解读此文本的一个关键，它既是作者叙事的切入点，也是小说结构的枢纽。

而正因为《天眼》以相术为结构，中国古典长篇小说叙事模式高峰的章回体才能以分章叙事的形式完成气势磅礴的文化扫描。在一个叙事场域中牵扯着多个场域的动态文化——官场、情场、商场、道场、生活场以一种共时的存在性完成了对小说历时性文学写作尴尬的巧妙化解。赖力行和杨志君在《探寻湖湘文化的民俗之根——〈天眼〉对湖湘文化的艺术开掘》①一文中详尽地分析了《天眼》一书的艺术结构：

《天眼》的故事从郭如玉与郭向阳登门请何了凡算命测字开始，由第五章倒叙展开：何了凡在大雪中救下寅斋公，也即后来的大释和尚，学得看相秘术，能通过人的面貌、气色……判知祸福得失。随着何氏星相师的声名鹊起，上门求拜者络绎不绝，商人老洪想发人生第一笔财，才有了郭向阳与郭如玉的登门造访，及后来刘铁、心宜等的"看相"要求。而穿插叙事，贯穿于《天眼》的首尾，分别就官场（以于长松、刘铁为主）、情场（以郭向阳与心宜，何半音与蝴蝶、丝姐，何了凡与秀妹子，于长松与郭如玉等为主）、商场（以老洪、丰富、心宜等为主）、道场（以本寂和尚、慧觉大师、寅斋公、何了凡等为主）、生活场（以何了凡、何半音所在的十八里铺、流星巷及十八里街的生活为主）进行了交叉叙事。如果把相术文化比作一个蓄水池，蓄满着社会本态的生活，那么穿插叙述，就像打开了堤坝的几道闸门，让官场、商场、情场、道场、生活场之水并行不悖地汇成一条世间百态的社会生态河。

在叙事结构上，《天眼》借空间的转换进行，在《天眼》中时间的意义被虚化，空间的轮转牵引着叙事的发展。虽然在第二章的开篇有"20世纪50年代初一个大雪纷飞的早晨……"这样的时间标示，但此处的时间仅仅作为这一章节的历史背景，并没在整个文本中起到一个推进情节发展的作用。在有的章节当中，如第五章的"这一年过端午节"，如此的叙事时间在文本中形同虚设，其意义完全被消解。在文本中，作者所追寻的线索是何氏父子的行踪，从而展开叙述。文本展现了主人公一生，山间—城镇—山间的所闻所见所遇，从而推动情节的发展，完成文本的构筑。文本的巧妙之处更在于预叙，预叙不仅起到了为后文做铺垫的作用，亦给文本增添悬念，激起读者更强的好奇心。"所谓预

---

① 赖力行，杨志君，等．探寻湖湘文化的民俗之根——《天眼》对湖湘文化的艺术开掘[J]．湖南师范大学社会科学学报，2010(3)：112-114．

叙,就是事先讲述或者提及以后事件的叙述活动。"①通常利用算命、卜卦、梦境以及篇首、篇中的诗词形式来表现。《天眼》中主要是借助算命、卜卦等形式来预设故事情节的发展以及人物命运的归属。于长松与何了凡一世的缘分缘起于寅斋公曾对何了凡说的一句话——"你可要一生一世对这个人好"②。给本寂的判词为:"此人慧根不浅,要是专注于一件事,有望成气候。照说佛家是讲清净的,可惜他好强、慕虚荣、爱热闹,这样心智一乱,就谈不上专一了,说不定还会误己又误人。"③

相术文化是一种玄文化,是一种巫术,与科学无关,却又与迷信不同。相术文化也是一种媒介,它承载与辐射的,是中国的传统文化。韦勒克在《文学理论》中说:"我们将认识到,文学作品最直接的背景就是它语言上和文学上的传统。而这个传统又要受到总的文化'环境'的巨大影响。"④

而这总的"文化环境",体现在《天眼》中,便是中国儒释道传统。书里除了写星相师父子,还写到一些佛教高人、济世之志的官员与商人,这些都是中国传统文化当中非常重要的方面。慧觉大师显然是佛教文化的典型代表;高人寅斋公,也即后来的大释和尚,深谙相术,又深明佛理,而他对半音的命名,又表明他深得老庄之道;至于长松、刘铁,渴望建功立业,他们身上鲜明地体现了儒家积极入世的精神。这样,相术这种巫文化便与传统儒、道、佛水乳交融,渗透于小说中的各个人物与社会角落之中。

然而,该作品的目的不在宣扬算命、看相、测字等迷信,而是借这个媒介展现生活与人心。《天眼》秉承着现实主义传统,集中描写了自20世纪50年代初期到90年代市场经济建设期间湘北山地一个名为了丁县十八里铺的地方的民俗风情和生活变迁。书中写官场生活的沉浮变迁,如官员刘铁,有着稳固的靠山与后台,也有过硬的本领,却因为"老板"的双规而返乡任职,而他又以对"老板"的"愚忠"得到关书记的赏识得以荣调。书中也写了商场生活的斗智斗狠,心宜为了逃脱"意大利"的魔掌,自愿去公安局坐了两年牢,后又逃往国外。而"意大利"为了追杀知道他底细的何半音,派出本地杀手去灭口。

除此之外,作品还描写了山野情调,如何了凡与师傅的女儿秀妹子偷情生子,何半音与蝴蝶、丝姐的牵扯,本寂和尚与尼姑妙云的暗度陈仓;也写了情

① 吴建勤.中国古典小说的预叙叙事[J].江淮论坛,2004(6):135-139.
② 彭见明.天眼[M].长沙:湖南文艺出版社,2009:128.
③ 彭见明.天眼[M].长沙:湖南文艺出版社,2009:76.
④ 韦勒克,沃伦.文学理论[M].北京:三联书店,1984:106.

场的荒诞无情，如郭向阳的风流本性，曾让三个女子怀孕打胎，后与心宜相爱，却发现心宜不过把他当成初恋情人的替身，并不爱他，而他竟也平静地接受了这个事实。阳山寺开光典礼的空前盛况，成了了丁县历史上最热闹的事情，"头炷香"的风行——竟有人出三十万巨资买下它的"敬烧权"。而百八十里街流星巷的日常生活，更是作者描写的重点，如何了凡每天去喝一次胡记的酒，吃一碗老汤店里的面，也细致描写了何了凡、老胡、老汤等各自的家庭生活。

3. 商业洪流中的人心变幻

作者在《天眼》中张扬"求半""半音"的人生境界，无疑隐含着对人欲泛滥的商业化社会的深沉感慨，也带有明显的警示意味。在作品中，即使是作者持基本认同态度的人物，当他们一味痴迷于放纵自己的欲望、"人心不足蛇吞象"时，也会出现"反误了卿卿性命"的现象；当他们平和随缘而又谨守做人的底线原则，踏踏实实地与人为善时，好运则迟早会降临到善结"福缘"之人的身上。

心宜尽管深通相术之道，但当她未能恰到好处地控制自己的欲望分寸时，结果是间接地断送了何了凡的性命。郭向阳过度地痴迷于对心宜的爱情，终濒于疯癫状态，而他这种爱曾经以充分的善意和诚恳展示在心宜面前，最后也就换来了心宜在生活方面的照顾。刘铁在险恶、诡异的仕途中维持自己为官、为人的本性，受过大老板的提携，便不顾人事坎坷，对大老板始终感恩守诚，从省城下放到了丁县，也同样本分做事、踏实为官，终因这世上毕竟需要认真做事之人而交得"好运"。特别值得注意的是，作者还从众多方面，将浮华奢靡的本寂和尚与低调本色的何氏父子进行了鲜明的对照，实际上是从相术文化人生哲学的持守者如何自我贯彻的高度，表达了自己的价值理念。

人心与相术更是密切相关。俗话说，"相由心生，相随心变"，表明"相"不过是人心的外在表现，因而，相术也成了一种"读心术"，从看相算命入手，最主要的目的还是探寻当代人内心世界的隐秘和复杂。

《天眼》借相术这面镜子，一览百态。何了凡对十八里街的同行盲人的体贴让人看到人心善良；老洪对丰富的领养与栽培使人看到了人心忠义。作品也让我们看到了人心的邪恶，如"意大利"对何氏父子的追杀；姓丰的对老洪暗地里做手脚。《天眼》更让我们看到了人心的复杂："花花公子"郭向阳对一个不爱他的女子矢志不渝；看似冰清玉洁的尼姑妙云，最后却携款潜逃；而"大慈大悲大善大德"的慧觉大师和"亦巫亦道亦佛"的寅斋公（即大释和尚）也曾有"大恶"，尽管这"大恶"隐藏于文本的背后。

基于以上分析，不难发现，不论是《那山 那人 那狗》，还是《天眼》，彭见明始终在展示自己在当代文学大合唱中对本土的挖掘能力。他受惠于湖湘文化的创作理念深刻地反映在小说的文本之中，而对于作为本土资源的湖湘文化的态度，他也直言其无穷性和博大性："也曾经有人对湖南作家下过结论：因为地域的局限，我们只能唱一唱甜润快活的花鼓小调，而无法吼出八百里秦川上高亢悲壮的秦腔，黄钟大吕式的作品似乎不属于我们。也许这种地域环境有可能局限一个人的才情，但我们已别无选择，我们是不可能扯着自己的头发，离开故土的。但是真正的艺术品是无大小之分、长短之别的，尺有所短，寸有所长。唯一的价值判断是好坏优劣的标准。为此，湖南作家完全有理由坚守本土，二十一世纪的湖南文学的发展，仍旧是在湘楚文化的怀抱里，不是认识问题，是坚守与深挖的问题。湘楚文化曾经养育过许多文豪大家，因而足以有信心鼓舞我们写出好作品和大作品来。"①正所谓"十里一乡音，一方水土养一方人"，在湖湘大地上，有着极为丰富的文学景观和母题，而彭见明的成功之处就在于以艺术视角精准而有效地把握了这种资源。

第二节　水运宪印象及文学创作

湘军文学深藏在湖湘文化的骨子里。在改革开放的文化语境下，水运宪充当了改革文学的先声，而在市场经济下，他的《乔省长和他的女儿们》又以崭新的方式继续演绎湖湘文化。

一、成名作：沧桑岁月的《祸起萧墙》

1. 改革文学的先声

实际上，水运宪的这篇《祸起萧墙》②是他的成名之作。"文革"之后的中国文学一直以来都标榜着现实主义的回归，这当然是针对"文革"时期那种"假、大、空"的文学形象而言的，就其历史表达的愿望方面，它确实具有现实性。"伴随着新时期'拨乱反正'和改革开放的深入，文学伤痕的抚摸和痛苦记忆的反思难以继续满足社会前行的动力。文学不能永远沉溺在对'文革'灾难的声讨和痛苦的抚摸，而应该追踪和书写全国如火如荼的改革运动。"③而文学也在主流的引导下投入到日新月异的改革实践中去，例如蒋子龙的"改革者家族"系

---

①　彭见明. 本土文化资源的艺术开掘[J]. 理论与创作，2001(1)：13 – 14.

②　水运宪. 祸起萧墙[M]. 北京：中国青年出版社，1982.

③　江腊生. 改革激情与文学想象的焦虑[J]. 甘肃社会科学，2013(1)：122 – 126.

列，高晓声的"陈奂生"系列，柯云路的《新星》《三千万》，张洁的《沉重的翅膀》，何士光的《乡场上》，一系列反映城市工业改革和农村经济体制改革的作品应运而生。①

在此前的反思文学之中，老干部和忠诚的知识分子的正确性和合法性得到了很好的确认，他们对党和人民的忠诚和永不屈服的崇高信念都得到了充分的文学表达。现在"归来"的老干部和临危受命的知识群体在新的急剧变化的情势下成了中国经济改革的主力军、实现现代化的开拓者和稳定局势的时代英雄。他们在阻力横陈的焦灼改革之中以雷霆万钧之势，冲破阻力而锐意进取，引领改革的继续和深入。文学以这样的姿态表达了历史需求，一系列的作家以经济改革为题材，塑造了开拓性的改革英雄。从后来的眼光看，没有任何一个时期的文学像改革文学这样被人们寄予如此之高的厚望，似乎所有的希冀和历史方向都由此种文学指出。一个转折和改革的时代，要由文学来开辟道路。民族国家的叙事在这里不仅是想象性的问题，而是如此明确地和历史实践紧密联系在一起。

开拓者家族成了时代主体。蒋子龙在 1979 年 7 月发表在《人民文学》的《乔厂长上任记》是新时期改革文学的开山之作，塑造出一个受命于危难之际的改革家的形象。那个时代的所有弊端和困惑，都在这部文学作品里有呈现，并且获得了想象性的满足。乔光朴是在现实主义的文学规范之下书写的典型形象，一个重建现实乌托邦的神话英雄，反映和表达了那个时期焦灼的历史愿望。此后的柯云路的《三千万》也在竭尽全力地推出有着"岩石雕像"的改革者。老干部"猛局长"重返工作岗位，以自己丰富的斗争经验、成熟而有魄力的政治手腕、不屈的扛枪战斗经历来大刀阔斧地整顿市场和工程。那个时候的人们总是相信但凡有老干部出马，中国的问题便会迎刃而解，人们普遍相信实现"四化"的大好时代即将来临。但是水运宪却粉碎了此种天真的想象，他告诉人们改革是艰难而复杂的，而且也会失败。由他开始，改革文学开始具有一定的社会批判意识，昂扬向上的改革基调也打上了一丝丝的灰暗色彩，弥漫了一些悲剧性的氛围。

改革文学相较于此前的文学，更为贴近生活、切入现实，它缩短了文学与生活的距离感，强调文学要贴近生活，与生活同步，与改革同步，并总体上把握社会动向，传达出时代的声音。同时，它还创造出改革中的新人形象。改革文学创造出一大批具有时代特点和精神风貌的改革者形象。如乔光朴、傅连

---

① 陈晓明. 中国当代文学主潮[M]. 北京：北京大学出版社，2013：298.

山、徐枫、丁猛、刘钊、李向南等改革者，他们新就新在具有时代气息和现代气质，不断地开拓进取，身上或多或少都带有英雄气质，这是"改革者家族"的共同特征。改革文学作家能采取全方位的全景式的描写人物的方法，不仅写出人物的政治生活、经济生活，而且写出他们的爱情生活、家庭生活，甚至心态生活，使人物性格更为丰满，更富有个性。此外，改革文学还突出了崇高、壮美的美学特征，改革文学粗线条的刻画、大起大落的情节发展、强烈的悲剧意识、人物特性的阳刚之气，给人以崇高、壮美的审美感受，表现出粗犷、豪放、峭拔、雄奇的风格特征，尤其是悲剧意识的加强，使改革文学增添了美学色彩。

改革文学是在经历了"文革"政治风暴之后，经过伤痕的展示和反思的洗礼，并结合当时经济剧变的特殊产物，带有极强的意识形态和政治色彩，其中有很多作品都带有概念化和夸张的痕迹。但不可否认的是，它反映了中国人民走向改革与开放的愿望，给人们提供了认识现实的表象体系和情感意识，同时也提供了可以解决问题的部分范式。然而时过境迁，人们需要反省的是，自以为从"文革"和"四人帮"的概念化和主题先行等政治性的框架摆脱出来的中国作家，又是如此及时地为这个时代的集体想象再次建构着概念化的事实，只不过这次在相当程度上有着现实经验作为依据。那个时代没有人会怀疑文学虚构就是现实的真实反映。中国的现实主义理论使得人们相信文学的典型化手法就是为了更为本质地反映出现实。当然，站在 20 世纪 90 年代的立场上，看到后来的现实主义文学中出现大量的"反腐文学""政治叙事小说"，会觉得文学对待现实有多么大的差异。因此，我们不必去怀疑那时的文学作品塑造改革英雄形象的必要性，文学与现实构成一种复杂的反映、替代、补充和颠倒的关系。不管怎么说，改革文学是新时期文学当中观念性最强的文学现象，在经历了如此强烈的现实愿望的表达之后，文学对时代精神的强有力把握也耗尽了它的历史激情，从而使得具有个人经验特征的文学开始崭露头角。

2. 从"工厂"到"官场"

现在我们在这里提到水运宪的《祸起萧墙》，绝非意在从改革文学方面分析其利弊得失。而是它虽意在改革，却不仅仅是大刀阔斧地改制，还铺叙了在这个艰难改革过程之中权力的争夺和倾轧——省委和地委互相博弈、官场家长制的政治生态。这种改革突破了一个"工厂"的封闭的有限范围，进入了一个牵动多方利益、各方博弈的宽阔的"官场"。其中表现出来的血淋淋的官场斗争的严峻性和政治黑洞不断地提醒人们，改革不总是一帆风顺，也可能充满了很多的未知和变数。就算是有力的强权人物，开明智慧的领导者，也会被复杂的局势和利益关系所掣肘，导致改革的失败。改革是一项系统工程，它势必会受到来自社会各方面的阻力，势必会引起一些新的矛盾。而新旧矛盾交织在一起，又将阻碍改革的进程。

《祸起萧墙》是水运宪的第一部中篇小说。虽然作者只是通过主人公傅连山二进二出佳津的遭遇，叙述了某省电业局在体制改革过程中所遇到的阻碍，却使我们通过这一典型的局部事件看到了全国经济体制改革所面临的严峻形势，看到了经济体制改革的必要性及艰巨性。作者只描写了傅连山与地委郭书记的三次正面遭遇，就给读者再现出一位说一不二、一踩乱晃的太上皇形象。第一次遭遇，郭书记就向傅连山许愿，给他一个地委常委的头衔，交换的条件不言而喻，你得为我做事。就好像地委是他开办的，足以显示出郭书记在地委说了算的气势。第二次遭遇时，则今非昔比，傅连山不入套，也不听喝，甚至敢在地区的宝贝——金沟水电站上打主意，要把其并入大网，这明摆着是在挖地委的墙角。更不能容忍的是他竟然当着局党委常委的面顶撞郭书记，还抬出省委指示来压人，这就不能不令郭书记大光其火。这里作者有一段很精彩的描写："郭书记倏地回过身来，只觉得头脑里震得山响，他在这个地区，说话向来是掷地有声的。全区任何重大一点的事，他除非不拍板，一旦考虑成熟，就是他一锤定音，说一不二！像今天这样竟然有人当着自己的面亵渎权威，历史上还没有过！"一个受到伤害又不便发作的"家长"形象跃然纸上，也使人不禁为傅连山捏了一把冷汗。

而第三次遭遇，更活脱脱地现出了一个颐指气使的父母官形象来。傅连山从轮训班奉诏而回，正遇上暴雨洪水。调度室乱了套，事故不断发生。为了执行中调命令，傅连山拉了二、三级负荷的闸，为了保住金沟水电站，又命令他们甩掉所有负荷。这本是出以公心，却引起了郭书记的强烈不满，尤其是要把金沟并到大网上，更是触了郭书记的肺管子。在他看来傅连山这是成心和自己作对，于是老子天下第一的家长脾气又上了来，他在电话中吼出的一句话，更说明了他的这种心态："郑义桐，你好大的胆子！我说的话就那么不起作用了？啊？"接着他又对傅连山说："要是有人恣意违抗地委指示，玩忽职守，造成了损失，就不要怪我不事先打招呼。"由此我们不难看出，傅连山与郭书记之间的矛盾不是个人之间的恩怨，而是现代化管理形式与家长制管理形式之间的矛盾，是现代化观念与传统观念之间的矛盾。小说的最后展现的是勇敢改革者失败的悲剧，他与阻挡改革的力量一块儿玉石俱焚。最后等到郭书记赶到调度室时，傅连山已经清醒，大错已经铸成，后果不可饶恕，傅连山怒视着郭书记，冷冷地笑道："这不是正常的事故，这是人为的责任事故！我要用我的毁灭来震醒你们！只是代价太大了！"这是没有任何一方获胜的博弈，其根源在于这种传统的家长作风、父母官观念不清除，那么倒下的将不只是傅连山一个，经济体制改革也不会顺利进行下去，社会主义的现代化也将只能是泡影。作者极力让我们认识到的正是这一点。

如果说《祸起萧墙》中所反映的作者对现实的强烈关注始终彰显着作者对"铁肩担道义，妙手著文章"的人生信仰的坚守的话，那么在其政治叙事小说《乔省长和他的女儿们》中，这种承继传统、关注现实的创作理念则直接得益于湖湘文化的经世致用精神。

二、官场小说《乔省长和他的女儿们》：政治血缘的隐喻

1. 信仰的胜利

随着 1998 年王跃文的《国画》的出版，揭露官员的腐败生活和政治场黑暗的政治叙事小说进入了人们的视线。与此同时，政治叙事小说也在无形中形成了一种模式，即为了满足人们对于官场的窥探心理，政治叙事小说中的主人公官员，通常以负面的形象出现，并且作者会有意地增加官场的神秘感。为了迎合普通大众对于政治腐败的不满情绪，模式化的政治叙事小说以揭露官场的腐败和斗争为主流。这一类政治叙事小说，虽然揭露了一定的社会现实问题，但无形中成为一种消费型文学，千篇一律，并无太多建树。此外这些作品满足了人们对于隔着一道幕布的官场的窥探心理，但是对于官场本身是一把双刃剑，对于廉政建设的影响也是有限的。在众多的揭露官场黑暗腐败政治叙事小说中，水运宪的《乔省长和他的女儿们》[①]明显具有令人耳目一新的效果。《乔省长和他的女儿们》的主人公乔良是一个符合主旋律的人物，他有着自己的信仰，有自己的坚持。同时这部作品也有多种多样的人物形象，四个女儿不同的人物经历和人物特点衬托出了父亲的复杂的心理活动。首先，这些人物是真实的，是作者在改革开放的经历中细致地观察生活的产物；其次，一个有信仰的共产党员的形象是在复杂的社会关系中突出的，避免了在塑造正面人物中出现的"纸片人"的缺陷。

2. 时代中的坚守

作品以 20 世纪 80 年代改革开放初为时代背景，主人公乔良原本是金顶山煤矿的技术员，在一次矿难中，乔良不幸被困在井下。在危急的死生关头，一位老矿工不顾个人安危，奋不顾身救出乔良，自己不幸遇难，留下一个刚刚上学的女儿。乔良感激老矿工的恩德，义无反顾地收养了老矿工的女儿，于是他

---

① 水运宪.乔省长和他的女儿们[M].长沙：湖南人民出版社,2009.

有了四个女儿。在风起云涌的改革开放大潮中，有知识有能力的乔良很快地走上了矿里的领导岗位。两年的努力工作被大家认可，乔良被市人大代表选举为副市长，不久之后又成了市长。小说以乔良的身份为中心展开，通过不同的人物命运，深刻反映出不同的人对于权力的理解的不同。四个女儿如同一个社会的多面镜，不同的价值追求让他们的人生道路走向差异，有的办企业挪用公款赔了钱，有的不慎沾染上毒品，有的感情生活波折不断甚至堕胎，有的事业有成却沾染腐败。但小说的最后，四人都在父亲正义的感召下走出误区，开始了新的生活，符合了主旋律小说的要求。

这部小说紧紧地把握住了时代的脉搏，改革开放的 20 世纪 80 年代，传统的社会秩序被逐渐打破，各种新的社会思潮涌入人们的生活，意识形态出现多样化的局面。对名利的追逐和对信仰的坚持相互激荡，乔媛的丈夫汤中仁就是前者的代表，当乔良是市委书记的时候，作为机关组织部副部长的汤中仁和安分守己的乔媛举行了婚礼。没有预料到的是，一座通向矿区的白马大桥突然坍塌，造成了人员伤亡，后果严重。乔良自认为难辞其咎，主动承担了事故的后果，递交了辞职申请。此后，汤中仁对乔媛的态度便急转直下，不久就给乔媛寄来了离婚协议书。很明显，汤中仁只是利用乔媛的父亲的职务便利为自己谋取利益，当失去这个条件时，乔家对他就没有了任何意义。乔良就是坚持信仰的忠实践行者。原则者，言行之依据准则也；信仰者，理想之最高尊崇也。言行与尊崇不一致，即为无原则，即为假信仰。"为了原则，可以不惜一切代价"，在提拔乔媛的事情上，客观上符合提拔条件的乔媛却被自己的父亲乔良划去了名字，为了避嫌。乔良解释说："她学的是财经专业，安排到市委组织部本身就不合适。别人都以为是我的意思，其实当时我刚好在中央党校学习，谁都没有告诉过我。事到如今，我一句都不想解释，有什么用？没人会相信。按理说，这一次确实不该划掉她。她在副科级位置上已经都五六年了，当然应该解决嘛。可你看看这份名单，我只能划掉她。要不然其他同志怎么能摆平？"自己的下属都感到不平，他也只是说："别管他，人家爱怎么说就让他说去。咱们办事一凭党性，二凭良心，问心无愧就行了。"

小说通过对不同的人物的对比实现了对历史的思考，和对现实人生的深刻洞察。一方面，歌颂了改革开放的伟大时代精神，具体表现为共产党员带领人民筚路蓝缕创业的精神。人民群众是历史的创造者，乔良就是从一个普通的技术工人成长起来的政治改革家，而乔媛就是顺着改革开放大潮努力劳动创造财富的企业家。另一方面，小说将巨变的社会中出现的腐朽黑暗的现象披露出来，官场中、商场中、情场中的虚伪面孔，迷失自我和市侩庸俗，都通过四个女儿的人生际遇和社会关系表现出来，是一个时代的全方位展示。

3. 回归的生命启迪

在把握时代特点的基础上，小说塑造了一系列鲜明的人物形象。这部人物众多的小说中，作者准确地把握住了小说中不同人物的精神境界高低程度，熟知各式各样的人物的身份、性格和语言特点。作为从一个技术员一步步成为市委书记最终成为副省长的乔良，他始终对党保持着无限的忠诚，能够为了原则不惜一切代价，一身凛然正气。正直严肃的形象能够在读者脑中轻而易举地勾画出来。监察厅副厅长汤中仁，趋炎附势，爱情婚姻都可以成为仕途的牺牲品，与乔媛的婚姻只是他获取更多权利的踏板。恋爱、结婚、离婚、复婚一系列过程都与乔良在官场上的境遇紧密相关，其嘴脸的丑恶、手段的卑鄙让读者切齿。乔媛是大女儿，所以性格上比较老成稳重，聪明本分，包容大度。二女儿乔焰则永远不安于现状，盼望着出人头地，性格也比较刻薄。在和溜须拍马见风使舵的曾志民的交涉中，乔焰的话生动地传递了自己精明的性格："乔焰一瞪凤眼，正色说：'曾志民，你少动这些歪脑筋。真以为我不知道你打的什么如意算盘啊？实话告诉你，赶快死心吧。这件事情，我不到爸爸面前坏你就不错了。指望我帮你？没门儿。我呀，还真就绝了。'乔焰一甩头，强令曾志民停车，不屑一顾地将这样的小人物抛在了脑后。"几句对话就把乔焰从一个矿场中"穿着花格子棉袄，满脚都是黑色煤尘和黄土的小姑娘长成了娇媚可爱的小女人"的变化刻画出来。三女儿乔蓉就是当年遇难的老矿工的女儿，可能是由于这样的童年经历，乔蓉体质较弱，性格也比较柔顺，从不争强好胜。而小女儿乔莉则是改革开放后一批女性的代表，时代的精神造就了她的独立意识，甘于冒险。

小说的叙事技巧也大气精彩。首先，叙事结构非常紧凑。作者在有限的篇幅内表现了社会生活的方方面面，对于每一个中心事件都做了精妙的安排，驱使读者去高密度地阅读，避免了粗略的浏览。其次，小说脉络清晰。小说在一个广阔的社会环境中塑造了一个正面又真实的形象，并运用很多事件的侧面衬托，在众多的头绪之下，既表现了乔良对党的原则信仰的坚守，也表现了他对腐败的警惕和对掠夺国家财产的不法行为的斗争。以此为基础，小说极其巧妙地理清了相关人物复杂的社会关系：在生活方面，既描写了中年丧妻的乔良与一个女商人的情感故事，又展示了四女四婿每个人各自不同的生活道路；既表现了乔良对自己子女的无限关爱，又描写出他为了原则不得不牺牲女儿的利益甚至牺牲自己的情感的矛盾。小说中，作者通过细腻的日常生活将这些方面或明或暗地表现出来，让读者在细细品味精彩的故事情节时获得更深层次的启迪。

"艺术也描绘庸俗的东西和粗野的东西，为的是嘲笑这些东西，消灭这些东西，而且在这样做的时候，是把优美的东西和庸俗的东西并列在一起，把高尚的东西和卑下的东西并列在一起，把柔和的东西和粗野的东西并列在一起。"①《乔省长和他的女儿们》就是一部既符合主旋律又揭露对立面的优秀作品，小说把最后的落脚点放在了亲情上，告诉我们深刻的生活哲理，不管什么样的追求，回归的幸福才是本位，确实能够发挥启示人生的作用。乔良的故事告诉我们要忠于自我，而四个女儿的故事体现的则是生命的重生。

蔡测海对水运宪其人其文的总结是"要忧，也只忧天下事"②。而这种"心忧天下"的情怀正是湖湘文化的要义之一，从忧国忧民到对政治、经济等社会各方面的关怀，湖湘文化始终滋养着一代又一代湖湘学人。水运宪在1989年暂时离开作家队伍到改革开放的最前沿深圳、珠海体验生活。在珠海，水运宪是开发区区长助理，每天处理非常具体的事情——招商引资、债务处理、保护国有资产、处理人际关系等问题，这让他体验到一种完全与写作不同的生活，感受到了另一种真实，而这种真实实则为湖湘文化"经世致用"思想的体现。在《祸起萧墙》中，对于电力系统改革的忧虑关怀是主题，而在《乔省长和他的女儿们》之中，以亲情、家庭的视角对牵系着社会的核心场所——官场的倾注，无疑也是湖湘文化"敢为人先"精神的践行。

第三节　陶少鸿印象及文学创作

人生充满无奈，即使是湖湘文化浸润下的猛士也会有辛酸之感。猛士全力以赴，明知不可为而为之，最终仍然败下阵来。但这奋斗依然充满着意义，至少表明了一种态度、一种追寻，其悲壮的审美风格震撼着读者的心灵。

《梦土》中陶秉坤所梦想的土地既是现实中的土地，亦象征着现实中精神的圣地，这块圣地得而复失。追寻圣地的过程中充满着艰辛，以至于作者最后在《花枝乱颤》中向着远方那一位圣洁的爱人喊出心声。

---

① 仲呈祥，张金尧.现实主义典型化形象魅力永存——由《第一书记》说开去[N].人民日报，2010 - 12 - 03.

② 蔡测海.洞庭天下水——水运宪其人其文[J].北京文学，2002(12)：88 - 90.

一、成名作：守望故园的古老《梦土》

1. 宏大叙事下的史诗架构

在中国现当代文学史上，描写农民的长篇小说一直都是文学创作当中的热门，陶少鸿的《梦土》可谓是别具一格。他以自己独特的人生经历和看待农村农民问题的独特视角，以全景式和代际跨度的宏伟叙事手法来表现千百年来中国农民对于土地的热爱和执着。陶少鸿在谈及自己创作心得与经验之时曾这样感喟自己的乡土情结，他说道："乡村生活于我来说，最大的获益是有了最真切的生命体验，感受到了人与大自然最紧密的联系。站在泥香四溢的土地上，你可以听见万物生长的声音，看到四季轮回变幻的色彩，你会感到你与大自然融合在一起，你就是它的一分子；置身乡村生活中，你必须亲手种植庄稼养活自己，并因此而体悟生活之艰难，生命之坚韧。总之一切体验都会让你感到人生既忧伤又美好。这其中就会有审美意识自然天成，它不知不觉地渗入到你的心灵中，进而影响到你后来的生活与写作。乡村生活是艰苦的，却又是诗意的，我想这就是所谓的乡土题材吸引我的原因吧。"①

事实上，陶少鸿的这部《梦土》可以让我们联想到很多类似的作品，但这种类似却不等于雷同。如梁斌的《红旗谱》侧重反映旧中国农民的革命历程，努力塑造了像朱老忠这样的一些农民英雄。而柳青的《创业史》，着重表现中国农村在农业合作化过程中的种种矛盾，从而揭示"中国农村为什么会发生社会主义革命和这次革命是怎样进行的"（柳青语）的深刻主题。当然，它也不像陈忠实的写农村题材的长篇力作《白鹿原》，《白鹿原》的成功之处在于书写了向现代化社会迈进过程中正在瓦解的中国旧式农民的生存史与文化史，具有较高的文化品位。《梦土》和这些作品一样，都是对一个宏大主题的历史书写，只不过在这林立的座座高峰之中找到了自己的独有的位置：全书以老实巴交的农民典型陶秉坤渴望拥有自己的田土为线索，按照时间的顺序，从清末写到 20 世纪 80 年代的当代中国，跨越大半个世纪；在广阔深远的社会背景下生动地展示了陶秉坤从拥有田土而又失去田土，再拥有田土又再失去田土，几起几伏，最后他终于在自家的责任田里飘然逝去；揭示了田土对于人类生存的重要意义，以及田土与农民的重要关系；还有力地提出了我们党过去在农民问题、农业问题上所犯的种种错误，歌颂了中国农民为生存而渴望获得田土所表现出的勤劳、质朴和憨厚的优良品德，同时也反映了中国农民对世道反复无常的种种忧虑，他

---

① 张文刚.写作既是心灵修炼，也是精神自慰——少鸿访谈录[J].创作与批评，2013(11)：14 - 18.

们强烈地希望世道就像土地那样朴实、稳定、可信。

《梦土》是一部农民家族史诗性的长篇小说，说确切一些，它是一部典型的南方农民家族史诗性的长篇小说，洋洋近 70 万字，无论作品创作思维的外向性还是作品内容的客观性，都具有史诗性长篇小说的基本特征，它紧密地联系着历史进程，笔触所及总是关注社会的发展变迁，它的时间跨度之长，空间幅度之大，都具有史诗性的特点。而这种"史诗性"源自作者的内在化的文学追求。《梦土》在成功地塑造出中国农民典型形象的同时，还生动地描写出了近百年来中国农民与世事、与政治、与时势、与社会变迁不可分离的紧密联系。因而可以说，这部长篇小说在一定意义上折射和反映了近百年中国农村乃至整个中国社会变革和发展的路程和历史，或者说是写出了近百年来中国农村的变迁史。

我们常说的宏大叙事（grand narrative），往往与在较大范围内和纵深时空关系中的理想性和建构性的写作主题与叙事目的有关，有着一以贯之的主旨和完整、全面、统一的叙事内容。它主要是指启蒙运动以来所构建的一种关于世界和人类社会发展的理性主义神话的"大叙述"。"宏大叙事"一词的产生和后现代文化理论，特别是利奥塔的反"宏大叙事"界定有关。利奥塔将"后现代的"态度界定为"不相信宏大叙事"，对启蒙运动以降的现代理性主义传统展开了深刻的批判和反思，他拒斥宏观理论而推崇差异与悖谬推理，试图用这一理论框架来解构宏大叙事。从思想特征来看，宏大叙事往往强调总体性、宏观理论、普遍性，而在具体作品中，宏大叙事又往往与意识形态关系密切，特别是那种革命史题材的宏大叙事。在当代中国，宏大叙事往往用作阶级、国家、民族、政治、革命等意识形态话语的代指，在 20 世纪文艺中以重大历史事件和历史人物为中心的宏大叙事传统为表现。中国现当代文学一直将"史诗性"作为最高的思想艺术追求和评价标准，作家纷纷将把握"时代精神"视为责任。早在20 世纪 30 年代，茅盾就以"大规模地描写中国社会现象""反映出这个时期中国革命的整个面貌"的自觉意识，写出了长篇小说《子夜》这样堪称宏大革命叙事开山之作的作品。中华人民共和国成立后的十七年文学创作更是具有明显的单一化的"宏大叙事"的时代特征，主要表现为"为政治服务"，直接将政治斗争本质化，以宏大的"革命叙事"和"史诗性"为目标。这种"史诗性"的获得，主要表现为揭示"历史本质"，承担记载和教育的功能。许多长篇小说都采用宏大的时空跨度和叙事规模，往往是亲历者将重大历史事实结合在艺术虚构之中，以饱满的激情塑造革命英雄形象，抒发革命英雄主义精神。其间偶有个体主体意识觉醒和突破思想禁锢的"启蒙叙事"的萌发，但在"文革"中，"宏大叙事"

本身逐渐陷入困境，最后走向停滞和解体，直到改革开放后以新的复杂面貌出现。①

　　现在的问题是：个人叙事如何较好地来展现宏大叙事？二者能否完美契合？邵燕君曾经指出当下的宏大叙事的三个困境："价值虚无的消极性""退守民间的规避性"与"形式突围"逃逸和"精神借力"的乏力②。确实，一旦"宏大叙事"堕入"空、假、泛"的流弊之中，形式的整一性被架空，创作文本原动力枯竭，那么它将为后现代理论和文化潮流所消解，代之而起的是私人化、个人化、欲望化、非理性化、非政治化、非历史化、非崇高化、非英雄化、零散化和小叙事的文学口号与小说策略，及其衍生出的诸多文学分支和流派。而真正做到宏大叙事和个人叙事比较好的契合的是陈忠实的《白鹿原》，它可以代表80、90年代宏大叙事的思想艺术的高度和复杂性。小说以渭河平原50年的变迁、两大家族三代恩怨浓缩了民族的历史内涵、文化精神和生命意识，它最大的贡献是成功地采用大文化视角来追求史诗效应，即在地域文化风貌的历史变迁中书写如巴尔扎克所说的"一个民族的秘史"，展现了地域民间的传统、习俗、心理、生存方式和思维方式。由于新历史主义和魔幻现实主义的影响，小说在主题、语言、格调和叙事上均表现出强烈的新历史主义精神，整体上带有深刻的矛盾性，尤其是历史观和道德观的悖论。《白鹿原》以其全局观的笔法、曲折起伏的家族史来影射荡气回肠的民族史，典型地描写了宗法制度在中国社会中的地位。白鹿原是中华民族的缩影，也是作者力争想反映的主题。

　　我们再来反观陶少鸿的《梦土》，不难发现，它跟《白鹿原》同属于农民家族史诗性的建构，不论是时间跨度、农民家族还是对土地亲情的倾诉，都具有相近的笔法。这两部作品始终以窥视人心人性的具有穿透力的眼光，描写出了纷繁复杂的人物关系和人物命运，这种对人性的终极关怀有一种历史的苍凉感。陶少鸿和陈忠实都对大地山川怀有着深深挚爱，对中国历史有着深刻反省，他们对于中国传统土地上的人们的史诗性的写作，不仅创造出了笔蕴深刻的文学文本，亦是对宗法制中国的深切缅怀！

　　2. 守望土地的赤子情深

　　自古以来，中国就是农耕文明占据主导地位的乡土国度。而现当代文学之中对于乡土的表达基本呈现了两种范式：一种是以启蒙的眼光来批判宗法农村

① 马相武. 全球化下宏大叙事与当代中国文艺主流[N]. 中国艺术报，2009 – 9 – 8.

② 邵燕君."宏大叙事"解体后如何进行"宏大的叙事"　近年长篇创作的"史诗化"追求及其困境[J]. 南方文坛，2006(6)：32 – 38.

的蒙昧和凋敝，此种表达常常与贫穷、落后、苦难的意象相关联。而另外一种是以沈从文为代表的诗意美好的人性乌托邦的农村社会，乡土农村成了人人向往的美好人性的集散地。不论何种意见，单一的批判或者赞美始终无法描述真实客观的农村原貌。就像陈思和先生在讨论"民间"问题时指出的那样："民主性的精华与封建性的糟粕交杂在一起，构成了藏污纳垢的独特形态，因而要对之做简单的价值判断是困难的"①。在中国乡土小说的创作之中，我们很少看到自在的农村生活和自主的农民形象，也很少能完整看到乡土农村的全貌。

《梦土》无意于建立或批判或美化的象征，而是以一个世纪的变迁为背景，绵密悠长而又扎实稳健地写出了陶秉坤对土地深厚的感情，以及他的土地失而复得、得而复失的命运。在以往的乡土小说中，农民也许是文中不折不扣的主人公，却并没有属于自己的历史，他们或者是被悬置于时间之外的"超历史"存在，比如《边城》里的翠翠，或者是被历史批判否定、调侃戏谑的对象，比如阿Q或陈奂生以及赵树理小说中的"小腿疼""吃不饱"等。小说《梦土》并没有回避20世纪历史中有关土地的各种政策的变化：从农会闹土改，到合作化到人民公社再到分田到户以及最新的旅游征地、房产开发征地。这些大历史深刻地影响着甚至改写了陶秉坤及其家庭的命运。然而无论历史风云如何变化，不变的是陶秉坤置地的决心与坚毅。在云波诡谲、风生水起的大历史面前，陶秉坤身不由己，但却不屈不挠。《梦土》成功地塑造了陶秉坤这一农耕文化践行者的典型形象，从而将时势剖析与世情审察融为一体，深刻地揭示了乡土人生境界在20世纪中国的悲剧性历史命运。

小说从陶秉坤救下即将沉潭的黄幺姑、开始做有关土地与发家的梦想写起。青年时期，陶秉坤一直谋求着收回伯父代管的田土、房屋等遗产，凭借辛勤的劳动自立门户，却不断遭到伯父的巧取豪夺和堂兄弟的挖苦挤兑。宗族势力的剥夺与欺压，使他白手起家的立业变得格外艰难。20世纪20年代，土地革命给予了陶秉坤收回丁字丘和晒章丘的机会，他于是真诚地投身到革命浪潮之中，但获得自己土地的喜悦却随着大革命的失败转瞬即逝，他还背上了有意害死伯父的恶名。在随后的战乱环境中，陶秉坤虽然人值壮年、儿孙成人，而难以预料的灾变时局和老大玉田文弱无用、老二玉山娶媳不顺、老三玉林伤风败俗的家境，却使他长期穷于应对，各种人生努力也总是功败垂成。中华人民共和国成立后，陶秉坤刚为自己"从未有过的富有"而"喜不自胜"，就不得不面临"互助组""合作社""吃食堂""学大寨""割尾巴"等一次次运动带给农村的沉

---

① 参见陈思和. 陈思和自选集[M]. 桂林：广西师范大学出版社，1997：207.

重打击，在夹缝中为保命求生而耗尽心智和技能，但结果还是避免不了儿媳秋莲被饿死、自己不断被批斗甚至被弄瞎了眼睛的命运。实行生产责任制之后，陶秉坤寿高百岁、五代同堂，丁字丘和晒章丘也回到了自己手里。他刚为自己的幸运觉得心满意足，政府却又搞旅游开发征收了丁字丘，陶秉坤因此"气恨难消"地"跌坐在田里"，"怎么也起不来了"。就这样，在世纪性、全景性的社会历史视野中，《梦土》忠实而全面地展示了陶秉坤作为一个普通农民充满着艰辛、悲苦和不平的人生命运。

《梦土》整个作品的主题基调洋溢着一种土地的芳香，主人公把自己的生命依附到了土地上，一生为此而奋斗不息，生为伊，死为伊，对于土地的热望和坚守充溢着整个文本，整篇巨著的故事情节也围绕着土地问题而展开。作品对陶秉坤对土地的那种如醉如痴的热爱多次进行了生动的刻画，使他的生命与土地融为了一体。"泥土的芳香从田里飘过来，直透肺腑，既令他陶醉，又让他烦扰不安……插下不久的禾苗已经返青，泛着鲜嫩的浅绿。是的，他该把他的田地收回来了，这原本就是他成亲的主要目的。"

"架好犁轭，陶秉坤右手扶犁，左手执鞭，浑厚的嗓门叫上一声：喃！牛便四平八稳地往前走。柔软黑亮的泥坯从犁铧上错落有致地倒下来，在泥水里排成顺溜溜的一行，散发着扑鼻的泥香。丁字丘还是块白水田，要晓得会续租，他早就给积了肥。可它真是丘良田呵，泥巴如此暄软，像踩在豆腐上一样，它的甜腥腐烂的气息告诉他，即使不上粪它也比他新开的那几丘小田肥沃得多。这不奇怪，它饱含着多少代作田人的汗水！或许，他和赫赫有名的陶澍大人共有的祖宗，就曾如他一般光着脚在这田里耕种过吧？世上万事万物，只有土地是好东西，皇帝佬儿也离不开它的养育，它是一切的根基所在呵！""他跟着犁沟不紧不慢地走，恍惚之间，牛、犁、人已是三位一体，浑然不能分……滑腻的泥巴从他趾缝里进出，好似一条条泥鳅溜走了，非常有趣。云慢慢散开了，阳光倾泻下来，满山绿叶明晃晃的，田里的泥水晃眼的金光，石蛙溪在田埂下哗哗地唱歌。清爽的风从脖子里滑过去，惬意得很。"①

联系和综合起来看，可以说作为中国农民典型形象的陶秉坤具有深刻的丰富性和复杂性，是一个具有立体感的血肉生动的人物形象。我们从作品中看到，作为土地开垦者、耕耘者的陶秉坤，总是表现出激情、奋进，朝气旺盛，在他面前没有不能克服的困难，在他的生活里总是表现出诗情和画意；而作为土地守卫者的陶秉坤，则总是表现出无助、无奈、落寞、悲伤，在他面前总有无法

---

① 陶少鸿.梦土[M].北京：人民文学出版社，2010.

解决的矛盾，在他的生活里总是表现出冷峻和萧瑟。陶秉坤身上所表现出来的这种悲剧性的矛盾是中国农民身上所共同具有的，陶秉坤是真正的中国农民的典型形象。

中国的 20 世纪是个充满了变数的时期，失落、痛苦、焦灼与希望、追求的互相缠绕与追逐，构成了这一个世纪丰富异常的色彩与景观。然而反观文学对这一个世纪的描述，我们不无遗憾地发现，在 80 年代之前，文学对这一段历史的表现是具有极端意识的。陶少鸿抛弃了各种理念的束缚和缠绕，也没有采用过多繁复的技巧，而是以最接近小说原初本质的方式写了一系列很好看的人生故事，而在这些故事的铺陈与展开中，土地与革命，每个人不同的人生道路，都带着他们各自的丰富性甚至是矛盾性，在这些复杂的争斗和命运流转的过程中，他将自己对于中国悲哀的农民对土地的深深热望很好地融合进了作品之中。

二、官场小说《花枝乱颤》：政治人性的张扬

世殊事异，但不变的是对"梦土"的追求，人性在对精神圣地的追求上仍是那样一如既往。只是官场犹如一把放大镜，借助现实的光芒，将人性的弱点放大。这种探索是世界文学的宝贵财富，既丰富了人性的内涵，又展现了湖湘文化那种"真的猛士，敢于直面惨淡的人生"的精神，达到了越是民族的，越是世界的的效果。

人性的异变和坚定。陶少鸿的长篇小说《花枝乱颤》①和大多数政治叙事小说一样是揭露官场腐败和人性扭曲的现实题材作品，但它的与众不同在于作品想要传递的权力下的坚守与扭曲并不是通过营造纷繁复杂的权力纷争和官场风云表现的，没有更多地让读者去猜测与评判，而是在平实单纯的叙事基础上明确了什么是美善丑恶，明确了作者自身的价值选择和道德判断，内容更加真实，贴近现实生活，叙事上严谨细致，可谓别开生面。

《花枝乱颤》围绕着官场潜规则展开，将官场政界中的上下级关系、男女关系一点点揭露，通过两个主要人物不同的人生际遇赤裸裸地展示了官场的腐败阴暗面和潜规则的横行。能够顺应潜规则的人如吴晓露，人性扭曲却获得了步步高升，坚守自己的原则的袁真一直得不到提拔，与自己的官本位的丈夫离婚，离开了官场。

小说的主人公，也是正面角色代表——袁真，有着出色的容貌、才能，是

---

① 　陶少鸿.花枝乱颤[M].北京：作家出版社，2006.

一个有高尚追求的知识女性。她的"清高是骨子里散发出来的，就像梅花的香气一样"，任何违背她认同的尊严的事情在她眼里都是容不下的，当她看到身为纪检组长的丈夫方为雄在大庭广众之下为局长脱下外衣、拍打衣襟、吹去头皮屑这样的"拍马屁"行为时，"羞得满脸通红，恨不得能钻到墙头里头去"。寥寥数笔，一个正直清高的形象跃然纸上。她在深流暗涌的名利场中坚持着自己的操守，在权力斗争的包围中艰难地维持着一个知识分子的信仰和良知。也正是因为这样，她与官场格格不入，坚持人格，不肯违背内心去讨好上级，只能无奈地输给官场潜规则，始终停留在科长的位置上得不到提升。面对高薪诱惑，袁真仍然是自尊自立的形象："我是不想受机关里的气，但更不能把生存的希望寄托在某个人身上。"但袁真正直清高的精神追求注定是与官场文化相背而行的，矛盾的不可调和也导致了袁真最后的离开。面对丈夫的奴颜媚骨，面对单位的枯燥与虚伪，袁真选择了改变。

作者为袁真的改变设立的契机是袁真的女儿。袁真的女儿有家乡非常贫困的同学，那里的教学条件非常恶劣，孩子们没有正常读书的环境。袁真在了解到这种情况后，积极寻求各方的支持，最终以自己的努力和坚持改变了这个状况。这件事情给袁真的心理认同感让她找到了生命的价值所在，最终，她的生命热情找到了突破口。一方面，这是袁真为了自己生命价值的实现所做出的改变，另一方面，这是对于官场潜规则和市侩心理的抛弃和谴责。作者通过袁真的经历表现了自己的善恶评判标准。作者用官场的腐败黑暗衬托袁真的高洁，写出了现实生活中的腐败现象和人们对腐败分子的痛恨和不满，袁真的人生追求之路有着理想的浪漫主义，同时她在官场上的一系列经历又充满了现实感。

和袁真有着明显对比的形象是作品中的另一个主要人物——吴晓露。吴晓露有着莲城"名姐"的称号，作者在塑造这个形象的时候，把她塑造成一个把权力、地位作为人生的终极追求的人，她会出卖自己的肉体来获得官途上的顺利。吴晓露处事圆滑，机智地与领导进行着权色交易。但同时，她又不是简单地为权力不择手段，作者也赋予了这个人物复杂的心理状态。吴晓露是袁真的表妹，向来心高气傲，有不服输的性格，却从小生活在袁真的光环中。袁真成为主任科员的事大大地刺激了吴晓露与之一较高低的好胜心理。这种内心的复杂活动正是吴晓露真实的人性。她也渴望正常的家庭生活，但虚荣心的驱使和权力的诱惑又让她无法抵抗。在追求高升的过程中，她充满了心理斗争和难言之苦，她的丈夫娄刚责问她不在乎家庭，她也会眼睛忍不住地变红，说："我是女人，我需要满足我的虚荣感，也需要一个富裕稳定的家庭。"从这里就可以看出，没有绝对的善恶之分，只是人生追求的差异导致了吴晓露走上这样的道路。

"势单力孤的个人无法改变这种规则和气候，而只能秉承适者生存的原则，懂'规矩'，成为'潜规矩'的遵从者，才能越来越接近'圆心'。而当你接近'圆心'时，往往也早已成为这种潜规则的构建者和维护者。于是，在恶性循环中潜规则甚至繁衍成为了一种行业文化。"①吴晓露和袁真的人生际遇虽然迥异，但不是成功和失败之分，可以说她们都是潜规则下的牺牲品。袁真坚持了自己清高自洁的原则，但她的人生又何尝不艰辛，得不到提拔和不愿媚言的矛盾，面对自己丈夫奴颜婢膝的怨怼，倾心于海归书记吴远达却又存在对权力的怀疑以至于在心中问自己"是吗"。步步高升的吴晓露对潜规则的无奈和遵从让她在权力和家庭之间感到纠结，又何尝不是内心充满苦楚。

小说中还有两个潜规则中的中间人物，"我"——保安科长吴向阳——吴晓露的前男友，海归副书记吴远达。"我"是作者用来介入故事、制造情节、推动故事发展的角色，一方面，"我"是一个小公务员，承受着狭小的生存空间和压力，受着方为雄、刘玉香等在官场混迹多年的公务员的影响，沾染了庸俗的世俗习气，为了能够高升，违背本性出卖人格，花钱买官，向看不惯的"年猪"吴大德送上八千块红包，对领导点头哈腰，熟谙世故。同时，"我"又利用自己特殊的工作性质在市委秘书长吴大德的办公室套间内安装微型摄像头，自己的前女友和吴大德的权色交易的丑行又让"我"感到人性的腐败、无奈和痛苦。

而副书记吴远达作为海归，初到岗位时，胸怀大志，充满着实现人生价值的从政理想，希望能够促进社会和谐和人民的安居乐业。小说中有一段下岗工人上访的情节，面对分管领导的阻拦，他不怕得罪人，为工人挺身而出，主持公道，为人民排忧解难。在国外的经历让他非常崇尚西方的民主政治，对国内官场的腐败黑暗也是深恶痛绝。他有着与一般官员不同的觉悟和远大理想，但最终还是被大环境所影响，为了仕途上的顺利学会了官腔，为了稳住自己根基也不得不选择妥协，屈于现实，随波逐流。"他们在这种潜在秩序和氛围中疲于应付，不得不将自己同化磨软，纳入约定俗成的轨道，沦为随波逐流的游鱼，与自己的个性、尊严与理想背道而驰。"他给袁真的短信"也许你已对我有了成见，但我知道，我还是原来的我"充分表现出他的矛盾与无奈。

文学的人性与真实性原则在小说中得到了充分的表现。没有绝对的善恶，只有真实的人性，每一个人都有自己要面对的矛盾冲突，只是在面对这些问题时做出的选择不同。陶少鸿把握住了不同人物的生命体验，将他们放在一个复

---

① 孙宏霞.潜规则控制下的品格异化与坚守[J].新学术,2007(6):19-20.

杂的官场环境中表现出来。正是因为这样，小说结构严谨有序、条理清晰，在对人物形象进行塑造时深刻剖析了人性的正面与缺失，无论是坚持清高的正面人物还是溜须拍马的负面形象，都刻画得入木三分，官场百态栩栩如生，有着真实人性的审美魅力。同时，普遍认知中的正义还是在文章的最后得到了伸张："在得到吴大德被双规的确切消息后，我拨通了袁真的手机。我兴奋地冲着远在天边的袁真大喊：'袁真，告诉你一个好消息：吴大德双规了！快回来吧！'袁真一时没有作声。但恍惚之中我分明看见，远方的她静静地笑了。她的笑容一如既往，像阳光一样灿烂透明，虽然遥隔千山万水，却照亮了我的内心。"

　　这部小说让我们思考在面对社会潜规则时我们应该如何选择。不可否认，在任何一个社会，在任何行业，潜规则都是存在的，与时代的发展相伴而行。对于潜规则，遵守或者是不遵守，都要付出一定的代价。当我们个人的意识、行为和传统的道德发生冲突时，要如何判断和选择？小说传递给我们的仍然是怀抱着传统的道德判断标准模糊地观察世界的态度。无论是袁真还是吴远达，他们都曾有自己内心的矛盾的动摇，这才是最真实的人性。选择洁身自好的袁真最终也没有一个自己的归宿，或许作者也处于迷茫中，这种与现实格格不入的高尚的道德价值在哪里得到实现？我们所赞美的和仰慕的东西是否与真实人性有所冲突？小说中的"我"不能确定是善是恶，他有着明显的好恶区分，却又迫于环境的压力不得不屈服于自己所厌恶的官场规则。不过至少袁真是清醒的，她在矛盾之后选择了坚守，彻底的脱离也是一种人性上的解脱。

　　基于以上分析，我们能清晰地发现，从《梦土》到《花枝乱颤》，陶少鸿的创作集中呈现了一种边缘文化中的执拗的乡土情结和原始期待；而这种乡土性和原始性根源于湖湘文化的边缘性和非主流性。在历史早期，受制于主流文化、被斥为"蛮夷"的湖湘大地始终有一种乡土情结和原始期待——人们渴望在荒蛮的土地上有所作为，并以纯情率真的态度对待一切；这种情感深埋在湖湘儿女的性格之中，更易生发出对哺育着他们的乡土文化的桑梓之情和对构建社会的美好期许。在陶少鸿的作品中，这种对乡土文化的热衷与酷爱体现在《梦土》之中，而对社会构建的美好期许则在《花枝乱颤》中可见端倪。《梦土》所追求的是一种弥漫着浪漫主义情结的乡土激情；通过对中国农民 20 世纪生活史和心灵史的亲历性转述，一种执拗的乡土情结蓬勃而出——"农民世世代代梦想拥有自己的土地，有了土地就能滋生出许许多多新的梦想！因而小小石硅溪，与中国任何一块土地一样，是梦想之地、情爱之地、生命之地、血火之地。"①而

---

① 涂昊.论湘楚文化对新时期湖南小说的影响[J].船山学刊,2006(3)：52－54.

在《花枝乱颤》中，作者借助袁真这一人物形象所寄托的也是一种在边缘姿态的催生下对现代社会官场文化构建的抵制和警醒，一定意义上，这与湖湘文化长期以来形成的强韧与独立、担当与不羁精神不无关系。在湖南文学整体繁荣的背景中，文学观、审美观甚至叙事方式的"湖湘化"逐渐成为湖南当代政治叙事小说的一面旗帜，而不同的作家也都自觉地弘扬湘楚文化的本质精神，充当时代的歌手，在时代赋予的新语境中，不断为湖湘文化的意义书写着新的阐释和注解。

第四节　邓宏顺印象及文学创作

从《红魂灵》到《贫富天下》，邓宏顺一直在寻找一种平衡与和谐，纵然经历了现实的污浊，作者仍然坚持作家的担当——质问现实，思考人生，寻求生存的意义。《红魂灵》中红色的精神，化身为《贫富天平》中的天平，促使着高南翔成为斗争的猛士。

一、成名作：荡涤尘埃的《红魂灵》

带着时代的惯性，"父亲"肖山走过了一个特殊的历史年代，用不合时宜、不可理喻、不可思议形容他再合适不过，也正是在顽固不化之中，展现出他宗教信仰一般的红色精神品质。

1. 湘西的红色转变

因为沈从文，更因为那些可爱的湘西作家，我们不断地了解了湘西，得出几分印象。在朦胧的湘西印象中，当我们提及湘西往事的时候，不免有些人流露出迷幻色彩，神秘湘西的背后有着太多的悬念、太多的未知等着我们去探索，或许湘西这种神秘的色彩也是缘于历史，与生俱来。

《红魂灵》[①]以一个湘西小镇为地域文化背景，以 50 余年的乡村生活为叙事空间，"从一对父子的不同成长经历和不同的文化观念入手，深层次地纵横展开父子两代在事业、爱情、价值尺度、行为方式等多种尖锐矛盾及其成败得失，借人存人亡演政治风云，借家庭悲欢演世事变迁，借爱情离合演良心沉浮……"[②]给我们塑造了不一样的湘西印象。

①　邓宏顺.红魂灵[M].长沙：湖南文艺出版社，2006.

②　刘北平.作家的社会责任——邓宏顺小说评析[J].创作与评论，2014(7)：64-67.

　　2.肖山：矛盾但却永不褪色的红魂灵

　　小说精心设置了典型的人物活动舞台。这个舞台是湄湾人独有的溪河、子母山和月亮州、榀子山、十字街等等。山还是那座山，河还是那条河，但在几十年的社会风雨历程中，众多的人物演绎了他们不同的命运。他们各有各的悲欢离合，各有各的酸甜苦辣，但每一人物活动的具体环境都写得那样富有典型意义。故事涉及的场面极为宏阔：惊心动魄的水上放排，抢亲的血染街头，肖跃进背尸过街，唱大戏庆丰收，大闹万亩水果园，火烧乡姑的茅棚屋，父子大闹608厂，等等，都是那样震撼人心，令人过目不忘。

　　"父亲"肖山这一人物形象集一颗红心的伟大品格和顽固不化的保守思想于一身，是两个历史时代不同文化观念对比的主要载体之一。

　　人处于社会大家庭中，与社会有着不可分割的内在联系。《红魂灵》中所着重突出的两个历史时代文化观念的不同必然有其深刻的社会根源，带有着清晰的时代烙印，"父亲"和"我"分别代表着两个不同的历史时代，父亲是共和国成立后第一代基层领导的代表，"我"则代表着改革开放以来的新时代。正是社会的影响和时代的变迁，造就了性格上的矛盾和不可调和。

　　《红魂灵》突出了"父亲"这一人物形象的矛盾复杂性格：集一颗红心的伟大品格和顽固不化的保守思想于一身。作为共和国成立后的第一代基层领导，"父亲"代表着那个属于他们自己的独特的时代，在他们那个时代的魂魄里，只有对党的信任、对原则的坚守以及对实事求是的追求。父亲对党和人民有着一颗忠贞不贰的红心，他信仰红色，因为红色是共和国红色政权的吉祥色，他们那一代革命者的灵魂深处浸透了红色元素，红色是他们执着不变的精神动力。

　　小说中许多事件都表现了父亲这一红色精神。例如，他经常从大道理入手，用伟大领袖毛主席的"青年人像早晨八九点钟的太阳，希望寄托在你们身上"的经典语句为开头来教育下一代；经常哼唱革命歌曲："我们共产党人，好比种子，人民好比土地，我们到了一个地方，就要同那里的人民结合起来，在人民中间生根开花，在人民中间，哎——生根开花！"在又大又老的黑皮箱里保存完好的作为其一颗红心革命到底的最好见证的各个时期的红皮工作记录本和红皮政治书籍，是他一生的积累，是他终生的精神财富；还有父亲办公室里的各种摆设都透露出红色，走进他的这个房间，"就回到了祖国山河一片红的历史隧道"。

　　父亲自己也说"看到这么多红色，心里也算好受些"；为维护社会主义和拥护党的形象而与奸诈的刘二做斗争；不让儿了去麻烦老领导；等等。但更能从深层次表现出其红心的地方在于，他在决定儿女婚姻大事时，极力撮合革命战友的后代，用以表达他对自己过去行为的深刻忏悔，虽然方式不尽正确，但其一颗真挚而热忱的心则令人对其心生崇敬之情。最后，没有红色他死不瞑目，死后也要把骨灰染成红色，想"将红色永远留在脑海里"等等，种种事迹都向我们展现出一位优秀的共产党员的光辉形象，紧扣了小说的题目，给我们树立了一个红色魂灵的灿烂形象。

父亲是个复杂的人物形象，小说在歌颂其一颗红心的同时，也无情地披露了他那根深蒂固的顽固不化的守旧思想。时代在无限变迁，社会在不断变化，一个人如果不能在社会及时代的变化中紧跟时代潮流，顺应历史发展趋势，他就会排斥和抵制新思想，就会显得守旧及顽固不化，从而被时代所抛弃。父亲即如此，两个历史时代文化观念的不同突显了他那顽固不化的保守思想。

小说中说："他的一生那么勇猛又那么盲目，那么认真又那么糊涂，那么漫长又那么短暂……"有关父亲守旧思想方面的描写，在小说中不胜枚举，比如，逆历史前进潮流而反对包干到户，反对搞个体；在儿子婚姻上坚持"父母之命"，反对自由恋爱；看不惯儿子办公室里的摆设；反对搞子母山万亩优质水果园；看不惯湄湾日新月异奔向致富之路的变化；去省城看望老领导时过时的装束。这些都充分显示出父亲思想的守旧。小说中说"想起爸的言行，我总要想起那位和风车作战的堂·吉诃德"。但正如乔凤所说："他的大脑里凝结着他那个独特的时代，你跟他计较什么？"父亲是他们那个独特时代的缩影。文末"我"对儿子改革说："你爷爷是亲眼看到红色才翻身做主的，所以，他只相信红色，他离不开红色。……你明白了这个道理，就不仅会觉得爷爷不怪，还能在爷爷身上看出世事的报应！"

尽管其顽固不化，尽管其思想守旧，但其灵魂深处依然燃烧着红色的火焰，所以，肖山是可爱又可悲的，也是令人起敬的，其人生起伏不禁令人深思。

父亲肖山的形象被刻画得呼之欲出。"这位父亲不仅具有鲜明的时代特征，更为丰富的是他身上复杂的'父性'！他的个性是整整一个时代的缩影，他狂热、固执、偏爱红色、想当然、方法简单粗暴，但他的心灵又是那样的赤诚无瑕，他的精神又是那样难能可贵。"[1]父亲一生制造了太多的悲剧，也承受了太多的悲剧。通过塑造肖山矛盾复杂的性格，作者传达给我们这样一个信念：时代及文化观念变了，但国家灵魂的红色始终不变。

3. 和谐："父与子"的最终归宿

《红魂灵》极为突出的成就在于它成功地塑造出了两个不同时代的人在事

---

① 刘北平. 作家的社会责任——邓宏顺小说评析[J]. 创作与评论, 2014(7)：64–67.

业观、爱情观上的矛盾及功过得失，显现了两个历史时代不同文化观念的鲜明对比。

在事业上，"我"是个有头脑、有魄力、有点子的新型基层干部代表，灵魂深处也充满了红色，因为"我"一心想为家乡干一番事业，认为"谁站出来干一番事业，谁能给别人提供就业机会，就应当是时代的英雄"。而"父亲"虽然灵魂也是红色的，但思想顽固保守，他那一套治国治民方针已然老得掉了牙。但他自己并没有醒悟过来，反对儿子在各方面的改革措施，完全在走"阻挡历史前进"的道路。

父子二人在事业上的分歧在小说中有着突出表现，"我"顺应党的政策，支持五队搞包干到户，而父亲则坚决反对；"我"在全镇搞早熟高产蔬菜项目，父亲也坚决反对；在子母山万亩优质水果园的开发上，父亲仍然站在了"我"的对立面。小说中说："大家说，以前我爸开大会讲的都是以阶级斗争为纲，如今呢，我开会都讲的以经济建设为中心。这才对路么！照以前那样穷下去，活着就没有意思了！"小说还通过"我"和父亲开大会时群众的不同反应来表现两代人事业上的矛盾及成败得失。

父亲不断地压制着我的工作，还说要经常回湄湾给"我"掌掌舵，使我不能够放开身心，大胆地投入到改革开放的工作中去。但时代的脚步任何人都阻挡不住，最终总要走向前进，在事业上的分歧和斗争中，在重新探索和选择自己精神信仰的关键时期，"我"挣脱了父亲的樊篱，以果敢的个性和突出的业绩，使全镇人民走上了富裕之路，赢得了上级的肯定和农民的支持。

在爱情上，"我"与父亲也存在着很大分歧，无疑，"我"爱乔风，和乔风青梅竹马，两小无猜。但父亲包办婚姻，选中"根正苗红"的良妹当儿媳，视有着小资情调的乔风为"妖婆子"，于是不顾儿子的感受，依据他所谓的"民主集中制"原则，硬是把和"我"产生不了爱情的良妹娶进肖家门，使"我"的爱情生活十分不幸福，最终婚姻破裂。但"我"爱情的不幸也不能完全归咎于父亲一人，"我"对此也应负有不可推卸的责任。

父亲尽管有属于其自己的固执，但其初衷则是很好的，一个是革命亲密战友的儿子，一个是自己年轻时因时代原因而致人死命的优秀共产党员的女儿，父亲是真切希望以婚姻来弥补自己往昔的过失的，而"我"对此则一味抵触。总之，父子二人在事业上、爱情上的矛盾和成败得失，归根结底是两个历史时代不同文化观念造成的，有着深刻的历史原因和时代因素。

与以往乡村小说相比，《红魂灵》不以展现和谐乡村的美景和理想生活见长，而是以调处各类社会矛盾取胜。作家匠心独运地将有着仇杀背景的养父继子作为整个作品的矛盾主线，通过他们之间精神的承继与观念的相悖，来铺陈长达半个世纪的故事情节；也通过改革开放后生产力得到解放，湄湾镇日新月异的变化事实，化解了父子——其实也是具有象征意义的两代人的恩怨积恨。这种艺术探索无疑具有很强的现实意义。

二、官场小说《贫富天平》：政治生态的反讽

文学作品当是社会现实的映射，也是作家担当和个人良知的显现。作者通过高南翔发出了内心深处真实的呼号：即使天下皆浊，我内心当中依然会珍藏一台贫富天平。《贫富天平》①是一部不可多得的反映重大现实题材的现实主义力作。毋庸讳言，当代中国是一个高速发展与无序状态并存的时代，一个崇尚道德却又道德缺失的时代，一个追究精神而又精神空虚的时代，一个富人极富而穷人很穷的时代，一个强势群体极强而弱势群体极弱的时代。

《贫富天平》是一部饱含作者对现实社会的深刻思索与对美好未来的深情期盼的佳作。面对当前经济高速发展却贫富日趋悬殊、社会与日进步却精神愈益空虚、国家日趋强大却社会矛盾剧增的客观现实，我们应该怎么做？我们的政府应该怎么办？作者以其长期思索得出的结论，借重古人"提衡者权重于物则坠，负担者前重于后则倾"的哲学思考，以及最为人们熟知的"天平"形象，以文学的手法，在《贫富天平》中给予了令我们认同与信服的答案。

1.官场标本：真的猛士敢于直面现实

小说的突出价值在于表现了当下社会贫富悬殊的矛盾，以及干部队伍贪污腐败、丧失民心等问题，并揭示了这一系列问题对社会形成的毁灭性隐患。

《贫富天平》取当下这个时代里的某个断层面中的一副岩石断片样作为标本。这标本是鲜活的，鲜活的是小说中的每一个人，小到数笔带过的配角，大到金钩银斧刻画的主角，跃然鲜活。这标本是真实的，宁可直面丑陋，亦不肯粉饰丝毫，作为写作者，下笔需要直视的勇气，首先就得不逃避不回避；这标本是沉痛的，这沉痛中带着作者对当下社会弱势群体的不落忍，以及悲悯真诚的关怀和善意；这标本是残酷的，书中描写的某些事件，比撕裂了某处血淋淋的伤口更可怕；这标本是开阔的，开阔的是其所涵盖的社会问题之广，表达着作者对在高速发展下的时代的焦虑和欣喜，尤其是对高速发展下的民众贫富鸿沟和社会资源平衡分配之道的思考、分析。

当然，它的标本意义，何止这么多。作为一个有着高度社会责任感的作

---

①　邓宏顺.贫富天平[M].北京：人民文学出版社，2011.

家，作者关注民生的百姓情怀，贴近土地的赤子之心从未变过。

《贫富天平》毫无避讳，直面当前的严峻现实，作者对官场，以文学的形式进行了着力解构与呈现，让人们读之不由自主地涌生出一种危机感与紧迫感，让人们对社会现实与现实社会产生出更为深入的了解与忧虑。然而，与当前泛滥的一般政治叙事小说着意渲染社会阴暗面以吸引读者、赢取市场不同的是，作者以正剧手法，在表现重重矛盾与严峻现实的同时，着力塑造了高南翔、万世耿等党的高级干部与周天好等党的基层干部的群相，有血有肉地呈现了当前共产党员干部的主流形象。从中我们甚至可以窥见一些自己身边的优秀党员、优秀干部和劳动模范们的身影，让人在对现实社会感觉危机与紧迫的同时，充满希望与信心，较为真实准确地描绘出当代中国的官场生态。与此同时，作者对"上访刁民"宋大禾，弱势人群宋春兰、龙赕神们给予了极大的同情与正面的解读，让人深切地体会到这些弱势者之痛、之难、之苦、之本真，体现了一位当代作家的社会道义、职守与担当。

2. 高南翔：贫富天平担当者？

社会呼唤公平，谁来做社会的天平？小说娴熟老道地叙述和描写了一个地级市的市委书记的生活、工作以及他对人与社会的思考。小说通过主要人物的实践，提出和阐释了官员只有成为社会贫富间的天平，体制才能真正长治久安。

作为正剧主角，高南翔的艺术形象是高大的，却总算高大得真实可信。这让我在读完之后很是庆幸。老实说，一般情况下，我经常对于具有高大光辉政治形象的男主角不感兴趣，更害怕去阅读某些只懂一味吹嘘的赞歌。这个时代的老百姓，早已承受过多次的对于政府公信力的失望。他们对于这个时代里政府官员的期望，无非就是还能为百姓讲几句公道话、做几件公道事，这就已经算个好官，就已经足够了，至于其他——不提也罢。然而高南翔在此书中，其略带书生情怀的政路心迹，面对着温柔可人的服务员小左关心时的克制自律，处理皮革苏一案时的刚直坚定，处理"吃企业"行政单位典型时的行政智慧，在故去同学、大贪官张召鑫坟前的深思，对张召鑫幼子的收养……都有着人性真善美的发散。这种发散自然而然，唤起了读者对主人公最终的认可和共鸣。

小说主人公高南翔，刚自省委机关调至白鹤市，任白鹤市委书记，便让信访局局长给他安排了一个信访接待日，在意气风发的他看来，信访材料和直接接待来访者，是一条比深入基层更好的捷径。在信访局，高南翔对于在信访局门外仰天躺地喊冤、在过去三年里曾经陆续上访了三十八次的"老人"宋大禾产生了好奇，过问之下，一场没有血，却有着比血更让人惊悚寒噤、更让人愤怒同情、更让人唏嘘感慨的陈年旧案呈现于高南翔眼前。当宋大禾的女儿——三年前曾惨遭强奸的十三岁小女孩宋春兰出现时，其满纸血泪的诉状和现今精神的惨状，更让高南翔为之惊骇、激愤不已。然而接下来，此案处理的难度和复杂，此案所揭露的一些连续的真相，甚至，此案对于白鹤市经济发展的影响，都远远超过了高南翔之前的想象……

小说由此展开——

提衡者权重于物则坠，负担者前重于后则倾。因为对此案案犯皮革苏处理意见的争议，高南翔与代市长万世耿在对于白鹤市工作上的磨合一开场就有着不信任、争执，甚至敌对的情绪。公安局局长胡勇的阳奉阴违，吕副市长的沉潜阴险，皮革苏的跋扈狡诈，白鹤市经济滞后的发展，白鹤城市建设的落后，白鹤大多数单位窘迫的经营，都让高南翔面临前所未有的沉重压力……此外，小说插入了许多诙谐幽默的表述，如西游职场论、安排秘书对同学龙贻神进行"暗访"的暗访风波等情节，让人在为故事的进展屏息静气、掩卷沉思之余，还能有忍俊不禁的会心一笑。

小说通过作品主要人物的实践，进行了生动而形象的阐释：只要我们的干部与官员胸怀抱负，秉承一颗为党为民的公心，通过机制与体制的改革，就能做好社会贫富的天平，就能实现社会真正的长治久安，和谐的社会盛世就会由理想目标成为客观现实。高南翔、万世耿和周天好们在"白鹤"大地的实践，对贫富平天给予了文学而又鲜活的展示。

当然，该小说成功塑造的不仅只有高南翔，还有代市长万世耿、农业副乡长周天好等这样的好干部，甚至，小说里逼着高南翔担牛粪去红薯地，以试图让高南翔铭记为官勿忘百姓的高父，无名岛上垂钓斗嘴的两位有趣长者，张召鑫母亲成功托孤之后随之跳井自埋的情节设计，亦让读者于不知不觉中随着小说中的人物命运和故事的进展而激动、信服、唏嘘。

3.政治叙事：艺术的"生活"

《贫富天平》所书写的不仅仅是故事，不仅仅是生活，不仅仅是官场——它的意义当然属于这个时代，属于这时代里有份参与着、生活着、共有着的我们每一个人——小说所揭开的这一时代的小小断面，凝结着作者对于我们现在所处的这个时代的深刻反省、剖析以及对于这个时代在高速发展下的社会体制之痛、贫富失衡之痛及其解决方向的探讨，让人振奋不已。作者客观舒缓的真诚思考和书中那些偶尔显得有些热切的愿景，都让读者为其赤子之心而感动、激动、憧憬。

文学作品当是思想者思索的凝聚升华。任何优秀的宏篇巨制都是由"真实"感人的细节组成的。《贫富天平》在三十万言的长篇挥洒中，每字每句都着力于细节，用足了功夫，弥漫出感人、动人的艺术魅力。

高南翔履新，首入信访局，遇到上访"疯子"宋大禾，抓不法富人皮革苏，误会万世耿为"政敌"，洪灾中救出牙咬账册袋、攀在树梢、冒死也要保住村干部清白的村会计。他夜色中手攀脚爬至贫穷僻远的借娘屯村，年三十夜里在山顶把酒探望周天好，村民抱来还贴有喜字的新娘被入草棚，长河绿洲旁巧遇不羁二老同碗喝酒笑谈天地人世，被枪决的贪官的孤母在坟头仰天长泣，幼子小志抱腿大哭不放，小高蓓高声朗读其下乡日记讥之为不文不学，腹饿夜归时年轻漂亮的服务员小左为之端来心内正渴望的冒着热气的猪头肉，自己心荡时只得举手给远在省城的爱人打电话以避其窘、以正其心……一桩桩一件件，无不令人感慨唏嘘，一个胸怀抱负、有血有肉的地级市市委书记的感人形象跃然而出。小说中铺设的贪腐暗线高官巨贪张召鑫、贪腐明线吕副市长与公安局胡局长的结局，对为人为官者提出极具感染与震慑的警示，也反映了党和政府长期以来在反腐工作上的力度与成果。

没有感人的细节，就无法吸引读者，没有感人的细节，就无法构建出一部优秀的小说。细节决定成败，用之文学亦完全切合。品读《贫富天平》，我们可以得到深切的体味与感悟。每一个大作家都是一位先知、预言家，是人类命运和精神奥妙的揭示者，是重大精神悲剧和精神出路的启示者，也是人类精神陷阱的指示者。鲁迅说："凡是人的灵魂的伟大的审问者，同时也一定是伟大的犯人。审问者在堂上举劾着他的恶，犯人在阶下陈述他自己的善；审问者在灵魂中揭发污秽，犯人在所揭发的污秽中阐明那里藏着的光耀。这样，就显示灵魂的深。在甚深的灵魂中，无所谓'残酷'，更无所谓慈悲；但将这灵魂显示于人的，是'在高的意义上的写实主义者'。"①

"乡土情结至今依然成为新一代湘西作家内心无法抗拒的永恒诱惑。……满怀着爱的激情，同时更不乏理想精神和批评意识的湘楚作家们几乎以同一种姿态出现在世人面前，那就是站在过去与未来，传统生活向现代化社会演进的门槛上，不约而同地对湘西深情的回望。这种回望自然并不简单地等同于留恋过去，怀旧思乡等一般情绪，也不仅仅对大自然的亲和。由于时时感受着不同的生活方式、价值观念，在一种强烈的反差中，我们必然对于生命，对于民族的生存方式，对于人类的精神家园，有着自己独特的理解，进而做出自己的价值判断和价值选择。……因此，新一代湘西作家们虽多以湘西地域文化为题

---

① 鲁迅.穷人·小引集外集[M].北京：人民文学出版社，2006.

材，但并不是在那里纯粹地编造牧歌。"①如果说《红魂灵》呈现的是基于本土意识的乡土情结的话，那么《贫富天平》则是这种乡土情结在官场叙事中的延伸，在强烈的底层关怀意识和现实关切意识的作用下，邓宏顺的作品既回望过去，又展望未来——借《红魂灵》回望了湖湘文化中一贯的本土意识，借《贫富天平》展望了湖湘文化中对于改革的激越之情和对蜕变的执着。

第五节　刘春来印象及文学创作

《水灾》展现了众志成城、保卫家园大幕下的暗流，即使不久前彼此还斗得你死我活，但当灾难来临，人性中无私、勇敢的美好一面便显现出来。《办事处》中的小城亦如洪水，外来的刘达夫、彭玉蓉、何一修等人，在水深火热的小城中坚守着一份精神，这种精神是《水灾》创作精神的延续。

一、成名作：泥土深处的幽灵——《水灾》

1. 泥土深处的符号记忆

中国过去流传着盘古开天地的故事，传说盘古的肢体化为山岳，肌肉化为田地，血液化为江河。千百年以来，人类把自己的血汗和希冀播进了土地，在土地上收割着希望，在土地上生衍繁殖，生生不息。从此，以农业为生的中华民族对大地河流的亲情，更是顺着历史的长河源源不断地流传下来，并且结成越来越浓郁的情结，化解不开。人们祈祷着风调雨顺，五谷丰登。

作家眼中的故乡，一般来说都取广义的概念，代表的是人们赖以生存的土地。纵观刘春来的创作，他对乡土的眷恋，造就了他的创作特色。面对一片土地上的芸芸众生，面对这些人的命运，他决不规避，不逃遁，不隐匿，不沉默，不左顾右盼，不袖手旁观，不昧着良心扑哧一笑，然后一笑了之。相反，他一往情深，"操心也危"。

2. 爱得深沉所以流泪

"为什么我的眼里常含泪水？因为我对这土地爱得深沉……"②这是艾青的名诗。读了刘春来创作出来的第二部长篇小说《水灾》③，很容易想起这句诗歌。事实上，刘春来把独特的中国经验融入这个厚重的文本里，向他的读者做

① 转引自涂昊.论湘楚文化对新时期湖南小说的影响[J].船山学刊，2006(3)：52 - 54.

② 参见艾青诗作《我爱这土地》。

③ 刘春来.水灾[M].北京：人民文学出版社，2001.

了一次阶段性的汇报。1998 年，中国遭遇了百年不遇的特大洪灾，洪灾过后，反映"98 抗洪精神"的作品不少。《水灾》之所以成为了 2001 年中国长篇小说创作的一个重要收获，理由就在于作家对这场洪灾有独特的艺术思考。我们抗洪，我们是堤坝，我们又是洪水——作家在展示惊心动魄的抗洪场面的同时，始终揭示问题的实质所在。这部小说着力描写了人物的多重性和复杂性。小说中的众多人物，不管什么身份，作为当代社会生活中的一员，都表现出了矛盾甚至对立的多重侧面：他们痛恨腐败，混迹于庸俗的社会生活时却又自觉或不自觉地都有腐败行为，至少在为腐败现象的滋生提供着温床，但大难来临投身于抗洪现场时，又一个个都是英雄。"①抗洪抢险获得胜利，反腐败开始深入。刘局长被撤职，但逃脱法律惩罚。罗光明因防水布事件败露，成为人民公敌，蓝检一心要将他绳之以法，却苦于无证据而无可奈何。

陈了宾的妻子文美丽因贪污被捕入狱，陈了宾营救不成，情绪低落。王晶晶出嫁并出国，临行前约见陈了宾，将身子和爱情都交给了他。

全市召开抗洪庆功会，表彰抗洪英雄，吴镇长、秦小小、陈了宾的舅大爷文村长都光荣上台领奖。陈了宾榜上无名。吴镇长邀了秦中华、吴子牛来陈了宾家打牌，没想到陈了宾六神无主，一输再输，让大家不忍赢钱。叹息中，多年牌友从此散伙。

非常难得的是，作家在叙述这些的时候，总是在宣示正在成为事实的一个信念：腐败正在被遏止，正义正在得到伸张。这一信念在刘春来的《办事处》一书中得到了明显的文本印证。自存在主义出现时开始，生活给予我们的，无非就是"恶心"，人生而苦痛，却无法自拔。刘春来通过叙述不如意来反映这种"恶心"，但又时时不忘体现一种充满正能量的思想：太阳总是一寸一寸照亮大地的，我们不但要有信心，还要有耐心。

3. 我们是大堤，我们是洪水

《水灾》小说后面，陈了宾搬家独处，埋头构思长篇报告文学《洪水，一九九八》。他写下一句话："我们是大堤，我们是洪水。"

《水灾》因为写农民和市民共同抵御洪涝灾害，共同保卫村镇和社区的家园，因而对农民和市民的解析与表达都特别充分。《水灾》所书写的抗洪精神，浓缩了自然人的生存意识、共产党人的先锋意识，还涉及数千年的宗法管理方式，是共产党领导和传统宗族力量同时发挥作用的真正的全民抗洪抢险精神。

资阴全县六十五万人口，上堤四十七万人！洪峰来了，八千抗洪将士，半

---

① 刘泽民.仁者在述说——刘春来小说的审美解读[J].城市学院学报,2008(4)：17－20.

个小时集中起来，战斗打响！为防止关键时刻"炸群"，鸭婆洲四个村长一人手里提一根篾片片，半寸厚，两寸宽，两尺多长。

中华人民共和国成立前防汛守垸子，当族长的就拿着这么一根篾片片，唤作打懒棍。族里子弟堤上若不卖力气，当族长的一篾片片抽下去，子弟们屁股上就一道血印子。

中华人民共和国成立后没有族长了，打懒棍就退休了。这次抗洪开会，垸子里一些长者说大敌当前生死一搏，还是要把打懒棍请出来，要村长代表他们族里老人管好他们的子侄。

龙鳞市琼池县绿湖镇的鸭婆洲只有一巴掌大，男女老少一共才5719人，上堤防汛的就有4000多人。他们的雨具一律都是一只白晃晃的尿素袋子。他们手挽手挡在子堤前，让浪头打在自己的胸脯上，打在眼睛上，打在"龙鳞牌尿素"几个字上。他们用身子护住子堤的断头，用身体来承受浪涛的冲击，断头处堆成了两个巨大的人球。风浪中两头两堆人站在堤面上拉紧着一根拳头粗的缆绳，一队精壮的小伙子一人灌半瓶烈酒，背靠绳子站成一排，就以那绳子为依托，挡在那五米来宽的缺口前面，用他们强壮的、被酒精烧红了的身体承受风浪。大量的人在这一队小伙子的身后抢填被冲开的子堤，他们喊着叫着，互相咒骂着，硬是用装了土的编织袋筑起了一道新的堤坝，拼尽全力堵住了缺口，抑制了洪水的势头，家园和土地最终得以保全。

这样紧张激烈的巨大场面，这样荡涤一切动人心魄的气势，这样不顾生死的拼命三郎精神，在周立波的作品中是没有机会出现的。那为生存而激发起来的农民意识，农民的土地观念、家园观念、宗法观念、群体观念，得到了最高贵的凝聚、最完美的释放。这不仅包容了数千年的历史，而且，早已不仅仅是一种观念，而是内化成了无数生命的无穷力量！

> 七月的垸子不是垸子，是战场！
> 洪水下定决心要淹没我们，
> 而且不和我们谈判！
> 我们别无选择，
> 只能呐喊一声，
> 奋起反抗……
> ——摘自抗洪英雄郭诗人的绝笔诗《七月的垸子》[1]

它激发郭诗人以才情和生命写出人间最富有感召力的诗篇，也激起了读者心

---

[1] 转引刘春来.水灾[M].北京：人民文学出版社，2001.

中不息的波澜。客观地说，《水灾》对农民和农民思想意识的认识与描写，是当年的周立波因为没有生活蓝本而无法达到的，它远远超越了周立波笔下土改合作化时期"土能生万物，地可纳千粮"的农民意识和土地观念的表述。凭着对农民如此深切的理解，刘春来才具有书写农民进城新趋向时独具的优势和特别的资质。

4. 永不过时的农村题材

在中国当代文学的创作中，农村题材始终是一个显像，这一方面与中国强有力的农耕文明传统不无关系，另一方面也源于社会政治经济生活的现代化转移引发的众生心理震荡。

在当下的中国社会语境中，处处是现代化的交通设施，高速公路和立交桥的牵引功能超出了交通本身的意义，转而对传统的社会角色形成了分流作用：许多农民也已经成为农民工了，但整个中国社会和整个中华民族，却依然顽强地表现出浓厚的乡土特征。

所以，在中国文学创作中，任何对民族文化乡土成分的蔑视，都会导致作品思想深度的缺乏，导致审美魅力的缺失。正是从这个意义上讲，刘春来对乡土的变迁和变迁的乡土的关注，表明了他的文化价值观念和时代变迁意识通体成熟。寻常人的生长、迁化、演进、陷落、迷失、苏醒和升华虽然都到城里来进行了，但却与他们原来安居的那一片乡土有着命定的关联。

在刘春来的作品中，从主题到人物，甚至他使用的语言，都旨在表达中国接近土地的民族风情。"太阳一落土，铜鼓冲的人家就检场打扫各家地坪了。打扫得索索利利，不见一根草屑，再均匀地洒上一桶浸凉浸凉的井水，夏日的暑气即刻便收敛了。然后人们搬出凉床子，竹椅子，矮塌塌的麻拐凳，还将细瓷茶壶也搬出来，里面是拍满的、煎了甘草和菊花的凉茶。做完这一切，大男小女就开始歇南风了。"——类似的风俗展要式语言描述不在少数，而这种地方风俗画的生动性也全赖于其语言的乡土性："学大寨，学个屁，政治记工，只有黑猪子才会下死力气做！"毫无疑问，刘春来是周立波语言风格的继承者和发展者，但对《山乡巨变》所使用的方言，刘春来却总是表示出一种怀疑的态度。他认为，语言最重要的功能是传播，为了强调地方特色而使用必须加注解的方言，反而会妨碍语言的传播功能。

继承某一种语言风格，需要对该语言所寄生和依托的那一片土地无比熟悉，因为唯有扎根一片土地，才是艺术超越的唯一保证。刘春来带着对土地的热爱起步，靠着对土地认识的深化而得到突破，他自始至终把创作的根扎在他所深爱的那一片土地上。这份持守，在目前相当浮躁的文坛上，当是一片灿烂而宝贵的亮色。

二、官场小说《办事处》：政治策略的想象

"一千个读者就有一千个哈姆雷特。"对于《办事处》①，有人看重小说所表现出来的现代世俗风情，有人看重其中市井人物的真实和可信，我看到的却是城市边缘人力图融入城市的努力、奋斗和执着，以及当时环境下不可避免的伤痛。"人文"是一个内涵极其丰富而又很难确切指陈的概念，"人文"与人的价值、尊严、人格、个性、生存意义、理想命运等密切相关。最难能可贵的是，《办事处》没有对边缘人做任何价值取向上的简单的道德评判，而是绝对地直面人生，对他们表达出一种终极的人文关怀。刘春来的人文关怀，主要是对从农村进入城市的边缘人的生存状况、尊严命运的关怀。

1. 官场策略："边缘人"的现实思考

什么是边缘人？德国心理学家 K. 勒认为，当一个人从一个环境转到另一个新环境时，他的所属性是不稳定的，因此产生紧张感、失落感，表现出过分小心、谨慎、自卑，对自己的天性进行抑制等，这种人就是边缘人。② 边缘人的产生，是现代社会发展过程中的必然产物。某种程度上，他们是精神上的先行者，以自己独特的思想和信念与平常人形成一组语义学和社会学上的意义对立，在现实生活中，他们大部分是颓废、内向，甚至是与社会几乎格格不入的，但却是人类历史的重要节点和支架。

《办事处》写的是寒陵县招商局副局长刘达夫和县招待所包厢领班彭玉蓉外加司机罗海军，到龙鳞城以"相思酒楼"为掩护搞了个"办事处"，专门搜集"信息"，为县里招商引资做前导而发生的一系列有趣的、生动的，也可以说是辛酸的故事。

开篇第一段中这么写道："县里规划的开发区开而不发，拿出了几平方公里的土地来筑巢引凤，路通了，水通了，财政的钱用空了，但到目前为止，肥硕的凤凰一只都没有飞过来，只飞来了几只瘦骨伶仃的小麻雀。热火朝天鬼叫鬼喊搞完拆迁的黄土地上，有一大半现在已经莺飞草长。野兔和狐狸也不到派出所来办暂住证，自作主张不请自来在那里安了家，而且不搞计划生育。"

《办事处》是一部紧贴时代生活的现实主义小说，作品紧紧抓住当今每个人都在求生存、求发展的普遍性问题来书写当下的现实生活。小县城中的彭玉蓉

① 刘春来.办事处[M].北京：中国青年出版社，2007.

② 参见网络百度百科[EB/OL]（2014－08－21）[2014－04－03]http：//baike.baidu.com/subview/114727/7971916.htm？fr＝aladdin.

想让她丈夫七老板的房地产事业到龙鳞地区的县级市———龙鳞城去发展，而设法调入了寒陵县驻龙鳞的办事处。如开篇第一句"彭玉蓉搞通了刘达夫，很顺利地就调进了寒陵县驻龙鳞办事处了"。一个"搞"字，就生动准确地描写了彭玉蓉进办事处的许多内容。

刘达夫本来干劲不高，一个偶然的成功鼓舞了信心，让他认识到沟通关系的重要性，故事由此展开。办事处经营了一个相思酒楼，司机兼副总经理罗海军、大师傅三哥、服务员施丽华、小保姆娥姐及他的恋人庚先生等一大批农村进城青年，就在这里次第登台了……小说真实展现了处于欲望中的人们如何在充满玄机的运势中左冲右突，寻找出路，对权力场的微妙规则和运作、生意场的急功近利与手段，以及农村青年进城谋生的艰难际遇，都有深刻的描写。

这部小说的时代生活性和卓越的现实主义特质集中体现在它所描写的小人物的生活状态中———一种当下性和一种真实感。以彭玉蓉的叙事线索为例，我们发现她试图取代刘达夫办事处主任的位置，并由此生发了一系列类似于官场斗争的政治行为，但她的行动目的与政治作为无关，而只是个人的自我行动和一己之行为。我们看到的不是一个政治野心明显的政治女强人，而只是一个以丈夫为中心、传统色彩很浓的妇女。她想方设法到龙鳞城当办事处副主任，只是为了在龙鳞城找到一个替丈夫事业打拼的跳板。如此，她一到龙鳞城便挂着办事处副主任招牌全力筹办"寒陵乡友联谊会"也就不足为怪了。说到底，"她想要争得这个办事处的主任，目的也只是想能更自由、更充分地利用办事处这个合法平台来为丈夫的公司服务"①。

再看彭玉蓉的"对手"刘达夫，他虽然有一点功利思想，但他所有的努力也不过是想在自己退休以前能够争取到正科级的级别。如此卑微的小城小人物描写，无疑为当下底层叙事在社会现实生活中的展开提供了一条幽径。其他诸如娥姐、庚先生、四铁匠等人物更是一些小城中为了生存苦苦挣扎的下层人物，他们的出现使得作品中所描写的一切和我们身边的生活具有了原生态般的相似性。在《办事处》中，他们充满了进取心，无一不渴望依靠自己的努力去改变自身命运。

小说中描写刻画的人物确实具有现实主义的典型性、代表性，是从现实主义的原则出发，对当下现实中小人物的人生命运的真实反映和生动的当代书写。与其把《办事处》当作世俗小说来读，不如把它作为一本描述当代的乡土小说来读。

---

① 刘中顼.醇厚幽默的小城故事——读刘春来长篇新作《办事处》[J].理论与创作，2009(1)：97-99+107.

一群农村青年进入城市，他们曾经彷徨无措，他们是城市的边缘人，但他们最终还是随时代的前进而前进了。这样理解，才比较接近小说的精神本质。

2."边缘人"："在人家的城市里"的悲欢离合

《办事处》原来的标题是《在人家的城市里》，主要诉说一群农村人在城市生活的心灵感觉：生活在"人家的城市里"。

可以认为，《办事处》至少描摹了两类边缘人：一类是处于权力中心之外的边缘人，如刘达夫、彭玉蓉、何一修等，相对于权力核心，他们无疑是边缘人；另一类是来自农村处于繁华城市的边缘人，如司机罗海军，小保姆娥姐、文玉均、夏小丽、混混小头目四铁匠等，他们从农村进入城市，是无根漂泊的另一类边缘人。这两类边缘人的故事命运相互交错缠绕，但毫无疑问，作家的叙述重心是更倾向于后者的。

刘达夫的老于世故，彭玉蓉的灵泛和工于心计，七老板的精明算计，马诗人的酸不可耐，庚先生的痴情，娥姐的泼辣，无不跃然纸上。而四铁匠、曼曼姐、春叔、施丽华等人的生活状态与人生观以及他们的爱情也是书中的亮点。

文玉均怀孕以后，刘达夫劝文玉均息事宁人、大事化小时，首先就以妇女的传统名节观来劝导她："我也不说你是第三者，第三者是要负法律责任的，我只讲你今后还要嫁人的呢，文玉均啊文玉均！"然后刘达夫就以"哥兄"名义来与文玉均拉近距离，表现出同乡人的体贴，再又做出一副为同乡人打抱不平的姿态说："好呵，欺到我们寒陵的妹砣身上来了，打狗都还要看主人呢，我坚决不答应！"这些话语正是乡村中遇到不平之事时常说的。

至于"王大师"，他调戏夏小丽的一系列举动所表现的也是底层人物的幽默与喜剧性。如早晨起来他就为夏小丽这个保姆做早餐，而作为保姆的夏小丽则在王大师的家里整日看电视，上网聊天。王大师的酸腐气与经四铁匠们戏弄性的吓唬后的表现形成了鲜明对比，小人物的形象也更显生动有趣。

然而，小人物也有小人物的智慧人生，在"青春聚会"上，罗海军说："女士们、先生们，感谢大家光临我们的酒会，还有几位朋友因故不能前来参加我们的酒会，委托我代表他们向大家致以亲切的问候。本·拉登不小心点着了美国的一座楼房，美国人正找他的麻烦呢，他不好露面，请了假。金善玉竞选世界小姐正在关键时刻，她也来不了。李嘉诚本来机票都订好了的，香港机场今日大雾，飞机不能起飞，李先生打了个电话来，深表歉意。克林顿和希拉里没有办好签证，过不了海关，这一次也就来不了了。为因故不能来的朋友们，为在座的朋友们身体健康，我建议大家举起杯来，干杯！"而四铁匠还补上一句："今后他们请我，我也找个借口不去。"在这段玩笑性的祝酒词中，小人物的幽默风趣展露无遗，为小说增添了无数明快的调子。

　　大量的农村青年要从相对封闭落后的农村跨入灯红酒绿的城市。他们试探着迈出一只只脚，也许会试错、失足，但最终他们必将走进城市，在陌生的城市生存、发展、安家、落户，融入城市这个新的生态圈，而且自己在人格上也会成熟起来。所以，《办事处》越读到后面，刘春来的感情着墨越来越向几个进城农村青年倾斜，他笔下的小人物在经历各种挫折艰辛后，几乎都有一个可以看见光明的尾巴。在《办事处》里，进城的农村青年是没有坏人的，现实生活中也是这样，他们或许曾经不得已而为之，但他们本质上都是善良的，而且和城市人一样有自己的才华，有自己的爱情。

　　3.“小城官场文学”：官场在底层的叙事

　　《办事处》叙说的是一串乡情浓郁的小城故事，但其与近些年来文学评论界提出的一个“小城文学”的概念又有很大的区别，虽然其主要是对介乎乡村与都市之间的小城生活题材进行的书写，但这种叙事的官场化取向使它成为一部既不同于传统基层政治小说，也不同于现代都市政治叙事小说的政治叙事小说类型。它较多地保留了乡土文化中的许多深层痕迹，又有趋向现代都市文明的某些表层色彩。可以说，《办事处》中所书写的龙鳞城生活充分地反映了当前官场叙事的这种双重性特征。

　　现代大都市的人际关系往往具有非常突出的商业文化色彩，以利益为准则，但是在这座小城中，人们的生活却充满了人情味。如知青春叔一直记得自己曾在庚先生家寄居的日子，也一直牢记着自己当知青时在庚先生家吃过的红薯，尽管自己已经下岗，生活困难，但他还是为庚先生安排了一个栖身之所，还让庚先生在他家吃饭。这正是中国传统文化中知恩图报思想的充分表现。

　　彭玉蓉一到龙鳞城，她就抓紧编《寒陵乡友通讯录》，这正是传统农业文化在现代城市的一种表现。“乡友会之类的团体，都是由乡村、小镇、小城在大都市组织起来的，是传统的乡村文化向城市（包括现代大都市）的一种主动渗透，却并不是城市现代文化中所固有的东西。”①以传统的乡情关系来编织关系网，其目的就是用以应对现代社会生活中的激烈竞争。从积极意义方面来看，这是调动和利用一切可以利用的有利因素为己方的发展服务的有效途径，但是从消极方面来看，也是传统的“人和”文化在竞争中的一种并不正常的发挥。除此之外，作品还描写了几个同乡的男女青年之间的互帮互助：四铁匠为朋友两肋插

①　刘中垧.醇厚幽默的小城故事——读刘春来长篇新作《办事处》[J].理论与创作,2009(1):97-99+107.

刀的义气，张阿姨相信自己的梦缘，这些接近民间、紧贴底层的描写都充分表现出了乡情文化与民间传统文化在小城中的浓重影子。总之在《办事处》的叙事体系中，龙鳞城不是现代大都市，而是一座乡土文化气息浓郁的小城。

与其他湖南当代政治叙事小说书写不同，刘春来始终以"乡土"为书写基础，这使得作者得以完成对乡土文化传统的浓重影子与现代都市某些因素的综合反映。无论是长篇小说《水灾》中对铜鼓冲农村变革转向城市化进程的书写，还是《办事处》对龙鳞城介乎乡村与都市之间的地域文化空间和它小城生活的文化风景的书写，都是在湖湘大地上取材、取经，而其作品的精神内核当然也是对湖湘文化精髓的吸收和再造。

第六节　结语：文化消费的众声喧哗

一切的一切，都始于20世纪80年代的那场改革。诚如马克思所言：经济基础决定上层建筑。多种经济所有制的出现，必然导致文学艺术的裂变。但是，他同时也认为作为精神生产的艺术生产与物质生产之间存在着不平衡的关系，艺术生产的一定繁荣期不与物质生产和社会的一半发展成比例。① 正是由于这种不平衡的关系，文化消费时代的到来要晚于市场经济的发展。随着商品经济和市场条件的日益成熟，中国社会也进入了激荡而剧烈的社会转型期。

中国进入社会转型期之后，一方面，僵硬的政治体制被突破，经济迅速发展，很多知识分子突围出原先的各种桎梏和枷锁，将这样的历史时期视为其施展个人抱负、积极入世的大好时代；另一方面，商品经济大潮导致的理想滑落、价值失衡，也意味着层出不穷的道德失范。很多知识分子面临的不再是理想乐园的覆灭，而是未来理想和过去固有价值体系双双崩溃的两难选择。社会的飞速变化和个人在时代中的渺小感，使不少人更愿意采取一种远离社会、固守自我的精神状态，他们不像过去的隐士那样深居简出，但在精神深处又与他们保持了一定程度的相似性。

知识分子找不到精神归宿。知识分子的精神根基问题曾经在政治环境或启蒙主义狂潮中被简单化处理，而随着政治氛围的宽松和启蒙思想的退却，很多知识分子发现自己仍然找不到精神的出路，又一次走向了寻找精神根基的艰难旅途。如果不能找到一种与自己灵魂契合，又能与现实帖合的思想方式、文化立场，那么，身处其中的知识分子势必产生一种没有根基的漂泊感。

---

① 童庆炳.文学理论教程[M].北京：高等教育出版社，2008：14.

在这种知识分子迷茫无依的情景下，我们可以看见他们在历史时期的不同转向。许多浸润着书卷气的知识分子来到政府机构，成了官场中的一员，他们自身的文化根性与官场的政治理性之间势必产生价值观念、文化属性的矛盾。当两种价值体系发生摩擦时，知识分子或坚守自己作为文化人的思想方式，或选择对主流意识的认同，或在二者之间犹豫、彷徨，忍受着内心的煎熬。而那些坚守在文化阵营，选择忠于自己内心的良知的知识分子，在商业大潮之中背对世界而渐行渐远，将落寞的背影留给了喧嚣的尘世。还有一些人应时而变，既不甘心放弃内心的坚守，也不屑于沦落在商海里打拼。他们试图在此二者之间搭起沟通的桥梁，来做到名利双收。

肖仁福凭借着民间立场和对知识界、官场的双重经验，在为个人立传的同时，也为官场知识分子的精神书写了一种集体记忆。而这种心灵体验借助湖湘文化的时代印记，既传承了传统的文化，又为时代镌刻上了当下的思想，从而勾勒出传统士人的精神传承与时代遭遇。

而浮石所追寻的，则是在金钱崇拜和肉欲张扬的欲望化书写大潮中的个体承担和时代价值。作家们在欲望表达的流畅话语中逐渐失去了文学的深度，失去了历史和真理，更失去了自我的主体意识。审美变为审丑，文学在对世俗世界的适应与沉沦中失去了固有的超越性本质，沦为庸俗与丑恶的同盟——正如《青瓷》中的官商勾结一样，其根源在于作家们面对商品大潮的奴性，更在于一种源于时代语境的集体无意识。

在魏剑美身上，我们可喜地看到知识分子由来已久的社会批判的担当意识。在与商品经济和消费文化的冲击、碰撞中，许多作家和学者滋生出一种社会归罪逻辑和价值相对主义论调，呈现出了小说与社会环境之间被扭曲与边缘化的特殊关系。在这种相对主义的归罪逻辑中，历史决定论成就了主体的堂皇退场，并进而成为主体堕落的更深的渊薮，作者的伦理判断却是"存而不论"，这种所谓的相对主义，最初是个人主义的一种衍生品，最终却成为一种"价值的遁词"。但魏剑美却有着自己是非曲直明确的价值判断，他曾经不止一次地强调当前时期仍是"杂文"的时代。

余艳，可谓湖南政治叙事小说领域的异类。所谓异，不仅源于其女性写作身份，更在于其对政治叙事小说从视角到策略的延伸。在当下的政治叙事小说中，官场中的女性及其官场生活尽管一再出现，但并没有得到真实"再现"。而余艳作品中对官场女性自我意识的探寻，让一度成为男性欲望化符号的官场女性有了自己真实的声音，让女性从官场陪衬甚至根本缺席的角色变为官场的主角，女性的官场生活的真实"再现"成为可能。更重要的是，在现代民主政治的格局中，女性作家从自身的角度出发，借作品表达了女性自己的追求和对自身命运的关注，展示了强烈的女性政治意识。

随着市场经济文化消费时代的到来，文学的时代特征也迥异于此前。在一定程度上，文学的自主创作跟从文化的市场生产，文学欣赏转化为文化消费，文学小众传播转变为大众接受。由此，雅俗文学呈现出合流的趋势，因而突出表现在文学具有了市场化、大众化、消费性和竞争性。市场化是商品经济发展之后不可阻挡的趋势，文学生产不可能再像以前那样不考虑读者和市场，兀自躲在书斋里。在取消体制内的优待之后，作家们被推向了市场，他们必须适应市场的需求。大众化既是文学创作的草根化，也是文学接受的平民化。在市场经济条件下，网络等新媒体方兴未艾，借助这些工具，文学的创作队伍被极大地扩展了。同时在风格迥异的创作之下，文学的接受也呈现出多棱面的特点。

此外，消费时代的文学从书斋走向了广场，呈现出泛娱乐化和人的异化的特点。文学的娱乐化叙事化直接导致了对文学终极意义的结构，严肃文学越来越与现实格格不入。这种叙事主张从严肃的意识形态话语里挖掘叙事的娱乐性；专注于情节上的趣味性和煽情性，进而以竭力追求情节的离奇曲折和欲望化书写为己任。从具有后现代消解神圣意味的戏说历史到戏说名著，到以解构、反讽、戏拟等为特点的大话文学，文学言说者们把原著中的人物重新演绎，经典文化脱离了其原初的价值，突出了游戏性和娱乐性。文学消解了崇高，消解了形而上的建构和意义。娱乐化叙事突出表现在大量表现大众趣味的消费性文学作品中，这些作品在刺激消费的同时无时不在营造着奢靡的享乐主义氛围，身体欲望话语的极力张扬使得生命活动的远大理想和宏大叙事必然被舍弃，而对生命本身的世俗化追求和将娱乐视为生命价值的实现的价值理念也使得生命过程不再是英雄的壮举，而是每一个人的具体生活经验和自我享受的满足。因此，在一些作家那里，真善美被颠倒，崇高被消解，是非被混淆……这也是波兹曼在《娱乐至死》一书中所指出的：当神圣被消解，价值高下的差别被遮盖，生理快感成为人们追求的目标，身体在此仅仅是永不停息的欲望机器，欲望机器最终生产的是一个欲望乌托邦、身体乌托邦、快感乌托邦，一个因为娱乐泛滥而濒临死亡的物种。

在这样的时代，欲望化抒写所产生的文学肯定承载不了精神自救的使命。严肃文学也难以单凭自身的力量扭转社会风气。这就需要有良知、有责任的作家深入到当代民众的底层，以接地气的方式来表达人们的所思所感所想。它并非站在一定高度对人进行价值道德的评判，而是身体力行地书写具有时代意义的文学。它不光以"到场"的姿态，见证着商品经济的发展和社会的变迁，更加以"参与"的立场，提出自身的建议，表达对美德的弘扬和对丑恶的鞭挞，体现后期小说的公共立场："当他们以小说介入社会，探讨公共话题，表现了鲜明的现实批判精神和担当道义的勇气，饱含对国家和人民的责任感；反思家国文化、知识分子的根性；解剖官场文化、社会体制、权力结构；批判奴性意识、清官意识、官本位意识；对腐败分子侵蚀国家肌体的愤怒；对法律意识、责任意识、国民劣根性的召唤。"①只有这样，我们才能从市场经济条件下文化消费的众声喧哗中蹚出一条血路，巍然正气地引导社会向着良性的方面发展，反过来也会使得文学更顺利地健康发展，激励越来越多的人创作出无愧于时代的精品力作。

在湖南当代政治叙事小说创作的中坚力量中，除了专事政治叙事小说创作的肖仁福、浮石、魏剑美和余艳之外，许多成名的作家都开始涉足政治叙事小说。

彭见明的《天眼》用相术这一道具澄明了它，至少部分地照亮了它，让我们对人心得以管中窥豹。这样，一种长期处于被遮蔽状态的社会生态所包含的文化底蕴与民间智慧，也就被作者真切生动而准确深刻地揭示了出来。这种关注与揭示，既是作家精神理想的审美呈现，也使文本具备了一种"思考性"的品质。"强化思考性可能正是提升精神高度的途径……许多优秀的小说都具有这种良好的品性。这是小说这一具象的、流动的、排斥逻辑方式的艺术的本性所决定的，同时也非常适宜于我们这个特定的处于文化价值重建的时代。"②于是，作家对于底层社会边缘性人生样态的表现，就不仅仅是基于温厚的人文情怀了，而且还具有一种独特的精神深度。

在水运宪的创作中，小说人物形象所呈现的不只是艺术层面的思想，更是现实层面对于湖湘文化的一贯秉承。在漫长的文学创作中，水运宪总能在生活中发掘出意蕴丰富的文学艺术况味，这当然也离不开作者身处的湖湘文化的精神滋养。无论是写经济改革还是写政治斗争，水运宪都能准确地把握时代气息，预判作品走向。他说："我认为，作家对生活的观察要准确。可是，你毕竟是一名作家，你对生活的思考，一定要有新的东西。这种新，是在观察、研究、提炼生活的基础上感觉和预见出来的，说得通俗一点，就是要有'提前量'。"③

①　廖斌. 从《官场》到《沧浪之水》——论官场小说在新时期的深化与发展[J]. 文艺理论与批评, 2007
　　(2): 90 - 93.

②　雷达. 日常性、思考性与精神资源[M]//雷达自选集·文论卷. 济南: 山东文艺出版社, 2006: 427.

③　胡宗健. 始终沐浴着现实主义的光辉——水运宪论[J]. 理论与创作, 1989(1): 53 - 58.

水运宪所谓的"新"，无非就是湖湘文化中的激越精神和创新意识。"水运宪对输有一种解释，叫做输是输了精神，最输不起的是精神。"①而在这背后，水运宪几十年如一日的创作历程始终可以看作是一种较量的过程：与时代较量，与自我较量——最终凝结为艺术作品。这也符合湖湘文化千年来代代传承、生生不息的气质。

至于陶少鸿和邓宏顺，则无一不是从官场人性抵达官场生态，完成对个体欲望背后的官场文化、官场体制的反思。这对于已经逐渐失去了心灵探索的意识，更无灵魂拷问的意识的当代政治叙事小说来说，无异于一场"知时好雨"。

与以上湖南当代政治叙事小说写作的中坚力量不同，刘春来立足于"乡土"，即便是写官场，也集中于乡土意味浓郁的小城叙事。在《办事处》一书中对龙鳞城地域文化空间的描摹，实则是对小城官场文化风景的书写，而其作品的思想内核，则是官场策略在底层和狭小空间中的生动再现。这样，政治叙事小说书写既实现了对乡土文化传统的再现，也实现了对现代政治策略的反映。

然而，所有的政治叙事小说，不论其视角、立场、书写策略，都旨在突破自我局限，让政治叙事小说在中国文学的版图上唤醒自己的价值与意义，即唤回自己的艺术良知。这意味着"作家们要走出商品意识的误区，还自己以作家的尊严；也就是作家在写作观念上必须改变。此外，从文学的艺术精神角度看，也不在于作家们对欲望的书写与表达，关键在于如何书写和表达。即书写时，应突破欲望的平面化，赋予欲望以灵魂。只要作家建立起了自己超越现实的艺术之美和艺术之真理，人们也能在他的欲望内容中受到更高的美和更高的真理的启迪。平面书写毕竟是内容本身的自我显露，如果仅仅把书写的内容作为通向意义的通道，则欲望本身就成了外在的感性材料"②。总之，突破欲望化正面表达的根子还是在于作家必须唤回自己的艺术良知，还文学以精神内涵。

---

① 蔡测海.洞庭天下水——水运宪其人其文[J].北京文学，2002(12)：88-90.
② 雷体沛.作家的良知与文学的精神失落[J].文艺理论与批评，2007(4)：116-119.

第十章　文学湘军政治叙事的民间写家

　　文学湘军政治叙述的民间写家在写作风格上独树一帜，广受欢迎。作为一种文学现象，这有其深刻的文化原因。文学湘军政治叙事的迷人之处在于，当部分作品泼脏水、揭内幕的时候，他们另辟蹊径，融入了人性美、人情美，融和了古典文化传统和民间意识而富有生趣。在特定的历史场域中，他们找到了上层权力和下层民间所普遍认同的政治情愫。在铁戈的《绝对公仆》里，腐败的女市委书记被撤职，官场重新洗牌。新市委书记试图大干一场，却陷入了无处发力、无的放矢的窘境之中，身心俱疲，成为另类。这就契合了民间对官场的场景想象：腐败分子与清官廉政并存，政治抱负与现实无奈并存。现实黑暗是因为腐败分子过多，这就需要有更多的清官挺身而出，需要更多的勇气。针对潜规则大行其道，作家没有给予哲理性的思考和制度性的建议，转而投向对潜规则的嘲弄，新任市委书记如无头苍蝇般乱撞，给读者以滑稽感和同情感，继而思考自己的境遇。处于一个城市权力之巅的人尚且如此，底层百姓还有什么理由自卑自怜呢？以官场为政治背景，却以民间的视角看待官场，从而成了对政治的迂回亲近。这样，民间的叙事态度在无意中实现了对权力话语的边缘迎合。当文学作品脱离了作者而进入阅读环节后，作品就摆脱了作家的控制，在流通和消费中实现意义的再次升华或者畸变。

　　如果说21世纪初的主旋律是一种有意识、有组织的同声合唱的话，之后的政治叙事就掺入了更多的民间话语和想象。主旋律本质上是一种文学的复调，多种声音、多个声部共同演奏，服从于同一音律。但是读者对这种类型作品的认可度并未达到预期。在市场经济条件下，消费主义和人格平等的重要性逐渐凸显，读者不再心甘情愿地置于被预先设定的地位，民间和政治的混搭因亲近生活而受到民众欢迎，因此铁戈、朱金泰、何彩维作品中的世俗民间、主流话语与时代氛围是合拍的。他们的文学叙事或多或少含有政治话语的成分，它顺应了权力话语的导向，也就理所当然地被编入了主流话语的范畴。从这个意义上说，客观环境只是为作品的阅读提供了极好的流通条件。但是文学叙事所面对的消费主体在民间，尽管民间也在主流政治话语的统摄之下，它的话语内涵、价值导向和人物设定无疑会受到主流话语的广泛影响。作为一种与主流话语拉开了一定距离并形成了自身话语系统的作品，它已经表现出拥有民间话语的认同基础，这种基础正是铁戈、何彩维、朱金泰等作家的民间叙事所具备的。

文化发展的强大力量存在于民间，民间以其活力促进民族文化的更新。文学湘军的民间力量创作代表着价值合流的趋势，这一批作家聚焦于某一具体行业，关注政治叙事的市场化，试图重新阐发湖湘文化的时代意义。他们的政治叙事更多的只是政治题材，而非政治立场和政治意识，这是他们迥异于精英价值的根本所在。一方面，湘楚文脉在他们的作品中得以接续，另一方面，政治背景又汇入了主流，吸引了民众。两者相得益彰，超越了文学而具有了文化现象的效果。

湖湘文化传统赋予文学湘军以忧国忧民的责任意识，促使其以批判的眼光透视现实，以干预现实的姿态进行创作，发出文学湘军自己的声音。这种精神让精英知识分子立场的作家焦虑，甚至悲观。但持民间立场的作家却对此有自己的认知，民间中蕴含的生命活力在创作中得到了表现，民间的务实态度、乐观游戏方式、智慧达观都深刻影响了这批作品。面对现实，文学湘军中的民间力量以"局外人"的视角观察现实，并给出了自己的答案。

文学湘军政治叙事的中坚力量秉承精英知识分子立场，其立场表现在多方面，而最能代表其精英立场的是人性的深度描写。寓言性典型人物的塑造，诸多作品中的人物都具有典型性格，池大为由知识分子到官场人物的彻底转变，沈天涯作为知识分子对权力的信赖又厌倦的态度，乔良的浩然正气，都带有深厚的理想精英知识分子特征。在此基调上，知识分子在官场这一特殊环境中，不可避免地扮演着悲剧角色，现实与理想的矛盾、"灵"与"肉"的冲突不可调和。

文学湘军政治叙事的民间力量秉承民间立场。其立场下的人并不过分关注普遍的人性问题，他们没有太多的家国情怀，有的是辛酸生活下的无奈与钻营：家境平凡的苏新，靠着彩票平步青云；善良也有邪恶的一面，性格复杂，李沛远、邵谦都不是完人。面对欲望灾难，文本中的主人公少了一分悲观，多了达观的心态，余致力始终以平常之心对待挫折，不被官场所同化。而汪谈的《官场红颜》甚至以一种局外人娱乐的心态来创作。莫言主张，彻底的民间立场不是为老百姓写作而是作为老百姓写作，而以汪谈为代表的作家有另一种创作风格，这种风格是由其"老百姓"式的批判立场所决定的。

政治叙事小说紧扣时代脉搏、贴近现实生活、正视黑暗丑恶、关注民间疾苦的现实主义姿态和人道主义情怀，"确让经历了 20 世纪 80 年代中期文学'内转向'后放弃对社会责任的自觉承担而大失所望的读者和批评界感到兴奋，产生了一种'似曾相识燕归来'的喜悦，甚至产生了一种期许它能像"改革文学"一样推动并参与社会变革的愿望"。然而，随着大量良莠不齐、鱼龙混杂、泥沙俱下的所谓"官场文学"作品的泛滥，人们（包括官方）的期望逐渐变为失望。与此同时，"官场文学格调不高"，有"以偏概全""不给人希望""热衷于暴露却没有把握好度"，甚至如某些评者上纲上线地说的"丑化现实""歪曲共产党形象"等现象，以及官场文学自带的某些民粹主义与无政府主义倾向，使得主流话语也对其进行变相封杀，如近年就曾严格审查反腐题材影视作品的开机拍摄和生产等。①

文学湘军意识到，必须用另一种视角与心态来进行政治叙事。于是，文学湘军在其创作中更加关注具有下层民间背景的人物形象，聚集于具体的行业官场中的权力动作，并且在其创作中融入了民间的戏剧化传奇手法，使其人物形象、小说情节都别具一格。

第一节　铁戈《绝对公仆》：主流叙事的灵魂劫数

铁戈，原名谢铁云，湖南郴州人；1977 年毕业于湖南师范大学政史系；1969 年应征入伍；参加工作后，先后任科长、乡长、县委副书记、市委老干部局局长、市人事局党组书记等职；1979 年开始发表作品，2006 年加入中国作家协会，系国家二级作家。出身农村的他常以农民的儿子自居，参加工作后，在官场行走三十余年，但始终坚持思索、读书与写作的习惯，在地方岗位上领导并参与编纂志书的同时进行文学创作，主要作品有中、短篇小说集《沉钩集》，长篇系列小说《非典型公仆》《非常公仆》《绝对公仆》和历史长篇小说《独孤皇后》《祸起蚕室》《治山的那座坟茔》等六部。其中，《绝对公仆》无论是艺术构架还是思想情怀，都可以看作是其政治叙事小说创作的代表。

铁戈的"公仆三部曲"（《非典型公仆》《非常公仆》《绝对公仆》）便是"突压"的一种尝试。在政治叙事小说该树立怎样的题旨——即既不影响自身文学性，又能实现对主流叙事模式的疏远，以及怎样表达这样的题旨上，作品提供

---

① 康长福.错位的"官场文学"及其后现代主义倾向[J].江淮论坛,2005(3);155-157+15.

了一种新的思路。而作为三部曲的终结篇，《绝对公仆》①无论在故事情节，还是在主旨升华上都是对整个系列的一个完结，它无疑更直接地体现了作者的创作初衷。

林默涵曾经说过："相同的或类似的题材，在不同思想的作家笔下，可以写出意义截然不同的作品。"②可见，作者自身的思想往往能够指导作品题旨的走向。"公仆三部曲"系列思想上的特殊性在于其不仅仅停留在对官场社会的揭露与展现层面，而是试图在对现实现状做描述的同时，间接地提出某些实质性的改进举措，以图达到对现实政治的影响。这显然比传统的叙述在作品的题旨上更往前了一步。

"三部曲"系列关注的重心在于官场官员的任用上，聚焦蒙阳市政坛，以邵谦、李沛远、赵玉兰等人的沉浮起落展现选官用官的重要性，欲借此来引起现实当权者以及公众的深思。省委某处长邵谦作为拟提拔的后备干部派到县级市蒙阳任市委书记，手持尚方宝剑又是一把手的他本想大干一番，但在当地干部（以李沛远为代表）的地方主义、山头主义及盘根错节的各种关系网面前处处碰壁、层层出错，最后败于别人精心设计的阴谋之中，只好含恨离开（《非典型公仆》）。然而地方市长李沛远却没能如愿当上市委书记，政治小丑赵玉兰因投地委书记苏修杰之好成了得利的渔翁。在赵玉兰治下，蒙阳政坛乌烟瘴气，人民叫苦不迭。拿赵玉兰做参照，李沛远才想起邵谦的种种好处，悔青肠子却又无可奈何。幸亏苏修杰逐渐认清赵玉兰真面目，跳梁小丑只能得意一时，最终倒台入狱（《非常公仆》）。官场重新洗牌，李沛远如愿升任市委书记，却发现"山大王"的性格致使自己不能在一把手的位置上应付自如，勉力为之之下闹出了不少笑话。身心俱疲之时，他毅然提出辞呈，并力荐邵谦复任。不料造化弄人，一桩好事却又惹出诸多风波（《绝对公仆》）。

通过表现这种走马灯似的政治演出，作者发出了这样的感慨："……让好人在特定的时间与环境中发挥不了他应起的作用。是什么力量让好人怄气做不成事呢？"③何以发出这般感慨？在《绝对公仆》的后记里，铁戈似乎表露出了一些心迹，要而言之即是作者写作此书（系列），立意是要给"为官之人和用官之人一丝启迪"，向有识之士（即官方）大声疾呼，要"选好人用好人，要酿造适应好官成长的政治土壤"。当然，作者没有采用说教（显然有损于作品的美感）的

①　铁戈.绝对公仆[M].广州：花城出版社，2005.

②　林默涵.关于题材[J].人民文学，1978(2).

③　铁戈.绝对公仆：后记[M].广州：花城出版社，2005：373.

形式来表达作品欲图传达的思想，而是欲图通过小说叙事的构造来达到间接启发读者的目的，可谓良苦用心。而探求这种意图出现的原因，一方面可能与作者审视当下政治叙事小说的混乱现状而自觉于探索文学创新的尝试有关，另一方面，又显然与作者的官员背景以及官场经历相关。而后一点又是大部分政治叙事小说作者的共同特征，或许正是实际的遭遇才刺激了他们进行文学书写的冲动。

小说在人物形象塑造方面也很有不同于一般政治叙事小说之处。全书有名有姓的人物有数十人之多，从省委书记、地市级等主要领导到普通百姓，大多鲜明生动，显示出作者在人物形象塑造上的成功之处。仔细考察有如下两个特点：第一，打破了普通政治叙事小说用红黑两色划分阵营的粗暴模式，避免了好官一切皆好、坏官一切皆坏的极端化情况；政治叙事小说在人物性质的两极分化、形象苍白单一、脸谱化倾向严重等方面的弊病，早已为众多论者所诟病。① 而《绝对公仆》在内的"三部曲"系列中所写的众多人物都展现了一定的复杂性，人物不再仅仅是作者展现官场斗争的政治棋子，而是由扁平渐渐转向立体，具有了鲜明的个性，从而带来阅读的真实感。如邵谦，作为重点突出的正面人物，作者并没有讳饰其机关出身的背景以及实际工作经验不足的缺陷；而李沛远，一方面作者将其塑造成地方主义的代表，身上排外思想极浓，另一方面，又刻画了其廉洁正气，深受百姓拥戴的长处；再如地委书记苏修杰，既能任人唯贤，又能因一己私立不念旧情，显示出极深城府。第二，小说成功运用了一系列人物塑造的技巧。首先是能抓住细节，突出人物特征，如写邵谦不爱刷牙的习惯，以表现对妻子的深情；写李沛远的居家状况反映其廉洁奉公；写杜尚志要求与苏修娟合葬，展现其集中情感的性情。其次是通过动作与语言的描写来展示人物特质：李沛远的粗话能体现其豪爽、直肠子的性格；曾广、张元白的言谈则有些下流、猥琐气，正与他们的气质相符。第三，抓住了典型环境、特定场合来强化人物性格，如李沛远、钟一祥雪中打猎一段，在特殊境遇下对两人不同性格的表现可谓精彩。公务员的形象在这里显示出了与某些一般政治叙事小说里不一样的地方，即既不是那种"高大全"的光辉典型（官方的喜好），也不是如当下所认为的，"天下乌鸦一般黑"，是个官员就贪污腐败（大众的印象）。这三部小说就是想要还原政府官员，而并不对官场本身做任何褒贬，既不美化，也不丑化，读者的好感憎恶来自人物各自性格命运发展造成的种种结果，从而在整体上做到了既不紧靠主流叙事，廉价歌功颂德，也不为博

① 参见陆梅.反腐小说出路何在［N］.文学报，2002－8－1.

市场眼球，一味媚俗。这显然是作者的高明处。

当然，小说的不足处也是明显的。近年的政治叙事小说大多涉及一些有关官场的"黑话""黄话"，如官员闲聊的内容大都是裤带上一点和下一点的东西，这些内容的适当插入可以起到为文增色的效果，而过渡显摆就难免落入俗套。"三部曲"系列在这方面还需收敛些。另外，小说中为表现李沛远的"山大王"气质，在其言语上使用适量的粗话、痞话，本无可厚非，某些地方确实起到了意想不到的效果，然而却在"度"上把握不当，在部分章节里出现频率太高，以致有不堪卒读之感；此外，小说还屡屡提及肛门、粪便、月经、乳房、生殖器等词汇，既不能增加文本美感，也无助于人物塑造与主题的深化，实有迎合低级趣味之嫌。

目前来看，出版上市的政治叙事小说，当然也包括某种意义上被官方承认的主流叙事，大多脱离不了两种题旨：揭示官场腐败与展现官场权力斗争。前一类因关注腐败、揭露腐败，警醒世人，反映官方惩治官场不良现象的决心而受到公众与官方的欢迎；后一类由于展露官场险恶、解释官场规则，满足大众窥探欲而大受追捧。然而，许多政治叙事小说因之也陷入了模式化创作的泥潭：人物和情节逃不出权力争夺、钱权交易、色欲横行的套路，创作流于表面，对现象的描摹多，而对深度的挖掘少，津津乐道与展现官场细节而不引导读者思考政治现象的根本原因，以致作品情节精彩有余而整体艺术水平不高。在这样的情况中，作为被书写者的官方实际上是将自己的真实面貌隐藏在了表层叙事之下。官方最开始对官场文学的期待在于其揭示价值以至对社会现实予以警示，实现对大众的间接教育，整个过程官方本身将始终置于事外，却不想引火烧身，造成的负面影响大有赶超正面警示之势，于是做适当封杀之举。由此，新的政治叙事小说便面临着摆脱"同质化"创作模式以及保有自身文学性，以及避免成为官方传声筒、远离官方叙事的双重压力。

第二节　朱金泰《官疗》：都市快餐的文化疗伤

如果说，铁戈"公仆三部曲"的突压尝试，在于某种层次上对官方主流叙事与大众窥探需求的双重疏远，从而重塑起政治叙事小说本身应具的文学严肃性；那么朱金泰的《官疗》，则是通过对某一特定官场现象的深入挖掘，在摆脱"同质化"创作的努力中，开发了一片天地，同时也为官场文学的发展提供了一个新思路。

朱金泰，湖南双峰人，现居长沙；自由作家、独立学者、评论员，兼任湖南电台新闻评论员、《湖南书画》杂志副总编等；新浪网签约作家，著有长篇小说《老爷子》《赶尸笔记》等，已有多部作品在国外出版。

当下似有愈演愈烈之势的公务员自杀的问题，心理上的原因往往是导致这种现象层出不穷的"祸首"。《官疗》[①]便是一部重点描写公务员心理问题的作品。作家将视点锁定在"官员病态"和"病态官场"之中，对常见的公务员心理病态进行了深刻展示。

作品以东洛市人大常委会主任唐绘青的自杀过程为主线，描绘其自副市长马之栋跳楼自杀、"心腹"市建设局长何大欲被"双规"、情妇梵冰冰出事后的心虚、惶然、恐惧的内心活动，以致最终心理崩溃选择自杀的过程。而具有讽刺之处在于，唐绘青自杀后，大家发现，其实并无人举报，也无人招供出来他。他的死，完全来自庸人自扰式的心理恐慌。整个小说展现的就是这样一个心虚腐败分子心理防线的一步步崩塌直至自绝谢幕的历程。[②]

小说采取了由人物主导故事的模式，作为唐绘清的主人公只是一个切入点，意在通过他的宦海经历，展现出整个官场社会存在的"病态现象"。譬如，因心理压力过大而偷窃的女拆迁办主任、莫名其妙跳楼自杀的常务副市长、听到风声惶惶不可终日的市人大主任、专门收藏女人毛发的县委书记、诚惶诚恐以写诗来发泄的小公务员、官场失意而导致精神失常的基层镇长、会场发言不当被撤职而反复上访的旅游局局长……听上去荒唐可笑却又真实鲜活，让人啼笑皆非，活脱脱一幅病态官场的浮世绘。小说实现了由一根线（主人公的自杀轨迹），带动无数个点（人物、部门）、扯出更多的线（事件）、交织成复杂的面（官场）的效果。以点带面，将官场问题集中到主要人物身上展现出来，塑造出典型环境中的典型个体，由此引发对典型环境的关注与思考，即写官员之病态就是在写官场之病态，实质上也就是在写社会之病态。

"有的人死了，比活着还风光；有的人活着，比死了还难受。"这是小说《官疗》的作者题记。可以说，这句话深刻总结了官场众生有口难言的隐秘内心。纵观小说，展现了一幅官场的众生相，让人看到了一张张病态的脸，感受到一颗颗病态的心。在这个百态的世界之中，发疯者有之、自杀者有之、妄狂者有之、忧郁者有之……官场早已变为一个可怕的梦魇，时刻摧残、折磨着人心、人性，使人惶惶不可终日。作品并不刻意于流于表面的官场权力斗争之描绘，而主动向人物心理做深入挖掘，意图揭露出作为特殊群体的官场人群隐秘的内

---

① 朱金泰.官疗[M].南京：江苏人民出版社，2011.

② 参见伍奕平.灵魂期待救赎[N].湖南工人报，2011 - 8 - 25.

心世界。通过对个体病态心灵的透视，小说实现了对官场病态现象的揭露，间接展示出作为背景环境的官场政治、社会体制的病态，从而将读者的思考进一步引向对整个社会的反省之上，这正是作品终极的警戒之意：这一切之所以会产生，是因为我们的体制"病"了，说到底，也就是我们的社会"病"了。

应该说：什么样的社会土壤生长出什么样的果子。小说所透视出的不正常现象，让我们看到了当官者的精神负担，他们早已丧失了作为一个鲜活的生命所应展现出来的心灵的灵性，完完全全沦丧在了人来人往、错综复杂的利益关系之中，而最后也被这种利益所害。他们开始后悔无助之时，人生之路却往往已经不可扭转，直奔尽头。以唐绘青为例，在最亲密的几个利益牵连者相继东窗事发之后，主人公就自觉进入了无时不在的精神焦虑状态，东洛官场的任何细微风吹草动都能使他提心吊胆、战战兢兢，他就如惊弓之鸟、丛中之兔，一步步陷入了自己给自己设下的心灵圈套。这样活着，失去了生活的趣味，因此职位再高、利益再大也毫无意义，也"只有死亡，可以使他得以解脱"。

小说成功之处有二，其一在于其出彩的心理描写。不仅对唐绘清、李又秋、杨白兮等主要的领导人物有细致的刻画，对上访官员毕夫渐、秘书小弥、司机小刘等次要人物在有限的篇幅里也有精彩的描绘，宦海之中各色人等的内心世界无不得到淋漓展现。在官场中为求生存，不同地位、不同部门、不同利益集团的人，各自都有一段不同于他人的心灵轨迹，作者正是对此有精确的把握，才让读者产生信服之感，人物形象也饱满真实起来。考察作者朱金泰的人生履历，或许其丰富的个人经历正是促成他写作上观察细致、把握准确的重要原因。他曾单身北漂、卖过冰棍、贩过猪肉、做过建筑工、水电工，后又涉足传媒，种种世态炎凉，都曾有所经历，从而对于人生的感悟，他有着相对深刻的认识。社会上的各色人事接触得多了，自然也就熟悉起来。因此他笔下的人物，不仅生动，而且逼真，特别在心理刻画上尤其到位。这诸多的因素，就使得《官疗》似乎超出了一般政治叙事小说的范畴，具有了心理分析小说的色彩来。

其二，是作品的讽刺意味。如鲁迅所说，讽刺应该是对生活中某种畸形的事物进行客观的揭露："'讽刺'的生命是真实。"①《官疗》重点摄取了官场之中的不正常现象来表现，却不加任何评骘，事物、人物的可笑、可鄙、可恶和不合理的本质跃然纸上，读者会心一笑之后自可感其讽刺之意，从而引发深思。小说最大的讽刺来自唐绘清杞人忧天的自杀式行为，这是一个在官场中早已沦丧

---

① 鲁迅.什么是"讽刺"？[M]//且介亭杂文二集.北京：人民文学出版社，1973.

了人性的灵魂自导自演的挽歌,它的悲剧性不在于个体,而在于对整个官场乃至社会的反讽:一个原本心性清洁的人一旦入了官场,在名缰利锁的羁绊下,单纯的心智就一日日变得混浊,一天天充满奴性起来。为了生存,还不得不时刻提防方方面面的机关暗算,有时还会被无可奈何地卷入一个个风波暗流的漩涡,不得安宁。困惑、迷离、烦恼等诸多心态逐渐恶化着人的心态,危及人与人的关系,官场生态环境恶化到令人发指的程度。唐绘清、马之栋自杀的谢幕,以及各色官员荒诞闹剧的上演,无不是这块死水泥淖的环境里所酝酿出来的恶果。此外,对马之栋告别仪式的描绘,在讽刺意味上,是极其精彩的一节:各方利益集团徘徊在殡仪馆外,见机行事,对亡灵的追悼完全沦为了一场政治作秀,最后竟是自发组织的群众纷纷涌入灵堂,而各级官员则作鸟兽散。

小说最开始刊载于《当代长篇小说》2011 年第 1 期时,书名是《官病》,后单独出版时改为《官疗》。由此可见作者的写作意图由单纯暴露的层面深入到了启发的层面,甚至是实际影响的层面。社会压力的加剧,尤其官场社会生存状态的恶化,使得人人自危,精神、心理状态都岌岌可危,一旦调节不当,便可造成大祸。而改变这种状况,单单靠个人,仅仅从官场来下手,只是治标,不及根本。社会环境的改善,才是问题的关键。而具体到官员的心理问题,当大众理性地摒弃“仇官”思维之后,会发现其实引发官员心理疾病的原因很复杂,不仅仅是腐败。权力的反差、精神的空虚等等,都可能造成官员内心世界的动荡,而这完全靠个体去调整是不够的。中国的官场需要疗伤,尤需要自我疗伤。如何在社会层面利用心理干预来预防官员腐败,消除公务员心理危机,已经成为一个急需考虑的社会问题。朱金泰的这部小说实际上给官方和公众提出一个问题,就是如何改善包括官场生态在内的社会风气。与铁戈“公仆系列”一样,小说的价值在于其自身的警世意味,欲图摆脱传统小说官场现形记的模式,而传达出某些实质性的建议,毫无疑问,这是对政治叙事小说转型的一种有益探索。

第三节　何彩维《官场高速线》:特殊行业的职场揭秘

在政治叙事小说突破“同质化”写作掀起的新浪潮中,形成了诸如重视主人公身份标识,刻画职业特性和少为人知的“内幕”等特征,这些新特点,展现了作家思考的深入以及创作思维的相应转变。而其中青年作家何彩维创作的《官场高速线》,从特殊行业着笔,切入角度之刁钻、整体展现之深刻,在有意识地突破业已成型的政治叙事小说叙事模式的努力上,确是值得一书的作品。

在《官场高速线》的作者简介中，何彩维这样介绍自己：大学文化，当过教师，搞过新闻，曾在京珠某高速公路指挥部从事宣传和协调工作四年，现为公务员，湖南省作家协会会员，衡阳市文联委员；先后深造于《人民文学》作家班、鲁迅文学院和毛泽东文学院中青年作家研讨班；相信文学能让我们心灵充盈而高贵，于是我阅读，我思索，我写作。感谢文学，文学让我丰富、思索人生；感谢写作，写作让我善待、升华人生。

小说以一场对整治大型基础建设——东南市高速公路修建施工环境的阻击战为背景，描写了以李大为为首的年青知识分子，面对官场沉浮和欲望横流而进行的艰难斗争。他们壮怀激烈却深陷其中，周旋于两股黑恶势力之间，进行着一场正义与邪恶的较量。而在这场艰辛惨烈的博弈中，李大为的凛然正气频受打击，三位女人也相继离他而去……作品在深入揭露高速公路修建内幕的同时，展现了青年知识分子仕途的艰难、官场的诡谲与苦涩、人格的坚守与扭曲；通过对黑恶势力的血腥较量与惊心动魄的打黑除恶斗争的描绘，展示出在利益驱使下，人性的沦丧；此外，还描写了在官场波谲云诡的氛围里，缠绵无奈的情感蜕变与荡气回肠的爱情故事……一言蔽之，这是一部深刻透视了官场、商场、情场、黑恶势力的作品。

小说最大的创新之点在于将对官场政治斗争的审视聚焦于特殊行业领域之中，这种创新显然得自作者曾在京珠某高速公路指挥部从事宣传与协调工作的经历。在以往之政治叙事小说中，"官场"实际上是作为一笼统之背景，描写的重点往往在于宦海之内官员众生的人事纠葛、钩心斗角，由此展现出一幅百态丛生的浮世绘景象，而对官场本身缺乏具体而微的描绘。《官场高速线》有意选取当下与官场政治有重大利益牵扯的敏感行业入手，既能揭露出特殊行业的职场规则，又能较具体地表现官场相关部门的操作运行（如大型基础设施建设对当地经济的促进效益、当地供应商享有优先合作权，并由此引发的各方势力争夺垄断地位、高速公路指挥部的协调维稳职能等）。而正是这一些描写，可以多少说弥补了以往政治叙事小说创作上的不足。

表面上小说似是在揭露特殊行业的职场政治，展现行业利益与官场博弈的关系，实际上作品的内核还是在于表现官场之内知识分子的操守问题。有关知识分子如何在官场立足，怎样坚守内心的信仰以及最终实现自己人生的理想这样的题旨，一直是官场文学关注的重点、热点。王跃文《国画》、阎真《沧浪之水》、肖仁福《仁途》等一系列优秀的政治叙事小说无不是在此方面大做文章。现实社会之中不容乐观的官场环境已给知识分子提出了更多的要求，也设下了更多的挑战，稍不留意，就会陷入自身操守的沦丧。如小说中与李大为同为小民警出身的曹正中，就在利益集团的引诱下，出卖了自身的职业操守；而李的妻子蒋曼玉也禁不起恶霸张振威的威逼利诱，道德操守沦丧；而市领导廖斌、彭礼兵等人与黑恶势力的利益勾结，完全是置自身的政治操守于不顾。当然，小说的重点还是在于刻画以李大为为首的一批有良知的知识分子在如此险恶的政治环境中坚守原则从而实现自身价值的"正能量"上。与曹正中、蒋曼丽、彭礼兵等选择归顺金钱、做利益的奴隶不同，这批人始终承担并践行着作为知识分子应具的责任与担当：李大为不屑于为了个人政治前途的升迁去向领导行贿纳贡，而踏踏实实安心于本职工作，埋头苦干，不患得失；女警罗萍在丈夫曹正中腐化堕落后苦言相劝、据理力争；省委杨书记、政协刘主席、指挥部王政委、地方派出所卢所长等人顶住上级与黑恶势力双重压力，积极支持和协助李大为等人的调查工作……他们不求一己私利，而始终将公众利益、职业操守立于一切之上，在这场波澜壮阔的特殊行业反腐除恶斗争中，上演了可歌可泣的感人故事。如唐浩明评价所说："《官场高速线》刻画人物内心，拷问人的灵魂和良知，字里行间一股逼人的正气扑面而来，既大气磅礴又荡气回肠，给读者强烈的震撼和冲击力。"①

　　小说在人物塑造上也有闪光之处。一般的政治叙事小说女性形象存在着模式化的倾向，即女性在作品中长期处于"缺席"的状态，她们的设置，并不具备自身实际的意义，往往是男性角色塑造或者情节发展的附庸。而在《官场高速线》中，作者通过对与主人公李大为紧密相关的三位女性的塑造，使女性形象不再仅仅是文本的摆设，而真正成了作品的亮点：李大为的妻子蒋曼玉年轻漂亮然而却世俗功利，在丈夫还是小民警的时候就怂恿其向领导送礼，以求升迁，而后，又在张振威的利诱下背叛家庭成为其情妇。然而，她又不完全是个见利忘义的势利女子，她的堕落很大一部分初衷是为了丈夫的前途，直至事发，却已无归路。她也彷徨、也后悔、也无助，她也匆匆落得遗憾收场。作者似乎并非以全然批判的立场来塑造这个人物，在她身上，作者诉之更多的是遗憾、困惑，或者说对社会、官场生态的拷问。罗萍是另一个塑造出众的女性形象，她与李大为、曹正中同为警校同学，是后两人当年追求的对象，后成为曹的妻子，三人又共事同一单位。两人虽非夫妻，却意气相近，工作默契、相互理解，在事业、精神操守上如出一心，可谓知己；然而，曹正中走上腐化道路，规劝无效的罗萍渐渐陷入精神与情感的双重迷茫；李、罗各自家庭的突遭变故让两颗心顿生相依，然而，罗却坚守对丈夫的忠贞，相信丈夫有回头之日，虽

①　参见何彩维.官场高速线［M］.北京：作家出版社，2008：封面推荐语.

于李有爱，却无意成事；最后，为救李、曹二人，中枪牺牲。当年最合适的人却不能在一起，而又无时不牵系着对方，人事的无常，只能徒增唏嘘。第三个女性形象来自张振威的妹妹赵雅琴。小说中的兄妹俩性格形成鲜明的对比，哥哥残暴、阴狠，为达目的不择手段；妹妹单纯、热情，一派天真活泼气质。作为电视台记者，赵雅琴在调查采访高速公路建设乱象之时，结识遭遇丧妻之痛的李大为，相互的交往中，逐渐为李的正派人品所感动，情愫渐生，后结为连理。然而赵雅琴却始终不愿相信哥哥的所为，随着张振威的倒台，赵雅琴也陷入了爱情、亲情的矛盾漩涡之中，选择暂避李大为以疗愈心灵的创伤……

作为弘扬正能量、正面表现知识分子坚强操守的作品，小说也存在过于理想化的缺点。如主人公李大为形象过于"高大上"、人物形象稍显立体性不足；官场、黑恶势力的斗争简单化，有些想当然；情节巧合过多，略有牵强之感。然而，理想性正应该是知识分子所当具有的精神品质，也当是读者看重这部作品特质的所在，正如同为官场文学的"前辈"作家王跃文所言："当下中国作家似乎更拿手描写黑暗和负面，一旦让作品明亮起来便难免显得矫情和虚假。《官场高速线》虽然也透视了官场、商场和情场的黑恶之处，却不乏令人信服的理想之光和忧患意识，叫人心灵得以抚慰。"[1]而作品中关于知识分子的定位和形象塑造，也博得了《沧浪之水》的作者、著名作家阎真的赞许："让理想不失色，让信念不动摇。位卑不敢忘国忧，李大为恪守知识分子的人格和操守，忍辱负重执着前行，终于有了作为，实现了人生价值。李大为堪称当代知识分子的典范，是我们这个时代的英雄。"[2]当今的时代，当代的官场，需要知识分子的理想之光来照亮。而《官场高速线》的面世也难免让人联想到湖南省近年来发生的高速公路腐败案，这样的直刺现实的案例也使得这部作品的价值尤其发人深省。

---

① 参见何彩维.官场高速线[M].北京：作家出版社，2008：封面推荐语.

② 参见何彩维.官场高速线[M].北京：作家出版社，2008：封面推荐语.

第十一章　文学湘军政治叙事的市场盟友

　　文学一直在自律自足性和他律市场性之间徘徊。纯文学作品追求艺术自身的圆满性，但是部分作品在艺术性和市场性之间取得了平衡，或者说市场意义的成功远比其艺术性上的开创更为显豁，本章姑且把这类作品归为政治叙事的市场盟友。

　　整体来讲，这部分文学湘军的政治叙事呈现出越来越明显的类型化写作特征。类型化的叙事模式与特定的官场、人性内容融合而成，情妇、钱财、享受、犬马不一而足，同级之间的倾轧、上下级之间的猜疑、对更高职衔的追逐，构成了这部分文学湘军政治叙事的整体故事架构。这种类型化写作属于以信息传播和审美快感为主的商业化写作。他们的文本里没有那么多的隐喻和寓言，不追求语言的弦外之意和言外之意，不会在字里行间一咏三叹，抑或蕴藉含蓄地表达人物的内心世界。因此其商业性与文学性、叙事类型化与审美独创性之间就形成了很难调和的矛盾。

　　追求市场化本身无所谓对错，很多通俗作家都在文学史上留下了自己的刻痕。但是如何让类型化写作既不落入自我重复的窠臼，还保持其市场接受度，是这部分文学湘军必须严肃考虑的问题。提升文本的审美境界、减少故事架构的简单复制、增强文本的价值含量，以保证自我创作的文学前途，是每一个文学湘军市场盟友都面临的挑战。吴茂盛的《驻京办》是官场链条的隐秘窗口，也是一部官场现形记。"驻京办"是地方政府通往中央的渡口，严格意义上说，它不是政府的下设机构，没有法定的行政职能，充其量是地方政府第一时间了解、洞悉、掌握高层动向的瞭望台，非官、非民、非上、非下，在规则与潜规则之间游走、中央与地方之间跳跃，即是名利场，也是生死场。小说主人公是有济世情怀的知识分子，但他发现知识分子不再是站在启蒙端的精英，可以对迷茫中的众生指点迷津，而是无力自拔，只能左右逢源，在权力、金钱、美女的诱惑下节节败退，良知、名节、正义都抵不过欲望的炙烤，经济环境的变化对人的影响远超过传统文化的感召。《驻京办》就是官场的一个断面，钩心斗角、幕后交易、情感纠葛，读者在回肠荡气中体会官场残酷和政治传奇。易清华的《背景》写主人公余致力在研究生毕业之后到公安厅宣传处的工作经历。按照作家的解释，宣传处即是二十四处，编号就很说明问题，在单位没有话语权，属于非一线工作人员，也正因为如此，作家可以站在局外人的立场看公安厅这个巨大的名利场。与经典的官场小说不同，《背景》既不像《沧浪之水》《国画》那样，对体制有着深刻的感悟，把人物置于被异化的情景中，而是以释然的心态和平直的视角进行叙述。面对体制的强大力量，余致力不是仰视和渴望，而是悲悯和同情，对于主人公而言，官场不再是罪恶的发源地和命运的渊薮，而是人生路途上的风雨雷电，如同《西游记》上的八十一难，诸种妖魔鬼怪在玄奘看来，都是可怜、可悲、可叹者，而非呼风唤雨的强者，这样强与弱就形成了置换。真正的强者是精神的强大和超然，而非暂时吞云吐雾的得意忘形。正是因为这种超然，《背景》获得了迥异于常见官场小说的哲学力量。阳剑的《彩局》是一部机关原生态小说，它的独特性在于将官场与彩票合为一体，对于很多从未购买彩票的人来说，甚至很难理解其中的机巧。但是大部分读者都对彩票有直观的认识，并非完全陌生的领域。因此《彩局》在取材和表现方式上具有独特性，在公共视域和个性时空之间取得了巧妙的平衡。和《背景》一样，《彩局》写得并不是那么沉重，面对密不透风的官场，作家以幽默调侃生命不能承受之轻，并辅之以风趣的现代网络语言，使小说具有了较强的跨界色彩和跨文体特征。舍人《宦海沉浮》到目前为止尚未正式出版，却在各大文学网站引起较大反响，并在百度贴吧和天涯论坛都有专门的板块，充分说明了它在读者中的认可度。它不是真正意义上的官场小说，甚至可以说是政治叙事的异类。在作品中，读者看不到反腐的痛快淋漓，也没有仕途升迁的春风得意，它的关注中心是人性。

纵观以上作品可以看出，尽管他们在市场化程度方面取得了巨大成功，但是并未成为类型化的奴隶。甚至在一定程度上说，由于民间性、市场性和自我性，他们的小说反而更具有生机和活力，并在官场腐败揭示的过程中呈现出强大的问题意识、批判立场和世俗视角等审美特征。在经过了将近40年的改革开放之后，中国的改革进入深水区，甚至出现了固化特征。摸着石头过河成为思维惯性，狂飙突进的进取精神和大开大合的改革意识衰减。但是社会矛盾依然客观存在，官场问题所有改观，却与公众的期望相去甚远，在此背景下，官场小说并未收势，反而在新的要素催化下，产生了新的特征，一时蔚为大观，成为文学题材中最大的门类之一，为文学注入了活力与生机。

从宽度和广度看，他们的思想表达更为自由、表现内容也更丰富，但局限也比较集中。具体表现为，在情节推进过程中，刻意放大潜规则在政治场域运行中的作用，赋予权力无可挑战的权威性，对权力采取了仰视甚至膜拜的态度，夸大权力的神秘性，捕捉不可捉摸的背后力量，审美内涵浅薄俗气，没有厚度、宽度和广度。从价值取向看，实用主义成为最高典范，理想、信仰、人格都在嘲弄之列，是幼稚、可笑、不谙世事的代名词。从情节的推进看，大部分作品多围绕"秘书""司机""亲信""官太太"等展开，身份意味着符号，甚至被定格为特定功能的代名词。司机不再是为领导开车的人，那只是身份掩护，真正的功能是为领导打掩护、收礼金；官太太也不再仅仅是领导的老婆，而是颐指气使、珠光宝气的庸脂俗粉，或者长相丑陋的利益获得者。"驻京办主任""党校同学"为拉帮结派而生，"市委大院""干部家庭"是深不见底的宦海。因此就出现了市场叫好、文坛平静的奇怪景象。假以时日，"叫好又叫座"的作品一定会在作家的不断追寻和读者的淘洗下大批涌现。

第一节　吴茂盛《驻京办》：官场链条的隐秘窗口

在市场中，各种商品均可交换，在由物质消费转为感觉消费的时代，商品可以是血缘关系，亦可以情感。《驻京办》中交换的就是乡土宗族关系，以老乡关系为交换商品，打入官场交易链条，成为其中一环，透过这一隐秘窗口，可以看到官场的世态人情，运转机制。

吴茂盛，1971 年出生于湖南祁阳，毕业于湖南科技学院中文系、辽宁文学院作家班，中国作家协会会员，现实批判实力派作家，归来者诗群重要诗人；十四岁发表作品，十八岁出版诗集，中学时代被评为"全国十大中学生诗人"和"全国优秀文学少年"。作品曾获潇湘文学奖、丁玲诗歌奖、全国青少年新诗奖等十四次奖项。大学毕业后，供职于长沙经济导报社，先后任记者、编辑、新闻部主任；后任经济消息报社湖南记者站站长、中国市场经济报社《新世纪周刊》主编、《名牌时报·展会经济》主编、人民日报《大地》副主任；著有诗集《独旅》等多部，长篇小说《驻京办》《招生办》等。《驻京办》①出版后，引起强烈反响，成为市场热门图书，《招生办》也一度高居各图书城畅销书排行榜榜首。

关于驻京办，作者在小说前言以诗的语言如此形容：

---

① 吴茂盛.驻京办[M].长沙：湖南文艺出版社，2008.

　　驻京办，我其实并不认识它/我认识它驻京办/认识北京之前认识了它/它是一个巨大的胃/蟒蛇的胃/鲨鱼的胃/巨鲸的胃/巨大的胃/什么都能吞食/燕窝鱼翅熊掌土特产/它默不作声/缓缓爬过苍茫的森林/并没有留下痕迹/巨大的胃/什么都能容纳/故宫长城圆明园十三陵/它面带微笑/轻轻开启蔚蓝的天空/并没有留下声音/巨大的胃/什么都能消化/权力金钱美女甚至贪婪/它喘着粗气/飞快游过漫长的沙滩/一路上发出低沉的吼叫/它是一个巨大的胃/认识北京之前认识了它/蟒蛇的胃/鲨鱼的胃/巨鲸的胃，驻京办我其实并不认识它。

　　香洲市驻京办，即香洲市驻北京办事处，不仅仅如此，香洲市驻外办事处还有驻沪办等多个办事处。这些办事处既负责接待香洲市到当地工作的人员，又担负着向上级领导疏通关系的任务。驻京办由于位于政治中心北京，其地位的重要性不言而喻。从某种程度上来说，驻京办像是官场的灰色地带。不仅仅是香洲市，当今社会各个地区在京办事处是数不胜数。"驻京办如雨后春笋般冒了出来，大到省一级的，小到县里的，甚至一些大专院校，一些国有企业也一样跟风了。"而由于其特殊的性质，这些办事处也存在贪污腐化等种种官场黑幕，这些复杂的人际关系、权力博弈在小小的驻京办显露无遗，成了展示官场黑暗面的窗口。驻京办本身包含着多对矛盾，身处京城，联系地方，集官场、商场、名利场于一身，一个错综复杂的环境。官场是一个场域、一个市场，而不仅仅是众多办公室组合而成的党政大楼。其中的人物"人有人路，蛇有蛇道"，在欲望的引诱下各取所需，商人、官员的身份被模糊，取而代之的是交易者。而关系网络运作的动力也不限于权力，更多的是金钱、美色。被网罗在内的每个人都掌握有不同的资源，与其他人进行交易，以获得个人所需。

　　《驻京办》以驻京办主任关键到驻京办工作的所见所闻为叙事对象，将驻京办的人物放置在一个漩涡之中，卷入漩涡之人都难以逃避当下的现状，只能任由其摆布。主任关键同样面临着这种困境，他既要学会左右逢源，又要竭力出淤泥而不染，在当今经济大潮中，他面临着挣扎的选择。围绕在关键身边的各色人物，也代表着社会的各个阶层，官员、商人，他们有着权力与金钱的合作，又有着权力与金钱的冲突。在这个隐秘的驻京办内部，也充满了感情纠葛，关键在感情之间的种种选择，也反映着他内心的真实想法。关键最后的结局，是一种理想实现的象征，但故事结尾的圆满反衬着当下现实的不圆满，因此小说又多了几份讽刺和批判的意味。不仅如此，《驻京办》还从侧面描写了官场斗争的种种真相，以一斑而窥全豹的姿态去书写社会不公的现实，并且笔触不仅仅限于官场权力斗争，其描写的事物也有商业投资、人性交锋等等。评论家侯青麟称其："用笔犀利却不乏圆滑，语言浅显不乏哲理，敢抨击却不啻为温柔一刀,可读性强却能蕴含涤浊扬清。"①驻京办是一个缩小版的香洲市官场,即使远在京城,也仍在与香洲市的官场博弈、联系着。更有甚者,将驻京办当成了仕途跳板,企图能够在官场上拥有更多的权力。《驻京办》描写了一个复杂的社会图景,在这个图景中,人人为了自身利益而不惜向外扩张,争夺身边利益,以满足自身的欲望。在这个环境下被渲染的知识分子也逐渐流露出官场习气,或者被金钱蒙蔽了双眼,最后落得一个被法律制裁的结局。小小的办事处流露出的是众人的生存状态,也反映出了当下官场的常态。评论家何平这样评价道:"通天的大路九千九百九十九。'官场'中间,通天的路上有多少'驻京办'这样的暗角?"驻京办不仅仅是一个办事处,它所象征的是官场链条的隐秘窗口。

一、通往权力中心道路上的驿站

初到香洲市驻京办的关键这样形容驻京办:"西翠路口朝南二百米,远远地看见'香洲市人民政府驻北京办事处'和'香江大酒店'两块巨大的霓虹灯广告牌,在这繁华而喧嚣的街上璀璨夺目。若隐若现的驻京办,在朦胧夜色中比较扎眼,如同一位着装非常时尚的妙龄少女在闹市中特别招摇。关键一下车,感到阵阵清香在空气中飘逸,感到驻京办就像刚出炉的汉堡包,在清柔的夜色和斑斓的彩灯下散发着诱人的香气。这里,莫非就是梦开始的地方?这里,莫非就是人生巨轮起航的地方?"驻京办与酒店相连着,驻京办是香洲经济发展的窗口、对外沟通感情的桥梁,因此驻京办是香洲市面子的象征,是通往权力中心道路上的驿站,自然而然要显得富丽堂皇些。而在这富丽堂皇背后,则是为数不少的人情关系网。"政治在中国话语空间里一向占据着超级份额,拥有非常权力。"②由政治延伸出的各种产物也是层出不穷,驻京办便是其中之一。

关键刚来驻京办主持的第一项工作便是香洲在京工作老乡见面会,为的是联络在北京工作的机关、新闻、教育、经济等各界老乡。这些老乡对香洲市的发展做出了贡献,所谓"人在朝中好办事"便是这个道理。不仅如此,驻京办负责联络和接待的人不仅仅只有香洲市的老乡,也有上级领导。这是官场一项只能意会不可言传的潜规则,逢年过节,驻京办都要一一给各部门领导送礼,以此来表示香洲市的诚意。虽然驻京办是以公家名义向领导拜年,但实际上大多数也掺杂了个人情分在里面。"市领导常委啊副市长啊,哪个在北京没有自己

① 侯青麟.官场,美色,名利场——权力角逐综合表演的驻京办[J].理论与创作,2010(1):81-82.
② 王向东.近年官场小说漫评[J].扬州大学学报,2002(5):21-27.

铁一点的关系非常重要的朋友呢？到年关了，那些烧香拜佛的事，还不是全交给了驻京办？往年，李松涛总能想领导之所想，急领导之所急。事前他早就征求了领导们的意见，这份礼物以谁的名义，那份礼物又以谁的名头，全部分得清清楚楚；而且礼物有轻有重有大有小，分了三六九等的，真正心中有数的只有李松涛自己一个人知道啊。其实，这个礼啊，还不是为个别领导送到。"可见，驻京办并非是公家的驻京办，而是"领导的驻京办"，驻京办的日常公事，便是维系香洲市领导与北京某些部门领导的人情关系。小说中的驻京办成为了一个"人情办"，实际上，在当下官场，这并非是极个别的现象，反而几乎成了官场常态。驻京办是通往权力中心道路上的驿站，这个驿站是人情与关系的组合体。

驻京办副主任霍光明利用自己在驻京办的优势，为常务副书记马贞南在北京打点一切，受到了马贞南的器重。在马贞南的夫人在北京住院期间，霍光明多次前去探望，并暗中送去了钱财。很快，霍光明便调到白果县任县委书记去了。驻京办是霍光明官场的跳板，他利用驻京办的平台为自己发展了多方面的关系，可以说，驻京办也是霍光明通往权力中心道路上的驿站，在驻京办短暂休息之后，霍光明便走马上任，走向更为中心的官场。

二、驻京办里的关系博弈

驻京办里众人有着自己的心思，有着自己的欲望，在利益面前甚至也会失去自我。驻京办接待科科长苏可可曾写过一首名为"驻京办，我其实并不认识它"的诗："我认识它，驻京办，认识北京之前认识了它，它是一个巨大的胃，蟒蛇的胃，鲨鱼的胃，巨鲸的胃……巨大的胃，什么都能消化，权力、金钱、美女、甚至贪婪……它喘着粗气，飞快游过漫长的沙滩，一路上发出低沉的吼叫。"驻京办里有着金钱、美女与权力，这是众人欲望泛滥所造成的结果。

官场有句话："在官场没有永远的朋友，亦没有永远的敌人。"如果做朋友比做敌人的利益要大，人们自然而然地选择前者。《百姓早报》的名记章树立便是这样的一个"朋友"，他来香江大酒店来得非常频繁，他与关键相处得极为融洽，两人很快地便成了好朋友。实际上，章树立并非是热爱自己的家乡，而是在乎驻京办这个平台，在乎这"看不见摸不着却具备无法估量的威力的资源"。驻京办拥有着在北京工作的香洲老乡的人脉资源，这个资源能够给章树立带来巨大的好处。虽然章树立早年当记者时，认识了不少的政府要员和声明显赫的企业家，但即便如此，他的收入仍然很低。在如此现实的刺激下，章树立开始醒悟过来，自己手头既然拥有着大批的资源，为何不充分利用起来，让这些资源为自己获得更多的利益。这便是章树立频繁出现在驻京办的原因。章树立成立了北京盛世千秋影视广告有限公司，利用香洲市要开老乡交流会的机会，拿到了出版《香洲人在北京——办事指南》的委托书，但章树立是无偿帮助驻京办印刷这本书的，他的目的是利用"驻京办"的牌子，为自己打响名号。果然，"《办事指南》策划书寄出去才几天，那些有头有脸的朋友就打章树立手机，都答应得很爽快。刘总二十万元，卢厂长十八万元，潘总十六万元，谢总二十万元，刘局长八万元……这些七七八八的广告费一汇总起来，可不是小数目——一百六十多万元啊。就算用十二开铜版纸彩印、压膜、线装、按每本二十元的成本计算，三万本画册的全部开支也不会超过六十万元。也就是说，满打满算也能净赚一百多万。"章树立的如意算盘打得非常精细，可见章树立是个善于利用关系之人。他的行为，也是当下人情社会的反映。"人与人之间的关系变成了等价交换的关系，你帮了别人一回，人家心里觉得亏欠着你的人情，如果你下次找人家帮忙，人家便会觉得把人情还了。"章树立只是一个个体，当下还有许多如他一般的人，这已经发展成了一个群体。这种功利观念与湖湘文化的精神是相违背的："湖湘传统文化以道德修身、政治功业为自我完美、永恒事业为最高人生目标。"①

　　而驻京办中还存在着众多小团体。常务副书记马贞南到北京出差，在香洲市大酒店休息时，与章树立、易翰林等人聚会，关键也在场。"关键看见马贞南掠过一丝不悦的眼神，以为章树立把易翰林带过来让马书记生气了，心里就埋怨章秀才起来。你怎么不征求老板意见，就胡乱引见什么人呢？领导在这个方面是非常讲究的，有属于自己的圈子。"实际上，不谙其道的正是关键本人，章树立提醒了他："今晚，你就不应该上楼的，马书记很讲究这个，干事业有干事业的圈子，娱乐有娱乐的圈子，打牌有打牌的圈子，分得很清楚。"关键是一个不懂得钩心斗角的人，因此，在驻京办内，没有属于他的小团体。关键也不懂得其中的真相，例如，在马书记夫人出院时，他便没有去送别。同事苏可可暗示关键不懂得其中的人情世故："你知道吗？白果市廖市长调清水县当县委书记了，那个市长的人选吗，好像要从我们驻京办产生，当然你是最佳人选，但也不能掉以轻心，你要知道，别人并不是没有一点机会。"关键回答道："别胡说八道，要注意影响，这么大的事，我怎么一点也不知道呢？"没有小团体"照应"的关键对官场的消息是一无所知。由此可见，他在背景关系的博弈中，自然会落下阵来，本应最有希望调任白果县县委书记的关键仍留在驻京办，而职

---

①　朱汉民. 湖湘文化传统与现代发展, 2010 年在"湖湘论坛"的发言.

位却落到了霍光明身上。可见，驻京办中的关系博弈不仅仅只是个人的博弈，还有群体与群体之间的博弈。

三、官场黑幕的彻底暴露

《驻京办》里暴露了众多官场黑幕，将官场的种种荒诞事件呈现在读者面前。香洲市市长徐苑本是一个清白的官员，但却因为抵挡不住美色的诱惑，最后被"双规"。徐苑通过刘倚锋认识了潘晓莉，潘晓莉是个美貌而精明的女人，她也深知徐苑手中拥有着多大的权力，便主动对徐苑投怀送抱，与徐苑发展成了情人关系。但徐苑的欲望渐渐扩大，他不满足于身边只有潘晓莉一个情人，他又将驻京办的苏可可收入囊中。他甚至对潘晓莉说出了自己同时拥有多个情人的事实，希望潘晓莉谅解。"事实上，徐苑也知道自己的两面性，一方面，他愿意为老百姓多做一些事情，而且愿意为此而牺牲自己的利益，甚至生命。另一方面，桃红柳绿的生活诱惑得他不能自拔，并且彻底缴械投降。"徐苑情人众多，他配备了两只手机和三个手机号，一个是政府专线，一个是情人专线，可谓是情人工作两不误。但事情终究败露了，他被苏可可男友举报了。因为他的情人们打着他的旗号在工作安排、工程承揽、政策优惠、减免费用等方面为他人谋取利益，先后收受企业老板、工程包头数十人所送财物一百多次，折合人民币两千多万元，他沦为了阶下囚。而他的儿子得知自己的女朋友曾是父亲的情人之后，悲痛欲绝，以自杀的方式结束了自己的生命。

除此之外，《驻京办》还描写了公安人员与黑恶势力勾结、为非作歹的现实。黄大勇本来只是一名交警，误打误撞遇上了马贞南，因其圆滑世故受到马贞南的提拔，任公安局长，利用自己的权力在香洲市一手遮天，以非法手段敛财，但最终被人举报，被公安机关逮捕。而常务副书记马贞南收受贿赂、贪污腐败的事被揭发，同样被双规。《驻京办》安排的这个结局，带有警示意义，给人一种清醒的认识，官场黑暗最终也会暴露在光明之下。

《驻京办》对现实的描述可谓入木三分，其中对官场黑幕的描写更是丝丝入扣。正如欧阳友权所言："网络文学无论表达什么和怎样表达，都应该装备人文审美的'母题'，在数字化技术空间设置艺术承担的价值杠杆，而不仅仅是感性欲望的意识形态消费。"①小说是现实的反映，驻京办是透视官场的一个窗口，在这个窗口中，读者看到官场的权力斗争、人性扭曲，于平常之中透露着深刻。主人公关键的结局可谓是一种理想化的书写，在这个书写之中，也藏着

---

① 欧阳友权.网络文学：消费意识形态的文化表达[J].理论与创作，2005（2）：44 –47.

作者对于现实的一种期盼。

第二节　易清华《背景》：机关生态的心路历程

易清华，生于洞庭湖畔，现居长沙；长期从事编辑、记者工作，现为《文学界》编辑；1988 年开始文学创作，发表大量诗歌及纪实文学作品，同时致力于小说创作，在《大家》《山花》《当代》《青年文学》《长江文艺》《芙蓉》《湖南文学》《天津文学》《清明》《安徽文学》《作品》《百花洲》《广州文艺》《黄河文学》《当代小说》《小说林》等文学期刊上发表中短篇小说多篇。他发表于《大家》2006 年第 6 期的《小矮人》通过对一个叫杨杨的男孩的成长经历的描述，隐约地表达了某种对女性的焦虑，小说发表后引起了文学界和理论界的关注；另有短篇小说集《感觉自己在飞》和长篇小说《荣辱与共》等多部作品面世。

政治联姻是政治的传统，近代西方国家奥地利就是一个联姻大国，号称欧洲国家的丈母娘。余致力在官场中的成就便是信赖于婚姻所创造的背景，他之所以被提拔，就是因为当权者的女儿与他的情感关系。余致力在宦海中的沉浮与情感密切相关。情感交易其实是小说中最真实的"背景"。

《背景》①是作家易清华创作的一部长篇小说，讲述了知识分子余致力从初入官场的战战兢兢，到适应官场的游刃有余，到最后官至高位的春风得意的故事。在这个过程中，余致力完成自我的转变，通过不断的努力，最终实现了当初的理想。面对官场的种种黑幕、潜规则，余致力并非像一般知识分子那样感到痛苦，与官场格格不入，反而他在遭遇这些问题之后，采取一种平和的心态去对待，积极融入官场。他深知异化无法避免，既然无法逃避，便积极应对，他身上有着儒家积极入世的痕迹。余致力的行为与其出身寒门有着很大的关系，他来自一个贫苦的小山村，父母亲都是农民，因为没有社会关系，没有背景，他参加过多次大单位和名企外企的招考，最终都是名落孙山。余致力能够得到省公安厅的这份工作，实属不易。为了女朋友周密，也为了给自己乡下的父母争一口气，他不断摸索，不断学习，不断地让自己去适应官场环境，为的是让自己在省公安厅能够站稳脚跟，有一天能够实现自己的理想。余致力身上并没有知识分子常见的傲气，对于不公的现实，他曾经有过迷茫，但他很快又丢开了这种迷茫。因为生活的重担压在他的身上，他不得不去应对，只能放下身段去面对生活。余致力这个人物形象身上的"清高傲气"并不十分明显，他更

---

①　易清华.背景[M].长沙：湖南文艺出版社，2011.

接近于"不求有功但求无过"的中庸之人，但余致力形象仍是具有正面意义的。对于故事人物，二月河这样评价道："《背景》中的人物，不同于当下政治叙事小说中那些被权力异化了的官场人物，也不同于某些政治叙事小说对权力异化强烈反抗，最后不得不妥协的角色。易清华所创造的这种新的态度就是，他成功地克制住了对权力的异化，所以，他就能够去戏弄嘲笑权力，对那些被权力异化的人表示出不是一种羡慕、渴求，而是一种悲悯与同情，并将这种悲悯与同情付之以嬉笑怒骂，在玩于股掌之中体现自己的自由与从容不迫。"可见，余致力与那些带有痛苦性的官场知识分子形象有着非常大的差别，他最后的成功与他的改变有着紧密的联系，但他对他自身的改变并未感到痛苦，他努力适应官场，但又不与卑鄙小人同流合污，他有着自己的无奈，但也会在无奈中继续前行。正如书中所言："没有什么比工作更珍贵的了，因为它给了人生活的目的和保障。没有什么比工作更讨厌的了，因为它时常让你感觉到自己生命的虚无。"余致力便是在这种矛盾之中不断成长，他最后官至二十四处处长一职，这远远超过了他当初的预想。作者以"背景"一词作为题目，来比喻官场中处处需要背景，社会关系林立的黑暗现实，但同时又借此以反讽。余致力的美满结局正是这样的说明，一个毫无背景的知识分子凭借自己的努力和机遇，也能在钩心斗角的省公安厅脱颖而出，小人物最终在官场也成了一个大人物，占据了一定的地位。《背景》是一个知识分子成长之路的书写，也是机关生活真实而生动的写照，"传达了个体所经历的价值冲击与思想迷惘的苦楚，从而将权欲竞相奔逐时代里人们的信仰放逐、道德虚无、人格矮化的时代症候表现了出来"[①]。

一、五味杂陈的机关生活

官场写作总是与现实挂钩，在一定程度上而言，政治叙事小说是人情百态的缩影，职场斗争往往是其重点。但官场并非职场，这里比职场更多了几分冷酷。在官场，金钱往往也要让位于权力，相较于金钱，权力的诱惑要大得多。《背景》围绕权力的斗争可谓是着墨甚多，在省公安厅二十四处，人人都觊觎着处长之位，虽然二十四处在整个省公安厅的地位无足轻重，但官本位的思想在当今社会已经被泛化，职位虽小但权力仍是充满魅力。《背景》的故事背景为一个范围不大的省公安厅宣传处，不似一般的政治叙事小说般涉及众多的人情关系网。作者将故事放置在这样的背景之中，在书写时更加注重人与人之间的交往，着笔非常细腻，使得读者对机关生活有了更为详尽的认识，同时书中的多

---

① 龙其林. 困惑与迷失：中国当代官场小说的叙事误区[J]. 文艺理论与批评, 2012(1)：130－134.

个人物性格明显，以此衬托了官场斗争险恶的主题。机关生活充满了各种滋味，身处其中的余致力在饱经这些滋味之后，逐渐成长为一个崭新之人。机关生活是余致力价值观发生改变的土壤，这也为余致力的改变提供了动因。

在余致力初入二十四处时，对处里的各色人物有过一个大致的观察，王秀珍、叶小青、陈钢、戴名世……他们是余致力朝夕相处的同事，但当利益关注点发生变化时，他们又变成了余致力的敌人。"当时的余致力仍是机动人员，他没有具体的工作，甚至没有固定的办公室，随时接受二十四处任何一个人的调遣。"初到省公安厅，余致力只是一个什么都不懂的"菜鸟"，官场注重辈分关系，即使余致力是一个名校毕业生，但他在二十四处仍是处于最底层的位置。他甚至没有办公室的钥匙，连处里开会时他仍然是被忽略的那一个。余致力的处境反映出新晋者在机关生活里的尴尬境遇。官场中同样存在着特色鲜明的人，这类群体便显得与二十四处有些格格不入，他们更像机关生活的调味剂。何生亮是个文人，本性风流，敢于表达自我，他追求电视台主持人曾真，疯狂地给她写情书。因为这件事，上级领导老董找过何生亮谈话，而何生亮却振振有词地说："每一个人都有追求爱情的权利。我是真的勇士，为了捍卫自己的爱情，在强权面前，永不低头。"何生亮是个真性情之人，但这种性格在官场便显得过于招摇，而难以在官场有一番作为。但他的事迹，无疑是给沉闷的机关生活染上了一抹亮色，使得整个文本的开展多了几份生动。

但官场更多的，是权力斗争，这也成为《背景》里的机关生活的重心。二十四处处长老董和黄奇志原本是一对老朋友，但自从黄奇志升任副厅，当上厅政治部主任，成了老董的顶头上司之后，两人的关系就变了。老董和黄奇志二人有了直接的利益冲突，矛盾也随之而来，二人的情谊也因为利益冲突而变得淡薄。所谓"没有永远的朋友，也没有永远的敌人，只有永远的利益"，这句话在两人的暗中较量里正确地印证着。"说实话，老董一直嫉妒着老黄，虽说老董并不是官瘾很重，但在他的内心，老黄升至副厅，他是不服气的，你老黄何德何能啊，我老董又不见得比你差，你不就是运气好一点吗？在我面前牛什么牛呀。"可见，老董原本并非是热衷于权力之人，但因为自己原本的老朋友升了官而心理不平衡，产生了嫉妒心理。二人的心理描写将人性复杂的一面赤裸裸地展现在读者面前，使人啼笑皆非又无可奈何。再如余致力的同事陈钢，陈钢给人印象不错，他为人正直热情，还比较幽默，不工于心计，他也没有什么嗜好，就是偶尔打打麻将，但后来却因为赌博事件被清除出公安队伍。实际上，陈钢是政治斗争的牺牲品。曾光宁掌握着公安厅的实权，而新调来公安厅不久的厅长庄来福则没有什么实权，他与曾光宁在选举上发生过冲突，因为常务副厅长曾光宁一直比较赏识陈钢，自然而然，庄来福把陈钢当成是曾光宁的人，此举是为了报复曾光宁。无辜的陈钢被卷入权力的斗争中，反而搭上了自己在公安厅的前途。故事讲述的是当下的机关现实，在尔虞我诈的官场利益争夺之中，即便是无关紧要之人，也有可能被卷入无边的漩涡之中。

二、复杂凌乱的情感纠纷

米兰·昆德拉说："小说的精神是复杂性。每部小说都在告诉读者：'事情要比你想象的复杂。'这是小说的永恒真理。"[①]政治叙事小说也是如此。官场之中不乏男女情爱纠葛，余致力的几段感情伴随着他的机关生活，从情感之中他也逐渐领悟到官场的规则，以及现实的真面目。曾副厅长的女儿曾诗曼与余致力的相识可谓是有些机缘巧合。后来曾诗曼来过二十四处几次，二人交谈甚欢，但余致力并不知道她的身份。然而在余致力知道曾诗曼是曾光宁的女儿后，他对曾诗曼的主动邀约感到了胆怯。他并非是一个趋炎附势，希望借着别人能攀上高位的得利小人。但他又实实在在得到过曾诗曼的帮助，黄奇志就是在知晓他与曾诗曼有着不错的关系之后，才主动落实了余致力的工作名额。余致力对于曾诗曼的情感，心中很复杂，一方面他觉得曾诗曼是个非常美好的姑娘，他对她是抱有好感的，但另一方面，因为曾诗曼的身份特殊，自己主动靠近便会遭到周围人的非议。虽然外界都在议论余致力与曾诗曼是男女朋友关系，但实质上他们却还只是朋友关系。余致力与曾诗曼感情加深，最后竟也成了男女朋友，但美好的日子没过多久，曾诗曼因为挂念远在北京的前男友，便与余致力分了手，回到了北京。这是应该算是余致力生命中第一段刻骨铭心的感情，虽然这段感情后来无疾而终，但他始终对曾诗曼抱着十分美好的印象。失恋后的余致力也并没有沉溺在失恋的伤痛之中，他全身心地投入了工作。可见，他对待情感的态度非常冷静而理性。

与余致力的关系最为复杂的应是同事林黛芳，林黛芳是个美丽而又有能力的女。她初入职场，因为一次酒后事故，她被迫嫁给了她不爱的男人曾锋。曾锋是个没有什么能力的男人，这与她心中的理想丈夫形象非常不符，所以她的家庭婚姻生活并不幸福，生活的重担也压得她喘不过气来，但林黛芳仍对生活抱有美好的幻想。余致力的出现让她重新燃起了炽热的情感，她对这段感情倾注了极多的心血。而余致力也十分重视这段感情，以至于他之后在教堂举行婚礼时，仍然回想起他与林黛芳的回忆："当他用响亮沉稳的声音说出'我愿意'

---

① 【捷】米兰·昆德拉. 小说的艺术[M]. 董强，译. 上海：上海译文出版社，2004：12.

这三个字的时候，他突然深思飞扬，仿佛又回到了几年前那个阳光灿烂的日子。那天他答应林黛芳天天陪她一起喂养那只困在竹节板中的小猫崽后，回到了办公室，就被处长戴名世找去谈话，在那次对他来说算得上漫长的谈话中，他又情不自禁地说出了这三个字：‘我愿意’。他想，每个人的身上其实都具有各式各样的奴性，最基本的有两种，一种是在自己深爱的人面前，一种是在强权者的眼皮子底下，而且这两种声音都是发自肺腑。"虽然他与林黛芳有着很深的情感，两人却因为林黛芳不愿生育这个现实问题而分手。余致力是个家庭观念极重的人，他不愿自己的父母失望因而选择离开林黛芳。同时，余致力为了让自己早日走出失恋的阴影，与刚认识才几个月的柳红结了婚。

柳红与林黛芳不同，柳红是个传统观念比较重的人，与余致力几乎是一拍即合，因而两人的结合也在情理之中。但林黛芳因为自身优越的条件，并不甘愿过着当下平庸的生活，有着极重事业心的她对权力也有着一定的觊觎。加上原本不幸福的婚姻让林黛芳内心有着不安的感觉，虽然与余致力相爱的时光很快乐，但她对未来仍是抱着怀疑的态度。林黛芳对余致力怀着真情，在余致力向林黛芳提出分手之后，林黛芳的内心受到了打击。她不再是那个内心阳光、待人和善的林黛芳，现实的打击加重了她内心惴惴不安的感觉，她将更多的精力投入到工作之中，而她对于权力的欲望也越来越明显。副处长一职竞争非常激烈，她对此也有着清醒的认识："她是个有自知之明的人，就是从她和季生瑜之间产生一个副处长，他的希望也比她大。他是个男人，本身社交能力就很强，还有戴名世支持他，她当然也有自己的优势，她的学历比他高，业务能力比他强。但是这又能说明什么，在机关混了那么多年，她很清楚，升职不是明码标价，不是非黑即白，有很多不为人知和不可预料的因素在起着作用。"正因为林黛芳有着自身的优势，她不甘心自己就此落于人后，她最后选择委身于政治部主任黄奇志，以此换来了二十四处副处长的位置。升任二十四处副处长的林黛芳，内心已经完全被欲望充斥，因为失恋的打击，她的性情发生了很大的变化，工作上她处处给余致力"穿小鞋"，为难余致力，她变成了一个只会钩心斗角的小人。在一定程度上说，林黛芳是个悲剧人物，现实的打击让她原本的价值观发生了扭曲，长期生存在尔虞我诈的机关环境，她不得不变成了一个异化的人。而林黛芳最后的结局更加重了她的悲剧性，她与黄奇志的婚外情被发现。她被黄奇志夫人毁容，自己也再无颜面留在省公安厅，最后凄凉地离开了二十四处。官场上的情感纠葛的发生很大程度上有着现实的原因，欲望的膨胀占据着主要部分，这些情感纠纷透露出的人性的阴暗面，给人以触目惊心之感。

三、余致力的成长之路

从初入官场时被门卫当作外人拦下的尴尬，到最后官至二十四处处长一职的得意。余致力的机关之路可谓走得十分曲折。纵观余致力一路走来的心态变化，可以发现，他并非如一般官场知识分子那般，面对黑暗的现实，感到十分无力或十分痛苦，为了在机关生存，他也试图改变自己。但面对改变，他采用的是一种较为积极的态度。存在主义式的痛苦思考在余致力身上并不明显。贾平凹这样评价余致力："人物对官场、对工作、对生活，都是取了一种平常心，对它们是既认同又排斥，既尊重又嘲弄，往往事情来了，有一种不主动、不拒绝，又不负责的心态。作者自己，首先就剥夺了权力对自己的压迫，以一种健康的心态去理解他所看到的所谓的官场。"《背景》中的官场充满了权力的博弈、欲望的争夺，但作者将其当成一种自然而然会发生的现实，批判程度较轻，体现在余致力这个人物身上便有了些游戏意味在其中。余致力是一个士人，十年寒窗，夺取功名，"士人所身负的文化内涵，如理想信仰、道德品性、人格特质乃至思维定式等，在长期的历史传递中已经融入了文化传统而被符码化"①。这加重了余致力的思想负担。

余致力的成长是围绕着一个个人来展开的。他的改变首先通过他的好友韩英哲开始。余致力在当时是极度自卑的，余致力出生在农村，进城读大学后不久，就多次企图隐瞒自己的农民出身。"自从撒谎的那天起，余致力就确定了他的人生的奋斗目标，一定要发奋读书，毕业后在大城市里找个好工作，最好能够有个一官半职，就把老实巴交体弱多病的父母接到城里，跟自己住在一起，让他们安享晚年，免得受人欺负，好像只有如此，才能减轻撒谎给他带来的道德焦虑。"因此余致力努力去适应机关生活，好让自己能够在机关实现自己的理想。他按着韩英哲所说去做："你要丢掉身上那种农民的东西，譬如狭隘、自卑、土气、麻木等，而多一些自信，多一些圆融。"当余致力自信地迈进省公安厅的大门时，他感到了一种成功的巨大喜悦刹那间充溢在他的心头。但这远远不够，余致力要适应官场，需要改变的地方还有很多。在与韩英哲多次交流之后，余致力终于醒悟过来："心想要做一个机关人，得先做一个城里人，要想在身上散发出一股机关味，得先要消除身上的土腥气。在韩英哲的帮助下，他开始努力改变自己的形象。"余致力更加注重的自己的外貌，学习着穿衣打扮，他变得比以前更加自信。除了外形上的改变，余致力也学习着如何让自己在行

---

① 葛荃.立名与忠诚——士人政治精神的典型分析[M].杭州：浙江人民出版社，2000：1.

为上更加像机关中人。他每天很早就来到办公室打扫卫生，他牢记着父母亲的教诲，"做人要勤快"。以前处长办公室的卫生都是由同事叶小青来负责，自从余致力来了之后，这份工作就落到了余致力头上。但余致力却没有心生抱怨，而是更加细心对待工作。他把办公室打扫得比以往要干净得多，连每一张报纸都折叠得一丝不苟，他也得到了老董的称赞。他对待工作也是一丝不苟。渐渐地，他已经适应了机关生活，也开始认识到官场的一些潜规则。"他进厅机关也有不少日子了，对很多事情都耳濡目染，一个人要靠个人力量来奋斗，一点关系都没有，一点手段都不用，要想在一个机关里出人头地，简直比登天还难，门儿都没有。"余致力对现实感到有些迷茫，但他本质上又不是一个工于心计、善于钩心斗角的人，面对这些规则，他并没有用积极的手段去应对，他的内心还没有被欲望所占据，权力对于他还是一个不可触及的东西。在曾副厅长暗示他，若与曾诗曼结婚，自己的仕途也将一帆风顺时，他并没有觉得这种交易没有什么不好。但他又舍不得抛下柳红，背负着陈世美的骂名，他最终还是选择与柳红结婚，他还坚持着自己的原则。他一步步从普通科员晋升到副处长的位置，他有着自己明确的目标，一是靠自己的工作实力，二是靠领导的关系和赏识。在余致力的成长之路上，他大部分都是靠着自己的实力才到达现在的位置，但余致力又不会排斥依靠人情关系的手段，他的副处长一职便是靠着曾副厅长的支持得来的。至于后来他得到处长一职，也离不开常务副厅长白万军的关系。余致力在机关的生活是其人生的转型之路，他从一个农民的儿子变成了正处长，实现了他当初的理想，成功地在机关脱颖而出。他的成长之路有着起起落落、曲曲折折，但最终也通往了一个成功的方向。

　　《背景》与当下同类的政治叙事小说相比，格调较高。陈忠实在推荐语中这样评价："《背景》里面有很多只有在纯文学中才能看到的好细节。用一个通俗的架构把纯文学的细节融合得这么好，难能可贵。作者把这些细节融入机关生活，既能使剑拔弩张的情节得到舒缓，又能使故事充满重重寓意。"故事中的众生之相，既有着作者的艺术再创造，又有着当下的现实反映，人物形象生动自然，充满着机关气息，使得读者在阅读之时不会产生生涩之感。其中，故事所采用的心理描写方式，使众人的心理状态一览无余地表现在读者面前，此种方法全方位地展示了机关生活，更为深入地写出了众人的内心状态和性格特征，对于衬托故事起着非常大的作用。故事主人公余致力从初入官场的知识分子身份转变成官至正处级的领导，其中的种种辛酸与不易也是官场中人的真实生活。对于不公的官场潜规则，主人公既有着嬉笑怒骂的不屑，又有着试图靠近的努力，这种近与远的关系或许也是众多官场中人的矛盾所在，既想在官场有一番作为，又想着自己能够"出淤泥而不染"，在官场中坚守自身，这种愿望常常无法实现。"一个富有中国特色的世俗化社会从官方到民间对那些惯于编织理想主义、英雄主义、精神主义、奉献主义神话以启蒙领袖和生活导师自居的人文知识分子形成双重挤压。"①但余致力则用一种主动但又不过分积极的中庸之道去处理了这个矛盾，他知道潜规则所在，但他又不排斥着这种潜规则，必要时更运用这种潜规则来达到自己的目的。作者通过这样的描写，为当下官场中人的困境提供了一种解决的方法。《背景》在开头引用了两句与《易经》相关的句子，分别是："六爻：初难知、二多誉、三多凶、四多惧、五多功、上易知"，以及"所以，人生是什么？就是水深火热水深火热水深火热水深火热"。其对待官场的态度亦是其对待人生的态度，《背景》所描写不仅仅只有官场，更有人生，余致力在官场上的表现，同样也适用于生活。生活如同官场一般，充满了阴险狡诈与水深火热，面对生活，人终究无法逃离，若要摆脱这种百无聊赖的状态，就必须从自身出发，改变心态，以正面的态度去融入生活，这才是人生的真谛。由此，《背景》的官场书写带有隐喻意味，余致力这个人物形象也带有普遍意义，他所指向的是当下社会的整个人群。故事不仅仅只局限于官场，故事表明的是一种生活态度，这也是《背景》的积极意义。

第三节　阳剑《彩局》：直刺腐败的达摩利剑

从王跃文的《国画》、阎真的《沧浪之水》到肖仁福的《官运》，湖南当代政治叙事小说总是能深刻反思人性，以洞察入微之笔力，揭示官场人性之复杂。更重要的是这些小说总能从文化的维度对官场文化做完成本质的透视，进而显示官场权力文化在新的时代语境中与现代文化所产生的冲击与碰撞。这种对传统政治叙事小说格局的突破在青年作家阳剑身上得到明显的传承。在长篇新作《彩局》②中，阳剑采用原生态的手法，关注人性，强化平民意识，巧妙地将彩票与机关生活联系起来，将彩票技术与处世艺术联系起来，同时以一种超脱的态度将钱钟书"反讽"式的幽默和现代网络语言的生动性结合起来，形成小说独具一格的表现风格，完成了政治叙事小说一次新的突破。

在《彩局》的作者简介中，我们得知：阳剑，生于 20 世纪 60 年代，曾国藩故里人士；文联主席，作协会员；曾历异域风情，后任记者，办报刊，长期从事

---

① 王一川. 中国镜像——90 年代文化研究[M].北京：中央编译出版社，2001：126.
② 阳剑.彩局[M].长沙：湖南文艺出版社，2009.

文化经营管理；业余研究彩票；广交天下彩友，处世豁达，性情中人；作品以小说见长，风格独异。常年笔耕不辍的他曾以短篇小说《村望》获湖南省青年文学创作奖，而在工作与写作之余，阳剑还研究彩票，并以"稳准狠"为网名，在彩市广交彩友，赢得了各地网络彩民的追捧。作者的独特经历为他创作小说提供了鲜活的素材。

《彩局》以彩票作为故事线索，以机关生活为核心，讲述了一个集官场生活、娱乐内幕、家庭生活为一体的现实故事。主人公苏新来自一个平凡的家庭，家中没有什么背景，他自大学毕业后便进入机关工作，当现实与理想发生冲突时，他非常痛苦。苏新是一个不得志的官场中人，身有才能却处处碰壁，但他有着买彩票的一点小爱好，对彩票之事颇有研究，倒也掌握了一点规律，他将人生感悟融入彩票，居然最后也靠着彩票升官发财。他的仕途因彩票越走越顺，他也通过彩票结识了不少人，如君雨、阿慧、省厅计财处刘处长。这既是一种机缘巧合，也是当下的怪现象，彩票本为娱乐之用，现今居然也变成高升的敲门砖。这种现象背后隐藏的，是官场的腐败真相，而这腐败的源头恰恰在于人。彩票的规律是可以被掌握的，而人性亦是可以被控制的，关键在于如何利用它。当人的欲望占据内心，各种腐败行为便开始产生，彩票成了试探人性弱点的利剑。正如书中所说，从政，情商须高于智商；买彩，智商须高于情商，而智商与情商的拥有者——人，该如何选择，这个问题便显尤为重要。无疑，情商与智商兼备者，更容易获得成功，苏新的高升恰恰在试图证明这一点。《彩局》是故事，更是现实，在市场化高度发展的今天，官场中人已经不仅仅是"心忧家国天下"的士人，他们被金钱与欲望包围得更加紧密，他们面临的选择也更为多样。身处官场之人，保持自身精神独立性的行动便变得更为困难，在这两难的困境之中，腐败现象愈发凸显，并以多种形式表现出来。《彩局》以彩票为故事切入点，将苏新的升官之路一步步展现出来，将社会的种种黑幕慢慢揭露，将彩票的规律与人生智慧相结合，看身处其中之人如何挣扎，如何选择，如何沉沦，在小小的彩票中将世间百态、人性善恶刻画出来。故事范围已不局限于官场，家庭纷争、感情纠葛也在这彩票中体现出来。彩票并非一剂奔向美好前程的万能良药，而是一把悬在众人头顶的达摩利剑，它有着海妖般的迷惑性。如何把握它的度，才能独善其身？在彩票的巨大诱惑面前，人容易丧失本性，成为金钱的奴隶。苏新的经历并非常人所能及，他也清醒地认识到其中的好与坏，对彩票始终保持着一种游离的态度，彩票已在他心中响起了警钟，成为拷问人性的试剂，正如他所言："彩票是一个局，官场也是一个局，人生更是一个局。道是根本，术是机巧，明道而通术，方可为高人。""近世湖湘文化精神表现为一种人生价值取向，以政治作为人生第一要义，以经世致用作为治学和立事处身的基本原则。"①在娱乐化的写作中，作者也注入了湖湘文化的实用主义，将彩票与从政相加。《彩局》是彩票、官场与人生的结合，它也试图告诉观者，通晓其中的规则，保持基本的底线，方能游刃有余。

一、从苏超到苏新——身份与价值观的转变

主人公苏新出生于一个普通的工人家庭，原名苏超，原就读于秦县一中，后因为与秦县县长的女儿舒雨晴产生恋爱关系，被迫转学，改名为苏新，暗喻忘记过去，走向新生活。在这个身份的转变过程中，苏新的思想也开始发生变化，他开始意识自己所处的社会阶层与舒雨晴的阶层有着巨大的差别："无论怎样，官家小姐是万万不可找的。门当户对流行了几千年，流行不是真理，流行了几千年至少接近真相。"苏新与舒雨晴之间并非全无真情，但在巨大的差别与强势的权力面前，苏新深感自己的渺小，但他又不甘心自己就此沉沦，于是便发奋学习，要出人头地，改变自己的位置。苏新的蜕变是社会秩序压迫而成的产物，在无奈之间，他迈出了改变的第一步。苏新毕业后被分配到雁南市教育局，他勤奋工作，尊重领导，从办事员爬到了办公室主任的位置，正当他准备更进一步时，他发现勤奋工作的方式已经无法使他获得更多的发展，他突然明白："局长表扬我，差不多年年评我做立功人员，只不过是卖骡子力气而已。用线吊着一块饼，他提在手里，时不时放下高度，让我踮起脚去咬，嘴刚凑上去，他把线提一下，我只好积蓄力量再来咬，但真的可以咬一口的时候，他给了别人。"官场的规则让初出茅庐的苏新琢磨不透，他只能忍受着此等现实，无望晋升，无钱换房，自己只能寻找其他兴趣来聊以自慰。他开始接触彩票，一发不可收拾，渐渐地，他在彩票中摸出了门道。但现实将苏新逼到了死角，他与上级领导发生了冲突，升官之日更是遥遥无期。他的思想又一次发生改变，他意识到如果靠着此种方式过活，他也只能在懊恼中继续懊恼下去。因此，当机会到来时，他要用一切力量抓住。雁南市教育局发生了彩票事件，正因为这个事件，苏新对官场有了全新的认识，官场是一个人人自危，又人人自保的名利场，正因为自己的疏忽，自己丧失了一次晋升的机会。苏新先是逃避现实，他选择到了下乡工作。在乡村工作期间，苏新将彩票当成了自己的研究对象，并从彩票规律中得出了官场规律，他已不再是当年那个愣头愣脑的小青年了。

①　樊敏.近世湖湘文化精神与20世纪湖南小说叙事性的研究[J].湖南工业职业技术学院学报，2009（2）：57－58.

而后，他因为自己的一篇文章受到乔市长的青睐，同时又因为前任局长陶迈贪污事件被揭发而被免职，苏新得到了晋升的机会，他来到了人生的拐点，他被任命为教育局副局长，进而官运亨通，他最后到达了教育局局长的位置。在故事的结尾，乔市长将到省里任职，将苏新一并带走，苏新的未来之路充满着一片光明。

苏新的改变是其人生之路的新起点。从苏超到苏新，他完成了自我身份的转变，在这个过程中，他从一个不谙世事的青涩小子蜕变成一个善于观察的官场胜利者。他的价值观开始发生变化，过于锋芒毕露在官场上并不适用，通过彩票，他领悟了不少生活真理，这些真理被他运用到了官场，竟也畅通无阻。苏新并不是一般政治叙事小说中的文人，他善于算计，懂得察言观色，他说话不直言快语，反而是曲线迂回，可以说他的为人处世能够使他进一步适应官场的规则。他钻研彩票，却并不沉迷，他把彩票当成了一种了解人生的手段。面对彩票可能带来的种种弊端，他有着清醒的认识，因此，他并不会让自己迷失在彩票的漩涡之中。正如书中所言："成小事者，为战术家；成大事者，为战略家。战略家有时像个保守分子，只知步步为营；有时像个阴谋家，翻脸无情；有时像个投机者，孤注一掷；有时像个大好人，和善慈祥。他知进退、明事体，能屈能伸；懂手腕、善计谋，变化无穷。"他将彩票规律用于人生指引，价值观与身份的转变使苏新成为一个全新的人，他深刻地认识到自己在官场所处的位置，若自己想有一番成就，就必须适应官场的规则，才能洞察官场真相。他对待官场的态度，正如他对待彩票的态度。他的官场人生也是他的彩票人生，两者相互呼应。

二、亲密与疏离——人际交往的深刻描写

《彩局》不但描写了机关生活，还刻画了政商关系、娱乐内幕、家庭矛盾与人间世态。阳剑重在突出"人被现实改变"的主题。现实有一种不可捉摸的力量，渺小的人在这种力量面前无能为力，只能任由其改变。人在发生变化之后，其所处的人际关系也会发生改变，但总也逃离不了"他人即地狱"的存在主义命题。

苏新的妻子陈晓霞婚前是个温柔贤惠的女人："我养父母看过之后，很满意。这么漂亮又这么平和，以至于我那没读几句书的养母事后发出这样一句不伦不类的感叹：她一点架子也没有。"而婚后的陈晓霞则完全变了一个人。"架子也不是天生会摆，到了那个位置就不得不摆。"生活的琐碎小事将陈晓霞完全改变，她苦恼于物质问题。因为苏新工资低，无法满足换房子的要求，他们的

生活也开始有了争吵，争吵的内容全都是"钱"。而后苏新不断提拔，家庭经济状况也得到改善之后，两人争吵的关注点又转移到感情问题上。此时的陈晓霞已经完全没有了当初温婉羞涩的模样，生活将陈晓霞变成了另一个样子。在苏新看来，她身上只剩下市井妇人的庸俗气质。他感到自己的婚姻平平淡淡，像一摊死水，就算扔几块石头进去，也激不起几圈涟漪。苏新感到自己平淡的生活需要一些调味剂，此时他通过彩票认识了林君雨和阿慧，这两位女性给他的生活带了一些变化。也因为彩票事件，苏新与林君雨的关系在雁南市引起了不小的热议。因为流言蜚语，林君雨和阿慧离开雁南市，到广州发展。而随着故事的发展，三人的人生走向也有了非常大的变化，苏新步步高升，官至教育局局长，林君雨参加选秀节目，变成了一个大明星，而阿慧则沦落为"三陪"，最后悲惨地死去。再则是苏新的上司陶迈和吴雄陶局长原本对待苏新有一种"此人不为我所用"的态度，因此一直没有提拔苏新，后来苏新无意中发现陶局有滥用公款的行为，便暗中留着陶局滥用公款的证据，最后将陶局赶了下台。而随后上任的吴雄则与苏新是亦敌亦友的关系，一方面他帮助苏新，开导苏新，并与苏新一起将陶局赶下台。另一方面，在苏新担任教育局副局长之后，他又惧怕苏新会使用对待陶局那样的手段来对待自己，因此对苏新又有了新的偏见。苏新对此也非常苦恼，却又无计可施，只能暗中等待时机。而慧眼识珠的乔书记对苏新赞赏有加，因为他的青睐，苏新当上了教育局局长。这些人物的逐一登场，都围绕着苏新而展开。苏新与书中众多人物的关系也构成了他的人际关系网。他与这众多人物周旋，在这个过程中，苏新的为人处世态度有了非常大的变化。与陈晓霞的婚姻让他感到生活的平淡，但他又无法逃离这种平淡。与林君雨等人的交往，让他感到青春与活力，但他又无法逃开家庭的束缚去充分投入这种交往。而与官场中人的来往，则让他感到了人性的复杂，身处官场必须要以多种面具示人，但他心中仍然保留着"那块净土"，他不希望自己变成一个拉帮结派、贪污腐化的小人。《彩局》详细地将人际交往过程中的小事一一刻画，以循序渐进的方式将苏新与这些人的亲密与疏离展现给读者。人与人的交往变成了存在主义式的表达，个人的生存通过他人来体现，每个人都处在一张巨大的人际关系网之中，与他者有着亲密或疏离的联系，社会化的个人无法逃避这种联系，只能维持着这种联系，个人的苦恼由此而产生。个体与个体的关系也正如彩票中的数字排列，最后成为一个巨大的整体。"诸位，在你阅读之前，请你弄清如下几个数：0 1 2 3 4 5 6 7 8 9。我会变一下位置，变成：05 16 27 38 49。它们叫对码。世界是平衡的，每组数的差都是5。事实上，除了人类社会，数字也喜欢拉帮结派。"这也恰恰说明，个人无法独立存在于社会，个人是社会中的一员，人际交往是不可避免的，人与人在交往过程中产生的种种问题亦是不可避免的。因此，《彩局》试图说明，人生的烦恼是无法避免的，只要个人生存于这个社会，问题便会随之而来。朋友有可能变成陌生人，朋友也有可能会变成敌人，亲密与疏离的变化也无法避免。

三、彩票迷局——衡量内心的砝码

《彩局》以彩票作为串联故事的线索，将个人在利益面前的选择进行了不同程度的表现。在作者看来，彩票是获取利益的一种手段，这种手段并不能简单地被评价为好或坏，个人在运用这种手段时所表现出的倾向是积极或消极的才能作为评判的标准。个人在利益面前所展现的欲望是个人内心的真实写照。如上文所言，彩票是一柄悬在众人头上的达摩利剑，人只有掌握好度，才能使个人不在物欲横流中迷失本性。

苏新掌握了一套买彩票的方法，某次委托林君雨买的彩票竟中了30万元，却不想被彩票摊的刘老板私吞了。气急败坏的苏新找刘老板理论，事情像蝴蝶效应般越闹越大，最后整个雁南城也人尽皆知。苏新感慨道："曾经有30万元摆在我面前，它属于我，却被别人抢去了。我由此发现一条游戏规则，可以卑鄙，只要合法。"刘老板在利益面前不顾与苏新的交情，只以利益为重，将本应不属于自己的钱财据为己有，丧失了本心。但这亦是刘老板本身性格使然，早在他聘请苏新当彩票摊顾问时，已有端倪。"哦——我明白了他的意思。现代人，不管老小都有一种合同意识。那种仗义的英雄主义行不通了。你想英雄主义，拔刀相助，人家还不信任你呢。现在，刘老板要写个合同，这种合同意识正是人与人之间互不信任的折射。"而刘老板私吞苏新的钱财也正反映出现代社会人与人之间关系的金钱化倾向。但人与人之间的关系并非只剩金钱，《彩局》还试图描写人与人之间仍存在着真情，其基调仍是较为积极的。在彩票事件发生之后，为了不影响苏新的前程，林君雨和阿慧离开了雁南市，并将买彩票得来的10万元都给了苏新。可见苏新与林君雨、阿慧之间的感情是真挚的，其交往是《彩局》中为数不多的真情所在。作者也试图以此来证明人与人之间仍有真诚，由此削弱了故事的批判性，减少了对人性之间赤裸裸的利益关系描写，但由此也反衬了阿慧日后悲剧性的结局，以及苏新与林君雨的疏离。

作者还以彩票为引子，从侧面展现人性的弱点。在苏新担任副局长期间，教育局需要新建办公楼，此事由苏新负责。项目需要省里的计财处审批一笔资金，苏新偶然间通过彩票与刘处长攀上了关系，由此，资金问题很快得到了解决。但在苏新回到雁南市之后，却受到了举报，污蔑其有行贿行为。苏新虽然成功地为雁南市教育局争取到了项目资金，却遭到了他人的抹黑，彩票的两面性更加凸显，积极与消极并存。风风火火的"间接行贿"事件折射出的人性的黑暗面，彩票是苏新用于交际的一种手段，但却被人认为是行贿的方式，可见，物质社会将人性扭曲到何种程度。再者，在同学翟逸的腐败案中，苏新再次受到牵连，官场同僚曹怀德趁此大做文章，希望能将苏新从副局长的位置拉下来。这些人由于各种主观因素，捏造了抹黑苏新的事实，其原因不外是苏新与其存在着利益冲突。利益成了人与人真诚交往的障碍。苏新对此感到失落，却又得出了深刻的认识："历史证明，任何事物都有利弊，都不是绝对的，看你如何趋利避害。"马克思主义哲学认为矛盾存在于一切事物之中，因此彩票也存在着矛盾。一方面，它可以为人们带来金钱、带来利益。但另一方面，若不把握住度，人又会容易迷失在彩票中，被巨大的欲望所吞噬。彩票是一种获取利益方式，也是衡量人性的砝码。个人欲望的过度膨胀导致了天平的不平衡，也导致了自身的异化。小小彩票折射出的是人在市场化环境下的扭曲，被利益驱使的个体缺乏自我控制的能力，由此造成了人际交往的偏差，个人灵魂也在迷失在彩票的迷局里。《彩局》中的各色人物是关系网上的各个点，难免受到他人的影响而在人生之路上迷失自己。作者则试图以苏新的圆满结局来证明，独善自身的重要性。

《彩局》通过描写不同类型的人物，试图说明身处官场保持自身清白的重要性。官场充满了各种尔虞我诈、权力斗争，处于官场漩涡的众人容易被卷入其中，逐渐被同化，因而丧失了自我。个人的异化从同化开始，官场中的拉帮结派无非是个人寻找利益共同体的过程中而产生，为了能在官场生存，众人难免失去自我，被周围环境同化，走上了腐败之路，最终是悲惨的结局，如原教育局局长陶迈、记者翟逸等人。但小说又写了保持自身清白，在利益面前能进行自我克制的苏新，其结局是美好的，他的官场之路仍是一片光明。

"官场腐败以文学的形式出现在文化市场的时候，事实上，它也就作为一种可供展示的奇观被消费。"[①]"彩票"是一个符号，象征着巨大的利益，在这个符号里，苏新读出了人生道理，而刘老板等人读出的只有金钱。苏新将彩票当成了一个游戏，在玩乐的过程中努力弄清游戏规则，而不将彩票当作获取利益的手段，"你能玩转彩票，你就能悟透人生。胆码常常声东击西，机会常常不露声色，人生四字：学会观察"，但苏新却非得利小人。作为一个知识分子，苏新

---

① 孟繁华.政治文化与"官场小说"[J].粤海风，2002(6)：13－16.

身上有着一股"清高之气"，他不屑于争权夺势、钩心斗角，也正是这股气使他在权力斗争面前能够坚守自身立场。所谓"清者自清"，这也是他后来能够在贪污案中保全自身的原因。《彩局》不仅仅写的是官场，写的更是社会。苏新待人真诚，他认识阿慧和林君雨后，将她们当成了真正的朋友，这也赢得了她们的真情。苏新与林君雨之间有着不一般的情愫，但他碍于家庭伦理道德，并没有将这段感情发展成婚外情，只是将这份真挚情感深藏内心。而从苏新对待养父母的态度，以及寻找自己亲生父母的事件来看，他是一个容易流露真情之人，这也意味着他的性格里容不得半点虚伪。苏新是一个真诚而不愚笨之人，这也恰恰印证了那句"从政，情商须高于智商。"他在官场同样也是如此，对待朋友友善，对敌人则是警惕。他与官场并非是格格不入，反而，他在积极融入官场，但在这融入的过程中，苏新又时刻地告诫自己保持自己的清白，保留当初的那份真诚。这也是苏新能在官场一路高升的原因。作者通过塑造苏新这个形象，来展现自己的美好理想：即使不参与权势斗争、钩心斗角，也能在官场上成就一番作为。不得不说，这也是《彩局》的缺点之一，过于理想化。但从整体而言，《彩局》的基调是积极向上的，跳脱了当下官场的消极基调，主人公的美好结局是黑暗中的希望，这是小说的出彩之处。

借"彩局"喻官场人生，阳剑既承袭了湖湘文化中勇于进取、参与现实的精神传统，又发挥了政治叙事小说关注、表现现实社会与民众生存的特征；借助对人们心理情感世界的深入揭示，作者成功地避免了一味地取悦、迎合读者，进而在掌控读者的审美心理、精英思想立场、读者阅读趣味与艺术表现形式之间找到一个恰到好处的契合点和平衡点。在完成对新的社会环境和文学语境下人物形象塑造的同时，阳剑借《彩局》为当代湖南政治叙事小说人物形象的画廊中增添了新的形象。而这种突出重围、走向社会、走向市场，打破壁垒、敞开胸襟，汲取各种文艺样式的表现手段，无疑为湖南当代政治叙事小说的"再生"注入了一股强力。

第四节　舍人《宦海沉浮》：世俗人性的网络呈现

舍人的长篇小说《宦海沉浮》①最早连载于 2007 年的起点中文网，在政治叙事小说已经泛滥的湖南文坛，舍人的草根式、网络式的书写尽管难逃迎合市

---

① 舍人.宦海沉浮［M］.南京：江苏文艺出版社，2009.

场的嫌疑，但其呈现形式对于湖南当代政治叙事小说来说无疑意味着一种新鲜的创作经验和阅读经验。2009 年 5 月，《宦海沉浮》第一部上下册由江苏文艺出版社线下出版，紧接着是第二部；《宦海沉浮》第一、二、三部总字数逾 320 万字，这种大部头、有着史诗化写作取向的政治叙事小说尽管符合当下网络长篇小说写作的一些特点，但对于政治叙事小说来说，不论是其叙事结构，还是话语策略，都有着无限的参考、批评意味。

《宦海沉浮》的典型之处在于，主人公以利益作为交换物，杨陆顺周围的人通过他获得利益，而杨陆顺获得的利益是荣誉、父亲的骄傲、亲戚朋友的追捧。在这种交易中，世俗的人性得以全面呈现，形成一幅真实的"浮世绘"。

借助长卷式的官场叙事，《宦海沉浮》完成了对时代风俗的叙述。全书的结构对《平凡的世界》有着明显的借鉴意识，后者对 1975 至 1985 年中国社会政治生活重大事件的触及与评价也直接促成了《宦海沉浮》对 30 年改革开放的编年写法。小说主人公杨陆顺是一介农民子弟，恢复高考的第三年考上大学；毕业后放弃留在省城当国家机关干部的机会，回到家乡新平中学当起了自己从小就向往的老师。这一不被乡亲父老和同事认可的选择不但使其屡遭工作的不如意，也遭受了爱情的打击。然而峰回路转，失意的杨陆顺得到新任乡党委书记卫家国的赏识，24 岁的他很快就被破格提拔为副乡长。很快，一场典型的官场斗争使他成了牺牲品，年轻的杨陆顺品尝到了政治斗争的严酷无情，也再一次陷入了人生的困境。在朋友的帮助下，他放弃职务调到县城关镇党政办任秘书，不久便因才华出众而被调到县委办，先任秘书后升为副主任。春风得意之时，乡亲父老又来巴结奉承，远朋故旧也来讨好处、求办事，结果又因安插侄女上学挤掉别人名额的事情栽了跟头，被迫停职反省。此时，又有贵人出现——钟情于他的大学同学袁奇志让自己的同居情人、省委书记的儿子刘三少拉了他一把，于是乎他又时来运转，不仅被恢复职务，又被破格安排进入培养地厅级干部的第三梯队培训班。结业后的杨陆顺先是回到南平任常务副县长，继而升任开平县县长。之后，杨陆顺调任南平市委政研室调研员，旋即被起用任廊柱市委副秘书长、市开发区主任……

这是典型的政治叙事小说，但小说绝不止于对官场的描摹，而是要借官场叙事完成对世俗人情的深刻描绘和社会政治构建的艺术转达。小说一、二、三部分别以"乡""县""市"命名，这种层次化递增的叙事方式全面地揭示了不同官场地域和文化圈之间的权力关系与利益运作，一定程度上也是当代社会面貌的全景式书写。官本位的传统与现状使得政治始终处于社会发展的核心地位，而官场中个体职务的升降、权力的浮沉不仅改变着当事人的前途，也直接重整了其社会关系与人际关系。杨陆顺大学毕业回乡当教师，被亲戚当成笑料，人们认为他"犯浑了""搞错了"，新平中学的校长也觉得他"读书读呆了"；家里给他找好的对象也因此失望地与他分手；教师同仁们更是因忌妒而合伙排挤他。进乡政府工作并不断升迁后，家人开始扬眉吐气，颇具范进中举的喜剧意味：他一时间成为全乡热门话题人物，人们言必谈杨陆顺；其老家更是热闹非凡，五个已出嫁的姐姐家的人都来道喜，远近村组的熟人们也纷纷前来道贺；而其父亲老杨头不禁喜极而泣，更是从旮旯里找出尘封多年的老神龛挂在堂屋正中间不停地说"祖宗菩萨开眼了"……杨陆顺的仕途牵动着其亲友的荣辱，而围绕这主人公，小说全方位地展示了世俗人情的冷暖。

　　从题材来看，《宦海沉浮》是一部"政治叙事小说"；但究其表达旨意，它也是一部风俗小说。"因为一个社会的风俗既是由地域的也是由文化的、既是由民间的也是由官方的风习组成的，因此，一个时期的官场的状态也是社会风俗的一部分；同时，官场也必然地投射着形形色色的社会风俗。风俗也不是社会的静态图像，而是蕴含着一个时代的政治、经济、文化等等方面的表面波澜与水底潜流。写风俗就是写时代。"①《宦海沉浮》借助对人性的描述，完成了对世俗的彻底揭示。作为一个有才华有抱负的大学毕业生，杨陆顺莽撞地走上讲台，又懵懂地步入官场，在纵横交错的利益关系和复杂纠缠的人际关系中，个体彻底被现实的网纠缠绑缚，而情感、权谋、成规、伦理，以及理想与现实的矛盾、正直与邪恶的冲突等等，无一不在拷问一个人的良心。如果说这些对于杨陆顺来说只是消磨了他的棱角，顿挫了他的锐气的话，那么对于千百万命运与杨陆顺类似的人来说，这就是官场规则和世俗人情对个体的压迫——接受过新鲜事物、一心想改变故往的理想在执着守旧的现实面前不堪一击。而随着社会阅历的增长，杨陆顺不断地"成熟"，在察言观色中学会了得心应手。但是，对于曾经那个满腹理想的杨陆顺来说，现实杀死了他，更可怕的是，现实杀死了一种理想。尽管从文本中看来，杨陆顺的良心仍然在抗拒着现实的同化，思想依然在与行动进行着角逐。但是，他在潜规则中寻求平衡时的小心翼翼、在物欲现实中维持清廉的如履薄冰等等，已经使这一人物形象成了一个复杂的多面体——"他基本上是一个正面形象，但也不是一个单面体，为了生存自保与事业进取，他也会走险棋、玩手腕。杨陆顺以及书中诸多人物的性格刻画，体现出作者对现实中的人性的深刻观察与理解，作品中许多对人物处境、心理状态

---

① 石一宁.绘刻风俗与人性的长卷——读舍人《宦海沉浮》[N].文艺报，2009 – 6 – 9.

的入微体察，着实令人惊叹。"①

　　在江苏文艺出版社 2009 年出版的《宦海沉浮》中，封面上的宣传语是这样的："一部中国改革开放的编年史"；"巴尔扎克 + 路遥 + 王跃文 =《宦海沉浮》"；"继《平凡的世界》后最佳批判现实主义作品！起点文学网连续三年官场类小说居首位的世佳作！""强烈推荐《宦海沉浮》角逐茅盾文学奖！"②这种典型的市场化宣传并不能掩盖《宦海沉浮》对传统文学的接受。在杨陆顺的身上，我们总是能看到《高老头》中拉斯蒂涅的影子，当然也能看到《人生》中高家林和《国画》中朱怀镜的影子，由此可见，"巴尔扎克 + 路遥 + 王跃文 =《宦海沉浮》"的宣传语不只是一个纯粹商业化的宣传噱头。作为农家子弟和 20 世纪 80 年代的大学生，杨陆顺有着质朴、正直的优良品德。最初，他希望能出人头地，成为一个公家人，能够有所作为；曾经，他是一个热血青年，有使命感，公心大于私欲；但当他步入当今社会这个大酱缸时，种种遭遇、种种诱惑开始让他动摇，而卫家国的失势和死亡就像一堂深刻生动的人生课。像拉斯蒂涅埋葬了高老头一样，为了生存，杨陆顺必须蜕变，必须抛弃他原来的道德标准和做人准则，于是，一个像朱怀镜一样的人物形象诞生了。但是总体上，杨陆顺这一人物与路遥《人生》中的高加林和《平凡的世界》中的孙少平有着颇为相似的面孔，作者选择这样的时代背景，选择这样一个青年形象，无非是为了展示一个社会的变迁——从人民到官僚，从道德到理想，变迁不仅表现在时代风俗的广度上，也表现在现实人性的深度上。《宦海沉浮》所展示的在仕途上不断升迁的杨陆顺，其所身处与面对的境遇早已超出了高加林与孙少平们所能涵盖的语境，而他的艺术塑造，为作品的现实性与当下性提供了强有力的注释。

　　改革开放编年的架构，赋予了这部小说浓厚的历史感，而作为网络小说，它的美学追求也集中于人物的对话，即行动与心理的刻画。"我们能在其中看到当代某些政治叙事小说的路数。而作者举全力以浩繁的篇幅构制此长篇，当是受到巴尔扎克关于小说家要做社会的书记，编制恶习和德行的清单，搜集情欲的主要事实，刻画性格创造典型人物，写出历史即风俗史的创作观念的启示。"③尽管如此，网络书写的表达形式还是让《宦海沉浮》受到批判。"尤其从小说从第二部开始，故事的传奇性明显增强，这与其说这是小说情结的逻辑使

① 石一宁.绘刻风俗与人性的长卷——读舍人《宦海沉浮》[N].文艺报，2009 - 6 - 9.

② 舍人.宦海沉浮[M].南京：江苏文艺出版社，2009.

③ 石一宁.绘刻风俗与人性的长卷——读舍人《宦海沉浮》[N].文艺报，2009 - 6 - 9.

然，不如说是作者出于对点击量的考虑。"①由此引发的是对政治叙事小说书写网络化的思考。

　　一个核心的话题是网络政治叙事小说如何在继承的基础上有所创新。在数以万计的网络长短篇小说中，是否有经典流出还有待时间的长期检验，而我们不能苛刻地要求它立即产生划时代意义的经典。但另一方面，这并不影响我们对网络政治叙事小说报以较高的期望值并施之以严格的要求和审慎的眼光。有论者指出，网络文学，当然也包括网络政治叙事小说的能否突围在于"网络写手是否能以虚心沉潜的心态，切实有效的手段，认真汲取中外文学史上优秀作品的长处，以丰厚的文学底蕴为基础，以符合时代精神的文学表现形式为依托，在继承的基础上有所创造，推陈出新"②。倘能如此，网络政治叙事小说就能脱胎换骨，向经典化迈出实质性的步伐。博大精深的《红楼梦》在创作初期一定程度上也类似于边缘化、上不了台面的地下文学，这与网络政治叙事小说有着同样的境遇。但使《红楼梦》成为中国古典小说巅峰的恰恰是其对历代小说、戏曲、诗词、赋等文学形式和绘画、园林、建筑、古玩、灯谜、酒令等艺术精华的继承、改造。好在舍人所处的文化语境有着深厚的历史传承，而对湖湘文化的再发掘、再利用将直接促生网络政治叙事小说的辉煌。在政治性/泛政治性意味十足的湖湘文化中，蕴藏着丰富的书写资源，而在舍人代表的网络政治叙事小说经典化的过程中，博大精深的湖湘文化将成为无尽的写作动力。

————————

①　曾繁亭.网络文学名篇100[M].北京：中央编译出版社，2014：20.

②　郑永晓.网络文学的文学传统[J].网络传播，2009(6).

第十二章　文学湘军政治叙事的闯入者

　　本章所述的三个作家都专门从事文字工作，但并不是职业作家。汪谈是资深传媒人，服务于国内某知名媒体。滕章贵长期在公安系统工作，曾任邵阳市公安局局长、湖南省公安厅禁毒总队总队长，是公安系统有名的笔杆子。姜宗福曾任临湘市副市长、湖南民族职业学院院长助理，浸淫官场多年，对官场的理解与其他作家不同，不是凭借印象，或者一厢情愿式的揣测，而是深入其中，感同身受。本章将这三个作者集合在一起，称之为文学湘军政治叙事的闯入者。

　　汪谈的《官场红颜》集中了很多市场元素：美女、性、权力等等。电视台女主持人给读者提供了充满暧昧性的想象空间。为了获取利益，陈婷对几任电视台台长进行性贿赂，之后成为副省长的专用情妇，并以此作为跳板，违规投标，以精巧的操作手段将十几亿的项目纳入私囊。除了工程，主人公还在重要的人事任命和党政安排中周旋，县委副书记、县长都成为她运作的对象。美色诱惑，长袖善舞，上下周旋，她在权力和金钱的名利场中游刃有余。最为可贵的是，《官场红颜》不仅仅是官场题材，更赋予了女主人公极具权谋水平和政治思维的性格特征。这种性格与其说是先天个性，不如说是文化性格。面对省委和中纪委的调查，为了保住最大的政治资源和利益源头，她舍卒保车，勇往直前，但最终被绳之以法。《官场红颜》折射出了中国官场的生态，如果权力在美色和利益面前失去了制约，就会成为罪魁或帮凶。

　　因为长期从事公安工作，滕章贵有着严谨的写作态度和可贵的现实情怀。他会对现实中的各种问题进行记录，做好笔记，所以他的作品具有浓郁的现实主义风格，人物的容貌、仪态、谈话都保留着最本真的原生态特征。从这个意义上说，滕章贵的作品具有特定的文化价值。《谁是英雄》提出了一个严肃的官场内在治理问题，即地方势力集团和法制正义力量之间的矛盾冲突。空降的公安局局长怀着一腔热血，却在地方势力密集的阻力面前步履维艰，甚至寸步难行，最终只能黯然离任。在中国文学的里程上，姜宗福的《官路》是一个独特的存在。作者的身份、经历，都堪称知识分子官场边缘化的样本。作者没有把作品定义为小说，而是纪实性报告文学，且以自己工作过的临湘为蓝本。作者当了副市长之后，不谙官场规则，薪水微薄，战战兢兢，如履薄冰。对他而言，官场并不意味着权威和利益，反而是煎熬。他在主管教育、旅游时都发生了较为重大的社会事件，最终由于对张艺谋和高房价的实名发帖而离任。他和官场已不再是相看两不厌，而是缘分已尽、情分已了。

"别人笑我太疯癫，我笑别人看不穿"，周星驰的电影在嬉笑之中，又饱含辛酸无奈。其电影在少年看来是喜剧，在成人看来是悲剧。正是这种含泪的微笑，让周星驰在众多恶搞影视中脱颖而出，别具一格。湘军文学的写作亦如周氏电影一样，以嬉戏、戏剧化的态度笑谈官场，而其娱乐的态度背后是文学湘军心忧天下又无力改变现实的一种另类心态。前期文学湘军赤裸的口诛笔伐是"怒其不争"，那后期文学湘军的娱乐化写作便是"哀其不幸"。

第一节　汪谈《官场红颜》：欲望之外的精神黑洞

苏轼云：人生如梦，一樽还酹江月。繁花似锦，也不过是过眼云烟。婷婷在官场中如鱼得水，如日中天，却也最终饮恨收场。欲望满足了，得到了，又失去了，如精神黑洞般无解。古今多少事，都付笑谈中。《官场红颜》是文学湘军的一次心态转型，由原来儒家的严肃转为道家的洒脱。

2010年底，《官场红颜》①开始在天涯论坛连载，精湛的文笔配以流畅的语言，佐之以对官场规则独特的感悟，这部小说在短期内点击量突破200万次；"众多媒体人和网友称其为继《国画》《沧浪之水》后又一官场经典作品"②。汪谈在出版面世的作品中自我介绍道：资深传媒人，服务于国内某知名媒体，曾深度报道过多起重大事件，对当今中国官场态势了如指掌，遂结集成文。此小说为其官场纵横系列第一部作品。常年在各种顶级商圈、权力圈的游走使得作者对我国当前的官场态势和各种内幕了如指掌，通晓当今各行业和阶层的权钱、权色交易规则。而这部真实揭秘中国权力场隐秘交易、解构官商界潜规则的政治叙事小说，也成了湖南当代政治叙事小说中的另类之作。

---

① 汪谈.官场红颜[M].昆明：云南人民出版社，2011.

② 张晓媛.汪谈：用新闻手法写小说[N].山东商报，2011－4－7.

　　汪谈的《官场红颜》讲述了美女主持人婷婷运用自己的美貌和智慧，参与官场搏杀，最后沦为权力掮客的故事。女性在官场之中一般处于边缘地位，难以接近权力中心，掌控话语权。而王处长眼中的美女婷婷，则巧妙地利用自己的优势，不断地向权力中心靠近，甚至参与政府项目的运作，违规招标，跑官卖官，她并非是那个真正掌控权力之人，却是幕后的得利者。但在得利之后，婷婷最终因为省长下台而受牵连，最终以悲剧收尾。《官场红颜》通过描写一个女性角色试图上位的经历，从开始的顺风顺水到最后的惨淡消失，来揭示官场的黑幕，来警示那些妄图通过不正当手段获取利益之人。如故事所说：官场有道，权欲无涯，美人徒作过河卒；宦海沉浮，商界纵横，金钱才是操盘手。汪谈以男性视角来讲述整个故事，其间穿插了多篇女主人公的文章，以此来表达女性角色的心理，同时又达到了表达自身想法的目的。《官场红颜》还塑造了多个人物形象，以此来展示当下光怪陆离的社会图景。身处权力漩涡的人一步步在欲望的驱使下扭曲自己，不惜做出一些违背人性之事，如鸿陵县县委书记李鳅生，为达到目的，不惜捏造桃色丑闻来打击竞争对手。又如鸿陵县常务副县长柳梦梅，为了以色谋官、谋权、谋利、谋性福，花费巨资，先后数次到韩国等地国际知名美容所，通过隆、削、吸、补、缝等手法，把乳房、腰肢、腹部、屁股等部位统统修理一遍，硬是将自己打造成魔鬼身材，然后通过性贿赂，使自己年年上台阶。如此荒唐之事，在《官场红颜》中层出不穷，在令人瞠目结舌之余，又令人反思其中的原因，究竟是人的生存本能战胜了规训理性，还是人身处的那个环境所造成的身不由己？故事更像是一面哈哈镜，反射了人性异化的一面，但却没有给出终极答案。《官场红颜》可说是"满纸欲望"，其中的角色无一不在利益的驱使下进行各种非道德的交易，当权力已经沦落成为人们获取利益的手段，权力便已经失去了保护民众的作用，最终权力支配者将会做出更多令人匪夷所思之事。汪谈在故事结尾借王处长的话讲道："普通的人和有理想的人何去何从，大家都很茫然。我经过了这一系列的沉浮变迁，也是疑惑大于清醒，没有现成的答案，还是老祖宗那句话：路漫漫其修远兮，吾将上下而求索……"《官场红颜》所揭示的不仅仅只有权力黑幕，更有对现实的思考：身处名利场的人，对于现实的约束，或许有着一种身不由己，但越是如此，自省就变得越为重要。通过情感迷药来满足自身欲望，最终也会变成一场空，正如婷婷的结局，小说由此变成了一面现实的镜子。"20世纪后半期文学的整体力量陷于颓废，对现实、对良知表现淡漠，官场文学恰摒除这一点。它以现实为依托，不再做冷眼旁观的看客,继续呼唤、干预当代现实。"①这也成了《官场红颜》积极意义。

一、女性的发声——官场弱势群体非道德的诉求

官场从来不缺男性,这里男女比例失衡,所以官场更像一个男性的主宰场。在传统观念中,女性通常居于家庭,她们的能力也仅仅限于家庭,因此,观念偏见的束缚使得女性在官场难以掌握话语权,她们在官场更多的时候像是一个弱势的群体。借用《官场红颜》女主人公婷婷的话:"这个世界毕竟由男人主宰,女人都是作为男人的陪衬而存在。"在婷婷看来,在这个环境中,女性若想要在官场赢得一席之地,拥有自己的话语权,就必须比男性付出更多的努力。她认为:"现实社会确实对女人不利,无论从体力、智力,还是传统上,男人都具有绝对的优势,但聪明的女人却不同,她可以以另一种方式,即通过控制男人来达到控制这个世界的目的。天下没有这样一个道理,男人的张狂是性格,女人的张扬是缺陷;男人的风流是浪漫,女人的风骚是可耻。男人自古就可以妻妾成群,女人天生就要从一而终。女人必须用自己的力量来颠覆这个千古不变的荒唐逻辑,如果硬的不行,曲线实现也无妨。婷婷的价值观,是一种功利主义的价值观,自己要获得成功,就要利用男人来作为自己的工具。"这是官场弱势群体诉求的一种手段,尽量这种手段是不道德的,但婷婷却一意孤行。她聪明过人,满腹才华,但她觉得要实现自身价值,就必须采取一些非常规的方法。她以自己的美色和智慧进行"姿本运作",利用男人的欲望和权力,获得有利于自己的福利。

婷婷先后委身几任电视台台长,从一位默默无闻的实习生变成如今当红的电视节目主持人。她人脉颇广:"村里、镇里和县里的老乡和领导,无论大事小情都会拜托他的父母来找她帮忙,而她又不好驳了父母和乡亲们的面子,最后比较难办的事竟然办成了。办成了一件事,接踵而至的事就会越来越多,于是,村里、镇里、县里的领导,都知道省电视台有个婷婷能办事,也愿意办事。"婷婷并非是个不懂人情世故之人,她从小村庄走出来,她也想着要回报乡亲,可见,她的心灵也有着善良的一面。但因为婚姻的不顺,打拼事业所受到的挫折,她的价值观发生了改变。李鳅生找上她,希望她能够帮助自己当上县长一职,她便用尽手段,用钱财笼络上级官员,甚至让李鳅生诽谤竞争对手。此外,她又通过周副省长的关系,参与了鸿陵县的高铁工程,在周副省长的授意下,

---

① 李强华.火爆的背后:论当代官场小说热的建构因素[J].襄樊职业技术学院学报,2011(4):69–71.

和从京城来的高官子弟对高铁招标工作进行暗箱操作，违规招投标，将投资高达十几亿的项目纳入囊中。在这过程中，婷婷利用自己和周副省长的关系，在利益的漩涡中周旋，她虽然并不直接在权力的位置上，但却在背后操控着权力，她帮助李鳅生获得鸿陵县县委书记的位置之后，又利用李鳅生在鸿陵县的最高话语权和自己在电视台的优势，顺利拿下高铁的建设权，而她自己也收获了不少的钱财。

婷婷的所作所为是其女性意识过度膨胀的结果。她渴望获得成功，因而发出了自己的声音，希望能够争取到足够的话语权。但婷婷的诉求方式是非道德的，甚至触犯了法律。女性话语权的得到，远比男性的要来得更为艰难。婷婷利用自己的美丽来激起电视台台长、周副省长等人的欲望，以性优势在名利场中生存。这种成功并不代表个人价值的实现，反而使自我迷失在权力的黑幕之中。这种女性的发声方式最终也没有让她走得更远，在周省长倒台之后，她也受到了牵连。她通过情感迷药而获得的一切最终也只是幻梦一场，她的诉求最后被法律湮没。她的努力固然让人敬佩，但她的方式却充满了悲情色彩，她最后成了官场斗争的牺牲品。她是一颗没有争取到话语权的棋子。

二、情感纠葛——女性与男性的权力博弈

政治叙事小说"从创作主体的性别生态到作品中人物形象的塑造，都或多或少，或显或隐地表现出男性本位意识"[①]。在《官场红颜》中，婷婷与多个男性都有着情感纠葛，如电视台台长、王处长、周副省长等等。婷婷深知，自己若想名利双收，就必须运用一切手段。在残酷的权力丛林中，弱势力量若要长久地存活，就必须依靠强势力量，来获得对自己的保护。婷婷与男性们的情感纠葛实际上是一种等价交换，双方各取所需。婷婷利用自己的美貌来获取自己所需，但同时要付出更多。在官场的权力游戏中，男性掌握着主导权，女性更多时候是陪衬物。婷婷是个美貌与智慧并存的女性，她不甘心自己过着与常人无异的生活。而且，婷婷有过两段失败的婚姻，她先是嫁给了一个文学青年，但文学青年的满腹才华没有让她过上好日子。后来她又嫁给一个商人，而商人又婚内出轨，最后两人闹得不欢而散。她的两任丈夫都认为，像她这样既聪明又漂亮的美女怎么可能守身如玉？婚姻生活的失败，使得她对爱情也彻底失望。她选择游戏爱情、游戏情感，游离于家庭和婚姻之外。因此，婷婷对台长、周副省长的付出，是其获取名利的一种手段，而非是真情实感。但在这场男性与

---

① 龙永干.官场小说中的权力属性的文化分析[J].宁夏社会科学，2008（5）：157－160.

女性的权力博弈中，女性的失败结局是注定的，"再好的女人也犹如衣服，如果有更好的需要，男人随时可以更换"。

现任的电视台台长是一个极为自私、占有欲极强的人，他的变态主要体现在对女人的虐待上。他对婷婷的要求近乎苛刻，婷婷感慨道："与台长这几年的痛苦交往也让我身心俱疲，苦不堪言。"他与婷婷的关系并非对等，台长身边不乏美女实习生，但他却要求婷婷对他从一而终。"因为具有权威和多情王子两种称号的台长宁愿浪费资源，也不容忍别人的占用，尽管法律上并没有相似的规定。"因此，婷婷随后又攀上了周副省长。而婷婷与台长的交往也不过是一个"愉快而又名利双收的美丽故事"。婷婷对此并未投入太多真情实感，因此她对与台长断绝关系这件事并没有太犹豫，尽管台长曾用"循循善诱的语言，用谆谆告诫的技巧、明白无误地告诉她，不要过河拆桥，不要伤害一个男人的自尊"。但台长内心极为狭隘，他对婷婷委身周副省长这件事极为不满，因而在酒桌上羞辱了婷婷，也因为这件事，导致他与周副省长的矛盾公开化。周副省长亦是个占有欲极强的人，最终周副省长策划了一个"莫须有"的罪名，将台长拉下了马。台长也因为受不了打击最终自杀身亡。

在婷婷与台长的较量，婷婷手里的筹码是周副省长，他的实力远在台长之上。婷婷也清楚地明白，因此她牢牢抓住周副省长这个靠山。在周副省长竞选省长期间，她与王处长成为周副省长的左膀右臂，甚至到北京为周副省长疏通人脉。在周副省长遭到中纪委调查期间，婷婷只身到北京为周副省长找关系，不惜委身于李公子的哥哥，她对周副省长可谓是尽心尽力。但周副省长对她却并非如此，他选择牺牲婷婷来保全自己。"婷婷作为女性是非常优秀的难得人才，但这个世界毕竟是男人的，女人的青春和智慧想要与男人平分秋色，难，再加上你与我的关系，与李鳅生的关系，在政治上不可能再有什么发展。"周副省长也清楚地意识到，婷婷即使再聪慧美丽，在政治上对自己也没有更大的用处了，她本来不过是"一件衣服"。周副省长落马之后，婷婷也遭到了调查。在这场压上自己前途命运的博弈中，婷婷惨败，而她最后的下场则令人唏嘘。

王处长与婷婷的关系也非常复杂，王处长与婷婷是高中同学，曾暗恋过婷婷。一方面，王处长为婷婷的美貌与智慧所倾倒，希望能与婷婷有着进一步的发展。另一方面，王处长又清楚地认识到自己与婷婷之间隔着巨大的鸿沟，王处长是个有家室的人，并且以他现在的能力根本无法帮助婷婷获得名与利。因此，婷婷也不可能选择他作为自己在官场上的依靠。他们之间或许有着真情实感，但在这物欲横流的社会里，这份真情终究会被湮没，变得微乎其微。婷婷的结局，在一定程度上而言，带着注定失败的意味。她有着过人的才能，但才能却无法以正常的方式发挥，她与男人间的情感纠葛，成了万丈深渊，她选择的道路最终指引着她走向了毁灭的终点。

三、官场现形——欲望交易下的赤裸真相

《官场红颜》通过对一个女性的书写来揭示官场的种种黑幕，并以一个女性的牺牲来证明官场斗争的残酷，给人以警醒。婷婷是群体的缩影，这个缩影反映了一个时代。在金钱、权力和良知的漩涡，要如何坚守自身？若无法坚守，沉沦其中，他们的结局又会是如何？汪谈所描写的官场百态、人情冷暖，都有现实的影子，而现实往往也比故事更为黑暗。"权力作用的凸显导致了人们对它的追逐和利用，腐败现象丛生，其集结地为官场。"[①]《官场红颜》是部官场现形记，在众人为欲望所蒙蔽的官场，每个人都想尽可能地为自己多掠取一点利益而不惜伤害他者的权益，人与人的关系变成了相互利用的关系。

李鳅生在婷婷的搭桥牵线下，当上了鸿陵县市委书记，掌握着县里的行政大权。当周副省长、婷婷等人插手鸿陵县火车站的投资招标项目时，李鳅生在其中起了不小的作用。火车站项目招标，为了暗中操作方便，李鳅生利用自己的权力，将红州建工集团的内部人士安插到了招标小组，以便让"自己人"能够顺利拿下招标工作。除了周副省长等人，仍有来自京城的高官亲戚插足鸿陵县的火车站建设项目，鸿陵县变成了权力的竞技场。来自京城的李公子与老太太都觊觎着火车站建设项目，希望可以"空手套白狼"，多分一杯羹，他们都是高官的亲戚，凭借着家里的关系来收获钱财。而周副省长为了自身前途，也同意帮助他们从中获取利益。周副省长深知关系的重要性，"朝中有人好做官"，因此他需要更多有用之人，来为他的前途铺路。对于婷婷的疑问，他却用天方夜谭式的理由来搪塞婷婷，掩饰着自己内心真正的想法："对于李公子，我不是没有考虑过他的作用和价值，现在的社会，都是人际关系决定一切的时代，关系学是一门非常重要非常深奥难懂的学问，特别是在当今的市场经济与计划经济并驾齐驱的时代，国家的法制体系又不健全，整个社会处在万马奔腾的时期，各种思潮、各种利益主体都在争抢自己的话语权和盈利空间，如果我们不能与时俱进，不识时务，可能就会被时代所淘汰、所抛弃。"官场即关系场，在众人眼中，坚守自身、维护道德的价值观已经落后，发展关系，重视利益，才是现今的生存之道。众人为了自身利益，不惜违规操作，无视道德与法律，可见众人心理早已被欲望所蒙蔽，为了金钱不惜一切代价变成了其内在的准则，官场成

---

① 陈兴伟.新时期官场小说兴盛的原因及其意义[J].当代文学，2009(24)：43-46.

了获得钱财的"摇钱树"。再者，众人的价值观已经被异化，黑白不分，指鹿为马。李鳅生一上任便遇到一件麻烦事，鸿陵县和鸿陵市的客车老板发生了群体性斗殴事件，最后愈演愈烈，恶化成群众围攻鸿陵县县政府的事件。李鳅生单枪匹马去说服群众，最后竟也化险为夷。因此在这次事件中，李鳅生成了正面典型，虽然受了一点小伤，但他却成了最大的受益人。借着婷婷在电视台的力量，当地媒体不断渲染着他的事迹，他成了一个维护集体利益的典型人物。从李鳅生事件中可以看出，过分夸张的媒体宣传在当今社会已不鲜见，为宣传而宣传是当下多数媒体的真实写照，通过媒体的过分渲染，可以将一个事件如滚雪球般越滚越大，从而达到众人皆知的目的。李鳅生也因为这次宣传报道获利，他在鸿陵县的地位得到进一步的巩固，他的仕途一片光明。

《官场红颜》揭示了众多当下的官场黑暗现象——高铁招标暗箱操作、跑官卖官制造绯闻、国企改制贪污腐化，这种种的权力斗争都是欲望的博弈，而身处其中的人对此也是心照不宣。异化之人对光怪陆离的现实早已习以为常，对官场潜规则是默认与遵守。"好多看来简单的事情，都有它特殊的官场程序和法则，外行人就像盲人摸象，永远找不到出路。任何游戏都有相对固定的规则，无论是显规则还是潜规则，只有遵守了才有可能被其他玩家接纳，否则就会被排挤出局。玩游戏如此，从政更是如此。"这是官场的真相，也是欲望控制下的人的相互制约，《官场红颜》通过对真相的书写，来引起读者的反思，在权力的竞技场如何才能坚守自身，是一个值得关注的问题。

《官场红颜》展现了众多的官场黑暗面，赤裸裸地描写出官场的一些潜规则，这是令人惊讶又无可奈何的现实。婷婷被提拔为省政府接待处副处长兼龙园宾馆总经理时，曾向王处长请教过官场潜规则。王处长总结了以下几点：不要追求真理，不要探询事物的本来面目；要学会说假话，更要善于说假话；要有文凭，但不要真有知识本事，真有知识本事会害了你；没有永远的朋友，只有永远的利益；先做人，后做事；千万不能站错队；做官也要讲官德。这些潜规则在官场流通，人人遵守，只可意会，不能言传。而《官场红颜》却将其直白地展现出来，这不能不说是小说的亮点所在。小说所描述的种种怪现象，在现实中皆可找到原型，而现实又往往比小说更进一步，更为复杂，更为黑暗。小说写出了官场权贵的斗争与搏杀，也写出了红颜的挣扎与堕落，从而将整个官场做了更为立体的剖析，其中既有风光无限的大权在握，也有东窗事发的无力回天。官场是灿烂与晦暗的结合体，身处其中的人该何去何从？这是值得读者深思的话题。作者试图在这真真假假、虚虚实实的现实中，让读者去感受人性在欲望面前该如何选择，让读者有身处其中的感悟。

《官场红颜》将女性作为政治叙事小说的主角，这并不常见，男性一般是政治叙事小说的主角。在本书中，女性角色在男性占绝对优势的官场中搏杀，最终却落得一个让人感慨的结局，这又加深了女性角色的悲剧性。女性是否能在官场生存？她们又将如何生存？婷婷的悲剧已对这个问题做出了解答，在一定程度上而言，这种生存的可能性微乎其微。婷婷的悲剧结局主要原因在于她自己。婷婷有着美貌和智慧，她自认为自己拥有着这一切便是她的筹码，她不甘心自己落入平庸，从而最终选择了这样的一条道路。她迷失在物质之中，丧失了原有的良知，她的努力将她自己一步步推入了万丈深渊。作者将婷婷的结局做了暗示性处理，留下了未知。婷婷的事已经被揭发，她所有的名与利都已成泡沫，但婷婷最后到底如何了？作者只用了王处长的猜想来作结："我仔细一看，这是最后一篇日志，此后，婷婷再也没有登录过自己的博客。我有一种不祥的预感。'一个人上路……没有归期'，是去了什么地方，是国外，是深山寺院，还是遥远的天堂？'一个人睡去……忘记醒来'，难道是真的……我不敢再猜测下去！"作者有意为这个美丽的女性的悲惨结局做了强化描写，谁也不知道婷婷到底怎么样了，但即使她还活着，她也难以逃脱法律的制裁，其悲剧结局不可避免。

第二节　滕章贵《谁是英雄》：玄机重重的权力内幕

在这个道德英雄崇拜转为欲望英雄崇拜的时代，谁是英雄？小说主人公云靖穸的一生是戏剧化的一生，算命先生说他会官至副厅长，他却在这一年离开官场，不无戏剧性。小说题目与其是一个问题，不如说是一种娱乐化的释然心态。

《谁是英雄》[①]是一部故事发生在公安系统内的小说。作者滕章贵长期在公安系统工作，曾任邵阳市公安局局长，现为湖南省禁毒办常务副主任、湖南省公安厅禁毒总队总队长，是公安系统有名的笔杆子。在《谁是英雄》中，滕章贵构建了云靖穸这个充满正义感的人物形象，云靖穸原任省公安厅禁毒处处长，后被派到昭东市任公安局局长一职。满怀抱负的他本想用自己的能力去改变昭东市的治安面貌，为当地的百姓做一点实事，最终却是"强龙不压地头蛇"，在强势的地方势力集团和习惯成自然的"衙门"现象前败下阵来，带着未完成的遗憾离开了昭东市。云靖穸是当代公安的一个缩影，也带着湖湘文化"敢为人先"

---

① 滕章贵.谁是英雄[M].北京：中国人民公安大学出版社，2009.

的精神特质，在其身上流露着心忧天下的情怀。"湘人的心理文化方面大多具有鲜明的性格特征，那种'蛮'、'倔'、'刚'、'烈'的性格特质成为其群体性风格，他们充分地保持了具有悠久历史的本土文化的传统。"①他试图进行创新，为昭东市注入一股崭新的气息，以此来改变昭东市混乱的治安面貌。

但云靖穹过于理想化，与现实颇有差距，所以他最终以失败收场。滕章贵在谈及写作意图时说："我只想真实地描述公安民警真实的生活和工作状态，尽可能揭示现象背后的深层次原因和原动力。由于公安民警的生活和工作生生牵扯着社会，自然将社会上的人和事都带了进来。我不想展示什么崇高，只想尽可能再现真实。"由此可见，云靖穹及其故事中的人物、事件皆能在生活中找到原型，生活中不乏云靖穹这样的"悲剧性"英雄，现实中也充满了顽固的地方势力和黑暗的权力关系网。读者在阅读《谁是英雄》时，较为容易产生共鸣。此外，滕章贵还塑造了一系列生动的人物，如毕恭毕敬的秘书来福、对云靖穹颇有好感的善良警花丰姗姗、阴暗狡诈的公安局原局长秦寿生、在昭东市一手遮天的白天玺等等，这些人物围绕着云靖穹，是其人际交往中的一部分。而正是这些人，影响着云靖穹在昭东市的生活、工作，甚至左右着云靖穹的政治生涯。尤其是滕章贵对秦寿生、白天玺等地方势力的刻画，真是入木三分、栩栩如生，使得读者在阅读的过程中感受到，不屑于钩心斗角的云靖穹注定会被这些阴险小人打败，这种失败带着一定的悲剧性。文本以云靖穹在昭东市经历的案件为叙事线索，在一个个故事中凸显人物性格，而不是由作者主动讲述，从而使得人物形象更为生动活泼。在描写地方势力对云靖穹工作的阻挠时，滕章贵采用点面结合的手法，写出地方势力如何一步步地打击云靖穹，整个故事有条理且清晰明了。《谁是英雄》是一把刺破黑暗的利剑，将地方势力与衙门偏见的内幕刺破，将其中的潜规则展现给读者，使读者感受到，在整个黑幕背后又隐藏着重重玄机，并非个人之力能够扭转。在这种不可控制的力量面前，个人显得极为渺小，这就又加深了云靖穹等人的悲剧色彩，由此，整个文本充满了巨大的张力。

一、悲情英雄——权力博弈的失败者

滕章贵以文本标题"谁是英雄"向读者提出了问题。到底谁才是这个时代的英雄？答案没有统一的标准。云靖穹是英雄，他在昭东市的两年为官生涯在一定程度上可谓是成功的，其所作所为收获了正面积极的评价。但从另一面

---

① 朱汉民:《湖湘文化传统与现代发展》,2010 年在"湖湘论坛"的发言。

看，他又不能被称之为英雄，所谓"成者为王败者为寇"，他的遗憾离开又在现实层面否定了他这个英雄人物。并且他在离任之时，还被人陷害，掉进了桃色绯闻的泥潭，虽然最后证实该传闻属于无稽之谈，但终究为其离任抹上了一片灰暗的色彩。从根本上而言，云靖穹的遗憾离任有着个人与群体的双重因素。

云靖穹为人正直不屈，说话快人快语。他在昭东市的见面大会上这样介绍自己："我是一个简单的人。我的优点主要有：对党忠诚、对公安事业执着、疾恶如仇；为人正直、从不在背后算计别人，对部下有啥要求，直截了当。"可见，云靖穹是个光明磊落之人，对旁门左道等伎俩持蔑视的态度。从这一点上看，他的为人处世之道与江湖侠客的精神有着契合之处。他对人真诚，这也赢得了同事的好感。同事丰姗姗与云靖穹聊天时，云靖穹问起了丰姗姗对他评价如何，丰姗姗回答道："你讲话每次都给人耳目一新的感觉，总有新思想、新观念、新套路。你没有城府，想法就写在脸上，挂在嘴上，不用部下费劲猜想。你没有架子，时兴的说法叫做亲和力，跟你在一起没有不必要的压力，那种来自领导和权势的压力。"周围人对云靖穹的评价颇高，在一定意义上加深了云靖穹这个人物形象的正面积极色彩，将云靖穹与英雄相比较，其气度风貌相吻合。但鲁迅曾说过，悲剧就是把美好的东西毁灭给人看。云靖穹的优点越多，正面评价越多，其悲情程度就越深。如此优秀的一个人，却被权力关系网所束缚，成为了政治的牺牲品，最后被调离他希望能够施展自身才华的位置。

这是其个人的悲剧，但这悲剧又有着个人的原因。云靖穹个人的优缺点非常明显，他评价自己的缺点是：性格比较急躁，说话直来直去，特别是批评人的时候往往不留情面，也有点爱虚荣，好面子；听到好话就笑嘻嘻，听到不同意见就拉长了脸。云靖穹的缺点便是造成个人悲剧的原因之一。云靖穹希望能够为同事办点实事，但又过于急躁，希望能一蹴而就，却忽略了现实因素，由此损害了不少人的利益。例如，丰姗姗评价云靖穹的工作时说道："你要搞机关大院搬迁，建民警公寓，确实抓到了点子上，如果搞成了，昭东民警会喊你万岁，但是，太难了。有多么难，你们咯些当局者更清楚。其实在我们，不对，在你们官场，做多做少并不重要，重要的是四平八稳，不能失了平衡。"云靖穹在办事时求速度，希望能一下把事情办好，因此并不能顾忌所有人的利益，出发点虽好，但总有一些被损害了利益的人会记恨云靖穹。此外，云靖穹直来直往的性格又容易使他在批评同事时不经过思考，被批评之人面子上便过不去，这一点为其树立了不少的敌人。例如，属下达家驹希望能成为云靖穹的心腹，在宴请云靖穹的酒席上，达家驹的小妹提及希望云靖穹能多提携自己的哥哥，而云靖穹却毫不掩饰地说尤大发比达家驹更合适做副常委。这就惹恼了达家驹，他狠狠地想着：“云靖穹啊，我尽了一切努力想走近你的心里，成为你的心腹，你硬是大门紧锁，那就不要怪我成为你的心腹之患了。”所谓多一个朋友不如少一个敌人，云靖穹刚正不阿的性格却成为他在局长之路上越走越远的拦路虎。

而造成云靖穹悲剧性的主要因素是地方势力群体。昭东市市委书记白天玺当初一心要求自己的心腹秦寿生留任昭东市公安局局长一职，却不曾想省公安厅将云靖穹直接空降到了昭东市，他们的如意算盘被打破了。对此，白天玺、秦寿生等一干人视云靖穹为敌人，早在云靖穹到达昭东市之前就谋划着要将云靖穹赶出昭东市。在2·1案情通报会之后，白天玺等人更是下定决心要将云靖穹赶走，而且白天玺利用自己是市委书记这一优势，在市政府换届之时，否定了云靖穹担任副市长一职。云靖穹的离开，在很大程度上带着一种必然性，昭东市地方势力关系网庞大，早在云靖穹到来之前便视其为眼中钉，而云靖穹耿直的性格又得罪了其中的不少人，这便加速了云靖穹离开邵东市。地方群体势力的庞大，并非是云靖穹一人所能左右的，以个人之力对抗群体，更像是以卵击石，可见云靖穹的结局是不可避免的。个人的性格缺点与地方势力的双重影响使得云靖穹在昭东官场举步维艰，虽然他的到来，可以改善昭东公安的整体状态，但却也无力阻挡云靖穹离开昭东官场的事实。云靖穹悲情形象的形成，是个人与群体共同带来的困境的结果，在这困境之中挣扎的云靖穹无力摆脱，只能顺从困境给他带来的痛苦，他有着一身的才华却没有了昭东公安这个平台给他施展，这也成了他离开时的遗憾，他自己也清楚地意识到：“世道是亲亲疏疏，一个单位，一个团体，双重标准，小圈子里的，极力纳入卵翼。在一个单位、地区，通过长期经营，形成自己的势力范围，欲倒有人扶，危难有人帮，平时有人陪，日子确实很滋润。在内，必须建立自己的圈子，让别人依附。在外，必须依附某一方，否则，谁也不会给你说话。”这是一种无奈的现实，明知不可为而为之，这是云靖穹最大的悲剧。

二、利益黑幕——庞大复杂的关系网

滕章贵在《谁是英雄》中描写了昭东市地方势力割据的现象。在这个圈子，人人都有着自己的如意小算盘，都有着自己的“队伍”，他们之间相互牵制，又共同维护着利益，不同的小群体组成了昭东市如蛛网般的关系网。当有外来者进入，试图打破这种平衡时，他们便会群起而攻之，坚决地维护着自身利益。云靖穹怀着满腔热情，希望能以简单对待复杂，在昭东市成就一番作为，却最终被强势的地方集团所打败。面对如此强劲的对立者，云靖穹却无能为力。官场上的地方割据势力并非只有昭东市才存在，在当下社会，这种现象屡见不鲜。滕章贵的描述，既是一种个人化的写作，也是一种集体化的阐释，他将地方势力如何一步步将云靖穹赶出昭东市做了详细的描写，可谓笔触生动。透过《谁是英雄》，我们看到了玄机重重的权力内幕，看到了英雄式人物失败的结局，更看到了个人在地方集团势力面前的无能为力。

昭东市市委书记白天玺，昭东县人，土生土长的本地干部，从基层一步步干到如今的高位，情况很熟，人脉很广，也很霸道，昭东人称其为"天老爷"。从白天玺的外号可以看出，其在昭东市可谓是一手遮天。昭东市公安局是政府组成局，前些年都是当地人担任，在此情况下，白天玺掌握着绝对的权力。而随着公安局局长高配为省管干部，任免权掌握在了省公安厅手上。此次省公安厅调整昭东市公安局局长一职，白天玺坚持要求他的心腹秦寿生再任局长一职，却遭到反对，最后的结果是云靖穹任市公安局党委第一书记，秦寿生任党委书记。可见，以白天玺为首的昭东地方势力强大至极。而云靖穹的"空降"，无疑损害着白天玺等人的利益，由此，昭东地方势力群体对云靖穹抱着一种敌对的态度，处处为难云靖穹。再则，云靖穹本身是一个试图以简单对待复杂之人。他拒绝任人唯亲，只依据个人能力安排职位，不会因为谁与谁有利益关系而加以提拔，"不近人情"是云靖穹的特点。而地方势力集团恰恰讲究人情世故，以亲属、利益等关系构建成了一个庞大且错综复杂的关系网络。黄天赐是白天玺的亲表弟，当年从昭东县调市区时，东城和西城的分局都不愿意接受，后来却因为这层关系又当上了鸭子铺派出所所长一职，而后黄天赐又因为贪污问题被关押，众人为黄天赐说情却被云靖穹回绝。由于这次事件，云靖穹彻底得罪了白天玺等人。而当时云靖穹却尚未意识到这一点，他向上级何清汇报工作时，还认为："我和白天玺没有利害冲突。"简单对待复杂的结果可想而知。

在这层层叠叠的关系网背后，是个人内心深处欲望的膨胀，在利益面前，人性被扭曲，而美好的品质、优秀的才能却无法得到展现。《谁是英雄》通过描写权力黑幕的种种玄机，来揭示当下的社会现实，具有深刻的借鉴意义。

三、生存困境——存在主义式的思考

"存在主义对新时期小说作家的观念和创作思想产生了多方面的影响，直接反映，渗透在创作中，使他们的作品明显地带有西方存在主义的一些特质。"①《谁是英雄》是一部现实题材的小说，但其中包含了对人生存在的思考。

---

① 谭曼雁.存在主义对我国新时期小说的影响和渗透[J].甘肃社会科学，2000(2)：61-63.

水运宪如此评价《谁是英雄》："不管怎么说,《谁是英雄》的确不失为一部现实主义题材的优秀之作。滕章贵先生是一个先做好笔记(包括如实地记录他的生活和他的梦),再写小说的作者。他的小说犹如一个仓库,里面存放的是取自于生活的琐事,轶事和叙事状物的描绘,甚至是某种容貌,某种一台,某个谈话片段,都一一散发出原生态生活的新鲜和热力。"①《谁是英雄》中的令人惊讶的种种现象,是当下社会图景真实的反映,其细致刻画是建立在对现实有着深入了解的基础之上的。滕章贵1986年底在湖南省公安厅先后任办公室副主任、治安处处长、禁毒处处长;2005年到地区公安局任局长;2008年底任湖南省公安厅禁毒总队总队长。滕章贵多年在公安系统任职,也曾担任过地区公安局局长一职,其丰富的工作经历使得他有大量的生活素材的积累,他所接触过的人和事,能够成为《谁是英雄》中的故事材料和人物原型,这种基于生活的写作使得《谁是英雄》的描述非常生动,《谁是英雄》既是一部政治叙事小说,也可以算得上是一部生活小说。

建立在生活基础之上的写作,必然带有对生活的探索和思考。在描写黑幕的同时,更有着主人公对于人生的思考。云靖穹在遭遇困难、挫折时的感慨,便是滕章贵自身对于生活的感慨。书中有这样一个情节:云靖穹在生病住院时,躺在病床上,他似乎看到天花板的角落有一块隐隐的光。"闭上眼,那团光在慢慢膨胀、旋转——风车!荷兰乡村随处可见的风车!一个身披铠甲的骑士催着胯下瘦马,举着手里的长枪摇摇晃晃地向风车扑去!堂吉诃德!冲啊——"病床上的云靖穹想起了堂吉诃德,可是他却自嘲:"人心,我尽力在改变昭东民警普遍存在的惰性和不良的惯性,可是,我连堂吉诃德不如,因为最幽暗的是人心,最深不可测的也是人心。"滕章贵在此涉及了人的生存困境问题,萨特曾说过:"他人即地狱。"个人与他者的关系是造成困境的原因,当自我试图以个人之力对周围环境做出改变时,势必会影响他者,而当他者拒绝这种改变时,矛盾由此产生。个人是社会化的人,人若能随心所欲,按着自身想法来行动,则社会将不复存在。因此,人势必会被社会规则所束缚着,这便是人与生俱来的困境。滕章贵在文本中亦提到:"环境决定人还是改变人?云靖穹再一次想起了萨特的'处境戏剧'。虽然幻想自己出生在别时别地会如何如何,但我们所有人,都被绝望地钉在了我们出生的日期和地点上。"生存问题是生活在这个社会中的人所共同面临的问题,既能保全自身又兼顾他人的双赢局面似乎难以存在。人生存于社会之中,在社会资源无法满足的情况下,在追求

---

① 转引自文卫,张祺琪.爱写小说的公安局长[N].中国文化报,2013 – 3 – 20.

个人利益最大化的同时必然会损害他者的利益。个人自身同样也会受到伤害，因而造成两败俱伤的局面，个人与他者的关系是生存问题之一。云靖穹最后被调离昭东市，个人理想无法得到实现的结局暗示了问题的答案，即个人自身的欲望难以得到实现，无论欲望是好是坏。

存在主义有三大观点，存在先于本质、偶然荒诞和自由选择。云靖穹在思考自身困境之时，其实并没有意识到自身没有多少自由可以进行选择。滕章贵在描写云靖穹黯然离开昭东市这个结局时，对个人生存境遇问题所展开的思考又一定程度地触及了存在主义的层面，但思考并不够深入，他更多地表现的是一种无奈。他表现的是一个堂吉诃德式的主人公形象，云靖穹虽然做了努力，但这努力最终是徒劳，反而变成了一个笑话，甚至连云靖穹自己都自嘲连堂吉诃德都不如。虽然如此，《谁是英雄》对人生思考的层面却也比同类小说更为深刻一些，这是其出彩处所在。

此外，《谁是英雄》作为一部描写公安系统内部的小说，其语言直白质朴，带有浓郁的地方特色，例如"莫行"，在昭东话里"莫"字用途广泛，有"不""没"的意思。"我还不晓得你咯只老狐狸？为么子不报告老板，让老板宣布？""咯"是"这"的意思，"为么子"是"为什么"的意思，全书在人物对话之时，几乎都会出现昭东方言，使读者读来有新奇之感；从另一方面，又让读者感受到地方势力几乎是无处不在，一定程度上烘托了文章主题。在设置故事的叙事者时，作者并未以单一的限制视角来叙述文章，而是采用多个视角，让读者处在一种全知的状态之中。如读者能清楚地读到云靖穹内心的真实想法，又能看到达家驹在云靖穹面前碰了一鼻子灰之后内心的愤愤不平：你不仁我不义。还能看到小团体在秦寿生家聚会时各人商量着如何对付云靖穹的场景。以上种种，都能让读者清楚地看到地方势力的险恶用心和权力黑幕背后的丑恶面貌，有种清晰明了之感。

《谁是英雄》以生动质朴的语言描述了昭东市复杂的社会图景，在这幅图景中，我们能看到人心的险恶，权力的博弈与利益的争夺。《谁是英雄》对地方势力和衙门偏见的讲述比同类政治叙事小说更为详细而具体，是一幅较为庞大的社会关系图，除了朴实的白描，也有众多的内心独白，在这独白之中可以读出个人内心的真实想法，也能读到在这物欲横流的社会之中人性的异化。云靖穹这个具有才能的人物，在黑暗之手伸向他时，他无力反抗，只能任由地方势力将其赶出昭东市。云靖穹无法左右官场中的规则，他只能被规则左右，这就造成了一个悖论，有才能者、光明磊落者无法发挥其作用，而钩心斗角的小人却能大行其道，这便是官场的怪现象。这种荒诞的现实从而引发了对人的生存状态的思考，如果世界是荒诞的世界，现实是虚伪的现实，人又要怎样才能生存在其中？滕章贵在故事结尾给出了一个似是而非的态度。云靖穹离开昭东市后，面对诽谤，他这样想着："满腔热血不能洒在昭东，一帘幽梦不能在昭东变为现实，就让我学学孔圣人，道不行诉诸文字吧。男子汉立于天地间，立德立功立言，老天爷关上了那扇门，立德不行，立功不行，那就立言吧。昭东市少了一个姓云的公安局长，现代中国文坛多了一个写小说的警察。"既然在权力黑幕面前无能为力，个人理想没有得到实现，那就将这段经历写出来以示后来者，这是中国文人的常态。《谁是英雄》将黑幕赤裸裸地展现在读者面前，并采用多维度的视角将其中的人情冷暖详细刻画，使得文章具有较强的可读性。《谁是英雄》对人生的思考上升到了一定的高度，使得其具有了较为深刻的意义。但《谁是英雄》的艺术性略显不足，"湖南官场小说作家许多都是'半道出家'，这种先天性不足也就带来了后劲乏力"①。

第三节　姜宗福《官路》：仕途坎坷的愤懑书写

《世说新语》中记载："王蓝田，性急，尝食鸡子，以箸刺之，不得，便大怒，掷之以地。"《世说新语》是一本趣闻小说集，宁致远以刚直处理现实，好似食鸡子不得便愤懑不已的王蓝田，姜宗福的戏谑之意便不言而喻。

姜宗福，最早在《岳阳法制报》从事记者工作，其时开始在《家庭》《知音》上发表作品，后来在岳阳市园林局办公室从事文字工作。适逢国家建设部城建司副司长王凤舞经过岳阳，姜宗福被推荐到建设部城建司风景名胜处挂职。在京城镀金归来的姜宗福，又被调任到岳阳市旅游局质量监督所当所长，彻底踏入了体制内。接下来，岳阳新任市委书记易炼红上任，姜宗福凭借万言书《易书记，对您说几句心里话》进一步踏入政界，到某市挂职市长助理，后转为副市长。在此期间，姜宗福在美国《美中晚报》上开辟专栏，推介汉字文化。

2010年5月初，姜宗福调离政界，平级转任湖南某职业学院院长助理。这位卸任的副市长自诩为"官场韩寒"，开始将自己的为官经历写成自传体小说《我的官样年华》，风靡网络，引发了全国百余家主流媒体的广泛报道，成为2010年最火爆的文化事件之一。2011年，这部写真式的官场"暴露"纪实文学《我的官样年华》更名为《官路》②，由文化艺术出版社出版。《官路》真实地再现

---

① 郑国友.论新世纪湖南官场小说创作[J].河北工业大学学报，2012(3)：49–54.

② 姜宗福.官路[M].北京：文化艺术出版社，2011.

了姜宗福置身官场 1738 天的从政经历，描写了一些鲜为人知的官场潜规则和故事。面对公众普遍认为本书揭露了官场潜规则的观点，姜宗福表示，说揭露官场潜规则我不同意，我创作本书的主要目的，是将真实的官场呈现给大家，以便大家对官场有一些更精准的认识，对官员给予更充分的理解，因为创建和谐社会，官民和谐是最重要的基础。

《官路》既是一篇虚构的小说，又是现实的写照，姜宗福 2010 年 5 月卸任湖南省某市副市长，现任湖南某职业学院院长助理一职，这与小说主人公宁致远的轨迹几乎一致。可以说，姜宗福就是宁致远，文本所流露出来的不得志、苦闷是生活的反映，既有记录的作用，又有无声的抗议，《官路》是姜宗福对自我坎坷仕途的不满与愤懑，是其五年仕途生涯的句点。故事主人公宁致远为一介书生，不谙争权夺利之术，只以满腔热情对待官场政治，他以"直言"被委以重任，却又因"直言"败走云梦城。宁致远有着"先天下之忧而忧，后天下之乐而乐"的士人情怀，具有浪漫主义精神，他直言，希望能够做出一番事业，但最终妥协于无情的现实，无奈退出官场。他的理想变成了幻想，宁致远也变成了徒劳无功的西西弗斯。但宁致远又不全是姜宗福，书中的宁致远过于理想化，身上带有一点自傲的文人气质，看待事物过于简单化，只是一味地强调个人理想，忽视现实，这种个人自由注定无法在官场中长期生存，宁致远的失败带有一种意料之中的不可避免。但《官路》的意义远不如此，它从另一个视角去反映了官场的生态，使更多的读者了解多元化的官场。一般官员，是否如常人所想，尽是大权在握的春风得意？在除去光鲜外衣之后的官场，更多的是无可奈何。全书以宁致远的视角作为讲述线索，中间夹杂着大量政治议论，作者借宁致远之口而发，以此来烘托文章主题，试图以辛辣的批判，以点带面，用个人化叙事视角去展示浮华之下的真实官场。

姜宗福的《官路》在官场文学中占据有一席之地，其主要原因是该小说另辟蹊径，以官场弱者形象示人。书的封面上写着："为官不易，透视官场权力背后隐痛。"《官路》没有采用一般政治叙事小说的写作模式，从主人公初入官场的不识规矩，到人的异化改变，最后一路高升到达权力顶峰的叙事套路，将着力点放置在权力背后的无奈上。为官者，看似风光，内心却蕴含着无限隐痛，既要试图保持独立人格，经受良知的考验，又要融入游戏圈子，掌握规则。二者的矛盾导致了人处在一种尴尬的境地，没有选择的选择是个人行动展开的指南，生存博弈的艰难重压着官场的少数弱势群体。"20 世纪后半期，在市场经济条件下，整个社会的价值观念发生了巨大变化，心理的恐慌，尊严的危机，价值的失落等等侵害着中国知识分子的心灵。一些政治叙事小说不仅描绘出这些知识分子身份的官员们理性的茫然、人格的失落，也展示出他们的茫然后的探询、尴尬时的自审与失落中的挣扎。"①宁致远处在舆论的漩涡中，他的处理方式无法用错与对来衡量，于是全书呈现着"如何在夹缝中求生存？"的问题，但该书给出的答案是，弱势群体难以在官场中生存，若要存活，必须改变，保持独立人格的结局是失败。这种失败是无奈之举，却又一时难以找到解决之法。在官场权力的争夺之中，文人往往处于下风。官场自身的特性注定了文人的格格不入，而故事主角宁致远正是一个文人。

一、无奈书写——直面官场潜规则

姜宗福的《官路》是一部敢于向读者揭露官场潜规则的"教科书"，许多以往不为人所知的规则被一一点破，让读者一目了然，令读者生发"原来如此"的感慨。文中有这样一段话：领导签字，如果字是横着签，意思是"可以搁着不办"；如果是竖着签的，则要"一办到底"；如果在"同意"后面是一个实心句号，说明这件事必须"全心全意"办成；如果点的是一个空心句号，百分之百办不成，拿领导的话说是"签了字也是空的"。此等潜规则令人哑然失笑，区区领导签字也有如此猫腻。暂且不论真实与否，在生活中，许多看似办得成的事最后却没有办成，反而是那些不应该办得成的事情最后却办成了，艺术源于生活，文学领域的艺术真实能够在生活中找到原型，这样的表述让读者对这个充满迷雾的官场世界有了更为清晰的认识。此外，姜宗福也提到："官场中有诸多讲究，度假时官员一般都不愿到三亚的天涯海角，到了那里就意味着到了天的尽头，再想爬就爬不上去了。同时，当官要想爬得快，有两个地方不能不去，一个是韶山，一个是延安。""天涯海角"暗指天的尽头，此类迷信在官场屡见不鲜，将其赤裸裸地揭露出来，可以让人对此产生思考，官场多数皆是高学历、接受过科学教育的知识分子，却在迷信面前纷纷低下了头，宁可信其有不可信其无。这说明，在权力的吸引下，人性中的黑暗面被不断放大，致使人的思想扭曲。在此类环境的长期浸淫下，人最终被异化。潜规则亦是规则，规则不过由人来订立，在长期潜移默化的影响下，身处其中的人对潜规则保持着一种缄默，甚至是包容的态度，因而使得潜规则演变成一种恶性循环，"谁若不遵守潜规则，谁就会被逐出这个圈子"。

姜宗福在揭露潜规则的同时，也更多地试图展示官场中的无奈。"在老百姓眼中，官场看上去别提有多美：大权在握，前呼后拥。然而，当我在官场中

---

① 李强华. 火爆的背后——论当代官场小说热的建构因素[J]. 襄樊职业技术学院学报, 2011(4)：69-71.

度过了整整 1738 天后，彻底改变了这种看法。如果我告诉您，在中部经济不发达地区，一个真正廉洁的县委领导工资还不足以养家，您信吗？如果我还告诉您，一个副县长全年的所有公务开支仅仅一万元，每天都要为车轮子转不动而发愁，您信吗？"在常人眼中的官员形象是威风八面，但姜宗福为读者揭示了面具底下的真实，试图传递给大众这样的信号：官员并非是大权在握，为官者充满了许多身不由己的无奈。他希冀借此打破偏见的桎梏，从而还那些身处官场仍保持独立人格的为官者一个清白。此类型描写颇多，又如，故事主人公宁致远分管旅游事业，心怀抱负，本想做出一份事业，但现实是，旅游局资金鲜少，连市里的财政支持也是一纸空头文件，策划活动的资金只能靠旅游局自筹，此等尴尬局面也让宁致远做实事的愿望变得有些虚无缥缈。"这一摸，不摸不知道，一摸吓一跳，局里的账上不仅没有一分钱，还欠账 30 多万。"作为一个政府部门，穷得揭不开锅的现象在常人看来简直是天方夜谭，姜宗福的描写并非没有事实依据，政府部门间的资源分配不均现象已然出现。这种情况的存在是造成宁致远等为官者的无奈的原因。试图打响江南市的旅游品牌却又没有得到资金支持，矛盾却没有有效的解决措施，这种情形仍将长期存在，姜宗福式的无奈书写亦不会停止。《官路》无非是整个环境的缩影，具有典型性，具有借鉴意义，可以使得更多的读者了解官场中不尽是大权在握的风光无限，也有许多的无可奈何，抱负无处安放的境地。无疑，故事的反向书写使得《官路》在众多同类型小说中独树一帜，这种书写具有新意，像一盏明灯，点亮了黑暗的官场，为读者赤裸地揭示潜规则，也揭示了官场中人的另一面。

二、寄托理想——文人抱负难实现

宁致远的名字取自于：非淡泊无以明志，非宁静无以致远。宁致远人如其名，渴望能够在官场做出一番事业。宁致远是一个有理想的人，一是为民，二是渴望成就一番事业。他在分管江南市教育事业期间，用强力控制混乱局面，试图来个"新官上任三把火"："在中学校长竞选会上，我强硬地宣布：从即日起教育系统全面冻结人事，实行'三脚踩死'，即三年内农村教师不准调动进城、城区教师不准调进机关、普通教师不得提拔搞行政。大规模裁减中小学校行政指标，用三年时间消化过于臃肿的教育行政机构。"宁致远宣布的举措是其浪漫主义理想的表现，出发点虽好，但是由于牵扯了众人的利益，实行困难。宁致远满腔热情，试图改变江南市教育机构的混乱局面，注入一股新风，但是其忽视了庞大而冗杂的人际关系网，将问题过于简单化，同时又忽视自身不过是一介挂职副市长，并无实权的现实。再者，宁致远刚得知自己将被派到江南市任职时，心生怨气，觉得江南市旅游资源匮乏，自己的能力难以得到发挥，打了退堂鼓。而后他经过章局长的点拨，得以开解心结："越是安排得不好，我就越要去证明自己的价值。"可见，宁致远不是一个不求有功但求无过之人，内心的责任感要求其做出一番事业。他身上也流露着湖湘文化的特质，有着"心忧天下"的精神理想，有着"浓郁的、诗性的庄子道家之自由和超越思想"①。

　　同时，宁致远又是一个十分直率之人，对争权夺利之事几乎是不热衷的。内心孤傲是其注脚，这就导致其不会像营利小人一般为人处世。锋芒太露而不够圆滑致使其在官场上举步维艰，直来直往的个性使得宁致远对官场的语言艺术不甚了解，难以理解话语背后的含义。如宁致远曾经在某活动邀请领导出席的小事上得罪了某位领导，他邀请领导出席却被领导回绝，他自然而然想领导是断然也不会出席了，于是活动当天没再邀请领导，而领导却因为这件事情狠狠地与宁致远吵了一架。事后，宁致远这样想着："对于他的这句话我至今没能理解透彻。要么当初他对我说'没空'说的是气话，其实他有空，也很想参加，因为我未能揣摩透他的心思，导致他这个分管教育的市委领导未能出境；要么就是他故意刁难我。"从宁致远对自我心理的剖析来看，他并非是一个会巴结上级领导的人，这种直来直往的性格是其在人际交往过程中的"拦路虎"，"他人即地狱"这种存在主义式的生活理论在宁致远身上体现得淋漓尽致，其过于理想化的个性在规矩众多的官场便显得张扬放肆。

　　宁致远这样说道："我见过很多高官走路时一律小碎步，就是很不解。问其中一位，那人回答很幽默：'多年历练，战战兢兢，如履薄冰。'说实话，我不想做那样的高官。"在宁致远看来，在官场为官，走得直行得正才是规范。战战兢兢，如履薄冰最终只会让自己变成一个担惊受怕的小人物。因此他时常对自身进行反思，他对现实也有着清醒的认识：官场有三种煎熬，金钱、美色的诱惑与难以保持独立的官场人格。其实要在官场中生存并不难，诀窍只有两个字——融入。宁致远虽明白这一点，却难以做到，文人情怀的存在注定其不能融入，变成一个丧失独立性格之人，因此他的理想情怀与生活经历的冲突致使其无法真正从知识人格转变成为权力人格。宁致远尚未真正从一个知识分子转变成为一个为官者。他还没有将自己置身于与他者同流合污的境地之中。从理想的层面而言，他仍是一个精神胜利者，但从现实的层面而言，他是一个失败者。他未能融入真正的官场，只在边缘徘徊，他符合萨义德《知识分子论》的定义："他们应该永远处在一种与现实对立，永远漂泊的状态。"宁致远这个人物

───────────────

①　万里.湖湘文化的精神特质及其影响下的精英人物[J].长沙理工大学学报,2004(3):81－86.

形象是带着理想的，但这种理想在生活中又显得不切实际。他的错误在于他将官场作为他实现理想之地，文人情怀不适用于官场，这片土壤不适宜过于理想化的种子在此生长，因此宁致远的抱负终将难以实现，其最后离开江南市，离开官场的结局也带着一定的必然性。

三、远离官场——无法避免的结局

宁致远注定不会在官场走太久，他自己也清楚地意识到了这个现实："命中注定，我的主张只能是一种政治理想。政治理想的破灭，让我伤感。很遗憾，我没能够改变江南；很庆幸，江南没能够改变我。"在官场中，独善其身与积极融入的选择决定着宁致远是否能走得更远，而宁致远做了保持独立自我人格的选择，因而他最终离开官场，选择到学校进行教书工作。这是一种无可奈何的选择，也是一种基于自身性格而不得不做出的选择。宁致远的失败有着内部与外部的双重原因，其性格是影响其选择的主要因素，而姜宗福也是宁致远，"他们的作品提供了他们身居官场的或以他们生活为参照的大量素材"①。

宁致远性格直爽，对不平事敢于发声，去抨击社会问题。宁致远曾写下《张书记，对您说几句心里话》，信中谈及自己对云梦市旅游事业的看法，受到了张书记的赏识，因为一篇文章而被提拔到了官场。但是宁致远对官场只有一腔热情，对官场寄托了政治理想，并没有真正去融入官场，遵守官场规则。因此，风风火火、快言快语的个性变成了一把双刃剑。在官场为人处事，并不如其所想得那样简单，官场是一个满布陷阱的暗洞，一不小心便栽了进去了。宁致远过于直率，并没有意识到自己需要谨言慎行，而将网络当作了自己发声的平台。现今网络发达，一句不经意的话都能够在民众间引起轩然大波，亚马孙丛林的蝴蝶无意间扇了一下翅膀，便有可能引起一场飓风。宁致远进入官场之后，没有改变自己的性格，在网络上发布了一系列抨击性文章，并接受多家媒体的访问，仍保持着自己"路见不平"的习惯，这种行为引起了官场人士的不满与反感，因此在江南市挂职副市长五年之后，宁致远黯然离开。

宁致远曾提到：在老百姓看来，官员们的生活应该是很富足的，所以仇官的意识非常强烈。其实，这是一种误解。官员中也有弱势群体，真正清廉的官员，日子过得很拮据。要耐住寂寞，努把力还可以勉强做到，要耐住清贫真的很难。一个真正廉洁的官员，有着无穷无尽的烦恼。宁致远自认为是一介书生，希望能为百姓发声，做一点实事，而不与官场的钩心斗角之人同流合污。

---

①　郑国友.论世纪之交官场小说的审美形态[J].中国矿业大学学报，2012(4)：133–139.

　　两袖清风是其美好的愿景，他的文人情怀与政治理想结合得并非那么圆满，理想很美好，现实很残酷，这是宁致远的五年为官生涯的写照。姜宗福在塑造宁致远这个人物形象时，无疑在其身上注入了自己美好的寄托，宁致远这个人物带有自己的道德闪光点，但这种闪光点却与现实官场格格不入，这种残酷的矛盾会带给读者以思考，现实与理想真的无法共存吗？姜宗福在书中给出的答案是否定的。

　　宁致远政治生涯的结束，是一种注定的结局。文本提及了这样的细节：宁致远初到江南市时，遇到一位"易大师"为自己占卜，说他将来会官至副厅级。但预言并没有成真。在宁致远离开江南市时，他与为他送行的朋友又谈到易大师的占卜。宁致远叹气："易大师预测我 2012 年要官至副厅，我现已离开官场，如今仅剩两年，不知道两年之后我何以官至副厅。"可见，为官一直是宁致远的心结，被迫离开官场，他心有所不甘。但在这不甘之余，他亦从未想过去改变自身，官场不似网络，能够容许他自由地表达看法，因此他的发声便显得曲高和寡。企图以一人之力去改变整个环境，这种努力显得卑微且无力。格格不入的矛盾逐渐在他的政治生涯中体现出来，与其说他的离开是种无奈，更不如说他的离开是种必然，过于锋芒的个性加速了他离开官场。对于宁致远的离开，他的副市长朋友送给了他这样一句话作为安慰："历史愈久远愈清晰。有些东西不要再去争辩什么，没必要，自己坦然，问心无愧就可以了，越坦然，就越快乐。"回顾宁致远五年为官生涯，虽为官不行，但为人行。宁致远虽然没有成功地改变江南官场的风貌，但他亦没有改变自己敢于直言的性格。个性与官场的不相容便注定了宁致远不能长久地在官场，但这也不失为一件好事，总要有一些说真话者来为这个社会发声，这是宁致远人物形象的意义所在。

　　小说文本夹杂了大量的议论性文字，与其说是一部小说，不如说是姜宗福本人对于当下官场的评论集。小说采用夹叙夹议的手法，以宁致远个人化的限制视角去展开故事，以顺叙为读者展现了一个全新的官场。王跃文评论道："作者是真性情的官员，这种真性情恰恰易被官场排斥。他的尴尬遭际和莫名走红，是现实的啼笑皆非，也是绝妙的反讽。"阎真亦认为："官场并非我们想象中的酣畅快意，它里面也有弱势群体，现在有种民众仇官心理，这部小说，为消融这种心理提供了可能。"《官路》为读者展现了官场全新的面貌，主要人物也没有因为外部环境恶劣、遭受挫折而改变自己，成为一个异化的人，这就加深了小说的深度。同时，这部根据作者个人经历而写成的小说所表现出来的种种现象，不仅仅只有江南市官场，更有当下社会随处可见的图景，在思想内涵上比一般小说更多了创新。

姜宗福在处理人物关系、故事发展过程时，较为注重宁致远官场生活的描述，对个人情感生活描述较少，以宁致远在任时的事件作为叙事线索，以时间为轴，串联起整个故事脉络。叙事语言直白，使得观众对宁致远五年官场生涯有了一个清晰透彻的了解。而且，故事呈现出的基调仍有其积极之处，宁致远在进入官场时，得到不少人的帮助，如云梦市旅游局的章局长、提拔宁致远为官的张书记等等，可见官场中并非处处充满尔虞我诈，仍有一些人心存良心，愿意帮助后来者。姜宗福本人也在书中结尾处提到："淡出官场以后，我依然受到一帮社会名流及朋友的鼓励与支持，这让我从内心深处感到温暖。我想，有这么多人支持我，我不能再沉默，我应该告诉他们我这五年真实的挂职经历与官场际遇。"小说在揭示人性阴暗面之余，也注意到人性的优点，在平凡的生活中揭示出假丑恶，也能在生活中发现美的一面。姜宗福将他的官场与人生结合在一起，在讲述的同时也表达着他的人生理想，由此便上升到了存在主义对灵魂进行思考的层面；但所涉及的深刻剖析仍较少，时事评论性过多，削弱了文本的可读性，这是该书的缺点所在。没有坚定的信仰与对终极思考的探索，是当下政治叙事小说家的弊端，《官路》亦不免俗套。

虽然如此，姜宗福的《官路》仍是当代同类政治叙事小说中较为出色的一本，它以其独特的切入视角、直白的内心讲述，写出了当下知识分子的困境以及知识分子在物欲横流中独善其身的选择和坚守，突出了官场与文人的矛盾。这千百年来试图通过仕途来实现人生理想的文人的困境，也是当下知识分子无法摆脱的困境。《官路》通过一个结局有些不尽人意的故事来突显了困境，但又没有绝对否定主人公的结局，这是其积极处所在。

第四节　结语：艺术的重建与叙事的责任

关于文学的责任，从"五四"新文化运动到 20 世纪 30 年代鲁迅等人的争论，再到 80 年代关于文艺与政治关系的反复争论，始终是文学讨论的核心命题和根本话题。伴随着新时代社会语境的变迁，甚至是某种程度上的裂变，文学的责任重建成了一个不言自明的重大话题。而如果仅从意义发生的角度去理解文学的责任，则必然会产生片面性。如今，文学的价值不是能不能承担、该不该承担的问题，而是如何承担、有效承担的问题。在时代语境的剧变之下，文学的社会性是否真的已经难以与其艺术性共存？这个话题的重建不仅要参照时代，也要借助传统。就湖南政治叙事小说的写作来说，抛开其本身的政治涉实性，其创作思路是否只是对时代，甚至只是对市场的无奈迎合？那么，其作为

"小说"的真实性和有效性又如何得以建立？在价值泛化、娱乐至死的年代，政治叙事小说还是一个真命题吗？至此，不得不重新谈到文学的基本问题——文学的责任。

不论是以"绝对公仆"命名的关于主流叙事的灵魂扫描，还是直截了当、呼吁"官疗"的都市快餐式文化疗伤，抑或是紧跟时代潮流、以"官场高速线"为名对官场特殊行业的职场揭秘，都难免引发并反证一种关于文学同质化的担忧。而关于官场链条隐秘窗口和机关生态的解密则直接为政治叙事小说的市场化打开了文本缺口。在经济主导一切的社会宏观话语的支配下，身处官场的娱乐化写作也初见端倪，从欲望之外的情感迷药到玄机重重的权力内幕，坎坷而愤懑的文本书写并没能指引出一条光明坦荡的官路。

评论家雷达曾论及当代文学几种令人担忧的发展趋向："……只讲趣味性、消遣性、猎奇性，放弃了对精神价值，思想力量的追求，或者用非常陈旧的观念来关照题材；……屈从于钱袋，降低以至抹杀文学品格，只对个人负责，廉价歌功颂德，弥漫出浓厚的媚俗色彩；……匆忙上阵，堆砌材料，粗制滥造，不提炼，不深化，不讲艺术性，以达到早上市的功利目的为满足。"①这虽并非针对政治叙事小说而言，却如实反映出了官场文学的某些现状。在现代信息媒介的强势介入之下，文学创作早已走入自由化、开放化、大众化的道路，原本严肃、严谨的文学创作姿态在以网络文学为旗帜的商业化文学创作大军之中，愈显可贵。对读者而言，认真的阅读，变为了眼球的消费，对文学的关注由纵向的深入流于表层的掠影；对作者而言，文字沦为了堆砌的积木，在商业利益的驱使下，只求堆积出吸引人的外表，而放弃对深度的开挖。以往作者、读者共同参与其中的严肃文学活动成为予人牟利、供人娱乐的场所，日渐积累，对于文学，作者、读者两方面于是都形成了一种"游戏文字"的心态。

自然而然，这股游戏的笔触也伸向了官场文学的领域。1998 年，王跃文写成《国画》。次年，随着小说出版，"政治叙事小说"作为描述官员腐败生活、揭秘官场政治较量的一类小说名词，风靡一时，从而迅速被读者牢记。包括《国画》在内的一系列作品引发了所谓政治叙事小说的风行，然而催生出的却是一大批模式化的跟风之作。市场的火爆以及由此带来的可观收益，使无数人投身于政治叙事小说的创作。虽泥沙俱下、良莠不齐，然而这类文字却十分迎合在体制下生存的中国读者的阅读口味。一直以来，"官本位"文化在中国社会盛行不衰，造成了官场在整个中国社会体系中的独特地位，让其成为众多国人心目

---

① 　雷达.九十年代长篇小说述要[J].电影艺术,2001(3):64-70.

中的一座"围城"：官场之外想入宦途一试的大有人在。因此，政治叙事小说可以成为很好的入门读物；而双脚一旦踏入，却往往发现"侯门似海"，想要脱身，已然不得。如何在这个圈子安身立命甚至有所得，此类作品展现的一些官场"灰色"智慧，无疑又能成为有用的参考。由此观之，体制内外，全民上下，政治叙事小说都不会缺少广大的受众对象，而这正是官场文学大获成功的社会根源。作者、读者的"游戏官场"，在这样的社会心态之下，已成现实。

　　然而，作为"始作俑者"的王跃文却不止一次通过采访、座谈、文章等媒介"大吐苦水"。如其在《漫水》获得第六届鲁迅文学奖中篇小说奖之后接受采访时就表示："……我并非只能写所谓的官场文学……我也不是所谓的政治叙事小说作家……《漫水》的获奖，也证明了我并非外界所认为的单一的'类型化'作家……"①翻看王氏的创作历程，我们也会发现，自写作伊始，王跃文致力的便是从文化的角度来审视现代社会下人性的种种缺失与变异，每一部作品无不浸染着浓厚的文化关照色彩，并非如一般论者所言的仅仅是一个官场社会的揭露者。恰好相反，官场只是被其作为一个相对熟悉的拟生态环境，毋宁说，一种文学创作的虚构手段，来突出展现他文学的人性本核。可见，严肃的文学创作绝不以其处理的对象为标签，更不能将其作为招揽顾客的大旗。然而，现下的所谓"官场文学"，无疑是在这个深渊里越陷越深，不能自拔。《国画》一书影响之大，无形中将"官场作家"的大帽扣在了作者头上，任其"百般狡辩"，也遑论之后许多同样优秀的非官场题材作品获得的如潮好评，仍始终没能改变读者，甚至是一些论者对其人、其文的印象。这是作者的尴尬之处，更是现时的社会心态之下文学的可悲之处。

　　"游戏化"的创作（阅读）心态滋生的必然是文学创作上的同质化、市场化和娱乐化。如果同质化使文学创作视野被局限在一隅之内，造成作品本身视域的狭窄、题材的雷同、深度的缺乏的话，那么市场化和娱乐化则直接将文本直接从精神领域抽离、向浮躁而绝望的现实献媚。需要看到的是，十几年来政治叙事小说的火爆以及深厚的受众基础并未能将其引向一条纵深发掘的道路。加之网络等传播媒介的推波助澜，官场文学愈来愈有朝"眼球"消费靠拢的趋势，"政治叙事小说"逐渐沦为迎合读者窥探心理的消费性文字，失去了文学创作本身应具的严肃性，而这势必造成模式化写作和产业化生产的泛滥。

　　读者接受理论中有"期待视域"的概念，指的是读者在阅读之前对作品显现方式的定向性期待，这种期待是一个相对确定的界域，而这种明确性来自由文

----

① 参见徐海瑞，杜莎."我并非只能写所谓的官场文学"[N].潇湘晨报，2014 - 8 - 12.

学作品的类型风格或形式传统所构成的，能够唤起读者头脑中已经形成了的印象、经验的思维定式。正是由于有期待视域的存在，读者的阅读经历就成了一个逐步演变的过程，充满了期待、追忆、重建、满足等阅读体验，而这正是形成文学认知的基本条件。真正的文学作品应该不断给期待视域制造冲击与挑战，极力实现视域外延的扩展，文学的生命只有在这样的无限扩充之中才不致熄灭。对期待视域而言，"同质化"现象的出现意味着自身范畴的停滞甚至是萎缩，也即文学生命的停滞与萎缩；而市场化和娱乐化则直接使得文学沦为语言垃圾和思想废料。不可否认，虽然政治叙事小说揭露了一定的社会现实问题，并取得了令人惊叹的销售量，且在当下热潮仍旧，但在评论家眼里，它仍然仅仅停留在消费型"眼球"文学的阶段，对于民主、廉政影响有限，也并无太多文学上的建树。而在广大的读者眼里，"政治叙事小说"也仅仅是与官场有关的作品，千篇一律的模式生产和效益至上的创作路径给期待视域造成的一次又一次的失望体验，早已让阅读形成了审美疲劳，甚至出现排斥、不屑的情绪。

因此，如何摆脱"游戏官场"的心态，突破同质化、市场化、娱乐化写作的劣质模式，重塑起文学活动的严肃性精神姿态，就成了官场文学实现自身升华的瓶颈问题。在这个全新的任务面前，老作家由于创作定式、公众印象等因素的存在，相对来说，较难完成这种革命性的转变，这就需要年轻的新生代力量接过官场文学的大旗，引领湖湘文学这支不可忽视的力量走向一条新生的道路。欣慰的是，湖南湘军从来就不缺少这种敢于尝试的排头兵，虽任重而道远，但他们的尝试与突破仍预示着未来的希望。

第十三章 文学湘军政治叙事的困境与突围

经过了多年的积累、酝酿和沉淀之后，文学湘军的政治叙述取得了可喜的成绩，但是也出现了模式化严重、类型化突出、艺术性不足等问题。因此，文学湘军应该以正确的策略和坚定的决心，自我革命，突出重围。

不可否认，当前的官场小说因为原生态的描摹而受到读者的追捧，作家陷入了官场升迁、权斗等内容精细化的趋势，甚至刻意放大突出官场的神秘性和复杂性。从这个意义上说，文学湘军的政治叙述是 20 世纪中国"新写实小说"的官场题材重现。不同之处在于，"新写实主义"的关注点更为宽泛。大部分作家对官场进行社会纪实式的精细刻画，这种入木三分的刻画本身是中性的，但是如果这种刻画不是基于审视或者批判的视角，而是沉醉其中，流连忘返，甚至留恋不已，那么文学的思想性和价值性又何在呢？文学用什么捍卫自己的尊严？

除了叙事模式陷入自我重复的窠臼外，思维也集中在一块相对集中的区域内。

为了取悦读者的仇官心理，作者除了描述官场的淫威、虚伪和复杂外，主要把笔墨集中在潜规则的阐释、官员龌龊的勾当和腐败细节上，将"官场、情场、商场"融为一体，这些要素之间相互纠葛、缠绕，构成了故事情节的基本架构和主体内容，审美境界滞留于日常经验的传达，缺乏美学的观照。官场升迁的兴奋点依然是光耀门楣、权力快感、无形资源等。以自然主义的手法表达实用主义的内核是文学湘军政治叙事的主要特征。官员的起居、器具、陈设都寓含了无限的想象空间和意义内涵。所以文学湘军的政治叙事呈现出明显的世俗色彩。他们对于世俗价值大多持认同的态度。从镇长到省委书记，从工作到生活，从官场到家庭，他们大多采取狡黠、暴戾、虚伪的功利性立场，以细致入微的写实笔法，详尽展示官场中人的庸常人生，对财富、女人、权力的攫取持狂

热的态度，这本身就是把官场当作和其他领域一样，显示出他们对官场世俗化
的认同。

这种世俗视角与主旋律媒介展示出来的官场互为表里。电视新闻、主流报
纸、官方杂志里的政治都是正襟危坐、秩序井然和鞠躬尽瘁。如同一件衣服一
样，这是它的外表，是呈现在别人面前的衣服外皮，经过了"熨烫""修饰"和
"美化"，而官场小说的政治叙事则是衣服的里子。读者通过官场小说得以窥见
其中的庸常、世俗，甚至下作。不可否认，官场小说的世俗审美视角确有其特
定的功能和意义。但没有了超拔和释然，就会沉湎于实用理性，从而使人成为
工具。作为官场小说的主人公，他们大多性格多面、风花雪月、左右逢源，在
官场上正襟危坐，在情人那里妙趣横生，因此就出现了官场小说反面人物比正
面人物更有魅力、更让读者不舍的奇怪现象，如王跃文《国画》中的朱怀镜。在
他们倒下时，读者还会怅惘、郁闷，因为他们身上寄寓了读者的世俗性想象，
满足了读者的猎奇心理。彼时，是非曲直、公平正义、民主法治都被抛弃一旁，
而这本应是《雷雨》中的"雷雨"，作为剧中的第九个人物，注视着芸芸众生。或
西方文学中的"上帝"，比照着人们的一言一行，但这一切都被隐匿和缺席了。
他们实际上是从世俗欲望的合理性出发，削平了人性的高度，简化了人的多种
需求。

既然曲意维护官员的个体欲望远离了文学的本真价值，价值又在哪里？按
照马斯洛的人性需求理论，文学湘军的政治叙事大多停留在前两个层面上。这
其实也是一种歪曲和矮化。按照这样的价值路线，超越常规的权力欲望需求、
性欲需求、物质奢华需求被合理化。官场世俗化的本质是欲望市场化和利益数
量化，这就遮蔽了一切形而上的存在必要。是非曲直、公平正义、民主法治只
能被嘲笑，停留在官方媒体上，或是成为愚弄公众的工具。这种弊端源自作品
的市场发行现状，但是一味地迎合公众口味，最终仍然会被读者抛弃。因为从
本质意义上说，官场小说还是一种精神文化产品，而非升官指南，也远不是窥
视官场的最好窗口。

在艺术上，功利化立场和世俗视角变异为拒斥审美内涵提升的天花板。这
是局限，也是困境。

突围，路在何方？

作品在描述官场日常生态的过程中，既要敏锐地捕捉当下中国官场的各个
细分群体、社会热点事件，或事件的内在敏感点，又要赋予作品价值尺度和思
想资源，并融入故事情节和基本架构里。作为一种叙事策略，为了阅读的需
要，文本可以增加戏剧冲突性，提升事件的尖锐性、叠合度。在认同合理欲望

和世俗的同时，要以知识分子的批判立场审视一切个体性行为，找到人物命运的精神坐标和思想资源。

问题意识是官场文学需要注意的另一个端点。病态始终是病态，灰色地带的面积会不断缩小，这就需要作家持有基本的问题意识和批判思维。性细节、荤段子等自然主义描写只能是价值内容的表现形式，而不是目的本身。性的背后要有人物性格、有情节必然性、有价值判断，而不是毫无节制的展示。尺度不是问题，关键是背后是否有态度。唯有如此，才能保证作品思想意蕴的张力和聚力，节奏更紧凑、内蕴更沉实，从而显示出作品对问题的探索精神和审美品质。问题小说在五四时期曾经引起巨大反响，叶圣陶、冰心都在这个文学思潮里脱颖而出。而这并非因为作品的艺术水准，而是问题的尖锐性和时代针对性。但之后，一些艺术性和问题意识俱佳的作品逐渐出现，成为中国文学的扛鼎之作和经典文本，如鲁迅、老舍等人的作品。经过时间的淘洗之后，问题本身也许已经被置换，但作品的尖锐性和面对现实的态度依然具有震人心魄的力量。

文学史上的超拔之作大多如此！

有世俗、没风俗是文学湘军政治叙事的痼疾，也是审美性缺陷。在中国文学史上，缺了风俗的作品大多成了理念的传声筒和主义的工具。鲁迅带着"改造国民性"的巨大努力，生生不息地试图唤醒"铁屋中的人们"，不惮于做声嘶力竭的呐喊，但是在他作品中，浙江村镇的风情画卷不时浮现，给读者留下了深刻的印象。张爱玲的十里洋场和上海弄堂迄今依然是现代文学的经典画面。老舍的京味、沈从文的湘西、莫言的胶东高密莫不如此。文学湘军的政治叙事写的是湖南，但里边没有声情并茂的三湘大地。尽管当下作家面对的是新时代语境的消费环境，但是如果作品脱掉了现实感悟、艺术笔调和风土人情，就不再是官场的浮世绘，也不是时代标本的"清明上河图"。

文学湘军的政治叙事对官场的各种丑相更多采取的是玩味而非批判的态度。这样，作品就很难从人的立场出发，对生命意义、生命价值、生命归宿有深层次的思考，不能设身处地地感受人物内心深处的灵魂悸动，而只是被欲望支配的工具。人总是处于浅薄功利的状态，就只能成为欲望的囚徒，陷入难以自拔的生存困境之中。一方面，他们要懂纪律，守规矩，另一方面要在道德底线溃败下接受灵魂的拷问，两者的冲突是利益的权衡，还是人性的挣扎，透视出作品的思想高度和审美维度。作家对他们的惊恐与彷徨是基于人性状态的关切和悲悯，还是带着讥讽的无情嘲弄，是评价作品意蕴丰富性的重要尺度。尽管存在这样和那样的弊端，官场依然是中国法制化进程和民主进步的推动性力量。矛盾的激化和危机的出现是社会治理进步过程中的必然过程，必须将对民主和民生的关注结合起来。

从文学接受的现状看，官场小说已经远远超越了纯文学的领地，成为俗文学、纯文学、网络文学兼而有之的题材。在此情势下，文学湘军的政治叙事不能在市场效应的推动下，仅仅沉湎于可读性和吸引性，为了刷发行量而不断拉低作品的审美品位，忽略了对文学审美性的追求，如果这样，最终依然会被读者抛弃，被时间遗忘。

第一节　文学湘军政治叙事的理性资源与精神滋养

一、湖湘文化的理性资源

作为华夏文化园中的一朵奇葩，湖湘文化的精神可上溯至炎黄文化，乃至神农文化，下可寻根于现代化进程中涌现的时代拓荒精神。

纵观湖湘文化的发源、流变，因地域性而滋生的文化特殊性始终是湖湘文化能遇时衍变、生生不息的根本原因。而这种特殊的文化意蕴也为当代的湖南作家提供了新历史语境下艺术创造的土壤。

在湖南先民文化传统中，人性始终高扬，并贯穿于湖湘大地的文明建设和生产生活之中，这种基于地域的个性化人文气质从楚辞的激越与浪漫中传开，直至后来的程朱理学，乃至近世文化湘军，可谓一脉相传，生生不息。作为中国"腹心之地"，湖南北有长江，南临五岭，在原有的以屈、贾为代表的本土文化思潮的基础上，深深受惠于唐宋之间伴随着人口迁移而来的经济重心转移和文化重心南移。后世有学者将深受儒学滋养的湖南文化以为正统，故有"潇湘洙泗"之美誉。如果说原有的楚巫文化和贬官文化是湖湘文化的第一滴血的话，那么后来的儒学文化则锦上添花，构成了革新湖湘文化的第二滴血。然而，在同属于华夏文明的此二重文化的交响激荡中，本土文化的浪漫和雄伟始终居于主导地位。

这种主导地位绝非得益于文化先天性，而是受制于湖湘的自然人文情况。在包容中原儒学"经世致用"思想的同时，湖湘文化自身所蕴含的兼容性和调和性被无限放大，进而滋生了湖湘儒学所特有的刚强和务实之风。从宋代周敦颐、张南轩，到明清王船山、曾国藩，其思想虽以承担孔孟之道为己任，却无时不透露着"血诚"般的搏击进取精神。在清末被誉为"中兴四大臣"之首的曾国藩身上，这种搏击进取精神得到了充分的体现，正如相关研究者指出的：其

"诚""明"理念源于儒学追求；而其"血""强"的观念又涌动着荆楚蛮民的血性。

江南灵秀，西北苍茫，高原雄浑，盆地安逸。相较于别处，湖湘大地更多的寒暑无常培养了湖湘文化明显的不屈与激情。它以跳跃性应付无常，以浪漫性对抗苦难，因而充满了离骚式的疑问和楚巫式的神秘，但归根结底，这都是一种反抗。

无论是云气、水气，还是泥土气，抑或是浩气、霸气，都是湖湘文化给后世的无尽滋养。归纳之，这些滋养可从天地意识、家国意识、个体意识这环环相扣又各有侧重的三个方面予以阐明。

首先是天地意识，呈现为兼容并蓄的包容性和推陈出新的时代性。这主要在地域民俗风情和时代动荡中得以呈现。

湖湘文化兼容并蓄的包容性首先得益于其移民文化。作为中国腹心之地，湖湘大地在兵家征战中首当其冲，故而多受战火之灾。元、清两代，为平衡因战争而导致的人口分布不均，中央政府鼓励移民，大量的江浙民众，以及邻近的江西和四川等地的移民蜂拥入湘，这些移民为湖湘文化的多元化和包容性提供了基础。同时，作为我国民族最多的地域之一，湖湘地区的民俗民情基本处于一个庞杂繁复但交融渗透的状态。不同民族的历史沿革不仅造就了不同的生产生活方式，也为宗教信仰的多元化提供了有利条件，以楚巫本土文化和南下儒学文化为共同基础的湖湘文化对宗教的态度也呈现出了极大的包容，在南岳衡山，儒释道共享民众之信仰即是见证。

而此种价值取向也使得湖湘文化成为一种博采众家、推陈出新的文化，广泛交融的文化形态促成了开放的天地意识。随着历史发展，以离骚、楚巫为代表的荆楚文化与以孔孟为代表的儒学文化交互融会，构成了宏观层面上的文化基调。而对于宗教和民族的包容也使得湖湘文化具备了潜意识层面的认同感——基于互存互惠的包容和基于融合发展的革新。

包容性同时也见诸湖湘著述，如理学大著《太极图说》《通书》等，以儒学为宗，融会贯通佛、道之经义，在阴阳五行的天地视野内充分吸收各家思想精髓，开创理学学派，完成了湖湘文化的奠基。纵观湖湘文化历代著述，诗词文赋、哲史经济、科技志要，尽呈湖湘文化汇合百家、兼容并蓄的包容精神。

横向的包容性为纵向的时代性提供了重要条件，在思想交流和文化融合的大趋势下，湖湘文化从思维方面意识到了推陈出新的重要性，而其突出表现就是格物致知和实事求是，以此来应对历史的变化——天变，道亦变，此为通达。

近四百年来，从王船山的旁征博引到曾国藩的笃实求是，湖湘文化不断在

"唯实"的思想路线下推陈出新。面对被宋代程朱理学以玄说注解和心学重构的儒学失落，王船山上续诸子百家，下统学派纷争，提出了"格物致知"和"实事求是"的经世致用思想。这种精神经清中叶魏源、曾国藩等人的扬播，不仅直接促成了清末洋务运动，更是为后来立志救国的"五四"文化运动埋下了伏笔。辛亥革命前后，以黄兴等为代表的资产阶级革命派更是自强不息，引领了历史潮流。在之后的新民主主义革命时期，以毛泽东等为代表的无产阶级革命派更是抓住时代的命脉，推陈出新，缔造了别开生面的神州大地。直至今天，"实事求是"依然是湖湘文化一脉传承的思想哲学精髓，势必会对政治、经济、文化等领域的建设、发展起到不可忽视的重要作用。

虽然有着起始于农耕经济为基础的地域局限，湖湘文化视域内曾一度出现过因务实而显得保守的思想，如明清之际大思想家王夫之提出的"农人力而耕之，贾人诡而夺之"思想，但湖湘文化的内部包容性使得其自身具有极强的自我更新功能和强大的通变、开放精神。《海国图志》所极力主张的"变法图强以制夷"思想即是湖湘文化所蕴含的推陈出新的时代性的有力证明。

由此可见，因自然和移民文化所规制的湖湘文化虽以包容性和时代性扬名，但其所代表的根本精神却是一种无所不往的天地意识——因一地而及天下，因一日而致古今。

其次是家国意识，呈现为经世致用的务实性和心忧天下的担当心。这充分呈现在湖湘巨子们在哲学思想和政治担当上。

湖湘文化中的家国意识一定程度上是其天地意识的浓缩和移情。其主要表现在于：家国意识中的"经世致用"一方面承接了天地意识中"格物致知"的思想；另一方面也发展、深化了其时代性，即在历史语境中寻求文化的意义和作为。不同的是，湖湘文化中的天地意识多侧重于地域文明的培育与沿袭，以此来教化人们的言行；而家国意识则明确地指向了儒学传统所指归的致知目的："修身、齐家、治国、平天下"。这种差别使得家国意识成为湖湘文化的标志性气质，于家国，理当务实；对天下，理当承担。

如钱基博先生所言："湖南人所以为湖南，而异军突起以适风土者，一言以蔽之曰强有力而已。"[①]这里的"强有力"非止于个体，而是一种集体风貌，具体所指即是"经世致用"——基于行动的务实精神和基于忧患的担当精神。而这种实践理性在某种程度上也暗合了顾炎武所强调的"天下兴亡，匹夫有责"——

---

① 转引自中文白科在线［EB/OL］（2014 - 10 - 05）［2010 - 03 - 25］http://www.zwbk.org/zh - cn/Lemma_Show/3778.aspx.

一种与生俱来的文化认同感和时代参与意识。

自屈原《离骚》始，忧离之思和家国之情就开始流入湖湘文化的血液；至贾谊《鵩鸟》，报国遂志的思想逐渐演变为湖湘文化心存家国、心忧天下的务实精髓，这不仅启发了一代又一代的湖湘文人的报国忧患意识，更是鼓舞了一代又一代湖湘儿女前赴后继、以身许国的行动。

湖湘史学的研究是"经世致用"思想最主要的演绎、传播路径。经史并重的湖湘史学研究思路使得经义之道始终指导着学人们对历史的评价，在一定程度上，历史传承与经义阐发殊途同归，都是为了检讨时代，以学术之名，行兴国之事。从宋代湖湘学派开始，"入世"成为湖湘文化的一个标志性思想，因此，注重现实、关切实际的"实学"成了主流。这种夹杂着社会学与功利主义的学派发展迅速将"经世致用"的思想推向了高潮，而无论是后来明末"六经责我开生面"的王船山，还是清代"师夷长技以制夷"的魏源，都是这种思想的笃行者。至于后来以曾国藩为代表的晚清湖湘名臣，更是将经世务实之作风发扬光大，勇当天下之大责，在晚清历史上留下了浓墨重彩的一笔。

至于经世致用的著述，既有《皇朝经世文编》，又有集"立德""立功""立言"为一体的《曾国藩全集》，这些著述秉承了屈、贾等先贤忧国忧民的担当传统，也发展了胡安国以"经世致用"为纲的务实派哲学传统，为湖湘文化打上了"文道合一"的深刻烙印。

传承、发展迄今，经世致用的务实性和心忧天下的担当性已经成为湖湘文化的价值基础，在时代的冲击下，进一步形成了家国利益高于地域利益，民族利益高于个人利益的优秀价值观。这种忘我的集体主义也为爱国主义传统、社会责任感添加了新的注脚。

最后是个体意识，呈现为睥睨天地的浪漫性和敢为人先的进取性。

文化是集体的，但文化的创造者总是个体，特别是那些优秀的文化成果，无一不是得益于文化巨子的出现，而这在很大程度上对个体有着依赖。湖湘文化所张扬的个体意识同样与其天地意识和家国意识一脉相承。如果说其天地意识是在哲学思想层面影响了湖湘文化的话，那么其家国意识则是从现实层面强化了湖湘文化的精神，而无论是天地意识还是家国意识，最后都要落脚于个体意识——在普遍而特殊的个体身上所携带的湖湘文化精神——其无限的可能性和期待。

首先，湖湘文化中睥睨天地的浪漫性天然地得益于其"三湘四水"的自然环境和神秘诡谲的楚巫文化。抛却自然环境因素，湖湘文化中激越的文人情怀还是得从屈、贾以降的历史传统展开。而睥睨天下的浪漫主义情怀如果不是源于对世界的好奇之心的话，那么一定与湖湘地区自古以来的移民文化有着千丝万缕的关系。移民文化中特有的吃苦耐劳精神和拼搏精神同样源于一种思想上的流亡感和动荡意识，而这种气质无疑与楚文化中的浪漫的气质不谋而合。至于敢为人先的进取性，似乎就是实践意义上的浪漫性；不同之处只在于前者更注重实际，更加能体现湖湘儿女自古以来不屈不挠的斗争实践。

在这种内在的浪漫性和外在的进取性的交互支配下，湖湘文化总是呈现出某种意义上的极端——保守与激进共存，激越共有序同生。甲午战争以前，湖南人不仅对沿海省份开展的洋务运动无动于衷，而且对"反教排外"行动异常积极。然而伴随着维新运动的开始，不仅湖湘学子们走在了革命的理论前沿，连湖湘大地也成了极力学习西方的典范。

这种文化个性似乎可以在湖湘文化的教育中找到蛛丝马迹：湖湘文化的高涨和湖湘教育的大兴始于宋代，其独特的传统在于学思并重、知行统一。这种传统使得湖湘大地一方面重视独立思考，另一方面也易于固执。前者带来的理性批判思维使得湖湘文化总是在反思、建构；而后者则要么带来故步自封，要么带来激流突变。这就形成了近代湖湘文化笃实而又灵动、浪漫而又现实的鲜明特色。

在维新变法时期，以谭嗣同、唐才常等人为代表的资产阶级维新派就是这种个体意识的代言人。在面对时代激流的时候，他们勤于思考、著书立说，却并不精于筹谋算计；在革命行进过程中，他们无私无畏、视死如归，却无法进行长久而有力的革命。这是时代的局限，也难逃个体意识的责难。

但总体来说，这种个体意识几乎贯通了湖湘文化的全部精神："淳朴重义"而"勇敢尚武"，"敢为人先"又"自强不息"。他们源于生活环境的浪漫主义情怀使得他们临难不惧、视死如归；而他们舍我其谁的霸蛮精神又使得他们具有强烈的正义感和向群性。这些精神相互融汇，构成了湖湘文化独特的个体意识特色，具有鲜明的浪漫主义情怀和英雄主义色彩。

在回顾、梳理了以兼容并蓄的包容性和推陈出新的时代性为标志的天地意识、以经世致用的务实性和心忧天下的担当性为标志的家国意识，以及以睥睨天地的浪漫性和敢为人先的进取性为标志的个体意识之后，不难发现：湖湘文化之所以能"独立不羁，遁世不闷"，既可归于其理想关切和政治关怀，又可归于其问题意识和时代担当；而一以贯之的则是古老的湖湘文化传统和博采众长的开放创新精神。

二、作为理想的涉实主义——滋养与馈偿

楚荆之地，人杰地灵。在漫长的历史长河中，湖湘文化作为一种精神，滋养了一代又一代湖湘学人，逐渐形成了一种湖湘文化滋养湖湘学人，湖湘学人馈偿湖湘文化的动态互动模式，时至今日，彪炳史册的巨匠先贤已成为湖湘文化的一个又一个坐标，并不断指引着当代湖湘学人的进步。

提及湖湘文化对湖湘学人的滋养，最重要的首先是以"入世"为根本表征的价值取向，其次是以"浪漫"为表征的理想关怀。这种夹杂着悖论的文化情怀在屈原赋《九章》、作《离骚》之时就已初见端倪，至后世19世纪末维新变法时期，这种浪漫主义的入世情怀被资产阶级维新派继承，并强力地注入了因时代语境而产生的（其实何尝又不是源流于湖湘文化千年来的精神传承）英雄主义，以谭嗣同、唐才常为代表的维新派之士前仆后继，前者面对大势已去的革命形势坚守如初，力图力挽狂澜。在革命走向彻底失败的最后关头，他拒绝出走，面对劝其出走的梁启超，留下了"不有行者，无以图将来；不有死者，无以酬圣主"的决绝之言，革命浪漫主义和心忧天下之情溢于言表。面对死亡的威胁，他更是痛快悲壮："各国变法，无不从流血而成，今中国未闻有因变法而流血者，此国之所以不昌。有之，请自嗣同始！"直至今日，其狱中的绝唱依旧令人血涌思迸："望门投止思张俭，忍死须臾待杜根。我自横刀向天笑，去留肝胆两昆仑。"如果说屈原的济世情怀多了几分楚巫色彩的话，那么谭嗣同身上则闪烁着耀眼的佛教色彩；前者发掘了湖湘本土文化资源，后者则从湖湘之外寻求到了丰富光大湖湘文化的精神资源。

相较于以庙堂节气著称的屈原，谭嗣同以江湖义气留下了湖湘学人的另一面。后世的胡安国、胡宏父子承周敦颐之学，融心性之学与经世致用于一体，为张栻、王船山等人的学问打下了丰厚的基石。至近代，无论是魏源等经世派，还是曾国藩等务实派，以至于辛亥革命派和五四革命主义者，都深受湖湘文化的精神滋养，而他们所创造的历史丰功伟绩也完美地融合了"浪漫"与"入世"的湖湘文化精髓，以理想之名，行涉实之事，在政治、经济、文化等各方面完成了对湖湘文化的馈偿。

而在文学创作领域，湖南当代作家更是深得"湘味"，不断地汲取并改写着湖湘文化的价值关怀和审美取向。如果说汲取是一种继承的话，那么改写则是一种丰富。正因如此，当代湖南文学的审美品格在某种程度上亦是湖湘文化在新历史语境中的精神风貌的呈现。

作为现实主义的文学自觉，小说的美学选择几乎是先天性地打上了语境的

烙印，而其中的地域性则不仅是小说文本进行意义探寻的根基，更能通过对写作者潜移默化的影响左右着小说艺术的流变。在语境作为一种特殊文化背景的关怀下，书写者一方面继承了传统，另一方面也借助新的书写语境对传统进行了别有意味的改写和重述。在传统意义上，书写者要借助现实题材表达文学意义，而在新的历史语境下，"书生意气"则逐渐被其他的写作所指修改、替代。这理所当然地意味着，小说书写不仅要保持艺术创作题材的现实性，也要保护创作主体的涉世性。

　　湖湘文化作为潇湘大地的精神产物，不仅作用于湖湘地域社会形式的组成，也作用于湖湘大地上民众的政治态度和情感信仰。在湖湘文化的视域中，作为传统的自然环境和移民文化，以及有四百年道统的理学不仅对湖南地区以政治为中心的社会现实产生了塑形作用，更是对当代湖南作家产生了深刻、实在的影响。这种影响在小说创作领域更多地呈现为一种基于解构语境的回溯、重构，而非止于传统意义上的社会纪实和意义描摹。

　　在以兼容并蓄的包容性和推陈出新的时代性为标志的天地意识的指导下，湖南当代作家的写作充满了题材的广袤和艺术的先锋。在题材选择上，湖南当代作家们不拘一格，不仅将艺术的触角不断伸向了以民俗风情、山川河流为代表的自然风物，更是在以政治、经济、文化为核心的社会文化领域取得了骄人的成绩。前者如湖湘大地上深受神话传说和宗教巫术熏陶的时岁节庆、婚丧礼俗、服饰饮食等，以及自然条件、风土人情所孕育的高山大川、江河湖海等，这些源自湖湘大地自然风物的题材为湖南作家的文艺创作提供了取之不尽的素材、灵感。后者如唐浩明的《曾国藩》《杨度》等系列历史小说，古华、叶蔚林、彭见明、陶少鸿等涉及湖湘山村乡土的系列小说，何顿的长沙市井系列，以及为人熟知的政治叙事小说系列等。这些丰富广泛的素材选择取向为湖湘文化的新历史语境做出了很好的见证和回应。至于推陈出新的时代性，既体现为对敏感、重大主题的触及，如莫应丰的《将军吟》对"文革"的反思和古华的《芙蓉镇》对新中国成立后几十年动荡的反刍；也体现为以"寻根""先锋"为主题的艺术探险，前者如韩少功的《爸爸爸》《女女女》，后者如残雪的《苍老的浮云》《黄泥街》等。这种前卫激进的艺术探索有效地回应了湖湘文化所特有的激越和进取。

　　在以经世致用的务实性和心忧天下的担当性为标志的家国意识的指导下，湖南当代作家们继承屈、贾以降的"文以载道"精神，以笔为戈，针砭时弊，在表达现实关切的同时力图以文救世，在呈现底层民众疾苦的同时展现出爱憎分明的忧患意识和使命意识。如水运宪的《祸起萧墙》和叶蔚林《没有航标的河流》等，都是从民众出发、直达历史和现实关怀的艺术创作成果；至于陶少鸿的《梦土》，则完成了对20世纪中国农民生存状态和心路历程史诗性审视。而以王跃文、阎真等领衔的政治叙事小说作家群，更是这种家国意识和使命担当的有力支撑，他们通过作品介入时政并传达出的爱憎情感、反思精神以及改革、担当精神等，无一不是强烈社会责任感和经世致用精神的体现。王跃文的创作从文化性和精神性切入现实，以官场生活作为现实社会的聚焦点，写尽了生活的繁华苍凉之百态。而阎真的创作从现实入手，却无时不指向人性的形而上关切，其代表作《沧浪之水》手术刀般刻画了当下中国知识分子的精神气质和生存状态，借现实向时代理想和古典诗性发起了不懈的追问。其余涉及官场书写的湖南作家们，从湖湘文化中汲取的营养既有楚文学传统中的忧患意识和求索进取精神，也有理学传统中"传道而济斯民""康济时艰"的思想。

　　至于以睥睨天地的浪漫性和敢为人先的进取性为标志的个体意识对当代湖南作家的影响，在湖湘学人、作家的著述中更是屡见不鲜。从《离骚》开始，湖湘作家的作品中处处可见想象力上的奇幻诡谲、表达形式上的浪漫惊艳，以及修辞结构上的富丽繁缛。在湖湘大地神话传说和自然风物的熏染下，湖南作家们既有慷慨勃发之情思，又有磅礴浪漫之文采，既有奇幻壮美之胸怀，又有回转曲折之言辞。在儿童文学的创作领域，童话般的艺术思维直接取材于湖湘久远而深厚的楚巫精神，而生意盎然的艺术表达形式则直接得益于湖湘文化灵动激越的思维天性。在诗歌领域，"新乡土诗派"的余韵和古怪灵动的文风始终生生不息，这种一脉相承的诗性在聂沛、蒋三立、廖志理等人的创作中可见一斑。在散文领域，王开林用流光溢金的笔调书写磅礴磊落的性情，刘鸿伏以悲天悯人叙述寄托骁勇博大的灵魂，这种经智性到诗性，经勇气到大气的浪漫主义情怀散落在湖湘作家的创作中，不断激励、催生着新的湖湘文学精品。可以认定，基于深厚传统和新时代语境的复合式精神思维赋予了湖南当代作家们不可置疑的多面性和交互性，而这些无疑也会促成一种相摩相荡、奋勇争先的动态文化格局。

　　湖湘文化的丰富多彩不仅创造了三湘大地多元的传统习俗和民族风情，又融合渗透，为后世湖湘学人们提供了极具地域特色和博大视域的精神养分。在市场经济的浪潮中，以地域性为载体的湖湘文化已经重新闪耀活力，而它自身的多元性和开放性也将为湖湘地区的文学实践和文学理念建构提供新的指引。这将是一种全新的文化发展模式：以强大的文化传统适应新历史语境，滋养新人文风流；以锐意进取的新文化姿态馈偿先贤遗泽，开拓湖湘精神。

第二节　文学湘军政治叙事的自觉意识

自启蒙以来，文明的螺旋始终受制于政治。而文学与政治的关系也始终是文学领域、美学领域，甚至社会学、政治学领域不得不解决的首要命题。文学的社会意义和政治指涉虽然在现代主义的作用下屡遭责难，但伴随着新批评思潮的回落，文学的政治性——泛政治性再度被法兰克福学派、马尔库塞等纳入了美学的思想批判中，而后来的弗·杰姆逊、伊格尔顿更是以政治为视角完成了对当代文学的阐释。

面对日新月异的全球化社会图景，文学的涉世性再次引发了人们的关注。这不仅意味着文学的社会性与政治性将被赋予新的意义，更加意味着文学道德性和美学性的重构亟须摆脱纯粹的形而上思路。目前来看，在史学视角内，新历史主义对意识形态给予了热切关注，而在后殖民文化批评中，前沿政治问题和帝国主义的人类解读也极力将政治纳入自身的研究视域，甚至是女权主义中关于性别、族群的控制和统治论述，都完成了对人类文化、文学的政治式还原。无论是由于政治解读的意义泛化，还是源于人类图景的泛政治化，政治化的诗学回归都在启发着我们对文学与政治关系的重新认知。

湖湘文化对湖南当代作家的影响在某种程度上完全脱离了传统政治论诗学的意义窠臼，其表现主要在于：湖湘文化的涉实性不同于传统政治论诗学以经济活动来阐释文学意义，因为湖湘文化更偏重于在经世的思维层面影响后世湖湘文学，而湖湘大地自古以来落后的生产、生活方式使得从经济活动中寻找文学活动生发根源的基础相当薄弱；另外，湖湘文化自身的开放性和包容性使得它对后世湖湘文学的影响无法局限于一个固定的阶级或政党，故而无力完成政治视角对文艺解读的抹杀，这就使湖湘文学尽管在精神上有着明显而固执的入世情结，但其中呈现的人性更显丰富庞杂。由此可见，湖湘文化之于湖湘文学是一种政治意味浓郁但又有着明显的政治意味泛化的思维指引，这种泛政治性使得当代湖南作家们总能心有担当而又突破担当。而湖南当代政治叙事小说的繁荣正是湖湘文化在诗性的维度滋养湖南当代作家、对政治性浓郁的官场加以修正、引导，进而创造出源于生活、高于政治、直抵灵魂的文艺作品的直接例证。

论及文学批评，语境始终是先于文本要予以考察、甄别的研究对象。因为文学的政治性、泛政治性必须经由独特的历史语境来认定，而政治的文学化呈现也必须在特定的阐释体系中生成。对此，知名学者张开炎有一个精辟的论述："只要历史语境或解释体系改变，文学作品的政治意义就会相应改变，它是一种结构性生成物，一种在特定的结构关系中被赋予或解除的功能。"①参照张开焱的观点，可以说，湖湘文化对湖南作家的精神滋养不是一种单纯的教化论、驱使论，而是一种召唤论、引导论。尽管不得不承认湖湘文化中以经世致用的务实性和心忧天下的担当性为标志的家国意识为湖湘当代作家的政治关怀开辟了一条天然捷径，但在家国意识之外，湖湘文化中以兼容并蓄的包容性和推陈出新的时代性为标志的天地意识，以及以睥睨天地的浪漫性和敢为人先的进取性为标志的个体意识都引导着湖南当代作家们走出政治的意识牢笼，争取一种通达而开放的社会性、政治性担当，此即湖湘文化所倡导的"独立不羁，遁世不闷"精神。

由此可见，在湖湘文化的召唤、指引下，湖南当代作家的文学创作既饱含现实关切和政治关怀，又致力于文学个性和美学理性的建构；如果说湖南当代的政治叙事小说多见政治意识和时代担当的话，那么其背后的支撑和指引则是其一以贯之的开放创新精神和美学追求。

一方水土养一方人，湖湘大地"三湘四水"的自然环境培育出了兼容天地精神的湖湘文化。这一块马蹄形的地域造就的寒暑之道一方面滋养了"天行健，君子以自强不息"的奋斗精神，另一方面也培育了"地势坤，君子以厚德载物"的承担胸襟。前者从楚辞精神、楚巫文化起始，穿越千年至新民主主义革命时期，源泉般激励着湖湘儿女激昂逾越，引领历史潮流。后者崇理敬道、重视实践，辅之以"天下兴亡，匹夫有责"的担当意识，则为家国情怀；辅之以"当今天下，舍我其谁"的英雄主义，则为楚才风流。

从早期湖湘文化中的"贬官文化"开始，地域上对政治的疏离使得湖湘大地既保留了具有深厚底蕴的文化积淀，又包容、收留了一个个被发落的士大夫，作为贬官文化的承担者，士大夫们怀才不遇的悲剧性文化现象将个人抱负和国家前途命运的冲突逐渐酿成了一种个体精神上的自我博弈，即"兼济天下"与"独善其身"之间的冲撞、调和。反映在文学创作中，这种博弈性恰好对应了文学和政治在特定历史语境中的双向互动。在湖湘作家们的文学创作中，既存在对政治的认同，也存在对政治的对抗性，甚至是逃避、超越——而这种生于时代语境的逃避、超越姿态最终也会消解于另一种语境，即使新的语境也必然意味着新的认同和对抗。

伴随着楚族先民筚路蓝缕般的生产积累和文化沉淀，政治性/泛政治性意识始终伴随着湖湘文化的发展、流变。它可以是富国强民的政治主张，也可以

---

① 张开焱.召唤——应答：文学与政治关系的理论表述[N].文艺报，1999–12–9.

是忧国忧民的社会理想，更有可能只是重道务实的实干精神。首先凸显的是在湖南作家群的精神气质中普遍存在的"屈贾情结"，作为一种高度融汇儒家经邦济世思想的文化现象，"屈贾情结"始终是湖湘作家群的一个文化幽结，甚至可以说，湖南当代政治叙事小说的创作就是屈贾精神在新历史语境中的承继和扬弃。从胡安国作《春秋传》开始，基于现实性的政治式关怀不仅引导一代又一代理学学者走出抽象的哲理辨析和离群索居的心性修养，转而务实济世，更是形成了一种思想文化上的"骨牌效应"。明清之际，经世致用的思潮席卷全国，以顾炎武、黄宗羲、王夫之等为代表的思想家使得湖湘文化获得了空前的政治性取向和现实关切，匡扶社稷、救亡图存、治学用世的思想也成了湖湘文化的标志性建构。时至清末，时局的动荡和中西文化的碰撞使得湖湘文化中的政治性再一次勃发，从魏源的《圣武记》提出"今夫财用不足国非贫，人材不竞之谓贫；令不行于海外国非羸，令不行于境内之谓羸。故先王不患财用，而惟亟人材；不忧不逞志于四夷，而忧不逞志于四境。官不材，则国祯富；境无废令，则国柄强"的论调到曾国藩的"拼命救国，侧身修行"思想，湖湘文化中始终保有经世致用的文化心理机制。

作为宋代以后儒学沿袭、发扬光大的重镇，湖湘文化中的历史担当意识和家国使命意识经周敦颐理学思想的灌溉滋养，与本土传统中的"淳朴重义""勇敢尚武"精神合流，融贯为"文以载道""经世致用"的学术思潮。应该看到，"文以载道"尽管难逃传统政治诗学的嫌疑，但其背后自强不息的进取之心和睥睨天下的浪漫主义精神时时促使其冲破时代局限。至于"经世致用"的务实精神，虽然也有文学服务、屈从于政治之嫌，但其更注重实践理性与"天下兴亡，匹夫有责"的参与意识。因此，湖湘文化中关于政治与文学关系的认知理念也有着生生不息的新注解：以理学品格介入时代语境（绝非止于政治），以务实精神引领文学争鸣（绝非囿于文学）。

至 20 世纪，伴随着现代化的作用和新文化语境的生成，经世致用之风深刻地影响着湖南作家群的创作心理，政治性/泛政治性视角也成为湖南作家群在创作中一个基本的审美取向。当仔细检阅 20 世纪的湖南文学时，湖南作家群的文学观念和审美观念自始至终都具备一种政治性/泛政治性观念，更有意味的是，这种政治性/泛政治性不仅凸显于某一全局性的文学政治化、意识形态化的时期，更是彰显在文学艺术自由舒张的时期。不得不承认，这归根结底来源于文化积淀所形成的创作心理定式。周立波在 1935 年发表的《文艺的特性》一文中强调"一切文学都浸透了政治见解和哲学思想"，"一切文学史上有名的作品，不论是浪漫的或写实的，甚而至于'古典主义'的，都有浸透着政治及一切意识形态的特质"。如古华就自称其代表作《芙蓉镇》是"寓政治风云于风俗民情图画写农场里出了一件蹊跷事，借人物命运演乡镇生活的变迁"①。而丁玲则在意识形态结束对文化禁锢后的 1980 年依旧坚称："文艺为政治服务，文艺为人民服务，文艺为社会主义服务，三个口号难道不是一样的吗？这有什么根本区别呢？只要是活着的人，就脱离不了政治。"对于自我的书写身份，她更是明确表明了一种政治性的立场："创作本身就是政治行动，作家是政治化了的人。"②至于后来的湖南作家中的佼佼者韩少功，则直截了当地说："作者必须很讲求政治功利——这个命题曾一度是革命文学的宗旨。文学离不开政治，当代的政治与人们生活的联系日趋紧密，想完全超脱政治是不是疯人呓语？……我写《西望茅草地》和《回声》等，主要动机十分明确，希望由此配合党和人民所进行的政治改革，歌颂真理，抨击时弊，紧紧抓住政治不放。形式的选择，也基本上是从有利于政治宣传这一考虑出发。我认为这是完全必要的，也为自己能尽微薄之力而欢欣。"③且不管这种政治功利性的文学观念是否满足了受众的艺术追求，其对湖湘文化的传承和发扬由此可见一斑。

　　有学者直接将此类现象归结为湖湘文化的文化规约。"湖南作家群这一区域性的人生行为无疑是由湖湘文化精神对他们心理世界的影响规约着的。湖南作家中没有鸳鸯蝴蝶派，没有高居于象牙之塔的贵族文学家，这也从背面说明湖湘文化精神对湖南作家影响的深度和广度。"④在历史性地梳理完辛亥革命前后的陈天华、宁调元等革命实务派，五四至左联时期的成仿吾、欧阳予倩、田汉、丁玲等从"文学革命"的潮流向"革命文学"转变的文学家，以及解放区文学时期的丁玲、周立波，乃至后来的周扬、萧三、康濯、彭柏山、张庚、欧阳山尊、陈辉、柯蓝等作家的漫长书写轨迹后，田中阳总结出湖湘文化精神熏陶濡染下的湖南士人和现行政治相处的两种方式："一是归属它服务它，一是悖逆它反叛它，其主观愿望都是为了社稷苍生的利益。"⑤然而，不管是归属，还是悖逆，都是湖南作家群政治自觉的表现。

---

① 古华.芙蓉镇[M].北京：人民文学出版社，1981.

② 丁玲.丁玲文集（六）[M].长沙：湖南人民出版社，1984.

③ 田中阳.湖湘文化精神与 20 世纪湖南文学[M].长沙：岳麓书社，2000.

④ 田中阳.湖湘文化对 20 世纪湖南作家人生行为走向的规约[J].湖南师范大学社会科学学报，2000（4）：84－89.

⑤ 田中阳.湖湘文化对 20 世纪湖南作家人生行为走向的规约[J].湖南师范大学社会科学学报，2000（4）：84－89.

　　如果说湖湘文化对于旧时湖湘作家的创作引导总是有着儒家"为天地立心，为生民立命，为往圣继绝学，为万世开太平"的精神烙印的话，那么在饱受现代化冲击的市场化、民主化社会新语境中，湖湘文化则一定程度上扬弃了传统中经邦治国的强烈参政意识，如清代曾国藩倡导的"内圣外王""兼普天下"思想；也走出了旧革命时期意在献身的"霸王经世"之学，如谭嗣同等维新派激扬文字、力图倡导的维新思潮。当传统儒学伦理被市场经济放逐，而后现代社会的生存哲学重新面临洗礼之时，政治遗失了所有的美好风尚，只剩下（当然也不得不剩下）"地震式文化变革"中作为个体的现实责任和美学关切。

　　从 1998 年的《国画》开始，《梅次故事》《西州月》《大清相国》《苍黄》等一系列直涉官场现状和经世文化的小说将"中国政治叙事小说第一人"的美誉加在了湖南作家王跃文的头顶。"王跃文以敏锐的洞察力、犀利的笔触对宦海沉浮、权力争斗中的矛盾冲突和人物性状作了极其深刻的灵魂审视和道德评判，而且从湖湘文化、官场文化、佛教文化等方面对其蕴含的文化意味和存在的文化根源进行了深层的发掘与思考，既写出了社会的官场，也写出了文化的官场，显示出独特的审美价值和文化意蕴。"①与此同时，阎真的《沧浪之水》则直接上乘屈原，写出了"沧浪之水清兮，可以濯我缨。沧浪之水浊兮，可以濯我足"的涉世理想。如果说王跃文通过官场的规则直抵政治叙事核心的话，阎真则借现实的残酷逼问了诗性的意义。此外，肖仁福、陶少鸿、邓宏顺、何彩维、吴茂盛、铁戈、阳剑、刘春平、彭见明、水运宪、朱金泰、浮石、魏剑美、余艳、姜宗福、易清华、黄晓阳，以及周碧华、易卓奇、戴云、刘一纯、邓建华、刘子华等一大批湖南当代作家围绕政治性（泛政治性）对官场叙事展开了别有意味的文本探索，这些不仅将当代社会政治作为文明核心成分的影响力予以了证明，更重要的是湖湘作家在湖湘文化的引导下充分利用文学意识，对政治做出了极具覆盖性和渗透性的解剖，这种融认同与对抗为一体的解剖不仅以文学的方式回应了政治（而不是一味地规避），也以美学的名义超越了政治。

　　观察 20 世纪文学，不难发现，官场叙事一直占据着中国文学正统的一席之地。而湖南作家深受湖湘文化精神的滋养，同时他们又是湖湘文化的承载主体，"使他们表现出一种共同的文化品性"，"具体地说，就是以政治作为人生的第一要义，以经世致用作为治学和立身处世的基本原则"②。以丁玲、周立波

①　转引自佘爱春.揭开官场神秘的面纱——王跃文官场小说文化透析[J].哈尔滨学院学报,2006(1):119-123.

②　田中阳.论近世湖湘文化精神的负面效应[J].求索,2000(6):113-115.

为主要代表的 20 世纪"文学湘军"，以其强烈的政治敏感性著称于世。而官场的政治和艺术双重性使得湖南作家先天地拥有了介入热情和创作激情。至此不得不提到对新世纪湖南政治叙事小说创作构成直接影响的水运宪和唐浩明。

1981 年，水运宪发表了《祸起萧墙》，小说塑造了一个带有悲剧性的英雄人物形象——傅连山，这个形象使我们看到经济体制改革的严峻形势以及经济体制改革的艰巨性和必要性。在呼唤改革成为时代强音的时期，"这种从文学的角度切入政治的命题，无疑是作家历史理性和现实批判精神融合而成的艺术生命体"。随后，水运宪连续创作了《裂变》《撞击》《雷暴》，这些作品与 20 世纪80 年代初期的"改革小说"交相辉映，表明了鲜明的政治参与精神。这在某种意义上可视为湖南当代政治叙事小说创作的先声。而在 1990 年，唐浩明创作的长篇历史小说《曾国藩》出版，这部"湘味"十足的历史政治叙事小说不仅"引导人们回到历史的中国官场现场，写出了在浓厚的皇权权威之下，中国官场宦海'翻手为云、覆手为雨'的非逻辑的逻辑"，更是"使我们见识了中国官场文化对知识分子的巨大建构和解构作用"。① 借助对曾国藩这样一个官场人物的艺术化描述，博大精深的中国官场文化与源远流长的湖湘文化相融相汇。之后，唐浩明又连续推出《张之洞》《杨度》。这种借助对湖湘历史文化名人的艺术化解读，为湖南当代作家借助湖湘文化反思现代官场文化提供了新的表现方式和反思视角。"水运宪和唐浩明，一个取材于现实的官场，一个回首历史的宦海；一个写官员在大时代中的激流勇进，一个着重于表现位极人臣者的命运沉浮；一个直面改革浪潮中的官场现实，一个慨叹着几千年官场文化的刀光剑影。我想，从两位作家的创作分析，我们有理由确认，新世纪湖南政治叙事小说创作有着历史文化底蕴，同时也具备直面现实关怀大地的精神根基。"②

在水运宪和唐浩明首开政治叙事小说之风后，湖南政治叙事小说迅速崛起。在一番文本梳理之后不难发现，湖南当代政治叙事小说既有从官场生活入手、解构官场文化者，也有秉持温暖的人道同情和精神关怀立场、表现官场中人的悲哀和无奈者。至于文本的思想，既有湖湘文化中一贯的普世悲悯，又有湖湘文化始终葆有的严酷冷峻。王跃文《国画》中的朱怀镜和李明溪、阎真《沧浪之水》中的池大为和马垂章、肖仁福《仕途》中的米春来和陆秋生、陶少鸿《花枝乱颤》中的袁真和吴晓露、浮石《青瓷》中的张仲平、水运宪《乔省长和他的女儿们》中的乔良等等，为湖南当代政治叙事小说提供了一个湖湘风味浓郁、个

---

① 郑国友.论新世纪湖南官场小说创作[J].河北工业大学学报(社会科学版)，2012(3)：133 - 139.

② 郑国友.论新世纪湖南官场小说创作[J].河北工业大学学报(社会科学版)，2012(3)：133 - 139.

性鲜明的人物谱系。在这些政治叙事小说人物形象的塑造背后，湖湘文化生活化、人情化，当然也更具体化地得到了呈现，更重要的是，传统湖湘文化开始彰显新语境赋予它的思想张力——受其侵染的人，无论是政治叙事小说的作者，还是小说所塑造的艺术形象，都时时进行着思想的沉潜、行动的反思，和生命、文化、政治等一系列大命题的批判。

毫无疑问，湖南当代政治叙事小说在湖湘文化的滋养下写出了人在权力面前的心理状态和灵魂处境。更重要的是，湖南当代政治叙事小说"站在权力的远处、高处甚至对立面，对我们民族的'劣根性'、对个体的生命价值、对权力的运行逻辑、对时代的精神病痛，表达一个作家的独特发现和深深忧患"①。而这，也正是湖湘文化的精髓。彭见明在《天眼》中以湖湘大地的民俗相术巫文化切入今日官场和世俗，余艳以"后院"为视角、从"后院夫人"的特殊视角来观照官场的隐秘状态，浮石借《青瓷》道出官商文化的种种纠结，水运宪借《乔省长和他的女儿们》表现官场逻辑在家庭生活的蔓延，等等，视角虽然复杂不一，但对湖湘历史文化精神的传承和发扬却是一致的。其中最引人瞩目的，当属对官场的历史理性和人文忧思。如果阎真的《沧浪之水》写的是一部知识分子的精神蜕变史，"揭示了中国当代知识分子在世俗化潮流中的精神守望与自救问题"②的话，魏剑美的《步步为局》系列则呈现了鲁迅杂文式的批判意识，而肖仁福的《仕途》虽也极力曲尽官场争斗的苍凉，但对生命与意义的追问才是其中真意。如此来看，"湖南作家写出的官场小说显然不同于一般意义上的官场小说，他们有着自己的价值思考，并试图在文本中进行价值建构，有着一种文人型写作所能体现的历史理性和人文忧思。正是出于这样的创作视角选择，湖南官场小说呈现的感情基调和美学意味，有着荒诞的真实、繁华的苍凉、冷峻的温情，冷眼旁观中暗含着对生命的关怀和对民族的思考，充盈着忧患意识、反思精神和理想色彩，这成为了湖南官场小说的精神命脉"③。抛开具体的文本，可以看到，湖湘文化中"经世致用"的思想和"激越勃发"的思想依旧是当代湖南作家的写作引擎，滋养着他们的艺术创作，而湖南作家们也充分继承了先贤的遗泽，以时代勇气和现实力量赋予了湖湘文化中的济世情怀以新的注脚。

---

① 郑国友.论新世纪湖南官场小说创作［J］.河北工业大学学报(社会科学版)，2012(3)：133－139.

② 谭桂林.知识者精神的守望与自救——评阎真的《曾在天涯》与《沧浪之水》［J］.文学评论，2003(2)：62－67.

③ 郑国友.论新世纪湖南官场小说创作［J］.河北工业大学学报(社会科学版)，2012(3)：133－139.

第三节　文学湘军政治叙事的困境与突围

一、困境：文化传承与社会担当

在关注文学湘军的精神气质的时候，难免会以湖湘文化为参照。这使得对湖南政治叙事小说作家群的描述始终难以脱离一种普遍而深沉的焦虑感。如果说关于湖湘文化的传承使得他们面临似有似无却无所逃遁的话语基础的话，那么关于时代语境的承担则使得他们不得不呈现这个时代共有的躁动与不安。

根本困境在于：由文化传承赋予的精神性和由社会担当赋予的现实性几乎是一对天然的矛盾。这使得湖南当代的政治叙事小说作家群普遍难以逃脱因"互悖"而生成的文本困境。这种困境不仅体现为政治叙事小说内容与形式的分裂，也体现为反智/反禁忌式的游戏性文字消解。如果说前者使得湖南政治叙事小说作家群在处理传统的道德规范、应对价值深度上有一种永远不能抵达的潜能的话，那么后者则使得他们不得不借助细节处理和精神泛指追寻生活原态的琐碎意义，用日常经验取代艺术经验，将文学的价值简化在"一次性消费"的商品价值中。无论如何，湖南当下的政治叙事小说书写总是忙于应对文本外围的环境，这也让政治叙事小说文本空间的萎缩现象显得不那么令人惊奇。

与此同时，在文本内部，一些涉足政治叙事小说创作的作家在题材的把握上还有欠缺。个别作家对现实主义题材过分地偏爱，强调宏大叙事，希望作品反映时代的重大变革和进程，却没有架构重大题材和叙事的能力，使作品显得粗糙，缺乏艺术震撼力。也有作家则走向创作的另一个极端，多偏重于个人感受和心灵玄思，题材屑小，片面地强调文本创作的审美感性，对叙事原点的艺术价值失去必要的关注，对作品在人的精神内层上的探索，特别是在人性的卑微幽暗面上的揭示没有给予合理而深入的探究。至于视野狭窄、创新意识滞后、思想保守、语言枯涩、想象力贫乏等问题都在不少青年作家身上或多或少、或明或暗地存在着，正是这些焦虑与困境，使文学湘军"想飞而没有飞起来"，或者说，"飞起来但没有飞得更高"。

作为当前最热门的社会文化现象之一，政治叙事小说在世俗视角、问题意识和批判立场上取得了相当的实绩，但小说文本的审美境界已经越来越引起人们的担忧。在湖南当代政治叙事小说的文本中，审美视野始终被世俗性日常经验压制，小说叙事的拓展路径难免成为"一种社会新闻信息的捕捉与想象，极少真正深层次的审美视野的拓展与转移"①。与此同时,政治叙事小说的叙事焦点始终局限于官场的权势状态、庸琐习性和腐败内幕。从思想内涵看,创作的兴奋点表现出明显的玩味腐败、宣扬权谋的心理兴趣。甚至有的政治叙事小说从认同世俗欲望合理性的思想方向出发,极度贴近"官场宝典"之类的实用主义手册,这大大削弱了政治叙事小说的强烈的批判现实主义精神。"学术界甚至形成了一种流行性的看法,就是官场小说大多仅具新闻性价值和社会信息功能,审美含量和艺术贡献则极度匮乏;甚至笼统地认定,官场本身就是一种缺乏深厚审美意味和人文底蕴的生存形态,难以与乡土、平民生活所具有的诗意相提并论,因而不具有深厚的审美潜能。不能不说,这是由世俗堕入低俗的官场小说创作的悲哀"。②

不难发现,21世纪以来盛行的"类型化写作"之所以能大行其道,本质上是因为其本身契合了现代化传媒的复制精神和拟态效应。以信息传播和审美快感为主的商业化写作、大众化趣味将政治叙事小说纳入了仙侠、玄幻、盗墓、穿越等快餐式文化范畴。由此,政治叙事小说与严肃文学一致的精神追求被自然地忽略,甚至无视。

经过多年的耕耘与收获,湖南当下的政治叙事小说创作已经完成了一种艺术上的自觉,即重视时代语境中地域性文学的意义反刍,高扬湖湘文化赋予湖南当代作家的"政治情结",延续着文学湘军的辉煌(当然也引发了文学湘军的新焦虑)。在王跃文借助政治生态完成文化叙事,在拟态环境下完成官场祛魅并力图呈现湖湘文化精神原点的同时,阎真站在知识分子的审美立场反复拷问坚守与放弃的生命之痛,借助精神逼宫重提被遗忘的诗性,这一方面完成了转型时期的现实关怀,也提出了浮世之上的价值追问。二人的创作在一定意义上也完成了湖南当代政治叙事小说关于政治与美学的双重叙事。

但他们所代表的成绩背后则是政治叙事小说在这个时代所面临的新挑战。在文学从社会中心位置抽身,转而成为人们精神文化生活重心的时候,政治叙事小说对人类的温情与关怀如何成为讨论国家重要问题的"场所"成了一个可疑的命题。湖湘文化给予新时代湖南作家群的只是一个意义上的支撑引导,即以理学品格介入时代语境(绝非止于政治),以务实精神引领文学争鸣(绝非囿于文学),但就政治叙事小说而言,其文学的现实性不是意义,而是价值。

由此来看,"坐标性差异"的缺失和"价值性合流"的混乱可以被视作湖南

---

① 刘起林."官场小说"的审美缺失[N].文艺报,2010-2-23.

② 刘起林."官场小说"的审美缺失[N].文艺报,2010-2-23.

广场小说创作的实际困境。

所谓坐标性差异，即湖南政治叙事小说所呈现的文本关怀和精神指引是否有明显的差异性和标志性。从宏观上看，湖南当代政治叙事小说要如何区别于旧湖湘文化中的政治指涉性作品，如何区别于当代国内外的地域性文学作品；从微观着眼，湖南当代政治叙事小说内部的创作是否反映了不同的价值追求和文本美学？

目前来看，湖南当代政治叙事小说的书写并没有脱离旧时代道德藩篱的束缚，总是在传统与现实之间疲于奔命。在以现代叙事策略为框架进行涉实性题材的处理时，语言、精神和现实有冲突，而在以文学的方式应对政治时，语言和精神又产生了内部分化。这是社会性的难题，当然也是作为文学的政治叙事小说所要担当的负荷与责任。此外，湖南当代政治叙事小说的书写如何从湖湘文化中找到自我的精神渊源，进而有别于"齐鲁文学""秦陇文学"等其他地域性文学，也是当代湖南政治叙事小说书写中已经觉醒但尚未完成的任务。就湖南文学的内部创作来看，政治叙事小说依旧属于一个没有被明确定位的创作体例，而各创作者之间也缺乏足够的对话与身份认同。

所谓价值性合流，即在精神层面，湖南当代政治叙事小说如何在传承湖湘文化的同时接纳外部资源，关切现实语境；在创作层面，不同的文本写作如何交融、激荡，在与文学批评的对话中滋生出共通而积极的政治叙事小说生态；在接受层面，政治叙事小说书写如何与政治进度、社会改革保持适当的距离，在不破坏美学性的同时介入现实，在不丧失政治性的同时完成官场文学的自我扬弃。在当前的湖南政治叙事小说书写中，湖湘文化的使命传统和济世情怀已经得到某种有意无意的延续，从王跃文的《国画》到阎真的《沧浪之水》，湖南当代作家群前赴后继，围绕着政治性/泛政治性创作出了大量的文本，但"价值性合流"的危机依然存在，这既体现为文本的乏力，也体现为批评的乏力。

湖湘文化的济世情怀如何在湖南当代政治叙事小说的书写中得到延续、创新是首要问题。从王跃文的《国画》完成对官场生态的初次描述开始，阎真的《沧浪之水》也呈现出了屈原式的涉世理想。此后，一大批湖南当代作家都对政治性/泛政治性展示出了极大的文本兴趣，这种对当代社会政治成分的关注不仅延续了文学的责任意识，也完成了对湖湘文化的文学化诠释。但是，其深度和力度、广度依旧显得力不从心。政治叙事小说的写作是小说式的，但其对诗性的发挥还有很长的路要走，这其中既包含本学体式的内部交流，更要求创作与批评的有效对话。面对湖南当代政治叙事小说的崛起，国内批评界已经给予了相当的关注，但是真正对湖南当代政治叙事小说具有艺术指引性和文化解剖性的批评依旧少见。同时，批评必须在与时俱进的同时参考文化传统，而如何在湖南作家群中产生一批对湖南政治叙事小说具有真知灼见的批评家，以此来促进湖南当代政治叙事小说的繁荣依旧有着很大的进步空间。不得不承认，这种有效批评的缺失也是湖南当代政治叙事小说进步的一大瓶颈。最后，湖南当代政治叙事小说如何有效地介入政治，如何影响社会变革，是一个关乎政治叙事小说合法性的根本问题。大变革时期，文学的意义是非凡的，其作用不只是描述，而是引导。

在同质化取向严重的文化语境中保持文学的差异性是当代文学的重要任务。在现代化和世俗化共构的新时代语境中，文学的涉实性必然地要求其意义重心侧重于其赖以产生并发生现实功效的世俗根源、文化背景，而非其文本内部的语言迷宫。而"文学之根"的确定一方面来自文学民族性、地域性的要求，另一方面也是时代性、进步性的要求。"认同即渺小"——新时代语境所暗含的写作弊端全在于从精神到技术的极端类型化与趋同性。湖南当代政治叙事小说书写如何确立自己的坐标，依然是一个没有任何自觉的话题。紧接着而来的是文学内部的差异性，湖南当代政治叙事小说已经找到了自己的书写地域，但似乎依旧没有找到属于自己的声音。

在后现代主义的操控下，个体的生存空间被剥夺了方向和中心，与之相伴的则是集体价值的迷失和怀疑，传统还有几分魅力，其自主价值如何在新语境中得以传播、接受，这些都对湖南当代政治叙事小说作家群的书写形成了挑战。"在特定的电信王国中，整个的所谓文学的时代将不复存在。哲学、精神分析学都在劫难逃，深挚情书也不能幸免。"①法国解构主义者雅克·德里达在《明信片》中的预言直接而了当地道出了这个时代文学面临的困境，而文艺理论家J. 希利斯·米勒则借助同样的担忧——尽管这种担忧的直接出发点仅囿于"文学的困境与终结"——为政治叙事小说的书写做出了合法性辩护："文学研究的时代已经过去了，再也不会出现这样一个时代——为了文学自身的目的。撇开理论或政治方面的考虑而去单纯研究文学"，"……文学只是符号体系中一种成分的称谓……文学研究的时代已经过去，但是，它会继续存在，就像它一如既往的那样，作为理性盛宴上一个使人难堪，或者令人警醒的游荡的魂灵。文学是信息高速公路上的沟沟坎坎、因特网之神秘星系上的黑洞。虽然从来生不逢时，虽然永远不会独领风骚，但不管我们设立怎样新的研究系所布局，也

---

① 转引自［美］J. 希利斯·米勒. 全球化时代的文学研究会继续存在吗［J］. 国荣，译. 文学评论，2001（1）.

不管我们栖居在一个怎样新的电信王国，文学—信息高速路上的坑坑洼洼、因特网之星系上的黑洞—作为幸存者，仍然急需我们去'研究'，就是在这里，现在。"①作为以官场为直接描述对象的政治叙事小说，其美学性和价值性几乎全部涉及政治，在一个技术、信息对全球文明走势、对民族国家权利、政治行为全面影响与渗透的年代，其出现和发展本身几乎天然就是一曲"合法的挽歌"。

当生存的哲学必然地意味着欲望的黑洞时，价值的荒芜和思想的无根几乎也成了潜意识里的真理。而在此思想的指引下，批判的正气自然也难逃姿态化，不管是乡野还是都市，在已有的湖南当代政治叙事小说书写中，只要辅以政治的望远镜，都被打上了"政治叙事小说"的幌子。且不说这种叙述策略是否得当，单就其文本对都市生活和乡野生活的呈现力度来说，都显得浮躁而匆忙。至于以"官场血缘""官场链条""官场红颜""官场腐败"为主题的政治叙事小说书写，虽说满足了阅读的窥视欲，但其艺术性和价值导向性并未因市场的成功而获得美学的合法性。

受商业时代精神气候的规制，当下的湖南政治叙事小说创作整体上有明显的商业气息和娱乐意味。特别是在全球化历程中成长并涉足创作的中青年作家，更是深得时代的精神气质，以娱乐化投合大众，以商业化迎合市场，不得不承认，这只是市场经济的胜利，而非政治叙事小说的成功。市场经济条件下文化消费的众声喧哗不仅体现为以官场为重心的小说叙事，更向机关化、职场化的叙事蔓延，与其说这是游戏官场的同质化写作，不如说这是游戏文学的快餐化写作。"现代文学的写作都是张扬欲望化写作，这些作品之所以受到一些读者的欢迎，之所以有一定的消费市场，源于作品迎合了人的感性生命中的那份自在的生理欲求。"②但问题是，何为"人的感性生命中的那份自在的生理欲求"？当主流叙事陷入一个又一个怪圈而无法自拔时，文化疗养式的都市告白是否能揭露政治叙事小说的意义本质成了一个重大的疑问。

论者已在前文中梳理了以上现象，除开少数具有文本含量和精神力度的作品，大量的书写以政治叙事小说为名，行文字游戏之实。某种程度上，他们满足了大众的阅读期待，也辜负了大众的阅读期待。而湖湘文化的精神传统并没有在湖南当代政治叙事小说的书写中得到彻底的继承和改造，甚至，更苛刻一

---

① 转引自［美］J. 希利斯·米勒. 全球化时代的文学研究会继续存在吗［J］. 国荣，译. 文学评论，2001（1）.

② 吴家荣. 新时期颓废文学中的非理性主义神话［J］. 佛山科学技术学院学报（社会科学版），2006（1）：1－6＋15.

点，我们会发现：湖湘文化的传统在湖南当代政治叙事小说的观照体系下几乎是失效的，这不只是艺术承继的问题，更是文化沿革的问题。

所幸传统还在，这必然地意味着传承；所幸担忧还在，这必然地意味着担当。

二、突围：语境与文学性的重提

刘勰在《文心雕龙·通变》中指出了文学的通变之道：文律运周，日新其业。变则其久，通则不乏。趋时必果，乘机无怯。望今制奇，参古定法。湖南作家秉承湖湘文化的余脉，在政治叙事小说创作领域既出现了一批来势喜人的创作新秀，也存在后继乏人和后继乏力的问题，因此文学的突围不仅成了整个文学湘军的重任，更是立足未稳、充满争议的湖南当代政治叙事小说所面临的重任。

首当其冲的是政治叙事小说的合法性确立，这在某种程度上是对湖南当代政治叙事小说面临的所谓"坐标性差异"困境的化解。

康德说"美是道德的象征"，这为艺术的社会化预约了一个理念契机。黑格尔说"美是理念的感性显现"，这在一定程度上反其道而行之，将艺术在形而上的路上推了一程。然而，伴随着现代主义和后现代主义的前赴后继，传统意义上的艺术概念还能对现代美学做出一个令人满意的回应吗？究其根本，作为传统精神学的派生物，现代美学并没有因为尼采的颠覆而发生彻底的转向。相反，传统依然发挥着生生不息的作用力，正因为如此，尽管文学丧失了从前的优越地位，但依然处于一种高贵而自足的状态。

那么政治叙事小说的终极指归是什么？在技术与信息的支配下，政治叙事小说只是一种文化式的无聊消遣？一种无喻指的感性经验？在利益被无限放大而距离被无限压缩的时代，政治叙事小说——当然也包括所有的小说，甚至也包括所有的艺术范式——真的没有一个刨除了生理学意味的美学解释？显然，政治叙事小说的合法性依然是一个短期内不可能被解决但又必须面对的问题。政治叙事小说所预示的语境化的审美取向必须在一个感官刺激主导人类精神的时代做出姿态，为自身的前世今生正名——不是靠理念，而是靠沉淀。

政治叙事小说的出路一定程度上可以约化为文学，甚至是单线条艺术范式（诸如区别于以影视为代表的综合型艺术范式的音乐、戏剧、绘画等）的共同出路，因此，首先要做的是对其所处的公共活动的文化症候予以梳理甄别。

长期以来，政治叙事小说力图呈现的意识形态并没有完全解释公共正义（权力）的文化背景，这使得所有关于官场的真诚书写行为最终都难逃意识形态戏剧化的敷衍和戏弄。另一方面，当意识形态阴谋化、隐私化，甚至娱乐化、商业化以后，公众的态度便是怀疑，而在权利较量和利益分配极为隐秘的官场，文化总是呈献给公众一种不得不接受的假象。在此意义上，官场的参与者，不管是公务人员还是普通百姓，其行为和反应基本上处于一种表演无意识的状态。在后现代主义的文化作用下，一切现象都可以文化化，甚至意识形态化，但这种文化化和意识形态化又面临着内涵正当性和可靠性的失效。如此来看，政治叙事小说的书写一定程度上也与哈贝马斯们追寻公共正义之源的努力不谋而合，只不过，一个是文明意义上的真理寻找，一个是艺术意义上的真理回溯。

　　然而，幸运的是，湖南当代政治叙事小说的创作境遇虽然也遭受着现代主义/后现代主义的冲击，但并没有像哲学思潮那样面临着虚无和重构。这一方面得益于小说的内部规律，另一方面得益于湖湘文化的强大潜流。在湖南当代政治叙事小说的创作中，作家群不必为真理之梦的彻底破灭寻找新的意识支撑，也不必对虚假的意识形态义愤填膺——因为社会的固态化和权利的有效性尽管让政治叙事小说的书写面临种种困境，但政治叙事小说的美学性和其所承担的文化传统同时也带来了无限的可能性。只要政治叙事小说深刻地认识到其所处的社会语境和文化背景，那么工具理性在权利上的合法性便不会伤害到艺术创作，而政治叙事小说也将从根本上不可能成为一种迎合意识形态要求的表演。

　　在确立文化背景的基础上，政治叙事小说的合法性确认只在于文学领域的自我修正、完善，这意味着在文学性的关照下，政治叙事小说必须摆脱种种充满娱乐意味的表演，例如斯考特在《统治与抵抗的艺术》中分析的"权力本身的表演、利用权力的表演、讨好权力的表演、糊弄权力的表演、展示权力的表演等等"①。关于政治叙事小说合法性的争议势必还将继续，但政治叙事小说只有在种种考验下不断突围，才能完成自我辩护——而这当然有着光明而坎坷的前途。

　　当然，当我们抛出"存在即合理""政治叙事小说的合法性"等关于政治叙事小说写作取向的本体争议的时候，我们必须以更为平和，当然也更为广阔的视角来对待"政治叙事小说"这一方兴未艾的文学现象。而这种视角的根本转变也意味着所有关于政治叙事小说的本体合法性的争论都不得不回归到文学本

---

① 转引自余虹.文学的终结与文学性蔓延——兼谈后现代文学研究的任务[J].文艺研究，2002(6)：15-24.

身和社会现实，也就是政治叙事小说写作的现实价值和社会意义。

在新时期语境下，湖南当代政治叙事小说必须在艺术的纯度、思想的深度与人性的高度等方面完成自我确认，政治叙事小说所呈现的文本关怀和精神指引如何从湖湘文化中获取滋养，如何在湖湘文化精神的影响下完成意义的重构和改写，都是伴随着自身合法性确认而来的大命题。作为以政治为主要题材的艺术创造行为，政治叙事小说必须对政治理想予以重视，这在奥威尔的《一九八四》、昆德拉的《玩笑》等作品中已经得到了很好的呈现。同时，政治叙事小说所要应对的不只是政治，这意味着政治叙事小说的书写又要具备更加广阔的社会情怀和人文视野，如托尔斯泰在《战争与和平》等一系列史诗性作品中呈现的那样。

只有在借鉴传统和外部资源的基础上，湖南当代的政治叙事小说书写才能形成自己的文本特色和文化气质。也唯有如此，湖南当代政治叙事小说才能从任何一个写作视角出发，最后都涉及漫长的文化传承，关照到宏大的历史和现实，甚至重塑一定范围内的美学、哲学思想。在坚守湖湘文化性的同时，必须积极吸收外部有效资源的滋养和检阅，不论是以现实关怀和个体美学追求为代表的精神层面还是以叙述结构或艺术手法为代表的技术层面，都可以演绎出湖南当代政治叙事小说的地域性和涉实性。

在自我差异性和标志性建构的过程中，湖南当代政治叙事小说将明显区别于旧湖湘文化中的政治指涉性作品和其他当代国内外的地域性文学作品，进而为湖湘文化在新语境中的意义做出辩护。而政治叙事小说也将在文学艺术范式的内部为自身谋得一席之地，促进并催生文学范式的内部革新。在这一点上，王跃文的创作有着开创性，"他从世俗的官场生活中，洞察到官场深层中的一些底蕴，并把它转化成了一种艺术美"①。而陶少鸿的《花枝乱颤》也提供了另一种参考，即"在真实的叙事和看似细碎的生活流中体现一种冲淡、隽永和深沉"②，凭借湖湘文化的底蕴、语境化的语言和文本之间的诗意的张力谛听官场的生命状态。官场叙事，其实也是文化叙事。只有从官场文化的角度观照官场生态，才能有别于类型化的政治叙事小说书写；而这也意味着湖南作家对生命的感悟必须从湖湘文化中得到灌溉。在"眼球经济"使得政治叙事小说陷入同质化、市场化、娱乐化等创作误区的时候，湖南当代政治叙事小说必须借助湖湘文化，既要写出官场的人员搭配、框架设置，又要写出官场的文化血脉；既

① 段崇轩.官场与人性的纠缠——评王跃文的小说创作[J].小说评论,2001(2):75-81.

② 转引自郑国友.论新世纪湖南官场小说创作[J].河北工业大学学报(社会科学版),2012(3):49-54.

要写出官场的日常状态，更要写出官场的文化肌理和精神血脉。"这种把有形化为无形，把实的转换为虚的是文学作品具有诗意、成为艺术的根本所在"①。而对官场运行逻辑的超越不仅要求湖南作家们注重官场的边缘地带、延伸地带、交叉地带，更要求湖南作家们在更宽泛的视野关怀下表现官场运行逻辑——这必然意味着其背后所蕴含的文化、其背后所期待的文化都必须从湖湘文化中得到回答。

　　其次便是对"价值性合流"危机的化解。这首先意味着湖湘文化的传统必须被重新纳入政治叙事小说的创作视野。目前来看，湖湘文化中依然有很多的精神养料可供湖南当代政治叙事小说发掘弘扬：一是使命传统，湖湘文化传统中围绕着家国意识构筑起来的使命传统和责任意识在不同历史时期有着各不相同的具体内容，但是深沉的忧患意识和以天下为己任的坚定历史责任感与使命感却始终未变；二是包容传统，具体而言即是开拓创新与对外开放的传统，这种传统促使湖南作家群永远探求新知，在日新月异的文化语境和社会背景中不因循守旧，不抱残守缺，在传承地域性文化传统的同时接纳外部资源，关切现实语境。

　　另一方面，从价值论角度视察，当下的政治叙事小说创作有着浓重的市侩主义情结——尽管这种倾向不是源于功利目的，而只是由于政治叙事小说本身的不成熟或者是无意识。当"纯情的理想主义""文学向政治渗透的乌托邦气质"和"道德的原始冲动"等幌子被洒向政治叙事小说时，我们看到的不只是充满"黑幕叙事"的官僚主义哲学，更多的则是流于表演的犬儒式文化躁动。必须清楚地认识到，政治叙事小说的魅力和生命力并非源于对权力的窥视欲望的满足，更非由于对官场人性黑洞的揭示，而是因为一种新的艺术传递姿态：作为艺术手段的政治性/泛政治性表达——尽管我们难以撇清这种姿势与公众窥私欲望和发泄冲动的牵连。因此，真正的问题不在于政治叙事小说如何应对"官场"，而在于政治叙事小说如何摆脱政治的阴影，以拒绝的方式参与现实，以艺术的姿态介入政治。目前来看，湖南当代政治叙事小说在大变革时期的引导性作用和文学价值依然充满了未知，这必然地意味着文本之间的交融互通，也必然地意味着政治叙事小说生态的建设。

　　因此，突围的另一层意义是政治叙事小说"文学性"的重新确认。在文艺美学发展过程中，文学性是一个崭新但有着悠久渊源的词汇，从俄国形式主义将

---

① 转引自郑国友.论新世纪湖南官场小说创作[J].河北工业大学学报(社会科学版)，2012(3)：46 - 54.

"文学性"作为一个形式美学的概念开始，其所关涉的内容已经突破单纯的语言结构和形式技巧，进而与社会历史的生成变异以及精神文化的建构、解构合流。伴随着文学性内涵的发掘和丰富，传统社会的支配性文化，比如哲学与宗教都被逐步纳入了对"文学性"的意义范围之中。而随着后现代理论对文学性在社会历史层面和思想文化层面的阐释，"文学性"以其对社会历史和精神文化的真实注解得到了广泛的关注。只有彻底打破传统叙事模式中对政治的既定想象，才能真实而有效地回应当前的特定语境。也只有坚守小说的文学性，政治性/泛政治性叙事才能成功地规避市侩主义。当政治叙事小说摒弃政治上的失落情绪，转而谋求公正的政治生态时，政治叙事小说才能回答自我的合法性难题，政治性/泛政治性叙事也才能被证明不只是一种叙事激情，更是一种叙事热情。

如此来看，政治叙事小说的突围必须突破美学的范畴，不仅将政治学、社会学纳入自身的视野，也要将哲学、神学甚至是历史学和经济学作为自身的重要资源。言外之意就是，政治叙事小说必须突破"官场"的视野局限，围绕现代社会的中心构造"官场"建构起多维度的"文学性"，以期在更加广阔的视线中考察社会。除此之外，政治叙事小说的书写必须建基于有效的批评生态，而这种批评生态的提出必须关注到社会流变的内在气质和精神症候，对于以"消费"为核心表现的现代社会，文学批评不能桎梏于文本的符号、意义表层，这也意味着政治叙事小说不能停留于消费社会的商品属性，流俗于符号性的社会介入。关于政治叙事小说的批评应该立足高远，站在社会建构的角度和史学的高度对文本进行关照，相应地，政治叙事小说的创作也要不止于对权力关系的政治性揭示。如此，政治叙事小说的书写和对政治叙事小说的批评才能共构一种积极的、活泼有力的文学生态，政治叙事小说才能真正地进入时代语境，完成对文学性新的可能性的注解。

这在某种意义上也暗合了当前社会科学研究向跨学科研究挺进的文化走向。政治叙事小说，究其根本来讲，只是小说的一种，因此"小说性"依然是其存在并发展的根本，而所谓"官场"，只是一个在后现代性渗透与支配下不断发生变革的文化性场域。因此，政治叙事小说的出路并不在于"政治叙事小说"本身，而在于其文化性前提和历史性语境，无论它将继续边缘化还是被唤回艺术创造的中心都不重要；重要的是，政治叙事小说的命运与其他任何艺术创作范式无异，都将屈从于一种充满错误可能性的历史判决。

好在文明的延续性尽管饱受挫折但依然能生生不息地向前延展，湖湘文化在湖南地区的不断发展、沿革为此做出了极具证明力的辩护。因此，湖南当代政治叙事小说的突围必须注重两点：一是对其所处历史语境的重新认知；二是对其"文学性"的修正开发。唯有如此，湖南当代政治叙事小说才能回应读者关于"艺术的纯度、思想的深度与人性的高度"的阅读期待。

回到现实，湖南当代政治叙事小说的突围只是文学湘军突围的组成部分，尽管它肩负着更高的期待和更重的责任；在湖湘文化的支援和时代语境的作用下，湖南当代政治叙事小说必能突破困境，释放焦虑——尽管我们也不得不对此留下怀疑的底牌——承继湖湘传统的时代精气，开启昂首阔步却任重道远的文化新长征。

结语：作家的追求与文学的中心

习近平在全国文艺座谈会上说文学界普遍存在"有数量缺质量、有高原缺高峰"现象，总书记的批评当然正确。但我当时斗胆提出，我们其实也是有自己的"文学高峰"，只是没有发现罢了。可是回来一想，我们的"文学高峰"在哪里？我们有些作家，在一定区域内可能是"高峰"，但放在全国范围内，便变得不那么耀眼。即便在中国被认为是"文学高峰"的那些所谓"著名作家"，放在世界范围内，也不再是"高峰"，甚至连"高原"都算不上啊。这样一想，我顿时感到茫然。

一、拉美世界的文学迷宫

最近重读了一下拉美文学，突然发现一个有意思的问题。我不知道拉美的几个文学巨擘为何都对"迷宫"特别有兴趣。比方，阿根廷作家博尔赫斯特写了著名的《交叉花园的小径》，讲述了一个迷宫的故事，成了博尔赫斯标志性符号。墨西哥著名作家奥克塔维奥·帕斯写下了《孤独的迷宫》。帕斯在书中写道："我们出生在已经迟到的历史时刻；我们没有过去，或者即使有一个，我们也早已唾弃了它剩下的东西。"表明作家对自己国家深刻的忧郁。而哥伦比亚作家马尔克斯写了《迷宫中的将军》，该书是继《百年孤独》之后的又一力作。正如作者所说："《迷宫中的将军》表明我写的全部内容都符合一种地理和历史现实。"我看了不少评论，感觉同为拉美文学大师的卡洛斯·富恩特斯评价最到位，他说："《迷宫中的将军》最令人惊讶的是'魔幻现实主义'元素全都不见了。这一次，他的叙事非常直接，具有历史的准确性。作品关乎对权力的幻想与身体的背叛，悲伤而令人颤抖。"

事实上，富恩特斯也是制造"文学迷宫"的高手。在短篇小说《奥拉》中，他看到了"时间的灾难"，看到了人类"因为时间而忍受的艰难困苦"。这个小说充斥着无处不在的隐喻、象征、暗示、双关等等，使《奥拉》散发出炫目的光芒，不仅让作品变得歧义和多解，充满机关和暗道，也让阅读变得艰难和趣味无穷。余华认为：作为一位作家，博尔赫斯与现实之间似乎也有一个密码，使迷恋他的读者在他生前，也在他死后都处于一种"需要等待"之中，而且"这是一个秘密"。

博尔赫斯认为："我知道我文学产品中最不易朽的是叙述。"美国作家约翰·厄普代克认为：博尔赫斯的叙述"回答了当代小说的一种深刻需要——对技巧的事实加以承认的需要"。博尔赫斯通过叙述让读者远离了他的现实，而不是接近。他为自己创造了叙事的迷宫，认为他的读者找不到出口，同时又不知道身在何处。他在小说《秘密奇迹》中最后写道：

"行刑队用四倍的子弹，将他打倒。"

这真是一个奇妙的句子，博尔赫斯只是叙述了"四倍的子弹"，却不说基数是多少。这个基数就是迷宫。博尔赫斯暗示我们，他写到过的现实比任何一个作家都要多。他写了四倍的现实。或者说，他的现实无法计算，不仅内涵极其丰富，而且疆域无限辽阔。

如果说，奥克塔维奥·帕斯写的是家国情怀与个体孤独的迷宫，马尔克斯写的是文本和历史的迷宫，那么，博尔赫斯写的则是时间与梦幻的迷宫。这是作家书写的经验，也是民族解放的缩影，更是整个人类的宿命和忧伤。这是拉美文学的价值所在。

二、文学迷宫的形成

马尔克斯和帕斯分别于1982年和1990年获得诺贝尔文学奖。大家都为博尔赫斯没有获得该奖而鸣不平。其实，早在1976年，博尔赫斯自己就断送了获得诺贝尔文学奖的机会。原因是他接受智利独裁者皮诺切特颁发给他十字勋章。当年正当他打算出发领奖时，却意外地接到了电话，一位参与评选诺贝尔文学奖的瑞典皇家文学院人士希望他取消行程。然而，博尔赫斯态度坚决地表示"去智利是我的责任"，并颇为讥讽地告诉对方："有两件事情，人是不该做的：行贿和受贿"。言外之意似乎是在暗示，对方有意用诺贝尔文学奖行贿他，以使他不去智利。

事后，瑞典文学院院士阿瑟·伦德克维斯特就此事公开表态，正是接受皮诺切特的授勋让博尔赫斯和诺贝尔文学奖永别了。博尔赫斯闻讯嘲笑道："获奖只可用来满足虚荣心；既然是为了满足虚荣心，不得诺贝尔奖也罢。"

这就是博尔赫斯，一个站在文学高峰的人对获奖和虚荣的看法。拉丁美洲的文学高峰并不是天然就有的，而是一个个作家呕心沥血的结果。他们博览群书，不仅对本民族，甚至对整个世界都有着清醒的认知。观察，感知，阅读，是攀登文学高峰必不可少的路径。博尔赫斯曾说："如果有天堂，天堂应该是图书馆的模样"，后来他失明了，他还主持着阿根廷国家图书馆的工作，他不无感慨说："命运赐予我 80 万册图书，由我掌管，同时却又给了我黑暗"。图书馆既是他赖以生存的空间，又是知识的海洋、文字的迷宫。而黑暗让这座迷宫充满种种神秘的力量。他的小说提及了秦始皇兵马俑和长城，在他的全集里更有 37 次提到了"中国"，对庄周梦蝶和聊斋故事很感兴趣。他无限向往这个神秘而古老的国度。某种意义上，博尔赫斯的名作《交叉花园的小径》是他对《红楼梦》的致敬。小说中有三个人物，德国间谍余准、英国间谍马登和汉学家艾伯特，但他们都不是小说的主人公，小说只有一个主人公，那就是"时间"。博尔赫斯在谈艺录中还运用著名的"迷宫"理论和"魔幻"理论，对《红楼梦》进行解读，他十分痴迷于该书的网状叙事和亦真亦幻的梦境。他认为"全书充斥绝望的肉欲。主题是一个人的堕落和最后以皈依神秘来赎罪"。

第一章叙述一块来自天上的石头的故事，这块石头原是用来补天穹的漏洞的，但是这件事没有做成。第二章叙述主人公出生时在舌头下含着一块玉……到第六章，"初试云雨情"。这些情节使我们确信见到了一位伟大作家。而第十章又证明了这一点，该章绝不逊于埃德加·爱伦·坡或弗兰茨·卡夫卡：贾瑞误照风月镜。

这是我见到的对于《红楼梦》最西化也是最有意思的评价。只有博尔赫斯认为，《水浒传》是一部关于"流浪体"的小说；而《红楼梦》是一部关于时间的寓言，书中的大观园就是一座中国文学的迷宫。

三、文学迷宫的借鉴与模仿

卡夫卡本人对中国文化有较大的兴趣，他曾经接触过《中国抒情诗》一类的读物，在他的作品中，更有不少对中国的想象，如他有一篇小说名字叫《中国长城建造时》。20 世纪 80 年代中国文学界也曾经出现过"卡夫卡热"，他的作品对中国的先锋派作家马原、余华、格非、残雪等人产生过很大的影响。时至今日，卡夫卡仍然是在中国被谈论得最多的外国作家之一。

如果我说，博尔赫斯对《红楼梦》有借鉴和模仿，肯定会遭到不少人反驳，认为我是过度阐释。但不管怎样，借鉴和模仿伟大的作品并不是一件丢人的事情。事实上，博尔赫斯制造的文学迷宫也得到许多人的借鉴和模仿。

意大利天才作家伊塔罗·卡尔维诺对博尔赫斯推崇备至，认为他的"每一篇文章都是一个宇宙模式或宇宙的某一特性的模式，如无限、无数、永恒、同时、循环，等等……他写的故事都采用民间文学的某种形式，这些形式经受过实践的长期考验，堪与神话故事的形式相媲美。"受博尔赫斯的影响，他写下了《蛛巢小径》《寒冬夜行人》和《命运交叉的城堡》等名作。

借鉴和模仿博尔赫斯文学迷宫的还有阿根廷作家科塔萨尔的《跳房子》、法国作家萨波塔的《作品第一号》，以及土耳其诺贝尔文学奖获得者奥尔罕·帕慕克的《我的名字叫红》。而受到博尔赫斯关于时间和迷宫影响的作家更多，如塞尔维亚作家米洛拉德·帕维奇的《哈扎尔辞典》，这部小说中的一个个词条，其实就是博尔赫斯迷宫中的一个个节点，连接它们的就是分岔的小径，它们合在一起就组成了独具特色的"交叉花园的小径"。

中国作家纷纷模仿，比方余华。但中国作家模仿的是叙事的冷峻和文本的技巧，并没有对未知世界做出形而上的创新想象。好不容易等到了韩少功《马桥词典》，这部小说的出版本来是一件好事。不料却因为张颐武说这部小说是对《哈扎尔辞典》的借鉴和模仿，结果打了一场不该打的官司，让不少文人选边站队，而成为20世纪90年代轰动一时的文化事件。

通过借鉴和模仿来创造自己的文学迷宫是丢人的事情吗？说真的，我很怀念20世纪80年代先锋作家们的冒险精神，他们不断地借鉴，不断地模仿，进而实现自己的创新。法国评论家若阿辛·杜贝莱在《保卫和发扬法兰西语言》中写道："罗马人是如何丰富他们的语言的：通过模仿最著名的希腊作家、成为他们、在弄懂了他们后取代他们，将他们转化成血液和粮食。"我想，这种借鉴和模仿（不只是西方的，也有中国自己的），就是创造文学迷宫的血液和粮食。

四、文学中心与文学高峰

刘再复说，中国当代文学整体上超过了现代文学的成就。他是文学评论大家说得那么理直气壮，好像真的是那么一回事了。

不久前，谢有顺也发表过类似的看法。这位年轻的文学评论大家说得比刘再复更加肯定，也更加有底气，因为他一直置身于文学现场，关注当代文学生态，对当代文学的整体成就拥有充分的发言权。

对于这些乐观的评价，文学界当然欢欣鼓舞。可是，高兴之余，我们难免有些心虚。文学界常说我们有文学陕军、文学湘军，文学什么军什么军，可放眼全国，我希望找到一个文学中心，它光芒万丈，群星辈出，对外面的作家形成强大的精神辐射，产生诱人的中心磁场。它在哪里？是北京吗？也许是吧，但我不敢说。因为，如果说北京就是文学中心，那么，这个中心有过哪些著名作家，而以北京为名的小说或以北京为场景的小说又有哪些？

我们来看看巴黎。作为世界文学的中心，巴黎真是实至名归啊。仅直接以巴黎为名的小说就有左拉《巴黎之腹》、欧仁·苏《巴黎的秘密》、波德莱尔《巴黎的忧郁》、雨果《巴黎圣母院》等等，而将巴黎作为小说场景的，则有巴尔扎克的《高老头》《交际花盛衰记》和《幻灭》，福楼拜的《情感教育》，雨果的《九三年》和《悲惨世界》，以及瓦莱斯的《起义者》，等等。而出生在巴黎或在此生活过的作家有莫里哀、司汤达、巴尔扎克、雨果、大仲马和小仲马、乔治·桑、波德莱尔、福楼拜，莫泊桑，左拉，法朗士，詹姆斯，王尔德，纪德，普鲁斯特，乔伊斯、乔治·奥威尔、萨特和波伏娃、昆德拉等等。

值得一提的是，生活在世界文学中心的作家们并没有把自己变成社会的中心和政治势力争夺的中心，而是与时局保持距离，甚至刻意边缘化，让自己的审美独立于意识形态，永远以质疑者和批判者的冷静观察这个世界。他们不会抱团取暖，不会走马灯似的参加一个个文学吹捧会，更不会把自己打扮成明星，在聚光灯下搔首弄姿。他们害怕卷入文学的漩涡，对文学之外的一切事情保有一种天然的警惕。他们在文学迷宫中生活，并乐此不疲。

从这个意义上说，我觉得中国当代作家最大的问题是"活得太虚，写得太实"。活得太虚，主要表现在：虚无、虚荣、虚幻。写得太实，主要表现在功利性、市场化、实用主义。作家们心很乱，活得形而下，写得形而下，对形而上的哲学、时间、宗教等不感兴趣，无法想象文学迷宫是通向文学高峰的豁口，更不会为偶尔的灵感而去发现迷宫，进而精心打造属于自己的文学迷宫。也许这些迷宫在当下不合时宜，但时间会给它加冕。

文学的高峰从不拒绝被放逐的"冷的文学"。

事实上，在世界文学的中心，我们看到了一系列这样的名字：荷马、但丁、屈原、塞万提斯、拉伯雷、莎士比亚、托尔斯泰、曹雪芹……这些伟大作家代表了世界文学的高峰，这是中国当代作家努力追寻的方向。

五、文学湘军的政治叙事

政治叙事是文学湘军创作实绩的重要组成部分，也是文学湘军立足中国文坛的基石。作为其中比例最大的部分，官场小说在其中充当了重要角色。从文学接受的现状看，官场小说已经远远超越了纯文学的领地，成为俗文学、纯文学、网络文学兼而有之的题材。

湖南官场小说在全国的文学版图上都占有着举足轻重的地位，涌现出了一批具有较大影响力的作家，如阎真、王跃文等。无论是艺术品位，还是文学消费的市场，都取得了巨大成功。阎真的《沧浪之水》、王跃文的《国画》《苍黄》

一版再版，不断重印，历经十几年而不衰，也印证了湘军政治叙事的经典性。作为旗手和杰出代表，他们引起了学界的极大兴趣，论文层出不穷，但这些研究未把他们放置在中国文学和文学湘军的背景下进行多侧面、多维度的研究，也未能生发出他们真正的价值和意义。基于此，对文学湘军的政治叙事进行总结、整理，并做系统性的学理分析和研究，厘清文学湘军政治叙事在中国文学版图上的地位、作用和价值，就显得迫切而重要。

但是现有研究成果与文学湘军的创作实绩之间并不匹配。官场小说研究依然停留在单个文本的解读、个别文学现象的分析、部分艺术手法的阐释上，缺少对文学湘军的系统性、整体性的研究。

文学湘军的政治叙事在创作上出现了一定的问题，如在市场效应的推动下，仅仅沉湎于可读性和吸引性，为了刷发行量而不断拉低作品的审美品位，忽略了对文学审美性的追求，最终依然会被读者抛弃，被时间遗忘，诸如此类，还有很多。文学研究对创作应该具有一定的参考价值和指导意义，课题研究的必要性日益凸显。

我对文学湘军的研究从未间断，即使在文学湘军内部，也按照地域、特点进行了不同向度的研究，如益阳、常德、岳阳、邵阳等地作家就呈现出不同的地域性特色，但这种细分研究仍然是局部的、单点的。随着点的逐渐密集，线的愈加平滑，文学湘军政治叙事的完整图案逐渐浮现，并渐趋完整，形成了这个虽单薄，却姿态完整、边界清晰的整幅画卷。

在这个课题的大部分时间里，我就在中南大学南校区的办公室坐着。一跨入校门，全天都在校园度过，中午就在学生餐厅吃顿便饭。为此，我办了张充值餐卡，和学生一样，三点一线，办公室、餐厅、资料室，构成了生活的全部内容，单调而不枯燥，充实而不烦闷，生活回到了最简单的状态！

每次从校门到办公楼，都要走过一个充满了岁月沧桑的荷花池，扔一个小石子到水中，才会有一丝涟漪。素净的亭子，平静的水面，青青的荷叶，一年四季总是如此。但是随着时间的推进，课题研究的轮廓不断清晰，内容不断完善，当它最终像一个婴儿出现在我的面前，怅惘，欣慰，满足，复杂的情绪不时浮现。

需要指出的是，尽管尽最大可能地阅读了湖南作家的大部分官场小说，但由于精力的限制和视野的不足，细读的湖南官场小说文本依然有限，甚至可能会错过十分重要的作品，难免挂一漏万，从而导致整体研究的科学性和准确性有所欠缺。

另外，本书对文学湘军的官场小说作家进行了梳理，依据其创作实绩、艺术成就、市场口碑、身份角色，把该群体进行了划分。这种划分不是绝对意义上的高低强弱，仅仅是为了研究的方便进行的门类归属。

　　尽管如此，我依然对这个研究充满信心，希望它能够提升湖南文学的自信力，并成为中国文学自信力研究的组成部分。

附录：文学湘军代表作家及其作品

1. 王跃文. 国画[M]. 北京：人民文学出版社，1999.
2. 阎真. 沧浪之水[M]. 北京：人民文学出版社，2005.
3. 肖仁福. 仕途[M]. 长沙：湖南文艺出版社，2009.
4. 浮石. 青瓷[M]. 长沙：湖南文艺出版社，2012.
5. 魏剑美. 步步为局[M]. 北京：国际文化出版公司，2009.
6. 余艳. 后院夫人[M]. 长沙：湖南人民出版社，2010.
7. 彭见明. 天眼[M]. 长沙：湖南文艺出版社，2009.
8. 水运宪. 乔省长和他的女儿们[M]. 长沙：湖南人民出版社，2009.
9. 陶少鸿. 花枝乱颤[M]. 北京：作家出版社，2006.
10. 邓宏顺. 贫富天平[M]. 北京：人民文学出版社，2011.
11. 刘春来. 办事处[M]. 北京：中国青年出版社，2007.
12. 铁戈. 绝对公仆[M]. 广州：花城出版社，2005.
13. 朱金泰. 官疗[M]. 南京：江苏人民出版社，2011.
14. 何彩维. 官场高速线[M]. 北京：作家出版社，2008.
15. 吴茂盛. 驻京办[M]. 长沙：湖南文艺出版社，2008.
16. 易清华. 背景[M]. 长沙：湖南文艺出版社，2011.
17. 阳剑. 彩局[M]. 长沙：湖南文艺出版社，2009.
18. 舍人. 宦海沉浮[M]. 南京：江苏文艺出版社，2009.
19. 汪谈. 官场红颜[M]. 昆明：云南人民出版社，2011.
20. 滕章贵. 谁是英雄[M]. 北京：中国人民公安大学出版社，2009.
21. 姜宗福. 官路[M]. 北京：文化艺术出版社，2011.

参考文献

图书

1.管仲.管子[M].沈阳:辽宁教育出版社,1997.

2.【日】西光正.语境研究论文集[C].北京:北京语言学院出版社,1992.

3.【法】皮埃尔·布尔迪厄.实践理性:关于行为理论[M].谭力德,译.上海:三联书店,2007.

4.【法】让一伊夫·塔迪埃.普鲁斯特和小说[M].桂裕芳,王森,译.上海:上海译文出版社,1992.

5.【德】马克斯·韦伯.儒教与道教[M].洪天富,译.南京:江苏人民出版社,2007.

6.【英】赫伯特·里德.现代艺术哲学[M].朱伯雄,曹剑,译.天津:百花文艺出版社,1999.

7.【法】阿尔蒙·鲍威尔.比较政治学:体系、过程和政策[M].曹沛林,等译.上海:上海译文出版.

8.伍蠡甫,胡经之.西方文艺理论名著选编[C].北京:北京大学出版社,1985.

9.谢发平.湖湘文化十九讲[M].广州:世界图书出版社,2012.

10.李云抟.中国当代现实主义文学六十年[M].天津:百花洲文艺出版社,2008.

11.陈晓明.中国当代文学主潮(第二版)[M].北京大学出版社,2013.

12.王光荣.民间的意义[M].吉林出版集团有限责任公司,2009.

13.【法】夏尔·波德莱尔.恶之花[M].郭宏安,译.上海:上海译文出版社,2011.

14.【美】艾布拉姆斯.镜与灯——浪漫主义文论及批评传统[M].郦稚牛，张照进，童庆生，译.北京：北京大学出版社，1989.

15.【英】阿克顿.自由与权力[M].北京：商务印书馆，2001.

16.王大进.欲望之路[M].北京：人民文学出版社，2001.

17.梁启超.李鸿章传[M].武汉：长江文艺出版社，2012.

18.杨国强.义理与事功之间的徊徨：曾国藩、李鸿章及其时代[M].上海：三联书店，2008.

19.唐欣.权力镜像——近二十年官场小说研究[M].北京：社会科学文献出版社，2006.

20.王跃文.国画[M].北京：人民文学出版社，1999.

21.本雅明.德国悲剧的起源[M].陈永国，译.北京：文化艺术出版社，2001.

22.皮埃尔.V.齐马.社会学批评概论[M].吴岳添，译.桂林：广西师范大学出版社，1993.

23.朱国华.符号暴力与性别统治[C].社会理论论丛(第二辑).南京：南京大学出版社，2004.

24.【法】埃里克·麦格雷.传播理论史——一种社会学的视角[M].北京：中国传媒大学出版社，2009.

25.【秘】马里奥·巴尔加斯·略萨.给青年小说家的信[M].赵德明，译.上海：上海译文出版社，2004.

26.阎真.沧浪之水[M].北京：人民文学出版社，2005.

27.鲁迅.鲁迅全集[C].北京：人民文学出版社，2005.

28.陈思和.陈思和自选集[M].南宁：广西师范大学出版社，1997.

29.陈思和，李振声.理解九十年代[M].北京：人民文学出版社，1996.

30.旷新年.写在当代文学边上[M].上海：上海教育出版社，2005.

31.【法】福柯，瑞金斯.权力的眼睛——福柯访谈录[M].严锋，译.上海：上海人民出版社，1997.

32.陈思和.陈思和自选集[M].南宁：广西师范人学出版社，1997.

33.【美】爱德华·W·萨义德.知识分子论[M].单德兴，译.北京：生活·读书·新知三联书店，2002.

34.【英】亚当·斯密.国富论[M].郭大力，王亚楠，译.上海：上海三联书店，2009.

35.肖仁福.仕途[M].长沙：湖南文艺出版社，2009.

36.【德】叔本华.作为意志和表象的世界[M].北京:商务印书馆,2006.

37.张炜,王光东.张炜王光东对话录[C].苏州大学出版社,2004.

38.张礼龙.20世纪英美诗歌导读[M].厦门:厦门大学出版社,2007.

39.浮石.青瓷[M].长沙:湖南文艺出版社,2012.

40.【以】爱德华·萨义德.知识分子论[M].上海:三联书店,2002.

41.【美】P.蒂利希.存在的勇气[M].成穷,译.贵阳:贵州人民出版社,1998.

42.王先需.文学理论批评术语汇释[M].北京:高等教育出版社,2006.

43.【美】伊恩·P·瓦特.小说的兴起[M].上海:三联出版社,1992.

44.魏剑美.步步为局[M].北京:国际文化出版公司,2009.

45.【德】瓦尔特·本雅明.本雅明文选[M].北京:中国社会科学出版社,1999.

46.刘晓文.多元文化视野中的西方女性文学[M].华中师范大学出版社,2007.

47.【英】弗吉尼亚·伍尔芙.一间自己的屋子[M].上海:上海人民出版社,2008.

48.【挪】亨利克·易卜生.玩偶之家[M].北京:世界图书出版公司,2010.

49.余艳.后院夫人[M].长沙:湖南人民出版社,2010.

50.彭见明.那山那人那狗[M].北京:中国青年出版社,2004.

51.彭见明.天眼[M].长沙:湖南文艺出版社,2009.

52.韦勒克,沃伦.文学理论[M].上海:三联书店,1984.

53.水运宪.祸起萧墙[M].北京:中国青年出版社,1982.

54.水运宪.乔省长和他的女儿们[M].长沙:湖南人民出版社,2009.

55.陶少鸿.梦土[M].北京:人民文学出版社,2010.

56.陶少鸿.花枝乱颤[M].北京:作家出版社,2006.

57.邓宏顺.红魂灵[M].长沙:湖南文艺出版社,2006.

58.邓宏顺.贫富天平[M].北京:人民文学出版社,2011.

59.鲁迅.集外集[M].北京:人民文学出版社,2006.

60.刘春来.水灾[M].北京:人民文学出版社,2001.

61.刘春来.办事处[M].北京:中国青年出版社,2007.

62.童庆炳.文学理论教程(第四版)[M].北京:高等教育出版社,2008.

63.雷达.雷达自选集(文论卷)[C].济南:山东文艺出版社,2006.

64.朱金泰.官疗[M].南京:江苏人民出版社,2011.

65. 铁戈. 绝对公仆[M]. 广州：花城出版社，2005.

66. 鲁迅. 且介亭杂文二集[C]. 北京：人民文学出版社.

67. 何彩维. 官场高速线[M]. 北京：作家出版社，2008.

68. 吴茂盛. 驻京办[M]. 长沙：湖南文艺出版社，2008.

69. 易清华. 背景[M]. 长沙：湖南文艺出版社，2011.

70. 【捷】米兰·昆德拉. 小说的艺术[M]. 董强，译. 上海：上海译文出版社，2004.

71. 葛荃. 立名与忠诚——士人政治精神的典型分析[M]. 杭州：浙江人民出版社，2000.

72. 王一川. 中国镜像——90 年代文化研究[M]. 北京：中央编译出版社，2001.

73. 阳剑. 彩局[M]. 长沙：湖南文艺出版社，2009.

74. 舍人. 宦海沉浮[M]. 南京：江苏文艺出版社，2009.

75. 曾繁亭. 网络文学名篇100[M]. 北京：中央编译出版社，2014.

76. 汪谈. 官场红颜[M]. 昆明：云南人民出版社，2011.

77. 滕章贵. 谁是英雄[M]. 北京：中国人民公安大学出版社，2009.

78. 姜宗福. 官路[M]. 北京：文化艺术出版社，2011.

79. 古华. 芙蓉镇[M]. 北京：人民文学出版社，1981.

80. 丁玲. 丁玲文集(六)[M]. 长沙：湖南人民出版社1984.

81. 田中阳. 湖湘文化精神与20 世纪湖南文学[M]. 长沙：岳麓书社，2000.

82. 【法】伊波利特·阿道尔夫·丹纳. 艺术哲学[M]. 傅雷，译. 合肥：安徽文艺出版社，1991.

83. 朱汉民. 湖湘学术与文化研究[M]. 长沙：湖南大学出版社，2005.

84. 刘洪涛. 湖南乡土文学与湘楚文化[M]. 长沙：湖南教育出版社，1995.

85. 李阳春. 湘楚文化与当代湖南作家[M]. 北京：光明日报出版社，2010.

86. 李少群，乔力. 齐鲁文学演变与地域文化[M]. 北京：人民出版社，2009.

87. 冯肖华. 文学气象与民族精神——20 世纪陕西地缘文学审美形态[M]. 北京：中国社会科学出版社，2010.

88. 弗洛姆. 爱的艺术[M]. 萨如菲，译. 北京：西苑出版社，2003.

89. [英]阿克顿. 自由与权力[M]. 北京：商务印书馆，2001.

90. 杨春时. 文学概论[M]. 北京：人民文学出版社，2002.

91. 舍人. 宦海沉浮[M]. 南京：江苏文艺出版社，2009.

报纸、期刊

1. 冯黎明.论文学话语与语境的关系[J].文艺研究,2002(6).

2. 霍俊明.从一条河流开始的文学地理——读杨立元的《滦河作家论》[J].唐山学院学报,2012(1).

3. 范军.略论地理环境对文艺创作的影响——关于文艺生态学的一点思考[J].黄冈师专学报,1991(1).

4. 赵佃强.世纪之交"官场小说热潮的历史文化缘由"[J].临沂师范学院学报,2004(2).

5. 谭桂林.知识者精神的守望与自救——评阎真的《曾在天涯》与《沧浪之水》[J].文学评论,2003(2).

6. 雷体沛.作家良知与文学的精神失落[J].文学理论与批评,2007(4).

7. 孟繁华.政治文化与"官场小说"[J].粤海风,2002(6).

8. 张世良.反腐与"官场小说"的倾向性[D].长春:东北师范大学,2008.

9. 陈兴伟.新时期官场小说兴盛的原因及其意义[J].名作欣赏,2009(10).

10. 段崇轩.官场与人性的纠缠——评王跃文的小说创作[J].小说评论,2001(2)

11. 李建军.没有装进银盘的金橘——评阎真的长篇小说《沧浪之水》[J].小说评论,2001(6).

12. 钟友循.幻灭还是堕落?——再论《沧浪之水》兼及中国知识分子的生存境遇与选择[J].湖南科技学院学报,2006(9).

13. 佘丹清.在场·典型·人本——王跃文、阎真、肖仁福官场小说论[J].湖南文理学院学报(社会科学版),2006(1).

14. 梁振华,龙其林.民间立场下的时代精神省察——肖仁福小说论[J].湖南大学学报(社会科学版),2010(1).

15. 梁振华.官场文化生态的描摹与反刍——肖仁福小说论略[J].湖南工业大学学报(社会科学版),2011(1).

16. 刘智跃.世俗、男女、梦——评小说《青瓷》和《红袖》[J].中南大学学报(社会科学版),2010(6).

17. 陈亮,杨晖.论赌博心态与腐败行为的关系及其预防机制——以官场小说《步步为局》为例[J].社会科学论坛,2010(14).

18. 曹光辉.深沉的现实内涵和沉痛的情感世界——读余艳的长篇小说《后院夫人》三部曲[J].理论与创作,2010(5).

19. 刘起林. 边缘性文化与叙事资源的独特发掘——彭见明长篇小说《天眼》《平江》合论[J]. 中国现代文学研究丛刊，2013(2).

20. 王泠一. 何必"娱乐至死"[N]. 新民周刊，2008(29).

21. 刘丽娟. 权力场中知识分子的身份建构问题——以朱墨的官场小说为例[J]. 宜春学院学报，2012(10).

22. 赵建国. 文艺作品的三个参照系与"拟态环境""虚拟现实"[J]. 文艺理论与批评，2009(5).

23. 聂茂，阎真. 转型时期的精神逼宫与知识分子的良知拷问——与阎真对话[J]. 芙蓉 2007(2).

24. 岳庆云. 物质与精神的取舍心灵与自然的对话——《瓦尔登湖》的生态学思想解读[J]. 时代文学(双月版)，2006(2).

25. 阎真. 崇拜经典，艺术本位[J]. 小说评论，2008(4).

26. 阎真. 历史转型期的中国知识分子——《沧浪之水》的写作随感[J]. 博览群书，2002(7).

27. 孟繁华. 21 世纪初长篇小说中的知识分子形象[J]. 文艺研究，2005(2).

28. 孙德喜. 拿什么拯救人文精神——读《沧浪之水》[J]. 湖南师范大学社会科学学报，2002(3).

29. 杜兴，黄忠顺. 从《沧浪之水》看当代知识分子的精神困境[J]. 东莞理工学院学报，2005(4).

30. 肖迪，阎真.《沧浪之水》不是官场小说 [N]. 湘声报，2005 - 1 - 13.

31. 刘军. 国学热兴起，中国传统文化全面复兴，著名作家阎真板仓书院开讲——传统文化关乎生存，理应心向往之[N]. 长沙晚报，2013 - 5 - 5.

32. 郑坚. 末代文人的"事业"成功史和精神颓败史——读阎真的小说《沧浪之水》[J]. 理论与创作，2003(1).

33. 汤晨光. 士人精神的时代性陷落——论阎真《沧浪之水》[J]. 南方文坛，2003(6).

34. 喻大翔. 知识分子·学者·学者散文[J]. 当代文坛，1999(6).

35. 阎真. 时代语境中的知识分子——说说《沧浪之水》[J]. 理解与创作，2004(2).

36. 刘建新. 拟态环境中的媒介恐慌与责任[J]. 传媒观察，2012(4).

37. 秦淮川. 慎用权力比慎用劣迹艺人更重要[N]. 深圳商报，2014 - 9 - 19.

38. 王光东. 民间与启蒙[J]. 当代作家评论, 2000(5).

39. 王光东, 杨位俭. 民间审美的多样化表达[J]. 当代作家评论, 2006(4).

40. 王光东. "民间"的现代价值[J]. 中国社会科学, 2003(6): 163.

41. 莫言. 文学创作的民间资源——在苏州人学"小说家讲坛"上的讲演[J]. 当代作家评论, 2002(1).

42. 雷体沛. 作家良知和文学精神的失落[J]. 文学理论与批评, 2007(4): 118.

43. 闫立飞. 辣帮烩浮世——魏剑美、周湘华、刘诚龙"湘辣三人帮"杂谈[J]. 创造与批评, 2013(2).

44. 龙其林. 在权力和情欲的背后——余艳长篇三部曲《后院夫人》的解读[J]. 中国石油大学胜利学院报, 2002(9).

45. 张颐武. 说"世俗关怀"[J]. 文学自由谈, 1996(5).

46. 秦绪芳. 揭秘官场后院夫人生活——余艳推出"后院"三部曲[N]. 半岛都市报, 2010 - 7 - 9(B61).

47. 彭见明. 本土文化资源的艺术开掘[J]. 理论与创作, 2001(1).

48. 吴建勤. 中国古典小说的预叙叙事[J]. 江淮论坛, 2004(6).

49. 仲呈祥, 张金尧. 实主义典型化形象魅力永存, 由《第一书记》说开去[N]. 人民日报, 2010 - 12 - 3.

50. 蔡测海. 洞庭天下水——水运宪其人其文[J]. 北京文学, 2002(12).

51. 张文刚. 写作既是心灵修炼, 也是精神自慰——少鸿访谈录[J]. 创作与批评, 2013(6).

52. 马相武. 全球化下宏大叙事与当代中国文艺主流[N]. 中国艺术报, 2009 - 9 - 8.

53. 邵燕君. "宏大叙事"解体后如何进行"宏大叙事"[J]. 南方文坛, 2006(6).

54. 孙宏霞. 潜规则控制下的品格异化与坚守[J]. 新学术, 2007(6).

55. 涂昊. 论湘楚文化对新时期湖南小说的影响[J]. 船山学刊, 2006(3).

56. 胡宗健. 始终沐浴着现实主义的光辉——水运宪论[J]. 理论与创作, 1989(1).

57. 康长福. 错位的"官场文学"及其后现代主义倾向[J]. 江淮论坛, 2005(3).

58. 林默涵. 关于题材[J]. 人民文学, 1978(2).

59. 陆梅. 反腐小说出路何在? [N]. 文学报, 2002 - 8 - 1.

60. 伍奕平. 灵魂期待救赎[J]. 湖南工人报，2011 - 8 - 25.

61. 侯青麟. 官场，美色，名利场——权力角逐综合表演的驻京办[J]. 理论与创作，2010(1)：81.

62. 王向东. 近年官场小说谩评[J]. 扬州大学学报，2002(9).

63. 朱汉民. 湖湘文化传统与现代发展，2010 年在"湖湘论坛"的发言

64. 欧阳友权. 网络文学：消费意识形态的文化表达[J]. 理论与创作，2005(2).

65. 龙其林. 困惑与迷失：中国当代官场小说的叙事误区[J]. 文艺理论与批评，2012(1).

66. 樊敏. 近世湖湘文化精神与 20 世纪湖南小说叙事性的研究[J]. 湖南工业职业技术学院学报，2009(4).

67. 孟繁华. 政治文化与"官场小说"[J]. 粤海风，2002(6).

68. 石一宁. 绘刻风俗与人性的长卷——读舍人《宦海沉浮》[N]. 文艺报，2009 - 6 - 9.

69. 田中禾. 湖湘文化对 20 世纪湖南作家人生行为走向的规约[J]. 湖南师范大学社会科学学报. 2000(4).

70. 郑永晓. 网络文学的文学传统[J]. 网络传播，2009(6).

71. 张晓媛. 汪谈：用新闻手法写小说[N]. 山东商报，2011 - 4 - 7.

72. 李强华. 火爆的背后：论当代官场小说热的建构因素[J]. 襄樊职业技术学院学报，2011(7).

73. 龙永干. 官场小说中的权力属性的文化分析[J]. 宁夏社会科学，2008(5).

74. 陈兴伟. 新时期官场小说兴盛的原因及其意义[J]. 当代文学，2009(10).

75. 谭旻雁. 存在主义对我国新时期小说的渗透和影响[J]. 甘肃社会科学，2000(2).

76. 文卫，张祺琪. 爱写小说的公安局长[N]. 中国文化报，2013 - 3 - 20.

77. 郑国友. 论新世纪湖南官场小说创作[J]. 河北工业大学学报，2012(9).

78. 徐海瑞，杜莎. "我并非只能写所谓的官场文学"[N]. 潇湘晨报，2014 - 8 - 12.

79. 李强华. 火爆的背后—论当代官场小说热的建构因素[J]. 襄樊职业技术学院学报，2011(7).

80. 万里. 湖湘文化的精神特质及其影响下的精英人物[J]. 长沙理工大学

学报,2004(9).

81. 郑国友.论世纪之交政官场小说的审美形态[J].中国矿业大学学报,2012(4).

82. 雷达.九十年代长篇小说述要[J].电影艺术,2001(3).

83. 张开焱.召唤——应答:文学与政治关系的理论表述[N].文艺报,1999 - 12 - 9.

84. 田中阳.湖湘文化对20世纪湖南作家人生行为走向的规约[J].湖南师范大学社会科学学报,2000(4).

85. 佘爱春.揭开官场神秘的面纱——王跃文官场小说文化透析[J].哈尔滨学院学报,2006(1).

86. 田中阳.论近世湖湘文化精神的负面效应[J].求索,2000(6).

87. 郑国友.论新世纪湖南官场小说创作[J].河北工业大学学报(社会科学版),2012(3).

88. 【美】J.希利斯·米勒.全球化时代的文学研究会继续存在吗[J].国荣,译.文学评论,2001(1).

89. 吴家荣.新时期颓废文学中的非理性主义神话[J].佛山科学技术学院学报(社会科学版),2006(1).

90. 余虹.文学的终结与文学性蔓延———兼谈后现代文学研究的任务[J].文艺研究,2002(6).

91. 段崇轩.官场与人性的纠缠——评王跃文的小说创作[J].小说评论,2001(2).

网络资讯

1. 百度百科:(胡安国)
http://baike.baidu.com/view/224530.htm? fr = aladdin.

2. 中文百科在线:(湖南省)
http://www.zwbk.org/zh - cn/Lemma_Show/3778.aspx.

3. 阎王工作室的博客:(官场文学与现实生活——从《苍黄》谈起)http://blog.sina.com.cn/s/blog_6074a56c0100feoz.html.

4. 王跃文博客:(我为什么做起小说来)http://blog.sina.com.cn/s/blog_55f402f60100076h.html.

5. 肖仁福新浪博客:(民间立场的书写理由(之一))
http://blog.sina.com.cn/s/blog_4a81e21c01000803.html.

6. 湖南作家网（聂茂与浮石谈话录）http：//www. frguo. com/Info. aspx? ModelId = 1&Id = 5719.

7. 百度百科：（边缘人）http：//baike. baidu. com/subview/114727/7971916. htm? fr = aladdin.

8. 六月九重天的搜狐博客：（官病了，社会也病了）http：//tangliang152. blog. sohu. com/167822884. html.

9. 中国作家网：（阎真：这是我的宿命）http：//www. chinawriter. com. cn/bk/2004 – 11 – 20/18915. html.

10. 新华网. 王跃文谈新作《爱历元年》：无病呻吟，却有大痛［EB/OL］. ［2014 – 10 – 20］. http：//news. xinhuanet. com/book/2014 – 10/20/c_127118218. htm.

总跋：阳光多灿烂，生命就有多灿烂

人生有许多意想不到的事情发生，于我而言，这种意想不到的事情发生的频率还颇高。直到今天，我仍然感觉在做梦：一个地地道道的农家孩子，跳出农门，一脸兴奋地来到城里，吃上了"皇粮"；一个不安分的乡村医院的检验士，怀着对文学的无比向往，毅然辞掉工作，热情鲁莽地到北京、上海等地求学、漂泊；一个研习唐宋诗词的年轻学子，在"铁肩担道义"之现实力量的感召下，排除众多诱惑和其他选择，欣然成为省城第一大主流媒体的编辑、记者；一个在新闻战线上崭露头角、在文学创作上渐入佳境的"土疙瘩"，竟然放弃好不容易争来的一切，操着浓重的乡音，奔赴"长白云的故乡"新西兰，在 The University of Waikato（怀卡托大学）这所刚刚诞生过80后美女总理 Jacinda Arden（杰辛达·阿德恩）的综合性大学，攻读博士，并且破天荒获得全额奖学金，成为该校自建校以来第一位在人文社会科学院获此殊荣的亚洲学生；一位慢慢适应了异国他乡"慢生活"的游子，在顺利地取得学位后，又毫不犹豫地返回中国，手执教鞭，供职于中南大学，由助教直接破格晋升为教授、学科带头人……所有这一切，在我的人生履历上，都没有任何的暗示或预见，也许这就是命运吧，它将生命中看似偶然、实则必然的点点滴滴，以跌宕起伏的神奇方式，天衣无缝地嵌联起来，使之成为完整的、丰富的和真实的"我"，而这个"我"原本也可以是破碎的、单薄的和虚幻的"他者"，只要任何一次选择出现偏差，任何一次行动出现失误，任何一次前进出现犹疑，都不可能成为"现在的我"。

为此，我深深感恩。我庆幸变成"现在的我"。没有大福大贵，没有声名显赫，我只是一个走在大街上不会被任何人追着签名的普通人，身材矮小，长相平平，既不要出门时戴着口罩，又不用担心归来时被人拍照。上有老，下有小，每日三餐，粗茶淡饭。简单的生活，真实的情怀。山清水白，云卷云舒。

这一切，我都看见，体味，并且感悟。我欢喜。

　　人生苦短。人的一生有许多设想，但真正把设想变成现实的并不多，而愿意花费十年甚至更长时间对待一个设想并把它做出来的更是鲜见。我有幸成为这"鲜见者"中的一员。我常常想：我究竟有什么功德，让老天如此垂爱于我？特别是今天，当我面对《中国经验与文学湘军发展研究》这个宏大工程的最终成果：七卷本文集、三百余万字厚厚的作品，这份感恩尤其强烈。我十分惊讶：这是我的作品，是我的汗水、心血和智慧的结晶吗？

　　想想还真不容易。这十余年来，除了正常的教学，其余绝大部分时间，包括春节、中秋和双休日等几乎所有的节假日，我都义无反顾地坚守在故纸堆和自己的陋室里，查找，阅读，整理，写作。我像一个着了魔的人，强迫自己以一当十地往前走。肩膀痛，脑袋胀，眼睛涩，腰椎突出，都不能阻止我昂首挺进的步伐。

　　记得1980年诺贝尔文学奖获得者、波兰著名诗人米沃什曾经说过："直接锁定一个目标，拒绝被那些提出各种要求的声音转移你的注意力。"是的，这些年来，外面的诱惑、喧嚣和纷扰，包括应酬、闲聊、茶会、聚餐等等，都最大限度地从我的生活中清除出去。我明白自己在做什么，也明白拒绝的是什么。我的生活只有两点：学校与家，我每天往返于这两点之间，从容不迫，少有例外。别人的誉毁或议论都无法改变我内心的召唤。在奔向目标的过程中，我一直很清醒，不为热闹所动，不为喧嚣所困，不为得失所扰，守得住初心，耐得住寂寞。花开花落，冬去春来。我像一个辛劳的农民，守护自己的一亩耕地，日出而作，日落而息；我又像一棵倔强的水稻，忠诚于脚下的这片土地，纵然风吹雨打，也能淡然面对。

　　回首自己的学术生涯，我似乎一直行走在边缘甚至是荆棘丛中，没有鲜花和掌声，唯有自己给自己鼓劲，其间酸甜苦辣，冷暖自知，不足为外人道。十多年前，"中国经验"这个话题并没有像今天这样受到普遍关注。有关"文学湘军"的研究也断断续续地有过一些，但系统性和整合性或者说深度和广度都远远不够。而把"中国经验"和"文学湘军"关联起来，做全方位考察和研究的更是少之又少。因为热爱，也因为熟悉，我毅然决然投身其中，像一个苦行僧，手持油灯，怀揣自己的心跳，倾听文字敲打的声音，不计后果，默然前行。

　　我希望《中国经验与文学湘军发展研究》能够站在世界文学视野下，以"中国经验"为轴心，全面立体、客观真实地对新时期以来的湖南作家及其作品进行归纳、梳理、分析与整合，形成较为系统、相互独立又相互联系、完善又详细的"湖南作家创作图库"或"文学湘军精神谱系"。这样做，首先要突破的是"区域规制"和"专题研究"的单一视阈，我积极借助中华美学、传播学、心理学、社会学和民族学等跨学科理论知识，对全球化语境下中国特色的文学湘军进行全景式的还原、检示和呈现。这里所说的"中国特色"，是指文学湘军固有的地域底蕴、文化传统、时代背景、政治觉悟和创作诉求等宏大叙事所彰显出来的文本特质和品相；这里所说的"全景式"，是指本书系既有对文学湘军中的老作家或知名作家的历时性研究，又有对文学湘军中的中坚力量、新锐作家的共时性的阐释，还有是对名不见经传、但颇有潜力的文学新人或文学"票友"的"发现性"考察与分析，力图涵盖文学湘军的方方面面，带有较强的史料性和体系性，其中主要包括：人民文学的道路选择，家国情怀的叙事冲动，民族作家的生命寻根，文学湘军的湖湘气派，官场书写的价值重建，70后写作的艺术追求，诗性解蔽的精神原乡，等等。整个研究既聚焦文学湘军的总体气质和思想特性如人民文学和家国情怀等，又分析江华作家、湘军点将和政治叙事的文化传统和精神亮度，还对文学湘军五少将和阎真小说等进行文本细读和深入阐释。与此同时，本研究十分重视和充分吸纳国内外学术前沿最新研究成果，尤其是新时期文学研究中学术同行的立场观点和思维方法，通过作家及其作品的内在逻辑与话语建构，以及"镜与灯"式的对话与互证，努力从价值承载、中国智慧、阆阖意境、灵魂拷问、文化认同和个性追求等"文学深描"的多个维度上，对文学湘军书写中国经验的作品风格、人文关怀和内在特质进行从上到下、从局部到整体、从内到外的独到准确而富有深度的审美、品鉴、观照和把握。

古人云：非穷愁不能著书。此话在今天似乎不大成立。我们的生活早已走出了"菜色脸孔、营养不良"等物质上的贫困。比照鲁迅先生"一要生存、二要温饱、三要发展"的人生观，我做研究的动因更多的是为了"挑战"：一份或明或暗的责任或"自恃"，一种若有若无的担当或"自赌"，一缕时隐时显的对自我才情的检验与"自期"。因此，摆在面前的这七大本厚厚的书稿，既不是"穷则思变"的结果，也不是"不平则鸣"的见证，更不是"为赋新词强说愁"的镜像。

实际上，我有很多理由来说服自己走了一条并非贸然选择的道路，除了身在争创世界一流大学和一流学科的"双一流"这样氛围的全国重点大学，就得按照学院派的规制进行自我提升和创新发展，以确保"为稻粱谋"的高枕无忧以及"我行我素"的理直气壮，从更深层次上则可以实现我的另一份雄心或验证我的另一种企图：即在小说、散文、诗歌和报告文学或纪实文学等创作样式的书写之外，在文学评论的场域里我是否也可以有一番作为？这样均衡发展，固然损害了我在某一文体创作方面可能取得的应有成就，但人生的历练比某个方向的高度更令我满怀憧憬或心存异想。我希望用各类尝试、积极创新、不断"挑战"和体量庞大的超负荷"驾驭"来让自己的内心暴露得更为完整，也许这样的"完整"反而显得更为破碎。那又如何？没有经历，何谈成败？不经风雨，哪有彩虹？何况文学的马拉松赛不在于一时的成功或失败。既然命中注定，此生无法弃书远行，也不能特立独行，我乐意做一介抱书笃定的"穷困"书生或一只携书奋飞的"多栖"候鸟。不管怎样，是持续不断的写作向我提供了对于人生的丰富、深邃、充盈、真实的一切。我只有深入这一切，才能触摸真正的人生，探究命运的真谛，找到"现在的我"。我欢喜。

我笃信：奔跑的姿势离目标最近。时间是公平的，它会告诉我，未来是什么。

饮水思源。此时此刻，我要衷心感谢一直以来鼓励和支持我的领导、师长、同行和朋友们：

原湖南省委宣传部的魏委部长，湖南省社科基金规划办的骆辉主任，湖南省文联党组书记夏义生、原负责纪检工作的管群华书记，湖南省作家协会原主席唐浩明、现任主席王跃文和党组书记龚爱林，湖南省广播电视出版局的尹飞舟局长，湖南省社会科学院的周小毛院长，长沙市委常委、宣传部部长高山，长沙市文联党组书记王俏，等等。魏委部长高度的责任感和强烈的担当精神，骆辉主任的大局意识和对人文社科工作深沉的爱，夏义生书记"腹有诗书"的气质和丰沛的学术情怀，以及管群华书记的敬业精神、唐浩明主席的儒雅大度、王跃文主席的风趣洒脱、龚爱林书记的勤勉刻苦、尹飞舟局长的静水流深、周小毛院长的上善若水、高山部长的沉稳睿智、王俏书记的兰心蕙质，都给我留下了极其深刻的美好印象。他们都是学者型领导，是我的良师益友，不仅非常重视我的学术研究，而且嘘寒问暖，热情鼓励，同时高屋建瓴，提出许多中肯意见，令人感动。

中南大学校长田红旗，校党委副书记蒋建湘，校党委常委、副校长周科朝，以及校科研部人文社科处处长彭忠益等等，他们站在建设世界一流大学和一流学科之国家战略的宏观层面上，为中南大学的长远发展日夜操劳，竭忠尽智，不仅对重点院系、重点学科和重点人才给予应有的支持，以确保中南大学在中国乃至世界范围内的影响力和美誉度，而且对中南大学一般院系的学科和人才也给予了不遗余力的关心和爱护。在我的印象中，田红旗校长平易近人，虚怀若谷，锐意进取；蒋建湘书记严于律己，勇于担当；周科朝校长温文尔雅，谦卑正直；彭忠益处长热情大方，谦逊有加。他们怀着高度的职业操守、敬业精神和忧患意识，对中南大学的学科建设和发展，竭尽全力，积极作为，彰显了领导的魄力与担当，弥足珍贵。不仅如此，这些领导对我个人的教学、科研乃至日常生活等，都给予了足够的关心和爱护，充满着人情味和人文关怀。

　　文学与新闻传播学院原院长欧阳友权、原书记胡光华，现任院长刘泽民、书记肖来荣，以及副院长阎真、白寅、范明献，副书记马国荣，包括以晏杰雄为代表的诸多同事，都无一例外地对我伸出友爱之手，令我感受到集体的温暖和生活的美好。欧阳友权教授将我引入中南大学，对我有知遇之恩，作为国内知名学者，他不仅在教学和生活上给予我无微不至的关怀，在科研工作上给予我无私的支持，而且在最初当别人用怀疑的眼光看待我时，他一直强调学术的积累，坚信"是金子终会有发光的时候"。胡光华书记谦逊有加，无论台前幕后，一有相求，必鼎力相助。刘泽民院长宽厚真诚，温敦儒雅，待我如一名兄长。肖来荣书记虽是典型的"理工男"，骨子里却有着诗人气质和人文情怀。阎真童心永驻，白寅英俊豪气，范明献任劳任怨，马国荣宅心仁厚，晏杰雄才华横溢，其他同事都十分优秀，乐于助人，保持了文新院一直以来的"包容、自由、个性"的优良传统。

　　一路走来，风雨兼程。我要特别感谢的还有：硕士生导师刘庆云先生，博士生导师林敏先生和副导师玛丽娅女士，他们对我的职业规则和人生目标产生了极其重要的影响，都是我生命中的"贵人"和"恩人"，没有他们的悉心栽培和倾力扶持就没有我的今天。著名文学评论家雷达先生出于对后学的关爱和提携，欣然拨冗，写下热情洋溢的总序，令我终生难忘。撰写封底推荐语的14位名家都是我的良师益友，都对我的创作与研究给予大力支持，令我感动和自豪。青年作家唐朝晖为书系的后期制作献智献策；从未谋面的作家和书法家诸荣会题写了书名，并在封面设计上提了许多建设性意见，让我领略了作品和人品合而为一的人格魅力。

　　此外，我的师妹贺慧宇为人正直、善良、真诚，重情重义，诗文均佳，她和她的先生对我的科研工作给予温暖如春的可贵支持，让我深怀感激之情。以社长吴湘华和责任编辑浦石为代表的中南大学出版社的朋友们，他们的细心与耐心、效率与责任，以及对本书系所付出的辛勤劳动，我都看在眼里，感铭在心。以刘朝勋、李磊、曹雪冬、陈畅、徐宁、向柯树等为代表的弟子们也为这套书系贡献了自己的心血和智慧，在此一并谢过。

　　当然，最应该感谢的还是我平凡而温馨的家人：92岁高龄的老父亲，在生活条件极其简陋的老家，以顽强的生命力和乐观精神，健康地活着，让我倍感欣慰；而以劳动模范著称的岳母几乎包下了所有家务，起早摸黑，任劳任怨，虽然很少阅读我创作的文字，包括我对她由衷的赞美，但她知道我在做正经事，做有意义的事情，毫不犹豫，全力支持；我的岳父性格温和，虽中风两次，留下后遗症，但努力锻炼，做到生活自理，不给晚辈增添压力；我的妻子，低调内敛，性格温柔，美丽善良，淑兰香远，是我一生最大的骄傲和成功，她不仅默默地支持我的工作，而且承担了耐心教育女儿、陪伴女儿成长的关键角色；我的女儿，聪明伶俐，活泼可爱，每每以出其不意的精彩和"创造性"的言语逗得我捧腹大笑，让我感受到学术枯燥中的亮丽，生活沉重中的轻盈。这些生命中的缘，我都珍惜，并深深感恩。

阳光有多灿烂，生命就有多灿烂；

内心有多愉悦，生命就有多愉悦；

境界有多辽阔，生命就有多辽阔。

眼下正是金秋十月。窗外小鸟啾啾。我伫立窗前，天高地远，心旷神怡。空气中弥漫一股淡淡的甜味，远处的山峦朦胧着一片黛色，一团火光突然闪亮出来，像一颗红豆，种在遥远的天际上。那难道不是新的起点吗？命运之神再次向我招手，新的征程、新的挑战已经出现，我审视"现在的我"，白发慢慢增多，这是岁月的沉淀和时间老人打磨的结果。我自嘲一下，卸下疲惫，收拾行囊，从零开始，准备出发。这一切，我欢喜。

2017 年 10 月 31 日于岳麓山下抱虚斋